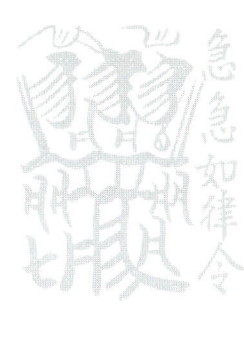

革新增補版

萬古秘傳

靈符籍大寶鑑

韓重洙 著

明文堂

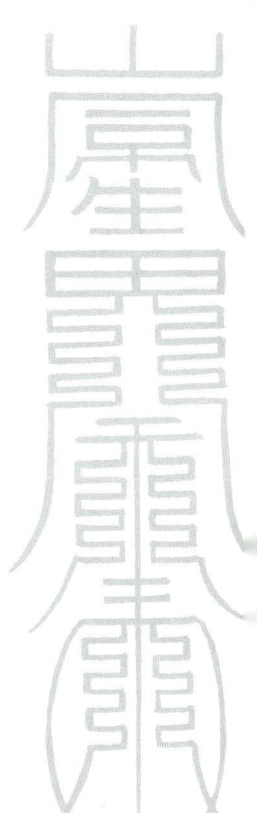

머리말

이 책자(冊子)에 수록(收録)된 부적은 거의 불가능(不可能)이 없으리만큼 인간생활의 모든 면을 해결하고 처방(処方)할 수 있는 비법(秘法)이 골고루 갖추어져 있다。 소원이 있으면 소원을 성취하는 법、재산이나 관직을 원하면 재산이나 관직을 얻는 법、질병이 있으면 질병을 물리치는 법、등등 길복(吉福)을 불러오고 재화(災禍)를 물리치는 비법을 부적(符籍)으로써 모두 해결되게끔 되어 있다。 때문에 혹자는「어떻게 부적을 사용한다 해서 모든 인간사가 자기의 뜻대로 성취될 수 있으며、중한 병자가 의사의 치료나 약을 쓰지 않고 자연히 치료될 수 있겠는가、이것은 너무나 허무맹랑한 미신(迷信)이다。」하고 부적에 대한 작용력(作用力)을 일축(一逐)하고 말겠지만、이러한 반박은 편집자 역시 동감(同感)이다。 그러나 같은 의견이면서도 다른 관점(観点)이 있다면 이상에서 반박할 수 있는 허무맹랑설은 어디까지나 이 부적을 사용하는 참 뜻을 이해하지 못한데 차이가 있는 것이다。 사실상 어떠한 사람을 막론하고 부적을 사용해서 효력을 볼 수 있는 것은 아니다。다만 그 활용하는 범위(範圍)와 방법을 알고 있다면、부적이 아무 신비력(神秘力)이 없는 무가치한 것이라고는 잘라 말하지는 못하리라。왜냐하면 예를 들어 장차 시험에 임하려는 사람이 하등의 학문을 닦은 일이 없이 분에 맞지 않는 취직시험이나 고시(考試)에 응한다면、부적이 아니라 만물을 창조한 조물주(造物主)의 능력으로도 합격시키지는 못하리라。그러나 자기가 원하는 시험에 대비하기 위하여 몇년이고 각고(刻苦)의 노력을 아끼지 않으며 충분한 실력을 배양한 사람이、웬지 모르게 시험당일만 되면 평소에 잘 알고 있던 실력이 아리송해지고 또는 미처 살펴보지 못한 과목(科目)만 시험 문제에 제시(題示)되어 그만 낙방(落榜)하고 마는 일이 허다(虛多)함을 볼 때、이것을 하나의 우연(偶然)으로만 돌리기에는 좀 문제점이 있을 줄 안다。이것을 사주학(四柱学) 또는 운명학상(運命学上)에서는 운(運)이라 한다。

운명학을 허망한 미신이라 부정(不定)하는 사람에게는 두 말할 나위가 없겠으나、운명학을 하나의 철학(哲学)으로 인정(認定)하는 이에게는 앞에서 말한 것에 수긍(首肯)이 가리라 생각된다。그러므로 실력을 배양하고도 운이 막혀 시험에 합격하지 못하는 사람、질병에 적합한 약을 쓰고도 웬지 약효(薬効)가 없어 치료가 더딘 사람、끊임없이 노력해도 재운(財運)이 막혀 돈을 벌지 못하는 사람 등에게 적용해 볼 수 있는 방법이 이 부적(符籍)인 것이다。

인생 경영에 무언지 까닭모를 의문이 생기고、현대문화(現代文化)의 발전 상태에서도 획일적(劃一的)으로 인간학(人間学)에 대한 결론을 얻지 못하는 사람、또는 과학의 범주(範疇)밖에 있는 운명학을 부정(不定)하지 않는 사람이라면 구태어 부적의 유신무신(有信無信)을 캐어볼 필요가 없다고 본다。

우리 인간은 신(神)에 비하여 너무나 약하고 신(神)의 세계를 아무 것도 모른다。약하기 때문에 신을 의지해보려 하고、모르기 때문에 신을 두려워 한다。갓난아기는 젖을 주면 배불리 먹고 기운을 얻어 생기가 발발하다。성인(成人)이 밥을 먹는다면 그 밥이나 반찬 속에는 얼마만한 영양소(営養素—칼로리)가 있기 때문에 당연히 기운이 생기고 발육한다는 것을 알고 있지만、갓어린 아기는 그것을 모른다。그저 어른이 주기 때문에 먹는 것이요、먹지 않으면 괴롭기 때문에 먹이를 달라고 울며 보챈다。

조물주(造物主)나 신(神)이나 인간과의 사이는 마치 어른과 어린 아기와 같다。우리네 인간은 예로부터 신을 받들면(인간으로서의 도리를 다하고 착한 일을 하는 것이 즉 신을 받드는 것이다。 신은 곧 하늘이요 조물주이니 하늘의 섭리는 선(善)을 장려하고 악(悪)을 미워하기에 하늘의 섭리를 어기지 않는 사람이 곧 신을 받드는 결과가 된다) 길복(吉福)이 오고 신을 거스리면 재앙(災殃)

을 받는다。때문에 이 부적을 사용함에도 첫째로 모든 일에 정성을 다 하여 노력하면서 신(神)에게 자기의 원을 부탁하는 것이라고 해석해야 옳을 것이다。신과 인간은 대화(対話)가 통하지 않는다。추측하건데 부적이란 인간과 신이 대화를 통하는 방법이리라。그리하여 부적의 형태에 따라 인간이 신에게 무엇을 요구하는가를 알아서 그 원하는 바를 들어주는게 아닌가 생각된다。

여하튼 부적에、과학적인 신빙성이나 사실적(事実的)인 근거를 추구(推究)한다면、그 답은 나오지 않는다。그러나 우리네 옛날 선조(先祖)들의 유습(遺習)에 따라 지금까지 전래(伝来)되어 왔고、갖가지 부적에 얽힌 신비력(神秘力)이 야사(野史)나 고담(古談)에서 익혀 들어온바 있으며、지금에 와서도 간간히 부적(符籍)을 사용해서 적지 않은 효험을 보아온 사람은 비일비재(非一非再)하다。그러므로 결론적으로 부적은 과학적인 근거가 없는 미신에 가까운 것이다。해서 믿지 않는 사람에게는 하등의 가치가 없겠으나、신(神)을 존경하고 인간의 운명학을 부정하지 못하는 사람에게는 결코 무시할 수 없는 존재가 아니겠는가。믿는 사람에게는 반드시 부적의 신비(神秘)한 효력이 있으리라 확신하면서 머리말에 대(代)한다。

一九七八年 二月

著者

◇부적을 만드는 방법

부적을 만드는데는 다음과 같은 요령에 의한다。

① 택일(擇日)

부적을 지니거나 사용할 당사자의 연령에 의한 생기(生気) 복덕(福德)、 천의일(天宜日)이나 白主의 건록(建禄) 천을 귀인일(天乙貴人日)일을 중 적합한 날과 천덕、월덕(天德、月德) 천월덕합일(天月德合日)이나 기타 길신(吉神)과 합치되는 날을 가린다。

② 목욕재계(沐浴斎戒)

부적 만드는 사람과 사용할 사람은 부적을 제작하기 전날 목욕하고 이발하고 부정(不浄)한 곳에 가거나 부정한 일을 피하여 몸가짐을 깨끗이 한 뒤에 마음과 정신을 맑게 가져야 한다。(깨끗한 의복을 착용하고、男女合房을 금하며 喪人이나 服人들을 접촉하거나 집안에 들이지 말아야 한다)。

③ 부적의 재료(材料)

가、경면주사(鏡面朱砂—漢薬房에 있음) 약간
(경면주사가 없으면 영사(靈砂)로 대용할 수 있다)

나、깨끗한 백지(白紙—문에 바르는 窓紙인데、누런 빛이 돋는 것이 좋음。원칙으로 괴황지(槐黃紙)를 사용하지만 구하기 힘들다)

다、깨끗한 참기름(혹은 깨끗한 白雪糖을 녹인 물)

④ 부적의 제작

택일(擇日)이 된 당일 아침 일찍 일어나 세수하고、깨끗한 의복으로 갈아 입고、동쪽을 향하여 정수(淨水)를 올리고 분향(焚香)한 뒤、고치삼통(叩歯三通—이를 딱딱하고 세번 마주치는 것)하고 다음과 같은 주문(呪文)을 외운다。

혁혁양양 일출동방 오칙차부 보탱불상 구토삼매지화
赫赫陽陽 日出東方 吾勅此符 普撑不祥 口吐三昧之火

복비문읍지광제괴 사천봉력사 파질용예적금강 항복
服飛門邑之光提怪 使天蓬力士 破疾用穢跡金剛 降伏

요괴 화위길상 급급여률령
妖怪 化為吉祥 急急如律令

이상과 같은 주문을 외우고 나서 경면주사(鏡面朱砂)를 곱게 갈아 기름이나 설탕물에 잘 개어서 사용하고자 하는 부적을 찾아 정성들여 그린다。(백지의 규격은 대략 가로 10센티 세로 15센티 이내로 한다)

⑤ 제작후 경문(経文)

부적의 제작을 다 끝마치고 집안에 붙이거나 불살라 마시거나 몸에 지니는 경우、아래와 같은 요령에 의하여 해당되는 경문(経文)을 외운다。

소원 성취부(所願成就符)=천수경(千手経)、반야심경(般若心経)、고왕경(高王経)、다라니경(多羅尼経)、관음경(観音経)、관세음사십이수주문(観世音四十二手呪文)、북두주(北斗呪—七星符를 사용할 때)

재앙에 대한 경문=천수경(千手経)、관세음신주경(観世音神呪経)、몽수경(蒙手経)、안택신주경(安宅神呪経)、도액경(度厄経)、관세음구고경(観世音救苦経)、고왕관세음경(高王観世音経)、묘법연화경(妙法蓮華経)、제왕경(帝王経)。

삼재(三災)에 대한 경문=삼재경(三災経)、타라니경(陀羅尼経)、삼지불수경(三支不受経)、도액경(度厄経)。

가택의 안전에 대한 경문=천수경、안택신주경(安宅神呪経)、 명당경(明堂経)、 적호경(的乎経)、용호축사경(龍虎逐邪経)。

부부 자손 화합을 위한 경문=안택신주경(安宅神呪経)、명당경(明堂経)、육모적살경(六耗赤殺経)。

자손의 수명(寿命)을 비는 경문=동자속명경(童子続命経)、동자연명경(童子延命経) 구호신명경(救護身命経)。

질병에 대한 경문=천룡경(天龍経)、온황신주경(瘟癀神呪経)、축학경(逐瘧経—학질을 물리칠때)、구병시식경(救病施食経)、용호축사경(竜虎逐邪経)、제왕경(帝王経)、안목청정경(眼目清浄経—눈에 병이 있을때)

동토(動土)에 대한 경문=동토경(動土経—흙을 다룰때)、단목경(断木経—나무를 베거나 다룰때)、지신경(地神経—땅을 파거나 흙을 다룰때)、오작경(烏鵲経)。

고사(告祀)를 지낼때=산왕경(山王経—山神께 기도할 때)、조왕경(竈王経—조왕께 기도할 때)、안택경(安宅経—집안의 안전을 위한 고사를 지낼때)、명당경(明堂経—집안의 안전을 위한 고사를 지낼때)、용왕삼매경(龍王三昧経—용왕께 지낼때)、당산경(當山経)

귀신이나 요마를 쫓는 경문=축사경(逐邪経)、축귀경(逐鬼経)、육모적살경(六耗赤殺経)、백살신주경(百殺神呪経)、용호축사경(竜虎逐邪経)、간귀경(奸鬼経)、금신칠살경(金神七殺経)、구호신명경(救護身命経)

부정(不浄)을 씻어버리는 경문=부정경(不浄経)、고왕관세음경(高王観世音経)、 안택신주경(安宅神呪経)。

모든 흉살(凶殺)을 제거시켜 달라는 경문=백살신주경(百殺神呪経)、칠살경(七殺経)、제왕경(帝王経)、 육모적살경(六耗赤殺経)。

죄를 소멸시켜 달라는 경문=고왕관세음경(高王観世音経)、수생경(壽生経)、 도액경(度厄経)、관세음구고경(観世音救苦経)、마하반야바라밀다심경(摩訶般若波羅蜜

多心経)、수생경(壽生経)。

수명(壽命)을 비는 경문=화엄경(華嚴経)、북두연명경(北斗延命経)、동자속명경(童子續命経)。

사후(死後)를 위한 경문=아미타경(阿彌陀経)、심모타라니경(心姥陀羅尼経)、수생경(壽生経)、해원경(解寃経)、화엄경(華嚴経)。

육축(六畜)을 위한 경문=우마장생경(牛馬長生経)

이상의 경문을、해당되는 곳을 임의로 골라 부적을 사용하기 바로 전에 외우면 대길하다。

그리고 모든 경문을 읽을 때는 반드시 천수경(千手経)을 먼저 읽어라。

※부작(符作)=부적(符籍):불교나 도교(道教)를 믿는 집에서 악귀나 잡신(雜神)을 쫓고 재액(災厄)을 물리치기 위하여 집·의복·신체 등에 붙이거나 지니고 다니는 종이나 물건. 신부(神符)·음부(陰符).

革新增補版 萬古祕傳 靈符籍大寶鑑 目次

第四部 夫婦및 子孫에 대한 부적

1、夫婦和合에 대한 부적

2、男女 愛情에 대한 부적

第六部 動土및 不浄에 대한 부적

第八部 惡鬼및 妖魔를 물리치는 부적……一三七

第十一部 六畜 및 虫獸害에 대한 부적

第十二部 四柱関殺을 예방하는 부적 ……一九三

第十四部 기타 秘法에 대한 부적……三七五

增補·追録●靈符神書

追録

제一부 소원(所願) 및 만사대길(萬事大吉)에 대한 부적

1、소원성취에 대한 부적

2、만사대길에 대한 부적

사람에게는 누구를 막론하고 소원이 있기 마련이다。예를 들어 부자(富者)가 되고 싶다든지、높은 벼슬이나 좋은 직장을 갖고 싶다든지、훌륭한 남편、좋은 아내를 만나 결혼하고 싶다든지、혹은 좋은 의복이나 좋은 주택을 갖고 싶다든지 하는 여러가지의 소원이 있는 것이다。그러므로 모두가 자기의 소원을 달성하기 위해 노력하고 있지만、뜻과 같이 잘 되지 않는 것이 인간사이다。옛말에 정신일도하사불성(精神一到何事不成)이라 했다。성심껏 노력함과 동시 이 소원성취부(所願成就符)를 임의로 골라서 사용하면、당신의 소원을 앞당기는 지름길이 될 것이다。

1、소원 성취에 대한 부적

칠성부(七星符)(一)

칠성(七星)이란 하늘에 있는 북두칠성(北斗七星)을 말한다。 옛날부터 우리네 인간들은 이 북두칠성에 복(福)을 빌어왔다。북두칠성은 하늘의 으뜸인 자미성(紫微星)을 보좌하는 선신(善神)으로 우리를 괴롭히는 흉신(凶神)들을 제압함과 동시 재앙을 없애주고、그대신 복을 내려주는 역할을 담당한 성신이라 한다。 그러므로 이 칠성부를 그려 지니고 다니면 재앙이 침범치 못하고、자기가 소원하는 바를 쉽게 이룩한다는 것이다。

칠성부(七星符) (二)

第一星—탐낭성(貪狼星)—子生
第二星—거문성(巨門星)—丑亥生
第三星—녹존성(禄存星)—寅戌生
第四星—문곡성(文曲星)—卯酉生
第五星—염정성(廉貞星)—辰申生
第六星—무곡성(武曲星)—巳未生
第七星—파군성(破軍星)—午生

거문부(巨門符)

이 거문부는 丑生과 亥生이 사용하는 소원성취부이다。

탐낭부(貪狼符)

이 탐낭부는 子年生이 지니면 소원성취하는 부적이다。

녹존부(禄存符)

이 녹존부는 寅生과 戌生에 해당되는 부적이니 몸에 지니면 소원을 성취한다。

문곡부(文曲符)

이 문곡부는 卯生과 酉生이 지니고 다니면 소원을 성취한다。

무곡부(武曲符)

이 무곡부는 巳生과 未生이 지니고 다니면 소원을 성취한다。

염정부(廉貞符)

이 염정부는 辰生과 申生이 지니고 다니면 소원을 성취한다。

파군부(破軍符)

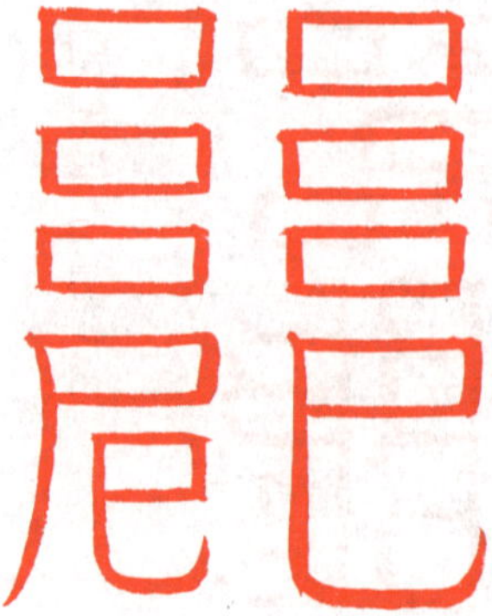

이 파군부는 午生이 몸에 지니고 다니면 소원이 성취되는 부적이다。

소원성취부(所願成就符)

이 부적도 소원을 성취하는 부적으로 일반적으로 가장 많이 쓰이고 있다。이 부적을 써서 벼개 속에 넣고 자거나 항시 휴대하고 다니면、자기가 원하는 바를 이룬다고 한다。

소망성취부(所望成就符)

이 소망성취부도 소원성취부와 효력이 마찬가지이다。소원이나 소망이나 다 같이 희망하는 일이 이룩되기를 원하는 까닭에、이 부적을 지니고 있으면 소원이 쉽게 이루어진다고 한다。

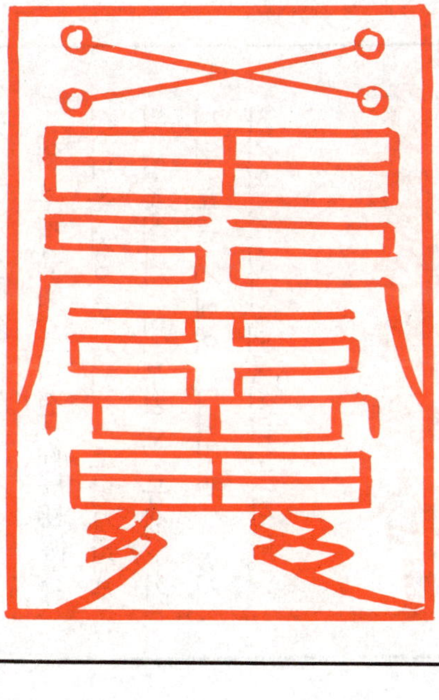

구령부(九靈符)

이 구령부는 원래 옥추부(玉枢符)에서 나온 것으로 이 부적을 써서 소원하는 경문(経文)을 읽은 뒤 몸에 지니면 구령(九靈)과 삼정(三精)을 불러 장생복록을 누리고 또는 자기의 소원을 성취한다。

소원부(所願符)

이 부적은 신농비전(神農秘傳)에서 나온 것으로 역시 소원성취부의 일종이다。이 부적도 몸에 지니면 모든 신액이 사라짐과 동시 자기의 소원이 이룩된다고 한다。

2、만사대길(萬事大吉)에 대한 부적

적갑부(赤甲符)

이 적갑부는 만가지 일에 모두 좋은 부적으로 즉、소원성취、가정안락、부부화합、재물、신변안전 등에 흉액을 피하고 길복을 초래하는 부적이다。

이 부적을 오색지(五色紙)에 그려 몸에 지니고 다니면 항시 행운이 찾아오며、만사가 여의하다。

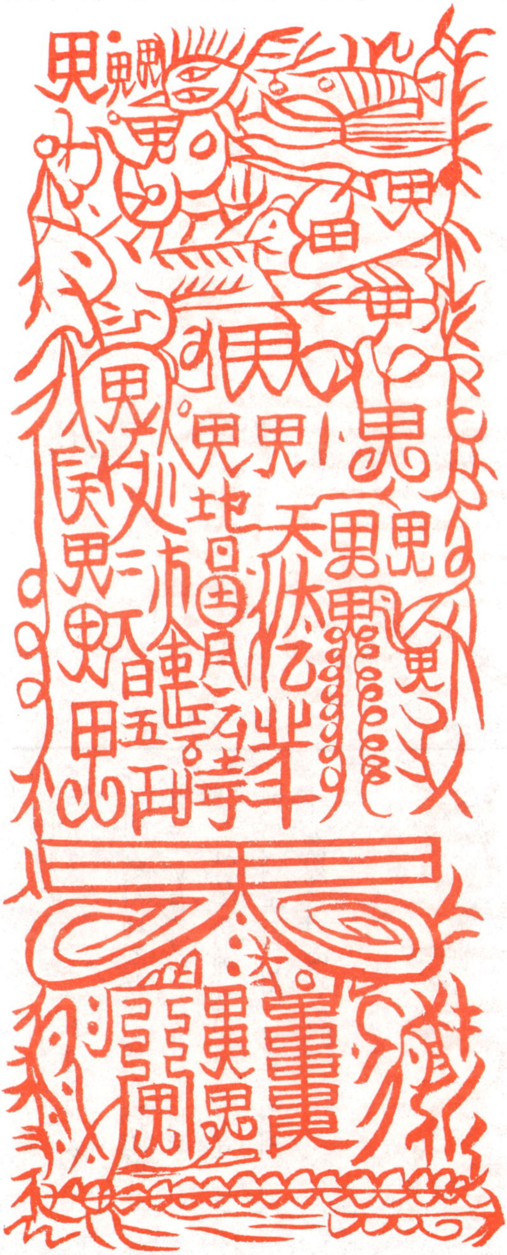

만사대길부(萬事大吉符)

백사대길부(百事大吉符)

이 만사대길부나 백사대길부는 입춘(立春)날에 두장을 써서 한장은 앞문 위에 붙이고 한장은 몸에 지니고 다니면 모든 일에 길복(吉福)이 따른다。

제二부 재앙(災殃)에 대한 부적

1、신수불길 도액부(身数不吉都厄符)

2、삼재예방부(三災豫防符)

3、관재·구설에 대한 부적

4、수화재(水火災)에 대한 부적

5、실물 도적에 대한 부적

6、기타 재앙에 대한 부적

사람에게는 누구를 막론하고 재앙(災殃)이 이르기 마련이다。운명에 따라 그 재앙의 경중(軽重)은 있겠지만 일생을 사는 동안 몇번이고 수없이 닥쳐오는 재화를 피할 길은 없다。그러나 이를 막는 방법도 또한 있는 것이니 첫째 항시 마음 가짐과 행동을 바르게 하고 이에 대비하여 항시 주의력 깊게 처세하면 무난히 액운을 벗어날 수도 있다。또한 이 부적의 신비력(神秘力)에 의지해보는 것도 바람직한 일이니、관재 구설등 삼재팔난이 닥쳐오거나 이르기 전 정성껏 기도하고 부적을 적당히 골라서 사용하면、웬만한 재액을 탈 없이 넘길 것이다。

1、신수불길 도액부(身数不吉都厄符)

태세부(太歲符)

신수가 불길한 사람은 당년 태세성군(太歲星君)을 써넣고 음 정월중 길일을 가려 사색 실과와 약주를 차려 놓고 촛불을 밝힌뒤 이 부적을 봉안하는데、매월 십오일에 축원하다가 음 十二월 二十四일 떼어서 불사른다。

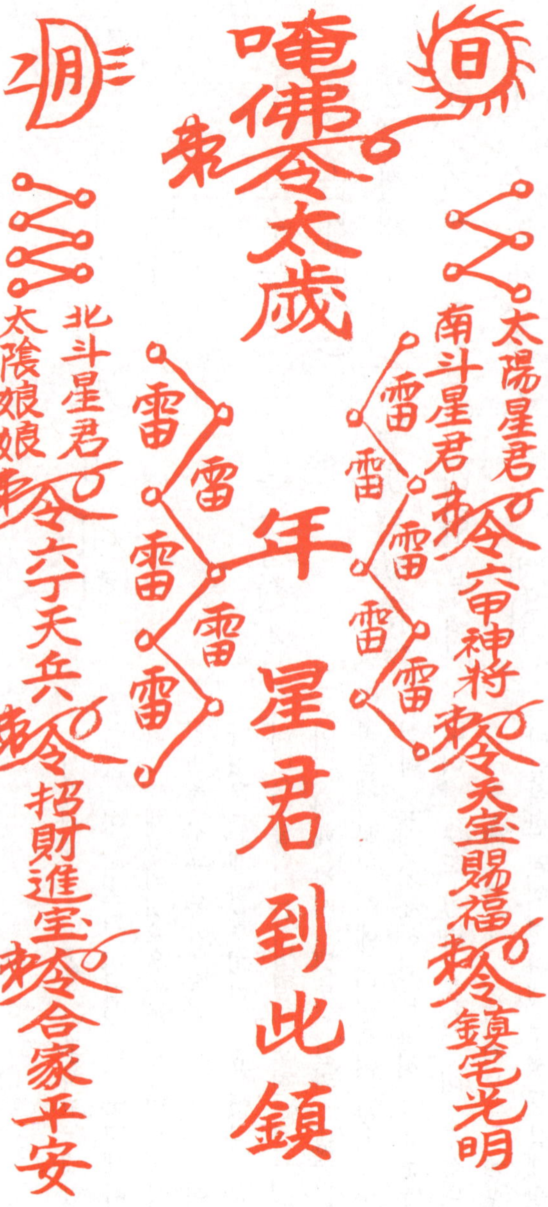

2、삼재예방부(三災豫防符)

사람은 누구나 일생동안 삼재가 몇번이고 들기 마련이다。그러니 이 삼재가 드는 해는 신병、손재、상패(喪敗)등의 액운이 이르게 되는데、미리 액을 막으면 삼재운을 무사히 넘길수 있다。삼재가 드는 해는 다음과 같다。

申子辰生—寅卯辰年
巳酉丑生—亥子丑年
寅午戌生—申酉戌年
亥卯未生—巳午未年

삼재가 드는 사람은 아래에 있는 모든 삼재부적 가운데서 마음이 내키는대로 골라 써서 지니고다니면 길하다。

삼재소멸부(三災消滅符)

자연원리삼재부(自然遠離三災符)

삼두일족응삼재부(三頭一足鷹三災符)

이 부적은 머리셋이 돋혀 매의 그림인데 용(竜—바다의 수호자)、호(虎—산의 수호자)와 더불어 매를 영공(領空)의 수호자로 상징하였다。세개의 매부리(嘴)가 삼재를 쪼아 없앤다는 뜻에서 만들어진 부적으로 옛날에 많이 사용해 왔다。

옥추삼재부(玉枢三災符)

이는 옥추경에 기록된 부적인데 몸에 지니고 다니면 삼재팔난(三災八難)이 소멸된다는 부적으로 사귀(邪鬼)가 도망감으로 관재구설이 자연히 사라진다는 삼재부적이다。

삼재부(三災符)

이 부적은 신농씨(神農氏)가 만들었다고 전해지고 있다。인패(人敗)、재패(財敗)、우환(憂患) 등의 삼재팔난(三災八難)에 접하였을 때 이 부적을 경면주사로 써서 삼재가 들어오는 해 입춘 날에 몸에 지니고 다니면、모든 우환 질고가 침범치 못한다 하였다。

(一)

(二)

3、관재(官災) 구설(口舌)에 대한 부적

사람에게는 특히 관재 구설이 유난히 따르는 사람이 있다。이러한 사람은 항상 조심해야 하는 것은 물론이지만 운명적으로 찾어드는 관재 및 구설 시비는 그 비중의 차이는 있겠지만 어쩔수 없이 당하기 마련이다。이 관재 구설에 대한 부적은 그러한 액을 미연에 방지하는데 큰 효험이 있는 것이며 혹은 이미 관재 구설에 접했을지라도 여부적을 사용하면 모든 일이 쉽게 풀려나간다는 것이다。

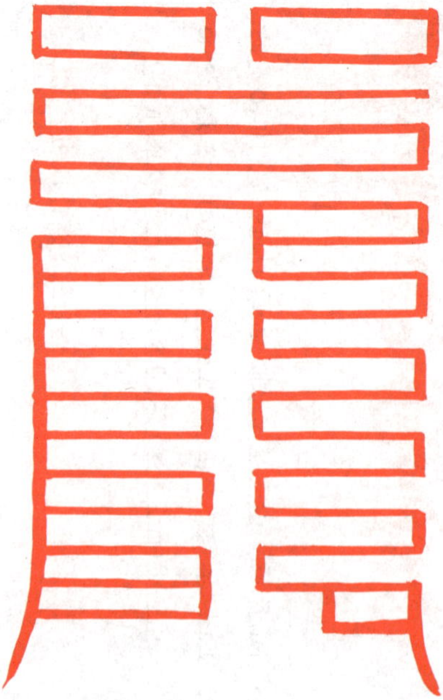

도액부(都厄符)

이 부적은 집안에 우환이 발생하거나 관재시비가 일어나거나、일어나게 될 징조가 있을때 관재구설부와 같이 써서 문위에 붙이고 한장은 몸에 지니고 다니면 우환이 사라지고 관재구설도 침범치 않는다。

관재소멸부(官災消滅符)

사주 가운데 관재수가 있거나 일년 신수가 불길하여 관재수가 있거나 혹은 관재수를 당하였을때 이 부적을 써서 한장은 벼개 속에 넣고 한장은 몸에 지니고 다니면 관액(官厄)이 자연 사라진다。

관재부(官災符)

이 부적은 현재 관재를 당하고 있는 사람에게 사용하면 자연히 관재 시비 속에서 벗어난다。 역시 몸에 항시 지니고 있어야 그 효력이 빠르다。

신주령부(神呪靈符)

이 부적은 옥추부(玉枢符)에서 나온 것인데 집안에 관재 및 구설로 인하여 근심하고 있을 때 이 부적을 그려 집안에 붙이고, 또 관재 구설을 당한 사람이 몸에 지니고 다니면 관재수와 구설수가 자연히 사라진다。

능피쟁송지액부(能避争訟之厄符)

남과 다툴 일이 생기거나 관청에 송사(訟事)가 일어날 염려가 있어 불안할 때 이 부적을 미리 써서 시비 송사를 막으면 아무런 탈 없이 모든 일이 쉽게 해결된다。

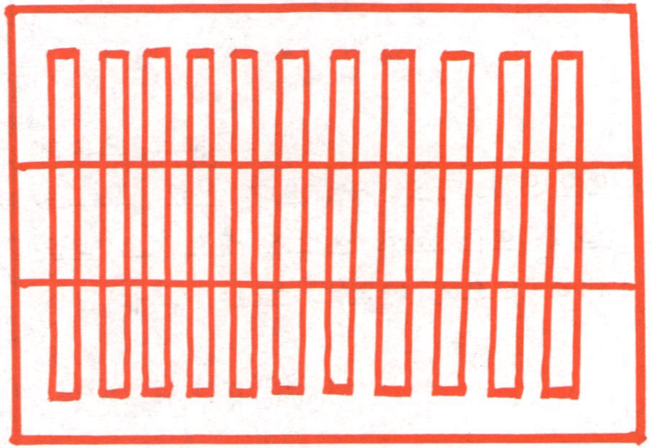

구설송사부(口舌訟事符)

사업 또는 금전 거래나 기타의 일로 송사가 발생하거나 구설을 듣게 될 경우 이 부적을 써서 몸에 지니고 있으면 자신에게 유리한 결과가 이른다。

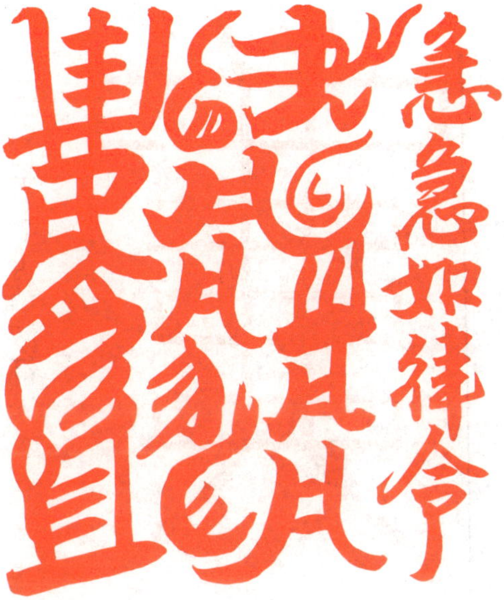

소송부(訴訟符)

자신이 소송을 제기하거나 소송에 걸렸을 때 이 부적을 쓰면 승소(勝訴)한다。

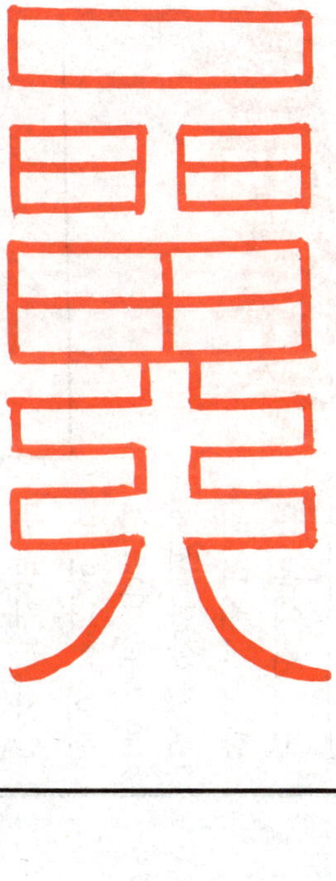

관재구설소멸부(官災口舌消滅符)

이 부적을 사용하면 관재 구설이 사라진다。

구설소멸부(口舌消滅符)

구설이란 잘못하여 남에게 비방을 듣는 일이 있고 또는 아무런 잘못이 없는데도 신수가 불길하여 구설을 듣게 되는 수가 많은 것이다。이러한 때는 위의 구설소멸부를 써서 몸에 지니고 있으면 구설이 자연 사라진다。

시비부(是非符)

남과 하찮은 일로 말썽이 자주 생기는 사람이 있다。이런 사람은 부적을 써서 한장은 태워 마시고 한장은 몸에 지니고 다니면 이러한 액이 자연 사라진다。

4、수화재(水火災)에 대한 부적

사람의 재앙가운데 수재(水災)나 화재(火災)를 만나게 되면 재산을 모두 탕진하게 되고 심할 경우 생명의 위험도 있기 마련이다。사주나 일년 신수에서 수화재의 액운이 있으면 반드시 그 액을 막아야 하는 것이니 다음에 적혀있는 수화재예방부(水火災予防符)를 사용하면 그러한 재액을 미리 막을 수 있다。

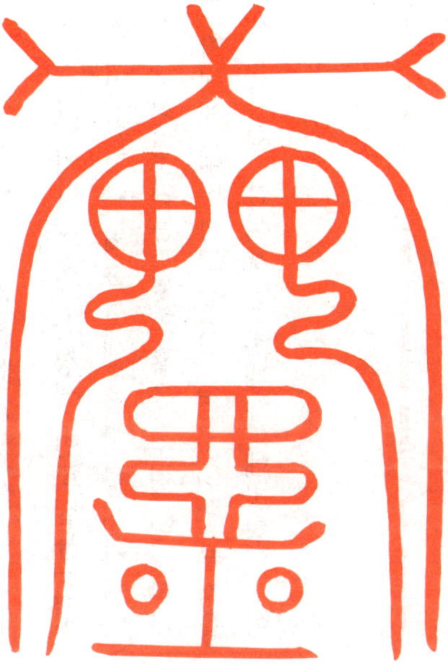

수화도액부(水火都厄符)

이 부적을 써서 몸에 지니고 있으면 홍수(洪水)、한재(旱災)、침수액(沈水厄)、화재(火災) 및 그로 인한 가옥이나 농작물(農作物)의 피해를 막을 수 있다。뿐만 아니라 기타 짐승이나 뱀、벌레 등의 침입도 방지된다고 한다。

화재예방부(火災豫防符)

건축이나 기타 주위 환경에 인화질물(引火質物)이 있거나 취급하게 되어 항시 화재가 생길 우려가 있는 경우 혹은 주택 및 상가의 화재에 예방하고자 할 경우、이 부적을 써서 집안에 붙여두면 화재를 예방할 수 있다。

수액예방부(水厄豫防符)

생활상 해상(海上)에 출입이 많거나 어업에 종사하거나 또는 물놀이 등을 하려는 때에 이 부적을 써서 몸에 지니고 있으면 수마(水魔)로부터 일신의 안전을 보호받게 된다는 부적이다。

5、실물(失物)·도적(盜賊)에 대한 부적

도적불침부(盜賊不侵符)

이 부적은 도적이 침입할 우려가 있거나 도적이 자주 드나들어 금전이나 물품의 피해가 있을 때 방 앞문 위에 붙여두면 도적이 집안으로 침입하지 않는다。

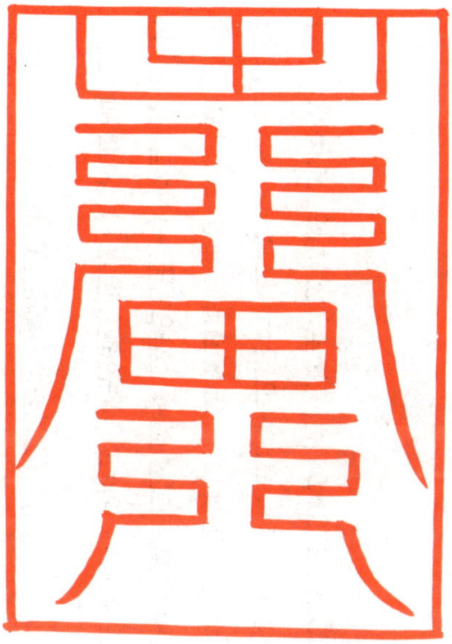

실물액소멸부(失物厄消滅符)

이 부적은 도적이나 기타 날치기·사기 등으로 인한 재산상의 손실을 미리 방지하는데 쓰이는 부적으로, 집안에 붙여두거나 몸에 지니고 있으면 실물수가 없다。

피절도령부(避竊盜靈符)

이 부적도 도적의 침입을 막는 부적이다。이 부적을 노란종이(黃紙)에 주사(朱砂)로 써서 대문(大門)앞에 붙이거나 대들보에 붙여두면 도적이 들어왔다가도 두려운 마음이 생겨 그대로 돌아간다。그런데 이 부적의 효력은 약 일개월로서、일개월이 지나면 다시 써서 갈아 붙여야 한다。또 오래된 부적을 붙여두면 집안에 우환이 생길 염려도 있으니 반드시 새것으로 갈아야 한다。

실물갱득부(失物更得符)

이 부적을 써서 아궁이 속에 넣은 뒤 꽃 두송이를 그 위에 올려놓고 「광명진언」을 일곱번 외우면 잊었던 물건을 찾게된다。

도인출부(盜人出符)

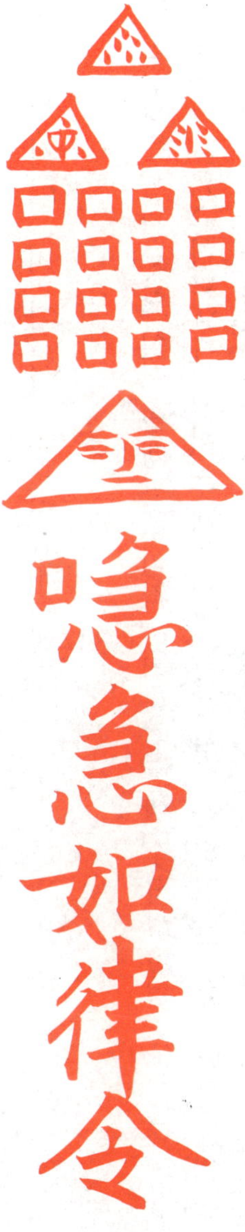

이 부적을 써서 도적이 남기고 간 발자욱에 붙여두면 그 효험이 신효하다。

6、기타 재앙에 대한 부적

일신상의 좋지 못한 일이 발생할 우려가 있거나 집안에 우환과 질병(疾病) 및 괴변(怪變)이 발생하거나 모든 일이 뜻대로 되지 않는 경우는 미리 그 액을 방지해야 한다。다음의 부적은 신수불길에 대한 부적과 가정의 액을 막는데 효험이 있는 것이니 경면주사로 써서 사용하면 액이 사라지고 상서로운 일이 생기리라。

제흉액부(除凶厄符)

이 부적은 특히 신수가 불길하여 관재 구설 및 기타 액운이 닥쳐왔거나 닥쳐올 우려가 있을 때 몸에 지니면 액이 자연 사라지게 된다。

제三부 가택(家宅)의 안전(安全)에 대한 부적

한 집안의 호주가 가정을 거느리고 나가려면 가지가지의 어려움이 있다。 집안에 우환(憂患)이 생기든가、가정불화、상변(喪變)、또는 재산의 손실 등 여러가지의 상서롭지 못한일이 생기는 수가 많은데、이러한 경우는 대개 그 원인이 모든 사귀(邪鬼)의 장난이라 해서 부적으로써 사귀의 침입을 막거나 이미 침입한 사귀를 몰아내면 가정이 편안해진다는 것이다。 집안의 평화를 위해서 미리 액을 막거나、이미 닥쳐온 액은 다음의 부적을 골라 물리치면 대길할 것이다。

재해예방부(災害豫防符)

집안에 여러가지 사건으로 인해 재물이나 기타의 피해가 많을 때 이 부적을 써서 대문(大門)위나 내실(內室) 문위에 붙여두면 집안의 재앙이 자연 사라진다。

가액예방부(家厄豫防符)

집안의 액을 막는 부적이다。

가운불화방지부(家運不和防止符)

집안이 불화로 인하여 시끄럽거나 기타 상서롭지 못한 일이 발생하여 집안이 쇠퇴(衰退)하려는 징조가 보일 때 이 부적을 써서 내실(內室) 문위에 붙여두면 효험이 있다。

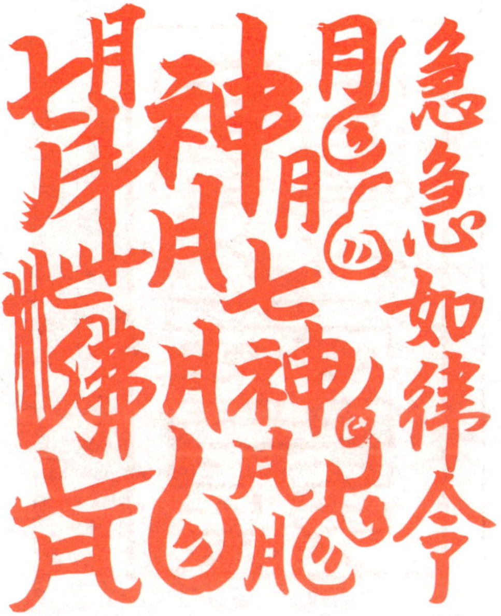

가운불리예방부(家運不利豫防符)

이 부적은 집안에 구설、시비 및 질병、손재 등으로 인하여 가운이 매우 흔들릴 때 방문 위에 붙여두면 모든 재앙이 저절로 물러간다。

가택편안부(家宅便安符)

이 부적은 집안에 아무런 사고가 없이 평온하기를 바라는 부적이다。

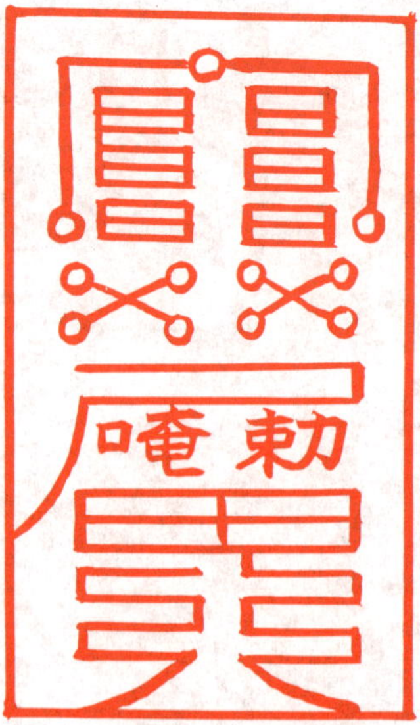

우환소멸부(憂患消滅符)

가정에 근심과 걱정이 끊기지 않을때 이 부적을 방안 문 위에 붙여둔다。

보평안진택부(保平安鎭宅符)

이 부적을 황지(黃紙)에 주사(朱砂)로 써서 대청마루 벽에 붙여 두면 집안이 평안하고 또 남의 방해나 구설 및 횡액을 면하게 된다。

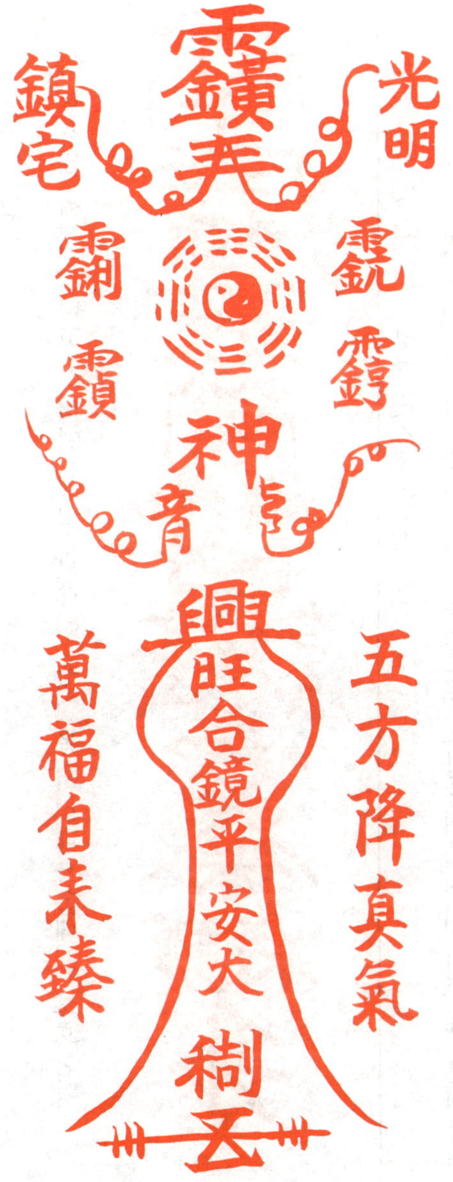

진택축괴파사부(鎭宅逐怪破邪符)

이 부적은 모든 사괴(邪鬼)를 집안으로 부터 쫓아냄으로 집안에 괴변이 사라진다는 부적이니 붉은 종이에 써서 집안 밝은 곳에 붙여두면 집안이 항시 편안하다。

보신부(保身符)

이 부적을 써서 지니고 다니면 선신(善神)이 항시 몸의 위태로움에서 보호한다.

부귀장명피사령부(富貴長命避邪靈符)

이 부적은 사귀(邪鬼)를 집안에서 쫓는 부적으로 노랑종이에 써서 집안에 붙여두면 재화가 침범못하므로 집안이 항시 편안하다.

안택부(安宅符)

이 부적은 일년동안 집안에 우환 질고 및 재앙이 침입치 말고 가정이 무사히 지내라는 안택부적으로 정월 초에 주사로 써서 방문위에 붙여두면 대길하다。

진택편안부(鎭宅便安符)

이 부적을 집안에 침입한 잡귀(雜鬼)를 몰아내는데 신효한 것이니 문위에 붙여두면 가정이 편안하다。

진택편안부(鎮宅便安符)

이 부적은 모든 잡귀(雜鬼)와 악살(惡殺)이 침범치 못하는 것으로 문 위에 붙여두면 집안이 항시 편안하다。

가택흥왕부(家宅興旺符)

이 부적을 주사(朱砂)로 써서 안방 문위에 붙이면 우환이 사라지고 자녀의 양육이 순조로우며 온 집안이 태평하고 재물이날로 번창해진다。

친족화합부(親族和合符)

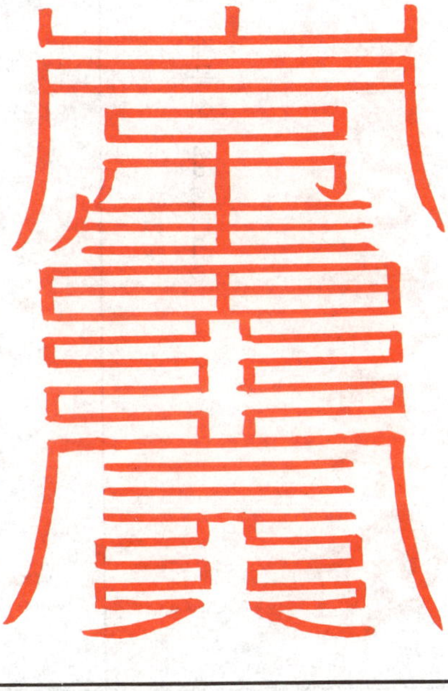

가까운 이웃이나 친족사이에 불화하고 인덕이 없을때 또는 집안에 육축이 번성하지 않을때는 이 부적을 「경면주사」로 써서 내실(内室)문위에 붙여두면 친족과 이웃간에 화목한다。 단 육축의 손실이 있을때는 축사(畜舍)에 붙인다。

복운부(福運符)

이 부적을 써서 집안 동남쪽 벽위에 붙여두면 재앙이 사라지고 복록이 이르며 운수가 대통한다。

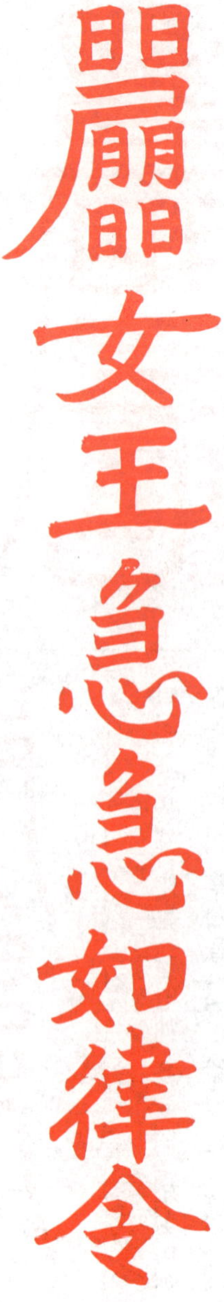

번영부(繁栄符)

이 부적을 써서 방안에 붙여두면 인정(人丁)과 재물이 왕성한다。

가정불화방지부(家庭不和防止符)

이 부적은 가정의 부모、형제、부부、자손 등이 불화로 인하여 시끄러운 경우 사용하는 것으로 방 문위에 붙여두면 곧 온 집안이 화목한다。

가화예방부(家禍予防符)

집안에 우환이 생기거나 부부、자손、형제가 불화하거나 기타 관재 구설 손재등의 재앙이 생기거나 생길 염려가 있을때 이 부적을 써서 내실 문 위에 붙이면 곧 효력이 발생한다。

진살령부(鎭殺霊符)

이 부적을 방안 벽위에 붙여두면 흉살이 사라지고 집안이 편안하다。

압살부(押殺符—살을 눌루는 부적)

이 부적도 집안에 침입하는 모든 흉살을 제거하므로 집안이 자연 평화로와지는 부적인데 아래의 주문(呪文)을 외우고 사용하라。

주문=령입백살잠장강옥내급주복장(靈入百煞潛藏罡獄內急走伏藏)

오방신편안부(五方神便安符) (二)

이 부적은 산란하고 시끄러운 집안을 편안케 하는 것으로 황색종이에 주서(朱書)로 다섯장을 써서 대문위나 방문위에 붙여두면 집안이 편안하다。

오방신편안부주문= 천지자연 예기분산 동중현허 황랑태원 팔방위신 사아자연령부부명 보고구천 건라담나 동강태현 참효박사 도인만천 주산신주 원시옥문 지송일편 각병연년 안행오악 팔해지문 마왕속수 시위아헌 흉예소산 도기장존 급급여율령 태상로군 율령칙

이상의 주문을 외운뒤 부적을 써서 사용하라

오방신편안부 (二)

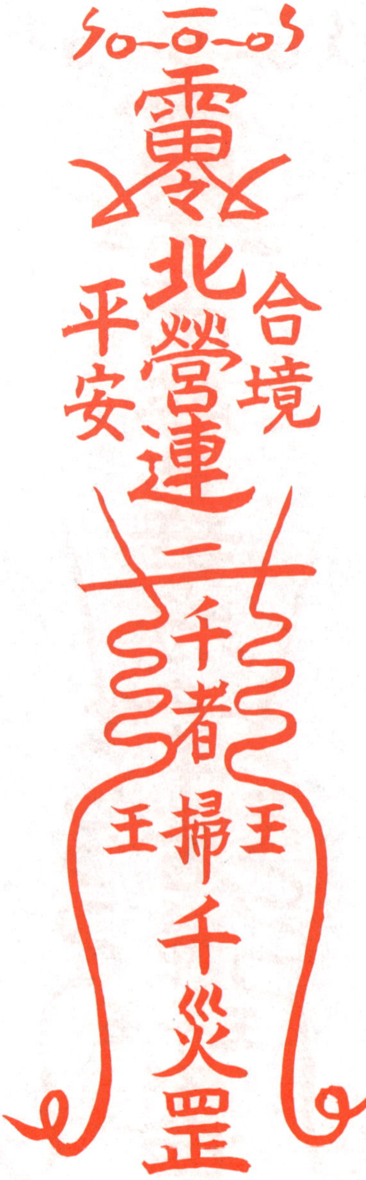

오방신편안부 (三)

오방신편안부 (四)

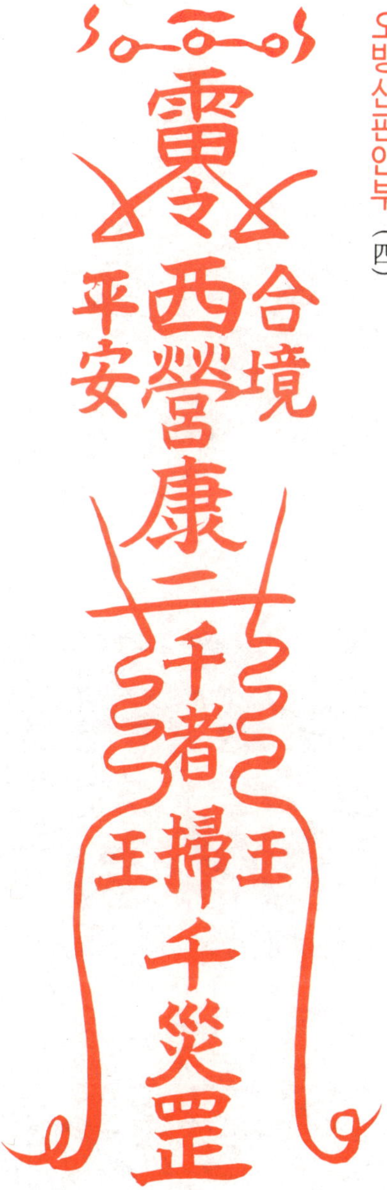

오방신편안부 (五)

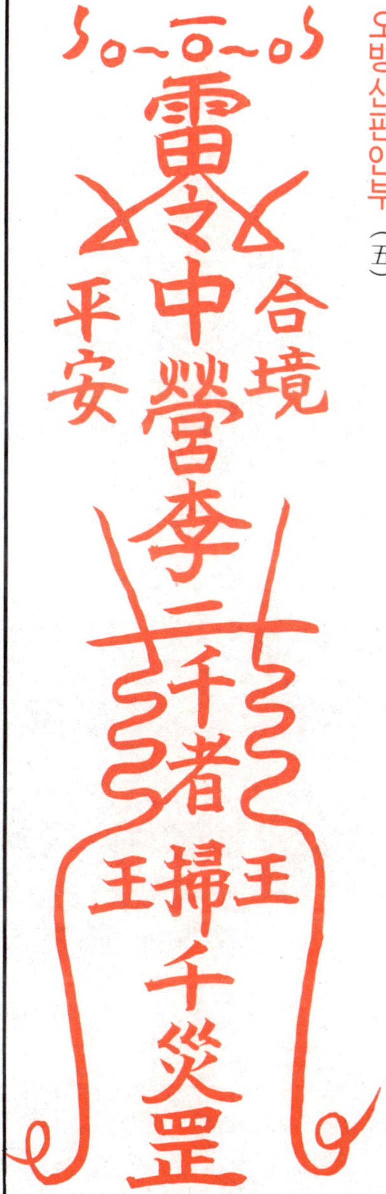

제四부 부부(夫婦) 밎 자손(子孫)에 대한 부적

1、부부화합(夫婦和合)에 대한 부적

2、남녀 애정(愛情)에 대한 부적

3、자손(子孫)에 대한 부적

4、잉태(孕胎)밎 해산(解産)에 대한 부적

부부는 이성지합(異性之合)이요 생민지본(生民之本)이라 하였다。 비록 남과 남이 결합하였다 해도 인생의 일생동안 부모 자식 관계 다음가는 가장 가까운 사이인 것이다。 그러므로 부부는 화목해야 가정도 평화롭기 마련인데、어떤 경우는 부부 불화가 자주 일어나고 그로 인하여 파탄(破綻)의 경지까지 이르고 마는 예가 있다。

또한 자손으로、부부가 결합하면 자연히 자손이 있기 마련이며 그 자손 두기를 절실히 희망하지만 어떤 사람은 자손복이 적어 실패하거나 두지 못하는 경우가 있다。 이러한 부부、자손에 대하여 액을 막고 복을 부르는 부적이 바로 이 다음에 있으니 사용하면 효험이 빠를 것이다。

1、부부화합에 대한 부적

부부자손화합부(夫婦子孫和合符)

이 부적은 부부뿐 아니라 자손 및 기타 가족이 화합하며 장수 부귀하는 대길한 부적이다。주사로 써서 문위에 붙여두라。

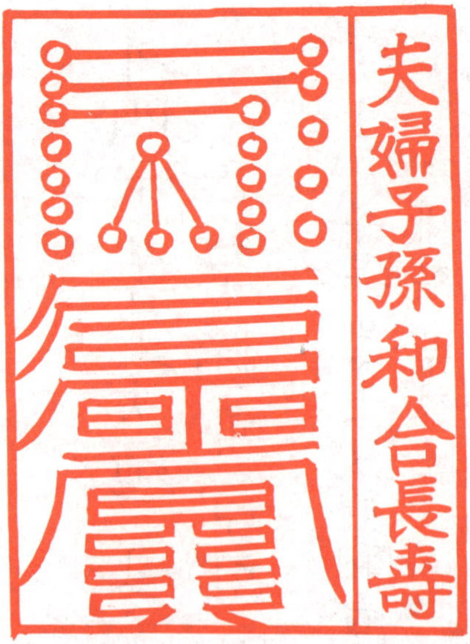

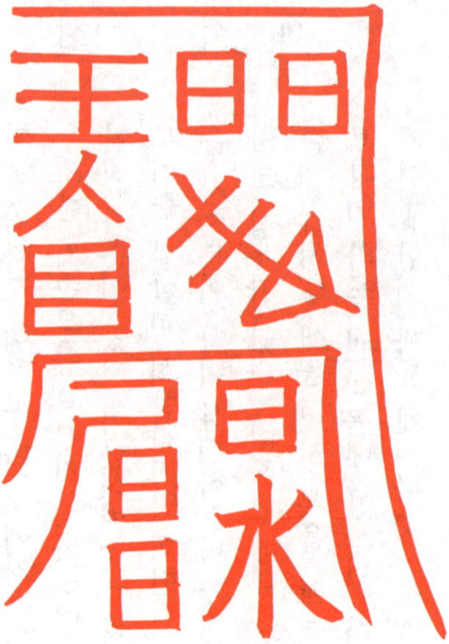

화합부(和合符)

이 부적도 가정불화는 물론 이웃 친척의 불화도 방지하는 것이며 특히 부부가 자연히 의가 좋아지게 되는 부적이다。이불속에 넣고 자거나 몸에 지니고 있으면 대길하다。

부부불화방지부(夫婦不和防止符)

이는 부부 사이에 원진(怨嗔) 및 상충살(相冲殺)이 있어서 부부 불화하거나 가정불화가 자주 일어날 때 三장을 써서 一장은 문위에 붙이고 二장은 부부가 몸에 지니고 있으면 자연히 화목하게 된다。

부부불화방지부(二)

부부간에 항상 화목치 못하고 까닭없이 싸움이 잦거나 서로 뜻이 안맞거든 이 부적 三장을 주사(朱砂)로 써서 한장은 문 위에 붙이고 두장은 부부가 몸에 각기 지니고 있으면 뜻이 맞고 화목해진다。

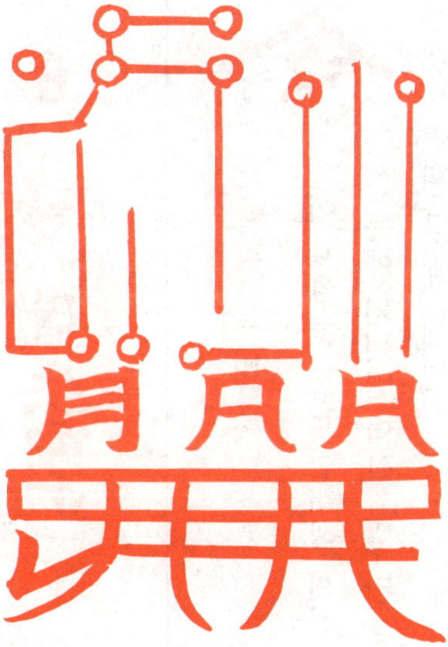

화합합심정부(和合合心情符)

이 부적을 써서 방문 위에 붙여두면 부부 금슬이 좋고 마음과 뜻이 서로 잘 맞는다。

주문(呪文)—화합신 화합선 만회승 종금하례 화합래 화합래 시리시래 안란 천고동동 금고곤지래 남녀상합 견시파군 절불산 만회승승 급급여율령칙

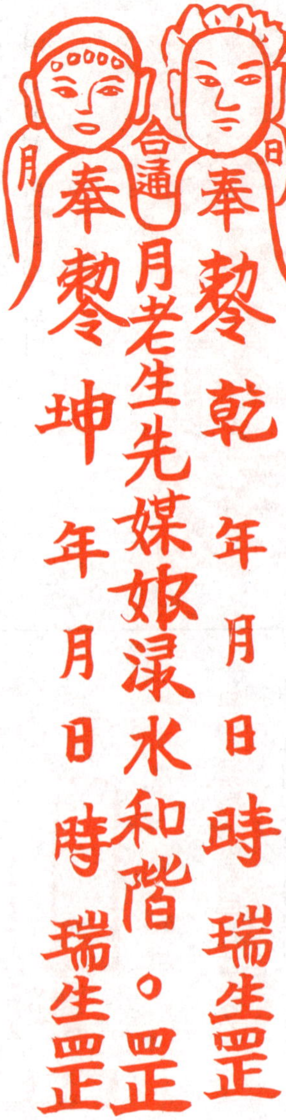

화합부(和合符)

이 부적을 붉은 종이에 써서 몸에 지니면 역시 부부가 화목하게 된다。

애정부(愛情符)

부부 사이가 서먹서먹하거나 정이 없을때는 이 부적을 두 사람이 같이 몸에 지니고 있으면 자연히 금슬(琴瑟)이 좋아진다。

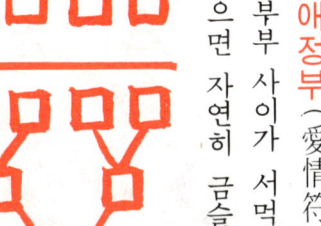

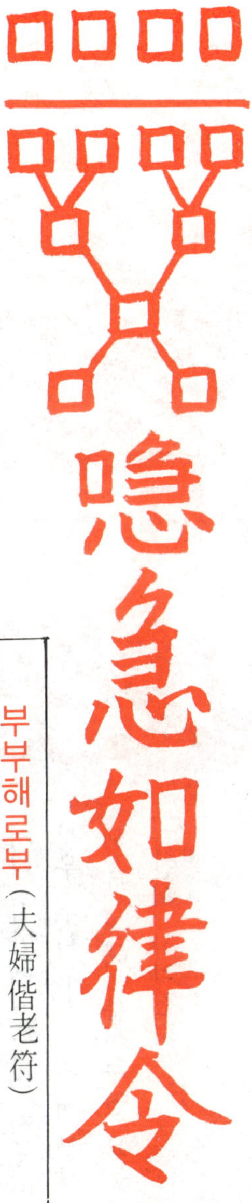

제첩부(除妾符) ― 첩을 떼는 부적

부부해로부(夫婦偕老符)

이 부적을 써서 이불속이나 벼개 속에 넣어두면 부부가 해로한다。

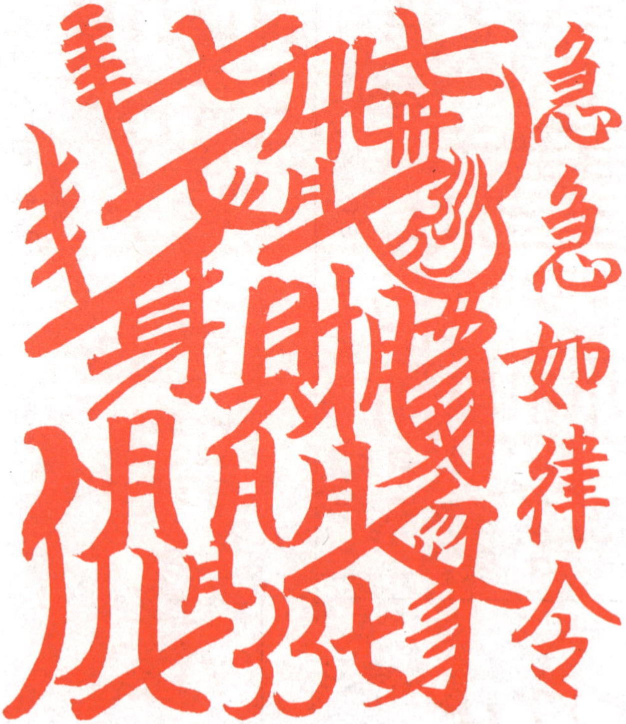

부부신액예방부
(夫婦身厄豫防符)

부부간에 칠살(七殺)이나 기타의 흉살이 침입하여 질병이 따르거나 집안에 우환이 자주 발생할 경우、주사(朱砂)로 이 부적을 써서 문 위에 붙여두면 모든 액이 자연히 사라진다。

규방령부(閨房霊符)

처녀가 팔자가 세거나 하여 장차 결혼에 임하려는데 불안한 마음이 생기면 이 부적을 황색지에 주사(朱砂)로 써서 처녀가 거처하는 방문 위에 붙여두면 결혼후에 만사가 여의하다。

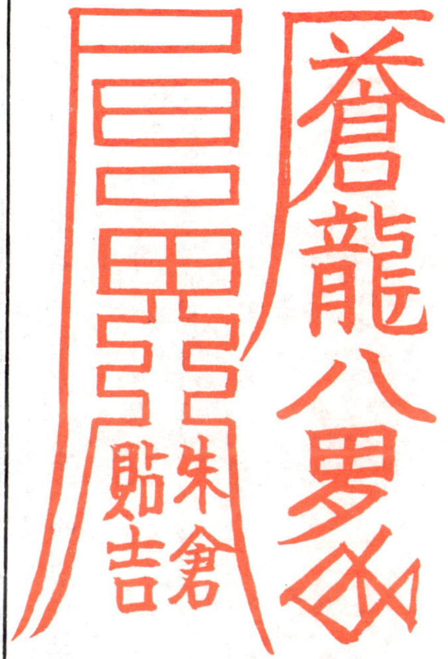

권태방지부(倦怠防止符)

남녀가 결혼하여 오랜 세월이 지나면 자연히 권태증이 생겨 부부·불화한 경우가 많다。이럴때는 이 부적을 써서 방안 보이지 않는 곳에 붙여두면 자연히 권태증이 사라지고 부부가 화합된다。

2、남녀애정(愛情)에 대한 부적

인연부(因縁符)(一)

이 부적은 좋은 배필을 만나게 해달라는 것으로 몸에 지니고 다니면 마음먹은 인연이 맺어진다。

인연부(因縁符)(二)

인연이 뜻대로 이루어지는 부적이니 몸에 지니고 다니라。

후연부(厚緣符)

애인 사이나 부부간에 인연을 더욱 두텁게 해달라는 부적이다。

양연부(良緣符)

이는 좋은 연분을 만나고자 할 때 사용하는 것으로、주사로 써서 몸에 지니고 다니면 우연히 좋은 인연을 만나게 된다。

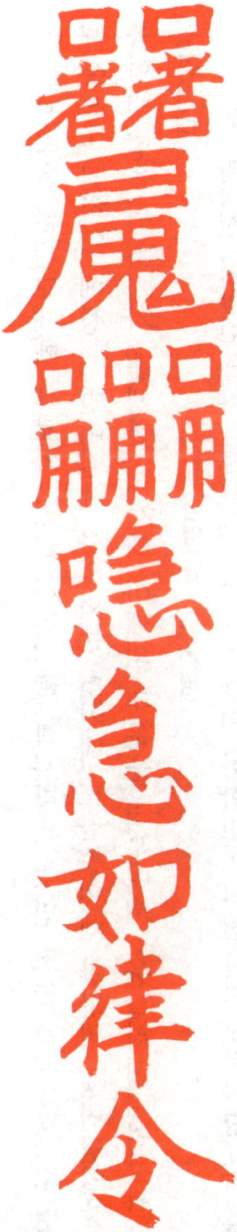

남녀 화합부(男女和合符)

이 부적은 남녀 교제에 애로가 있는 사람、즉 짝사랑의 고민 또는 교제 중에 어떤 오해 등으로 인하여 애정이 멀어질때 사용되는 것인데、노란종이에 쌍방의 생년월일을 기록하여 넣은 뒤 자기가 출생한 시간에 아래의 주문을 외우면서 불살라버리면 사랑에 성공한다。

주문 = 화합신 화합선 제자 금(○○○와 ○○○이 화합천군 마절불산 오봉화합 조사급급 여율령
(성명) (자기명)

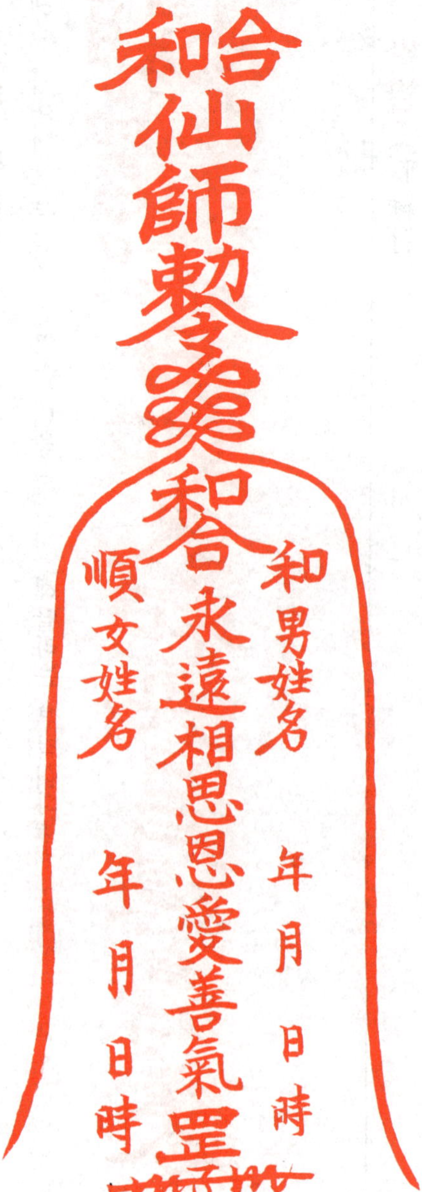

쌍합부(双合符)

이 부적을 써서 아래와 같은 봉투에 넣고 몸에 지니면 서로 뜻이 맞아 애정이 이루어진다。

필원부(必願符)

자기가 원하는 상대방과 애정을 성공시키려 할 때 쓰는 부적이다。

정통부(情通符)

정을 통하고자 할 때 상대방이 모르게 상대방의 벼개 속에 넣으면 인연이 길다。

호리살(狐狸殺)

사주 또는 신수에 원진살이나 이별수가 있는 사람은 주사로 부적을 써서 살(殺)이 있는 당자의 몸에 간직하도록 하면 이별수를 면한다。

발난살(撥乱殺)

남편이나 아내가 바람을 피울 때 이 부적을 써서 바람피우는 당사자 모르게 그 몸에 지녀주거나 그가 베고 자는 벼개 속에 감추어두면 바람기가 곧 해소된다。

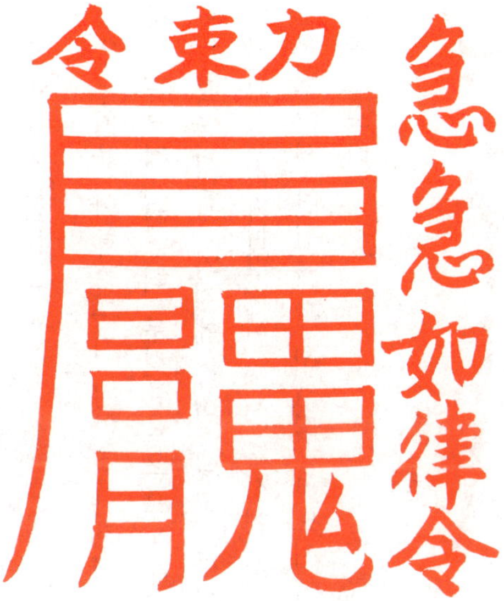

3、자손(子孫)에 대한 부적

구자손부(求子孫符)

자손이 없거나 두지 못할 때 이 부적을 써서 이불 속에 넣어두면 자손이 생긴다。

생자부(生子符)

이 부적은 아들을 두기 원하는 사람이 사용하는 부적이다。이 부적을 동쪽으로 뻗어나간 복숭아나무 가지에 매어 달고、주사(朱砂)로 黃省大將軍이라 써서 옥상에 걸어놓으면 구설、난산(難産)이 없고 반드시 귀자를 낳는다。

구녀성살(九女星殺)

이 살은 소위 딸을 줄줄이 아홉을 낳는다는 살인데、아들을 낳으면 양육하기 힘들고 딸만 많이 낳는 집은 주사(朱砂)로 이 부적을 써서 부인의 몸에 지녀주면 자녀 양육에 지장이 없고 또 아들을 낳게 된다。

4、잉태(孕胎) 및 해산(解産)에 대한 부적

안태부(安胎符) (一)

어떠한 산모(産母)를 막론하고 이 부적을 몸에 지니면 배안에 있는 태아(胎兒)가 건강하다。

안태부(安胎符) (二)

이는 산모와 태아의 건강을 보호하는 부적이다。

안태부(安胎符) (三)

이 부적도 산모와 태아의 건강을 위해 붙인다。

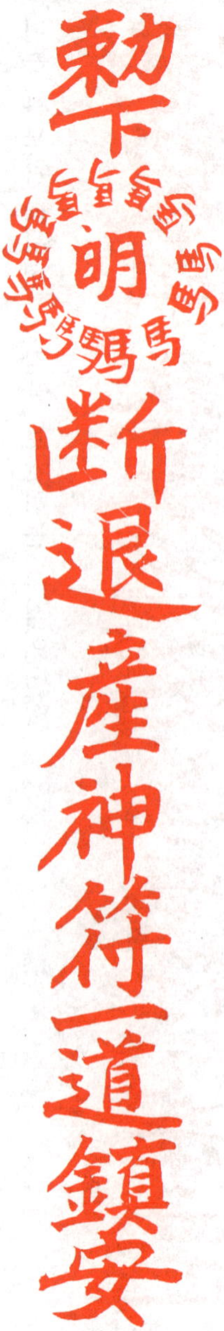

안태부(安胎符) (四)

잉부(孕婦)가 태신(胎神)을 범하여 심히 위험할 때 이 부적을 써서 불에 태워 물에 타서 마시면 곧 배안의 태(胎)가 편안해진다。

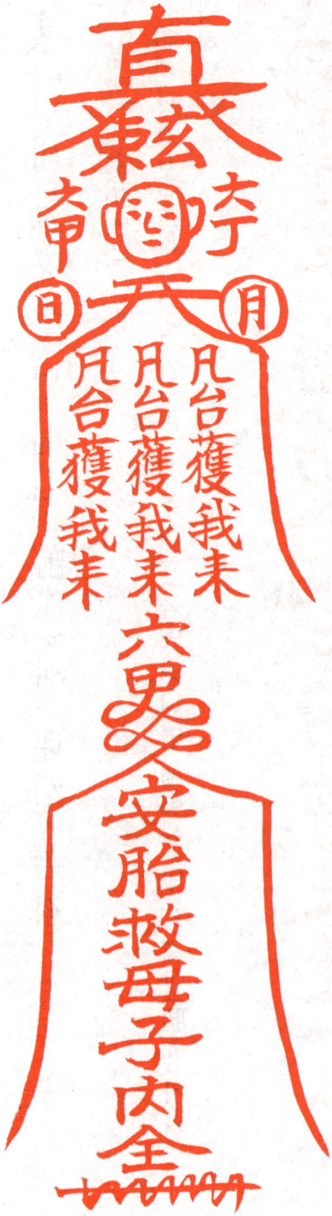

안태령부(安胎靈符) (一)

임신부(妊娠婦)가 이 부적을 지니면 태아를 잘 보호해준다。

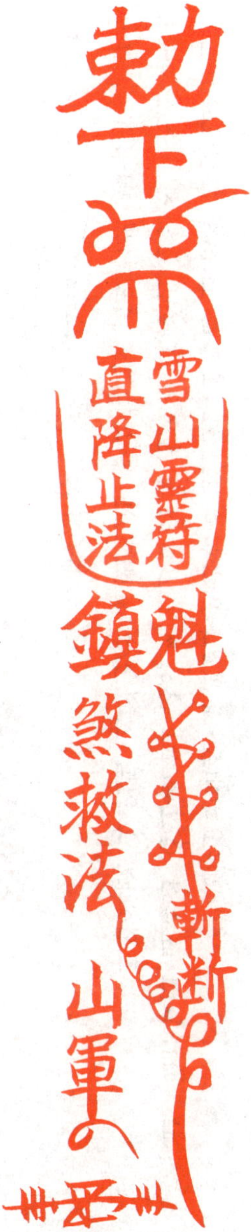

안태령부

안태산부(安胎産婦—산모와 태아를 보호하는 부적)

임신부가 태아에 지장이 생겨 위험할 경우 이 부적을 써서 불에 살라 물에 타서 마시면 곧 편안해진다。

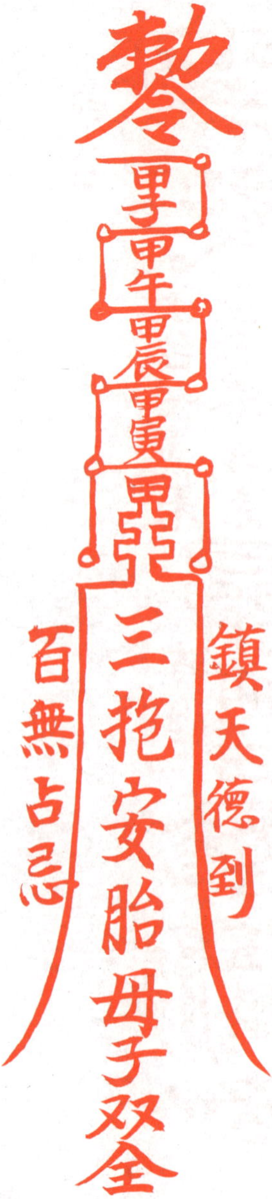

보태부(保胎符—태아를 보호하는 부적)

임신부는 누구를 막론하고 이 부적을 지니면 출산시까지 태아가 건강하다。

주문=천최최 지최최 최생남 최생녀 쾌강생 기린좌강생 봉황우강생 강생범 간호안정 십이시생면앙래 쟁락지 생락지 희애애 오봉십이파저칙명 대급급여율령

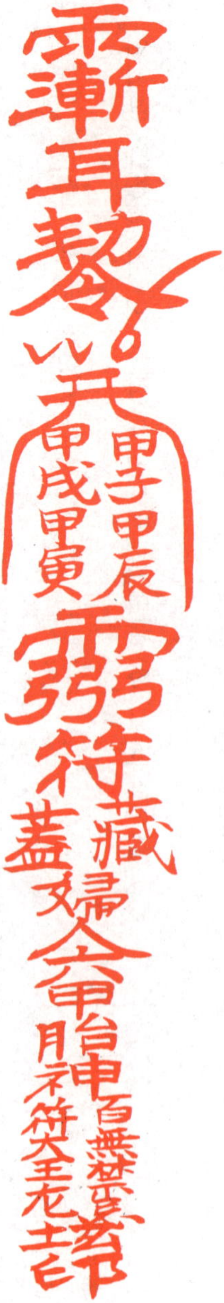

난산부(難産符)

이 부적은 산모가 출산시 태아를 쉽게 낳지 못하여 어려움을 겪고있을 때 이 부적을 써서 불에 태워 마시면 곧 출산(出産)한다。

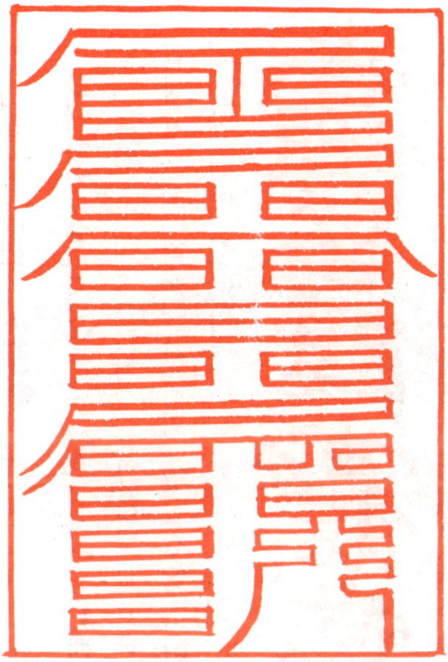

태혈능출부(胎血能出符)

어린애는 나왔어도 태(胎)가 나오지 않아 고통을 받을때 이 부적을 써서 태워 마시면 곧 태가 나온다。

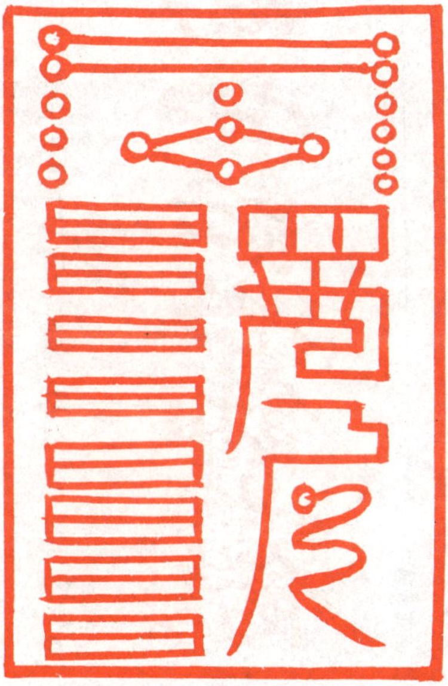

유산 방지부(流産防止符)

부녀자가 습관성으로 유산을 자주하는데 방지하는 부적이다。 임신이 되면 이 부적을 써서 태워 마시면 태아가 건강하고 유산도 방지된다。 즉 이 부적을 주사(朱砂)로 일곱장을 써서 하루에 한장씩 칠일간을 사인(砂仁) 한돈중을 다린 물에 타서 부적과 같이 복용하면 신효하다。

급구횡생도산부(急救橫生倒産符)

출산할 때 태아가 만일 거꾸로 나오거나 옆으로 나오려는 경우 당황치 말고 이 부적을 써서 태워가지고 막걸리에 탄 다음 부엌칼을 불에 달구어 술에 담갔다가 식혀서 마시면 순산한다。 또는 아궁이 밑흙을 한돈가량 물에 끓여 부적태운 재와 같이 마셔도 좋다。

최생부(催生符—태아가 빨리 나오라는 부적) (一)

산모에 난산(難産)의 기미가 보이거든 이 부적을 써서 불에 태워 마시면 곧 순산한다。

최생부(催生符) (二)

산모의 해산(解産)이 빨리 되라는 부적이다。 태워 마신다。

최생부 (催生符) (三)

사람에 따라 효력이 다른 수가 있으니 앞의 최생부가 잘 맞지 않으면 이 부적을 써서 태워 마시면 신효하다。

최생령부 (催生霊符 — 난산을 예방하는 부적)

태아가 거꾸로 나오거나 옆으로 질러서 해산할 경우 이 부적을 써서 불에 태운 재를 물에 타서 마시면 태아가 순산한다。

신비최생부(神秘催生符)

임신부가 만삭(滿朔)이 되었는데도 좀체로 해산할 기미가 보이지 않을 경우 난산(難産)의 우려가 있게 된다。이런 때에는 이 부적을 주사(朱砂)로 아홉장을 써서 하루에 세번씩 불에 태워、당귀 두돈중을 다린 물에 타서 마시면 곧 해산이 되고 따라서 순산한다。

보태부 (保胎符—태아를 보호해달라는 부적)

임신부가 건강상 아무 장애가 없을지라도 이 부적을 사용하면 좋다。

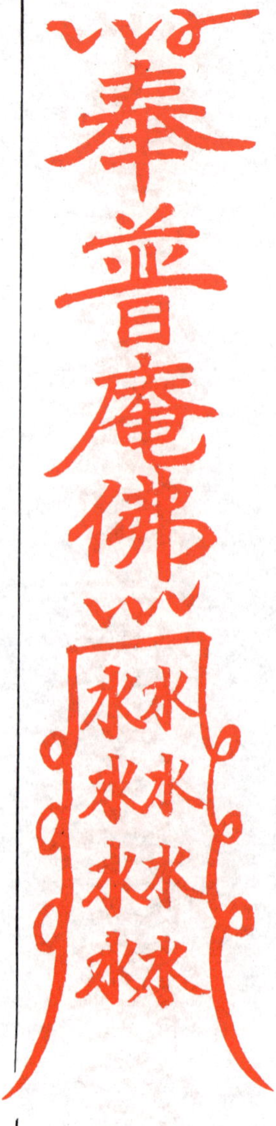

유부 (乳符—젖이 잘 나오게 하는 부적)

산모가 젖이 귀하거나 잘 나오지 않으면 이 부적을 태워 마신다。

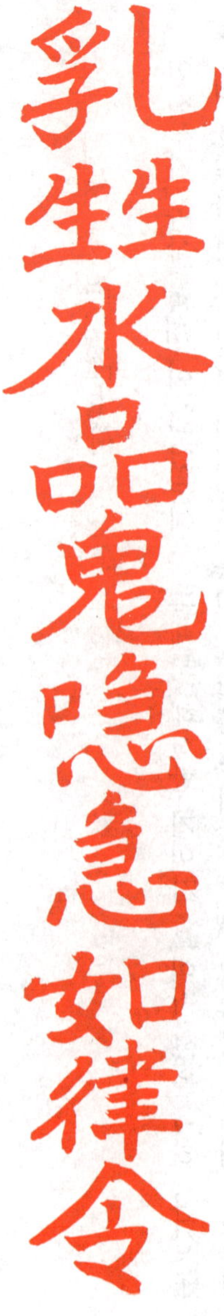

제五부 관직(官職)및 재산에 대한 부적

1、관직에 대한 부적

2、재산(財産)에 대한 부적

아무리 학문(学問)이 높아도 관운(官運)이 없으면 벼슬을 얻기가 어렵다。관직을 구하는 부적을 사용한다고 해서 아무런 실력이 없어도 무조건 관(官)이나 직장을 얻는 것이 아니고、충분한 실력을 배양(培養)하고 나서 운이 없어 관직을 얻지 못할 경우 이 부적을 활용하면 자기가 원하는 벼슬이나 직업을 얻는다는 것이다。

재물에 대한 부적도 역시 사업경영이나 기타 재물 구하는 일에 최대한의 노력을 가하며 이 재수부(財数符)를 사용하면 자기가 노력한데 대한 최대의 성과를 얻는다는 것이다。

1、관직(官職)에 대한 부적

대초관직부(大招官職符)

이 부적을 써서 몸에 지니고 다니면 자기가 원하는 벼슬이나 직장을 쉽게 얻을 수 있다。

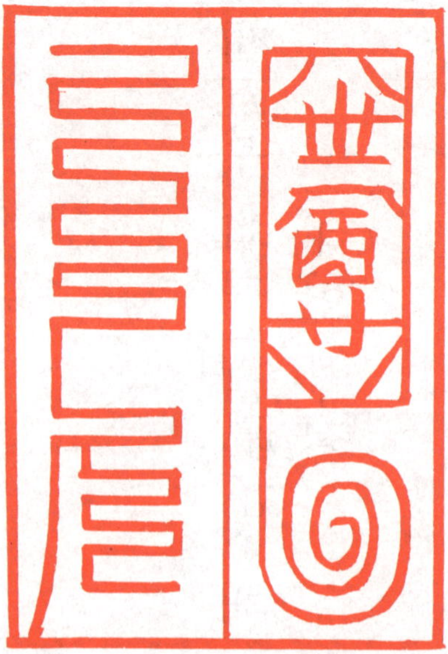

견군밀호부(見君密護符)

이 부적은 옛날 임금을 처음 알현(謁見)할 때 몸에 지니고 가는 부적인데 지금은 높은 사람이나 귀인(貴人)에게나 청탁(請託)을 드릴 때 주사로 써서 몸에 지니고 가면 자기의 뜻을 잘 받아준다는 부적이다。

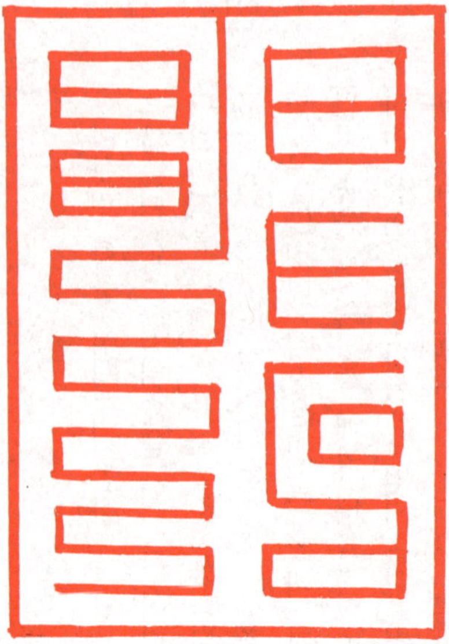

합격부(合格符) (一)

이 부적은 출마(出馬)하거나 진학시험、 취직 시험、 공무원자격시험 등에 응시코져 할때 이부적을 경명주사(鏡明朱砂)로 써서 응시주일전부터 몸에 지니고 다니면 머리가 맑아지며 소망을 성취할 수 있다。

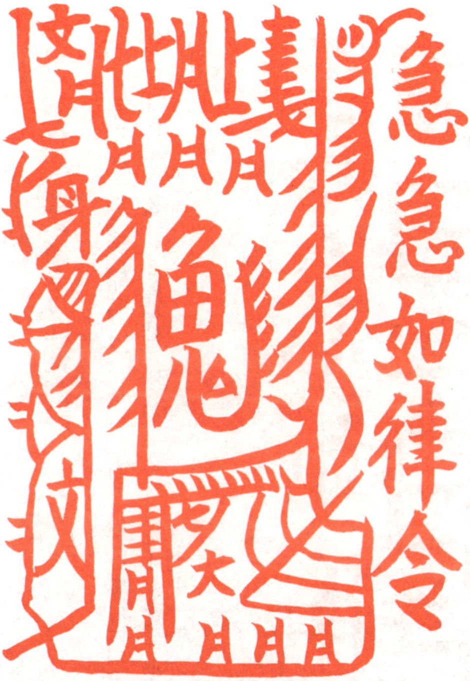

합격부(合格符) (二)

이 부적도 시험 당일에 몸에 지니고 있으면 무난히 합격된다는 부적이다。 소원성취부와 같이 사용하라。

학업진취부(学業進就符)

이 부적의 원명(原名)은 연태성부(硯台星符)라고 하는데, 학업 중에 있는 사람이 몸에 지니고 있으면 정신이 맑아지고 머리가 총명해지므로 뜻한바 학업의 소망이 이루어진다。

2、재산(財産)에 대한 부적

금은자래부(金銀自來符)

이 부적을 써서 안방 문 위에 붙여 두면 금은보화(金銀宝貨)가 자연히 집안에 들어온다는 것이니 즉 재물이 날로 번창해지는 부적이다。

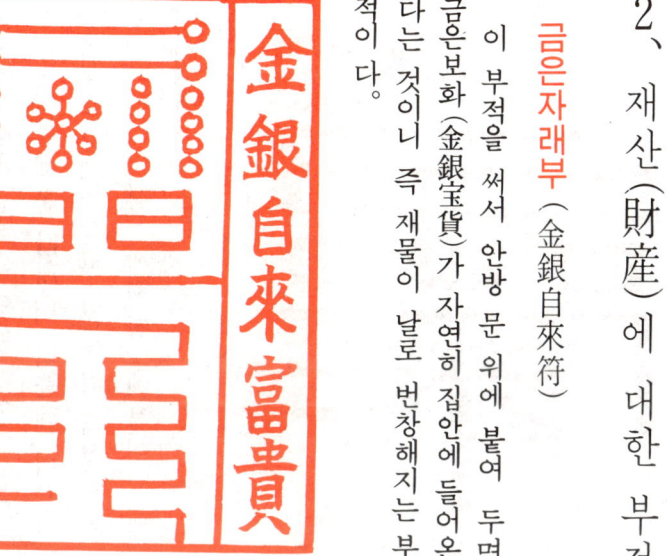

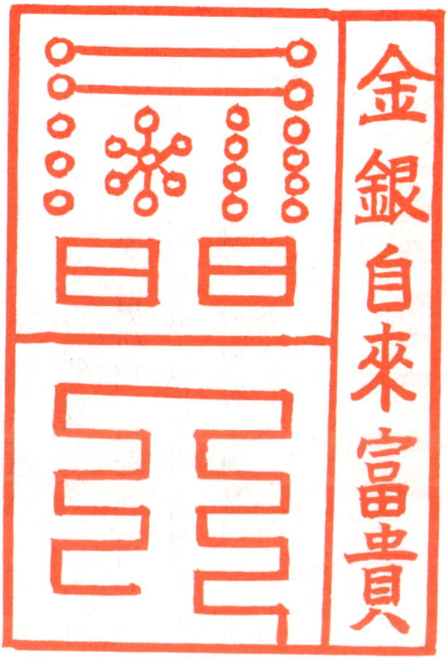

구재산부(救財産符)

이 부적은 실패하여 파산(破産)의 위기에 있는 재산을 구해내고 또는 원하는 재물이 자연 이르도록 하는데 쓰이는 부적이다。주사로 써서 방안 문 위에 붙여놓는다。

초재부(招財符—재산을 부르는 부적)

경영하는 일이 부진하여 재산상의 손해가 있을때, 또는 재운(財運)이 나쁠때, 이 부적을 「주사」로 써서 살고 있는 집 내실문 위에 붙여두고 한장은 사업 장소에 붙이면 재수가 왕성하다.

준재부(準提符)

이 부적은 불경(佛経)의 준제진언(準提眞言)을 부적화(符籍化)한 것이다. 이 부적을 써서 몸에 지니면 수복(寿福)이 이르고 평생을 부족(富足)하게 지낸다고 한다.

손재방지부(損財防止符)(一)

재물은 벌으나 모여지지 않고 또는 상상외로 엉뚱한 곳에 지출이 많게 되거나 기타의 손재수가 있을 때, 이 부적을 써서 집 사방 네귀에 붙이면 재물의 손실을 막게 된다。

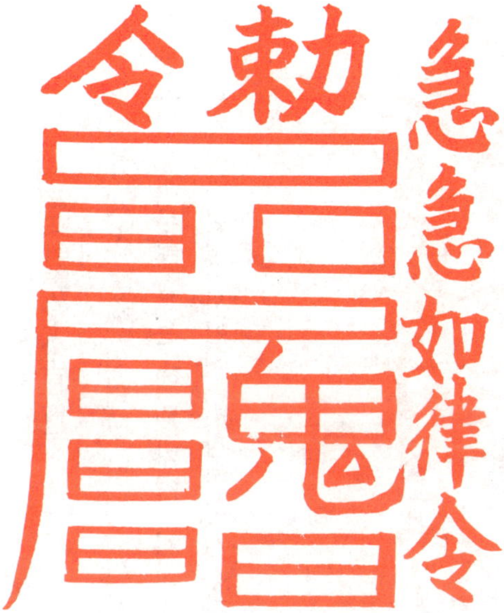

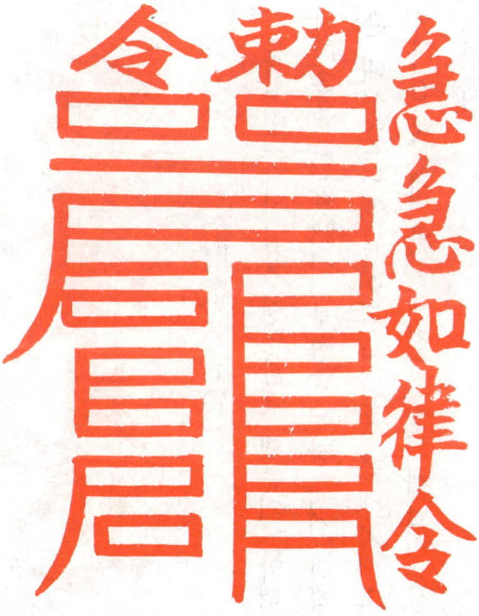

손재방지부(損財防止符)(二)

사업이 부진하거나 재수운이 없어 수입보다 지출이 많은 경우 비재살(飛財殺)이 있는 탓이니, 이 부적을 써서 몸에 지니고 다니면 경영지사가 순조롭고 무단한 지출이나 손재수를 막게 된다。

재수대길부(財数大吉符) (一)

이 부적을 써서 몸에 지니고 다니거나 사업장소에 붙여두면 모든 액이 자연 사라지고 장사가 잘 되며 사업이 번창하고 재수가 대길하다。

재수대길부(財数大吉符) (二)

상업 또는 사업을 경영함에 재운이 막혀 어려움을 겪을때 이 부적을 두장 써서 한장은 내실문위에 붙이고 한장은 몸에 지니고 다니면 재운이 왕성해 지고 모든 재난이 물러간다。

손재예방부(損財豫防符)

집안에 연고없이 재물의 피해가 많을 때 이 부적을 「경명주사」로 써서 대문 혹은 내실 문 위에 붙여두면 재물의 손실을 방지시킨다。

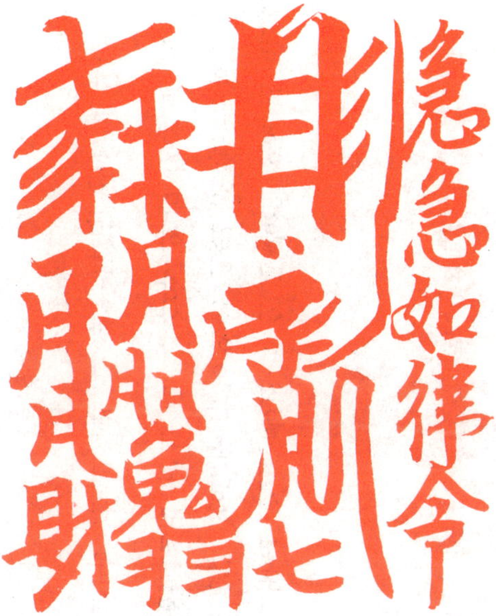

인덕부(人德符)

단독 사업이나 혹은 타인과 동업을 할때 구설 시비가 따르고 재운이 불길하며 인덕이 없을때 이 부적을 「주사」로 써서 몸에 지니고 다니면 구설 시비가자연 사라지고 귀인의 도움을 받아 사업이 번창해진다。

중악부(中岳符―장사 잘 되는 부적)

이 부적은 특히 장사가 잘 되고 고객(顧客)이 많이 찾아오는 방법이다。

아무런 볼일 없이 찾아오는 손님이 많거나 말썽만 부리는 사람이 와서 사업이나 상업에 지장이 있을때 이 부적을 써서 점포나 기타 사업하는 장소에 붙여두면 대길하다。

재물보화자래부(財物宝貨自來符)

재물을 불러들이고 사업이나 장사가 잘 되는 부적

주묘= 신필양양 상지천정 신필일하 만병제근 급급여율령 봉칙

正月—⿰飠禺尙⿰飠祭
二月—尙餠
三月—尙飯
四月—尙⿰飠解
五月—尙⿰飠祭
六月—尙⿰飠氣
七月—尙⿰飠昔
八月—尙⿰飠節
九月—尙⿰飠去
十月—尙⿰飠吉
十一月—尙⿰飠肖
十二月—尙饌

재리부(財利符)

사업이나 장사가 잘 되고 기타의 재물의 이익이 많이 있으라는 부적

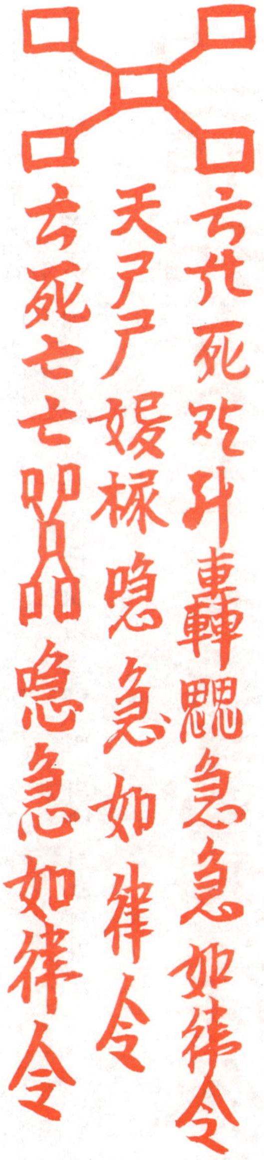

복운자래부(福運自來符)

복록이 이르고 운수가 대통하는 신부(神符)이니 동남 벽 위에 첨부하라。

재보자래부(財寶自來符)

이 부적은 노란종이에 주사(朱砂)로 써서 몸에 지니면 재보가 항시 따른다。

제六부 동토(動土) 및 부정(不浄)에 대한 부적

1、동토 및 수리(修理)에 대한 부적

2、부정에 대한 부적

동토란 흙을 움직인다는 말이나 돌、나무、쇠붙이 등을 움직이다가 탈이 난 것을 통칭하여 동토라 한다。동토는 원래 집을 짓거나 수리하거나 우물、창고 등 기타 여러가지 역사(役事)하는 것과 물건을 움직이는 것 등을 말하는데、이런 일을 하다가 지신(地神)의 노여움을 받아 그로 인한 재앙이 닥쳐옴을「동토탈」이라 일컬어 왔다。

부정(不浄)이란 불결(不潔)한 일을 한다든가 불결한 곳을 출입했다든가、불결한 음식을 신(神)에 제사함으로써 신(神)의 노여움을 사서 재앙을 받는 것인데 이를「부정탈」이라 한다。동토탈이나 부정탈이 났을 경우 아래의 여러가지 부적 중 해당되는 것을 골라 사용하면 아무 탈 없이 집안이 편안해진다。

1、동토(動土) 및 수리(修理)에 대한 부적

백사동토부(百事動土符)

이 부적은 어떠한 동토를 막론하고 동토탈을 막아주는 부적이다。주사로 넉장을 써서 집사방(四方)에 붙이면 모든 재앙이 소멸된다。

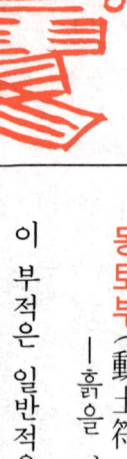

동토부(動土符 —흙을 다루는 부적)

이 부적은 일반적으로 통용되는 동토에 대한 부적이다。꼭 흙을 다루다가 탈이 난 것 뿐이 아니고 작업상 신의 노여움을 받게 되어 재앙이 이르면 이 부적을 사역(事役)한 장소에 붙여두면 탈이 없다。

동목부(動木符)

이 부적은 장차 나무를 다루려 하거나 나무를 다루다가 탈이 났을 때 이 부적을 현장에 붙여두면 무사하다。

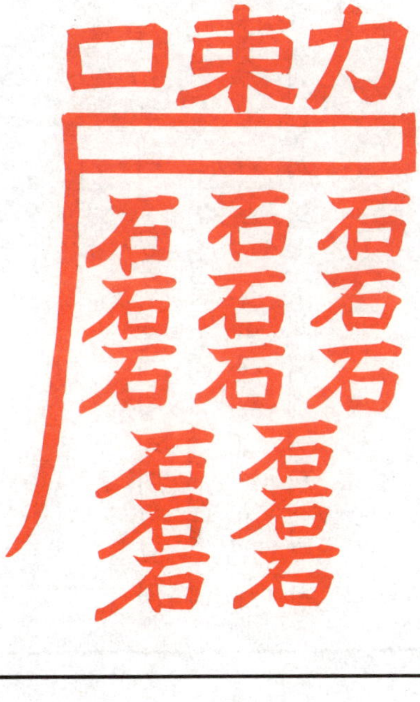

동석부(動石符)

돌을 움직이려 할 경우 또는 돌을 다루다가 탈이 났을 경우 이 부적을 써서 현장에 붙여두면 탈이 없이 만사가 여이하다。

채토부(採土符)

토목공사(土木工事) 등을 위하여 장차 흙을 파서 사용하고자 할 때 그곳에 이 부적을 써서 붙이고 흙을 파면 탈이 생기지 않는다.

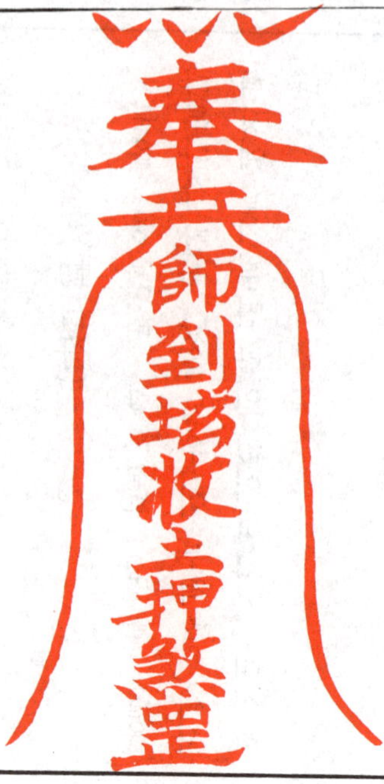

토신부(土神符)

다른 곳에서 흙을 파옮겨 집 벽이나 부엌·부뚜막 등을 고친 일로 탈이 나서 질병이나 손재수 및 가정불화가 발생할 때는 이 부적을 써서 놓고 토신(土神)에게 기도해야 한다.

기물(器物) 동토부

무슨 그릇이거나 그릇을 잘못 다루어 탈이 났을때 그 그릇으로 인한 물건에 이 부적을 써서 붙이면 재앙이 사라진다。

관화부(冠鞋符)

모자、갓、신발 또는 의복 등속으로 인한 즉 이것들을 집안에 들여놓은 뒤 탈이 났을 경우 오른편의 부적을 써서 그 원인이 된 물건에 붙여두면 곧 탈이 사라진다。

동공개공부(動工開工符)

땅을 파서 흙을 다루거나 집을 짓거나、수리하거나 또는 기타의 공사(工事)를 시작하기 전이나 이미 시작해서 탈이 생겼을 경우 등에 같이 쓰이는 부적으로 현장(現場)에 붙여두면 대길하다。

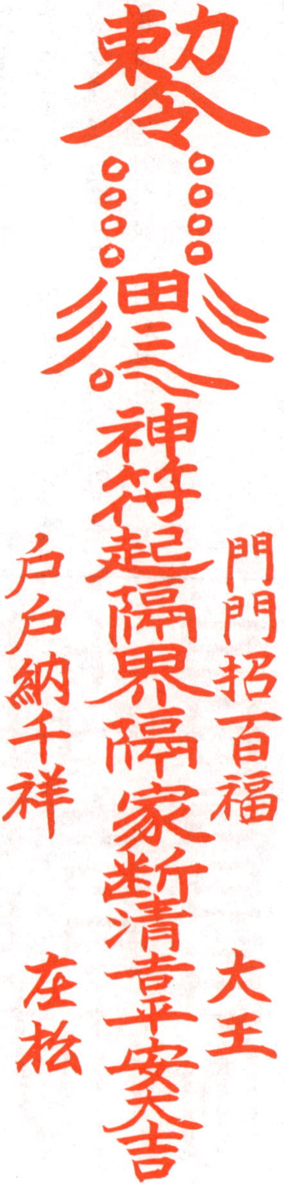

수주상량부(竪柱上樑符)

상량(上桐)하는 데는 길일(吉日) 길시(吉時)를 가려서 정성드려 제사하는 것인데 가장 부정을 타기 쉬운 것으로 불순물(不純物)이 제사 음식에 섞이거나 하면 집안에 우환·손재등이 발생하는 것이니、이러한 부정이 있을까 염려되는 경우 이 부적을 써서 상량문(上樑文) 있는 곳에 붙여두면 아무런 부정탈이 생기지 않는다。

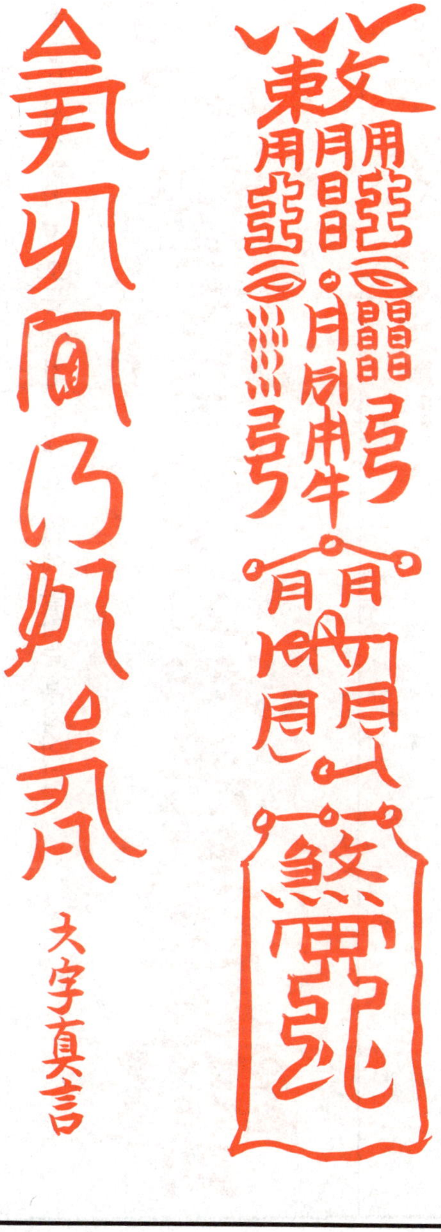

개공길리부(開工吉利符)

공사를 시작하기 전 모든 부정(不淨)을 없애 달라는 부적이다。

가옥개수부(家屋改修符)

새 집을 건축하거나 가옥을 수리할 때 모든 부정이나 동토탈을 방지하기 위하여 공사 시작하기 전이 부적을 四장을 써서 건축부지 네귀(四方)에 묻으면 대길하다。

가옥수리상충부(家屋修理相冲符)

가옥을 수리할 때 동토를 잘못 하였거나 살방(殺方)을 범하였거나 기타 부정이 들어 집 안에 우환 및 손재수가 발생하면 이 부적을 써서 집 네귀퉁이(四方)에 묻어두면 자연 우환 질고가 사라진다。

완공부(完工符)

집을 다 지었거나 수리가 끝날 때 이 부적을 대문 위에 붙이면 대길하다。

주문＝「천지음양 일월성광 범유매구 변길상 오보태상로군 율령불주구송 사선완지」

조왕동토부(竈王動土符)

다른 곳에서 흙을 파다 조왕을 고치거나 부뚜막을 함부로 헐거나 하여 탈이 났을 때 「조왕님성상」을 그려놓고 또 아래 부적을 써붙인 뒤 기도하면、재앙이 자연 사라진다。

조왕님 성상

삼살방(三殺方) 동토부

삼살방에 가옥 수리 및 동토를 했거나 삼살방으로 이사를 해서 탈이 났을 때 이 부적을 써서 집 네귀(四方)에 붙이면 흉액이 자연 사라진다。

三殺 申子辰年—南方　寅午戌年—北方
巳酉丑年—東方　亥卯未年—西方

대장군방(大将軍方) 동토부

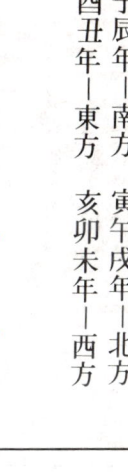

대장군 방위를 범하여 탈이 났거나 장차 대장군방에 역사(役事)하고져 할때 이 부적을 사용한다。

大将軍方
亥子丑年—正西方
寅卯辰年—正北方
巳午未年—正東方
申酉戌年—正南方

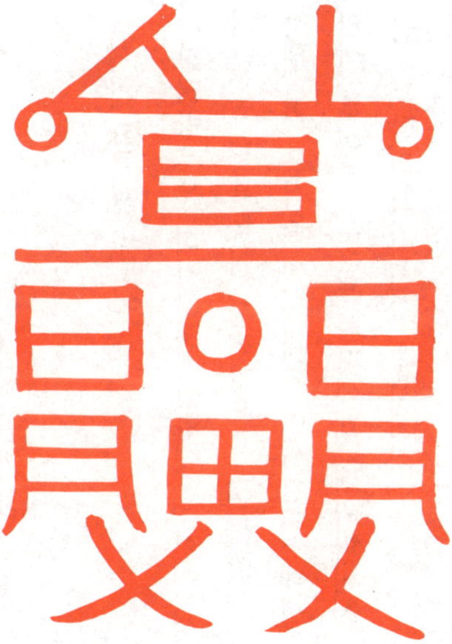

안손방(眼損方)

안손방으로 이사(移徙)를 가서 탈이 났거나 부득이하여 이 방위로 이사하게 될 경우, 이 부적을 써서 내실문 위에 붙이고 또 탈이 난 당사자가 몸에 지니면 무사하다.

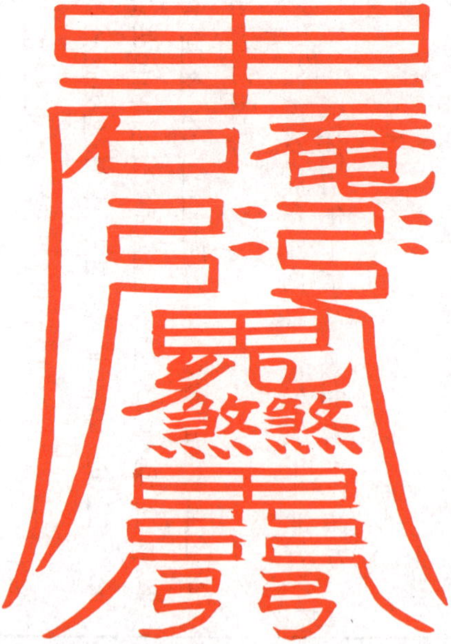

진귀방(進鬼方)

진귀방으로 이사하여 집안에 우환이 생기거나 또는 부득이 진귀방으로 이사하게 될 경우, 이 부적을 써서 새로 이사간 집 내실문 위에 붙이고, 또는 환자에게 태워마시게 하면 곧 탈이 사라지고 무사하다.

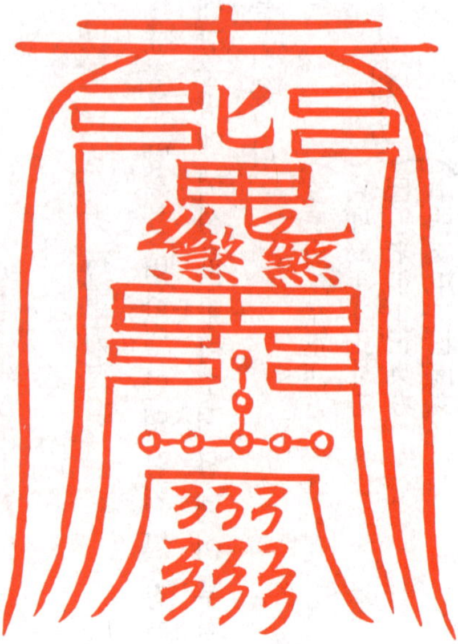

오귀방 (五鬼方)

오귀방으로 이사하여 가정에 우환 질고가 발생하였거나 또는 오귀방으로 부득이 이사하게 될 경우、이 부적을 주사(朱砂)로 써서 새로 이사간 집 방문 위에 붙여두면 우환 질고가 침범치 않는다。

부증부 (釜甑符)

이 부적은 솥、가마·시루 등의 물건을 들여놓고 탈이 나거나、탈을 미리 막기 위하여 사용하는 부적이니 해당되는 물건에 붙여두면 우환이 자연 사라진다。

2、부정(不淨)에 대한 부적

인동부(人動符)

인동탈이라 하는데 사람이 부정한 곳에 출입하여 탈이 나든가、부정한 사람이 집안에 들어와 탈이나 우환이나 손재수가 발생하거든 이 부적을 써서 대문이나 방문 위에 붙여두면 우환이 사라진다。

동상부(動喪符)

이 부적은 초상집 혹은 묘지 또는 제사지내는 곳 등에 가서 부정탈이 났을 경우 또는 상문방(喪門方)을 범하여 탈이 났을 때 쓰이는 부적으로 몸에 지니면 자연히 부정탈이 해소된다。

조상·문병부(吊喪·問病符)

상가(喪家)에 문상(問喪)을 가게 되거나 병 중에 있는 환자(患者)에게 문병(問病)을 가게 되거나, 또는 먼 거리에 여행을 가게 될 경우 이 부적을 지니고 다니면 신액과 우환 질고가 따르지 않는다。

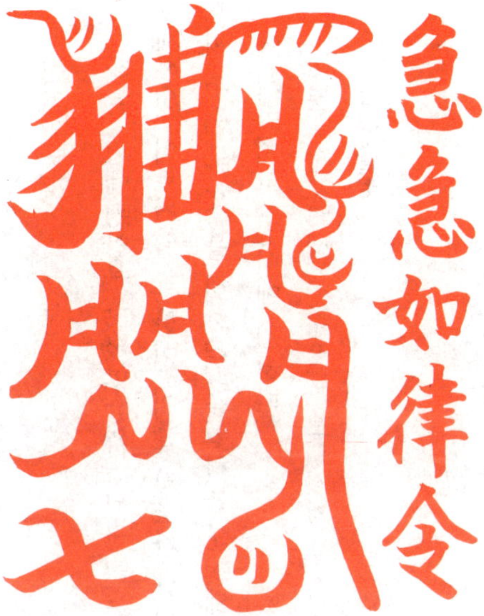

지신발동부(地神発動符)

역사(役事)를 하거나 부정(不浄)을 범하여 지신(地神)이 발동하여 집안에 재난과 풍파가 일어날 경우 이 부적을 주사(朱砂)로 써서 한장은 집에 붙이고 한장은 대문 앞 칠보(七步) 밖에 묻으면 재앙이 사라진다。

가내부정부(家内不浄符)

이는 파예평안부(破穢平安符)라고 하는 부적으로 모든 집안이 부정을 타서 가내에 재앙이 이르거나 우환이 이를 징조가 보일 경우 이 부적을 누런 종이에 주서(朱書)하여 주문(呪文)을 외우며 출입하는 문 위에 붙이고 한장은 몸에 지니고 다니면 부정탈이 사라지고 만사에 길하다.

주문= 근조파예 청수생명 오뢰사자 동득요정 복수국거 속거만리 최득봉행 부득구정 급급여율령

오뢰평안부(五雷平安符—부정부적)

집안이 부정을 탔을 때에는 이 부적을 황지(黃紙)에 주서(朱書)하여 부정이 발생한 곳에 붙여두면 부정탈이 자연 사라지고 재산이 늘며 자녀들이 질병없이 잘 자란다。

청정부(清浄符) (一)

부정을 제거하는 부적

청정부(清浄符) (二)

부정을 없애는 부적

청정부 (淸淨符) (三)

모든 부정을 깨끗이 제거시켜주는 부적이다。

청정부 (淸淨符) (四)

모든 부정을 맑게 하여주는 부적이다。

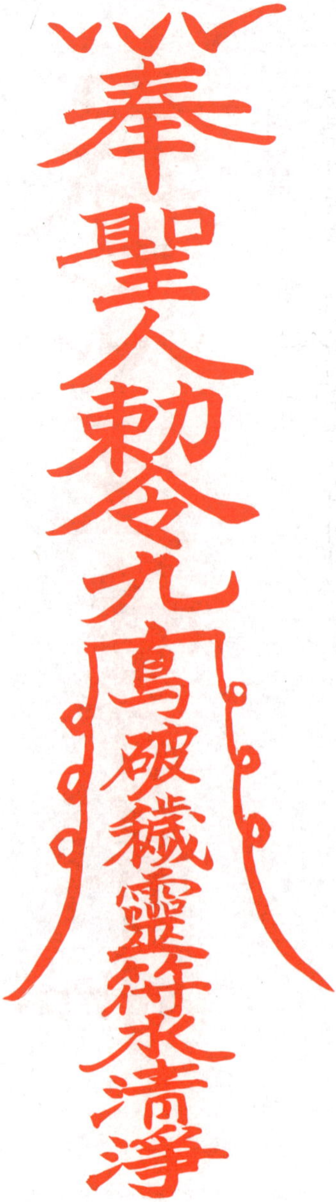

청정파예령부(清浄破穢霊符)

이 부적도 모든 부정탈을 깨끗이 없애주고 재앙과 우환을 제거시켜 집안이 편하게 된다는 것으로, 두장을 써서 한장은 몸에 지니고 한장은 불에 태워 맑은 물로 복용하면 신비한 효력이 발생한다.

제七부 선신(善神)이 수호(守護)해달라는 부적

선신(善神)이란 우리네 인간에게 재앙을 소멸해주고 길복(吉福)을 불러주는 희신(喜神)을 말한다。인간이 아무리 잘났다고 뽐낼지라도 신(神)의 가호(加護)가 없이는 안전한 삶을 영위 할 수 없다고 한다。그러므로 이 항목에 수록되는 부적은 선신(善神)의 능력으로 요귀(妖鬼)나 사마(邪魔) 같은 우리를 괴롭히는 흉신(凶神)을 쫓아내고 행운(幸運)만이 찾아와 주기를 바라는 마음에서 만들어지며、정성으로 기도한 이 부적을 붙이거나 지닌다고 한다。

선신수호부(善神守護符)

이 부적은 방안에 붙여두면 집안이 항시 편안 하고 몸에 지니고 다니면 신령의 가호를 입어 일신이 안전하고 재수가 대길하다.

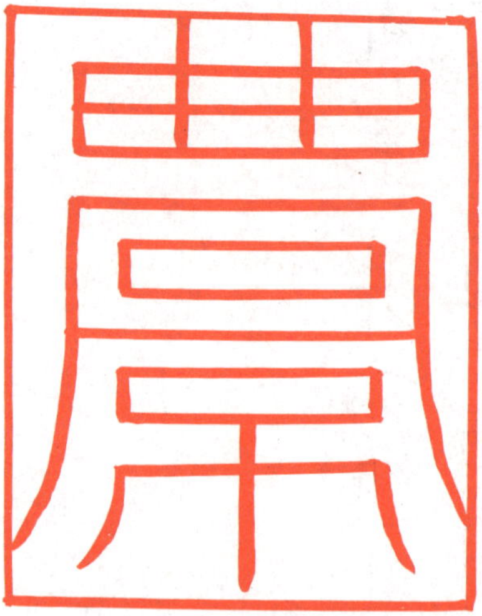

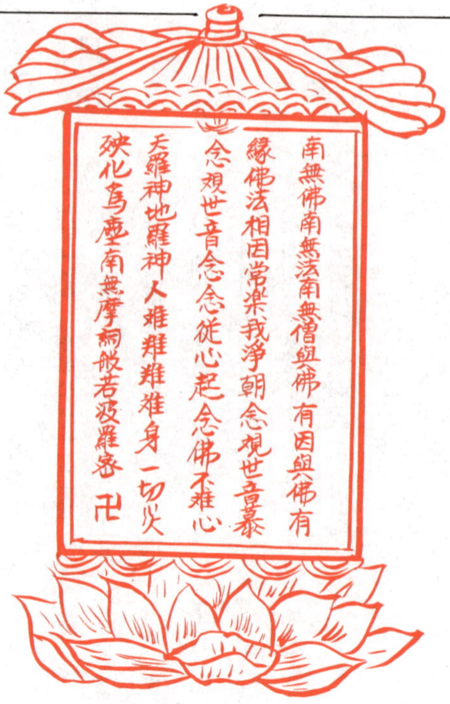

선신가호사귀퇴산부(善神加護邪鬼退散符)

이 부적을 주사(朱砂)로 써서 몸에 지니고 있으면 선신이 항시 일신의 안전을 보호해주고 또는 사귀(邪鬼)가 범치 못하므로 흉액이 따르지 않는다.

금강부(金剛符)

이 부적을 지니고 있으면 부처님과 보살이 보호해주므로 일체의 사귀(邪鬼)나 요마(妖魔)가 침범하지 못하여 건강과 장수를 누리며 또는 상서로운 일이 항시 따른다 한다.

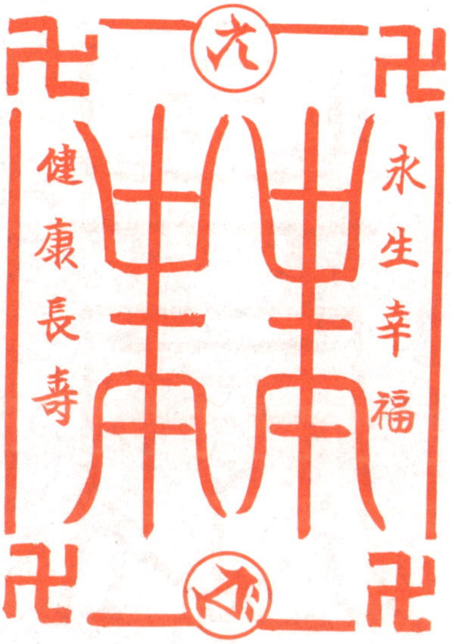

팔문신장부(八門神將符)

다음에 있는 여덟개의 부적을 모두 몸에 지니거나 집에 붙이면 동서사방(東西四方)의 일체 사귀(邪鬼)가 침범 못하고 모든 신장이 보호하므로 우환 질고가 사라지고 만사 형통한다 하였다.

① **경문부**(景門符)

② 상문부(傷門符)

③ 휴문부(休門符)

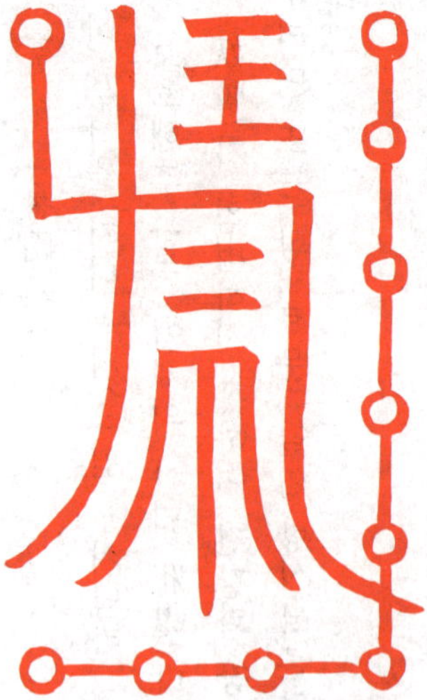

④ 두문부(杜門符)

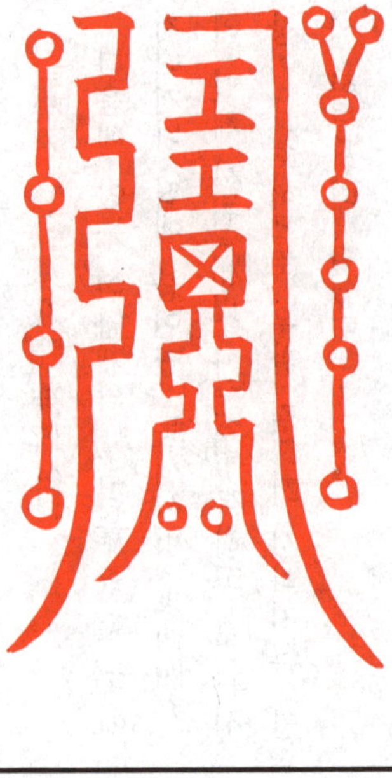

⑤ 생문부(生門符)

⑥ 경문부(驚門符)

⑦ 사문부(死門符)

⑧ 개문부(開門符)

제살부(除殺符)

흉살을 누르고 선신이 보호하는 부적

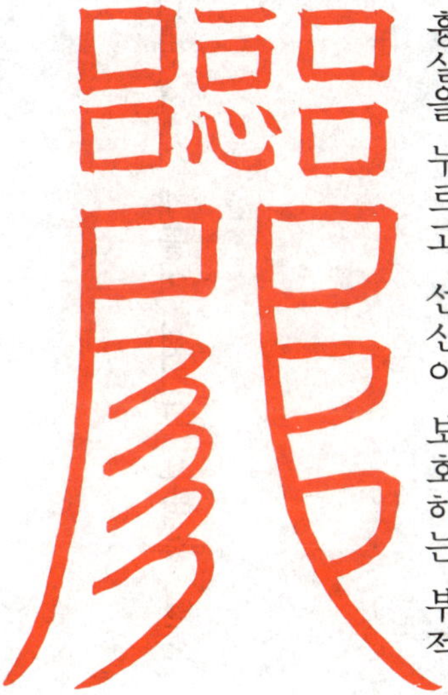

호신부(護身符 — 몸을 보호하는 부적)

이 부적을 주사(朱砂)로 써서 몸에 지니고 다니면, 항시 재물이 생기고 부귀를 얻으며 일신의 우환과 신액이 없이 태평히 지낸다。

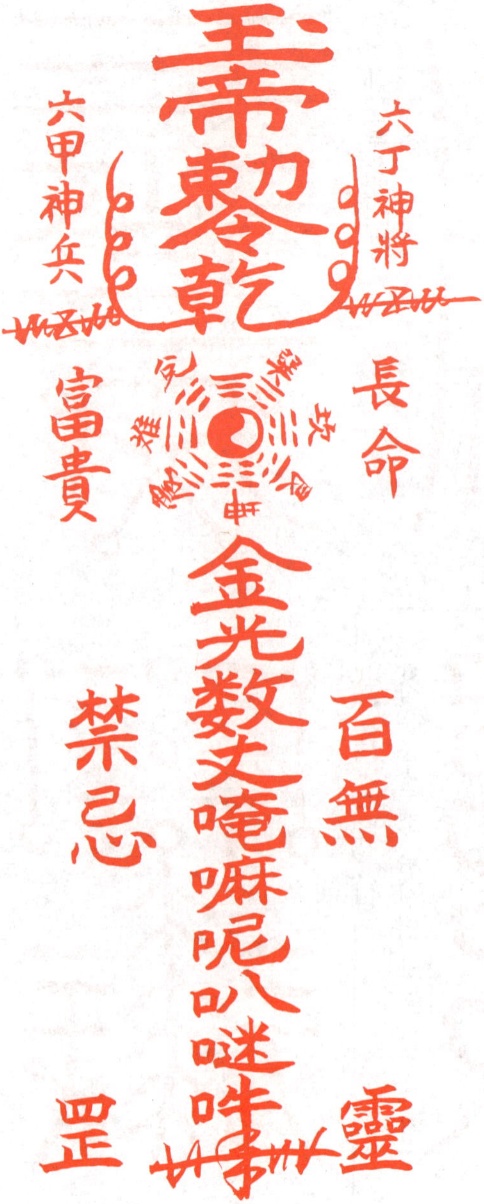

보신부(保身符)

이 부적을 지니고 있으면 일신의 안전을 보호해주고 또는 모든 일이 뜻대로 성취된다.

보신령부(保身靈符)

이 부적을 노란종이에 붉은 글씨로 써서 몸에 지니고 다니면 비록 험한 곳이나 어두운 밤길을 다닐지라도 선신이 몸을 보호하여 준다.

보신평안부(保身平安符)

귀곡조사(鬼谷祖師)가 마련한 재앙을 막는 부적으로、자신이 모르고 귀신이나 요마가 우굴대는 곳을 잘못 들어가 사귀(邪鬼)에게 정신을 빼앗기고 생명의 위험을 받을 우려가 있는 경우、또는 악귀가 침입하여 질병이 이르거나 재산의 손해、가정의 우환 등 여러가지 흉악한 일을 당하였을 때 이 부적을 노란종이에 「주사」로 써서 지니면 모든 요마가 물러가고 일신이 편안하며 재수도 대통한다고 하였다。

제八부 악귀(悪鬼) 및 요마(妖魔)를 물리치는 부적

악귀(悪鬼)나 요마(妖魔)는 모두 잡귀(雑鬼)로서 우리네 인간에게 백해무익(百害無益)한 귀신들이다。 원인 모르게 집안에 우환(憂患)이 끊이지 않는다든가 또는 사업의 실패、가정불화、쟁송시비(争訟是非)、 살상(殺傷) 등의 온갖 상서롭지 못한 일들이 생길때는 대개 이 악귀나 요마、사귀의 장난이라고 한다。 그러므로 이것을 물리침으로써 이와 같은 여러가지 괴변(怪変)이 생기지 않는 것이며、따라서 모든 일이 여의(如意)하다고 한다。

관음부(觀音符)

이 관음부는 천상천하(天上天下)의 모든 악신(惡神)이나 사귀(邪鬼)、요마(妖魔)가 접근 못하는 부적이다。그러므로 이 부적을 붙여논 곳이나 지니고 있는 사람에게는 제신(諸神)이 침범치 못하게 된다。이 관음부로 악귀 및 귀신을 물리치라。

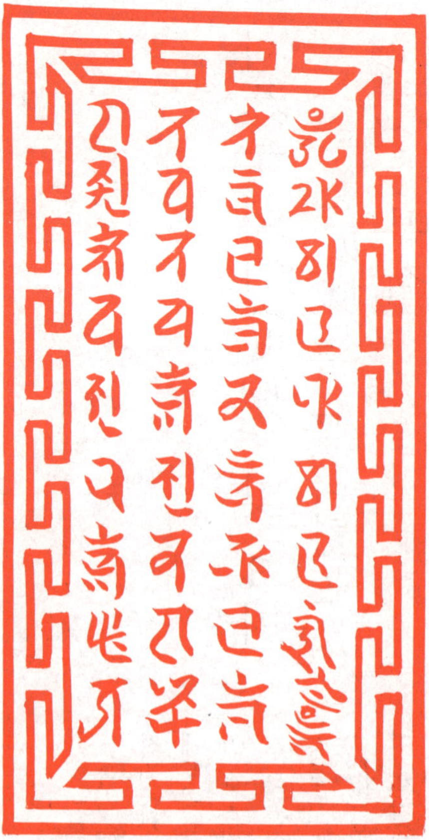

악귀불침부(惡鬼不侵符)

악귀(惡鬼)란 즉 마귀(魔鬼)이니 부정을 범하거나 기타로 인해 악귀가 집안에 들면 우환 질고 및 손재(損財)、상패(喪敗)가 야기되는데 이 부적을 주사로 써서 대문 위나 내실 문 위에 붙여두면 악귀가 침범치 못한다。

(一)

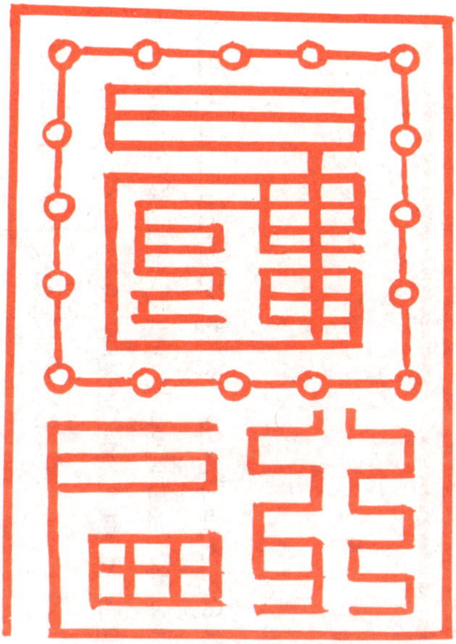

(二)

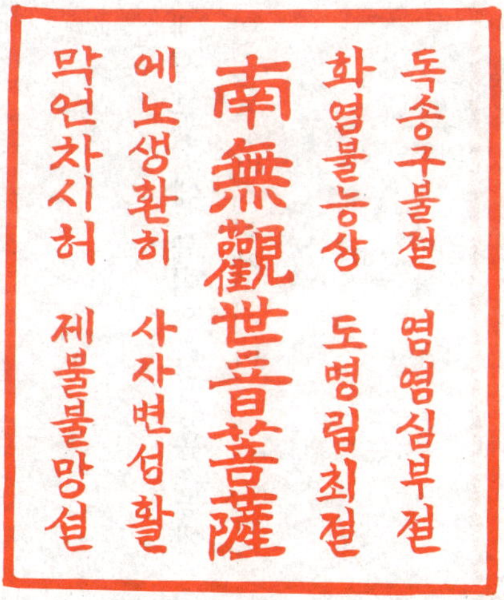
독송구불절 염염심부절
화염불능상 도병립최절
南無觀世音菩薩
에노생환히 사자변섬활
막언차시허 제불불망설

귀신불침부(鬼神不侵符)

이는 모든 귀신이 범접치 못하는 부적이다。

경명주사(鏡明朱砂)로 두 장을 써서 한장은 대문 위나 내실문 위에 붙이고 한장은 몸에 지니고 다니면 질병과 재앙이 따르지 않으며 가정의 안정을 유지하게 된다。

(一)

(二)

잡귀불침부(雜鬼不侵符)

이 부적은 모든 잡귀(雜鬼)를 물리치는 부적이다。역시 「주사」로 써서 대문 및 내실문 위에 붙이고、몸에 지니고 다니면 사귀(邪鬼)와 요마(妖魔)가 가정이나 사람의 몸에 범접못한다。

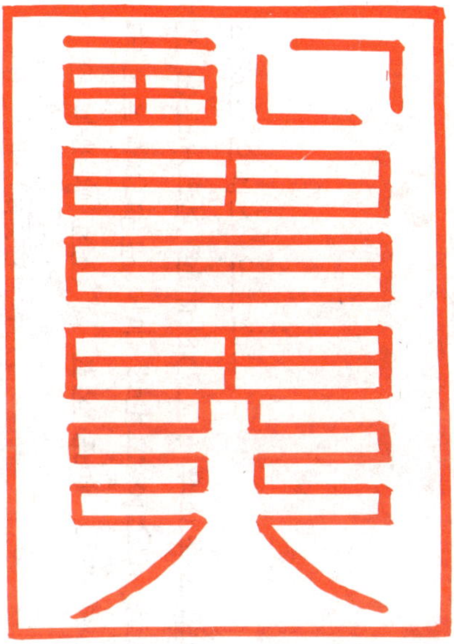

댁내백신불침부(宅內百神不侵符)

어떠한 귀신이나 잡귀 사귀(邪鬼) 등을 막론하고 집안에 침범못하게 하는 부적이다。대문이나 안방 문 위에 붙여두면 집안에 우환 질고 및 기타의 재앙이 이르지 않는다。

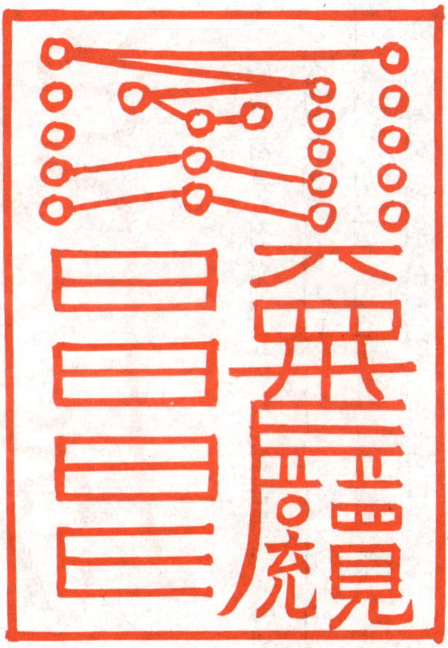

벽사부(辟邪符)

이 부적을 써서 그 위에 범을 그려 놓고 문 위에 붙여두면 모든 잡귀나 요사한 귀신이 침범못하게 되는 것이며、학질과 기타의 질병이 이르지 아니한다。

제요사부(除妖邪符)

요귀와 사마(邪魔)를 물리치는 부적

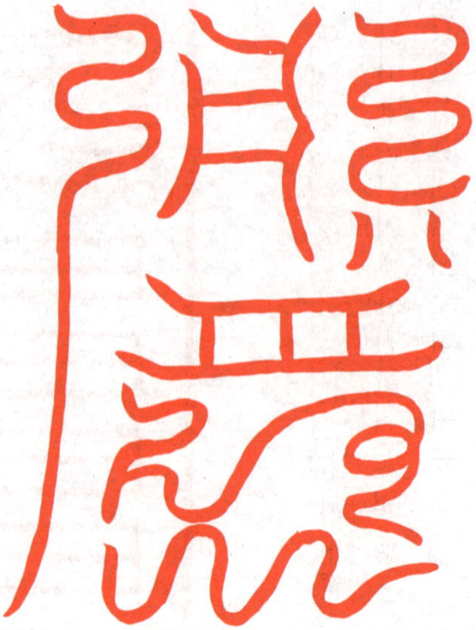

이 부적은 집안에 요귀가 장난하여 밤에 이상한 소리가 나거나、사람이 갑자기 미쳐 날뛰거나 입으로 헛소리를 할 때「주사」로 써서 불에 태워 마시면 신효하다。

옴마니발묘부(唵摩尼発妙符)

이 부적을 지니면 못된 잡귀(雜鬼)가 침범치 않는다。

파사부(破邪符)

집안에서 헛것(요괴)이 보이거나 헛소리가 나며、집안 사람이 정신이상에 걸리게 되는 경우、이는 남의 저주와 시기심을 받거나 부정을 범한 까닭이니 이 부적을 써서 대문 위에 붙여두면 이러한 요사스러운 일이 사라진다。

태을부 (太乙符)

이 부적을 벼락맞은 대추나무나 복숭아나무 혹은 천금목(千金木－길이 三寸 넓이 三寸정도 되게)、甲子日이나 庚申日、혹은 五月 五日 및 자기의 생기(生気)、복덕(福德)、천의일(天宜日)에 목욕재계(沐浴斎戒)한 뒤 분향(焚香)하고 太乙経을 읽으며 음각(陰刻)、주사(朱砂)로 칠하여 비밀리에 가지고 있으면 모든 사귀(邪鬼)가 범접(犯接)을 못할뿐 아니라 만사가 형통한다。

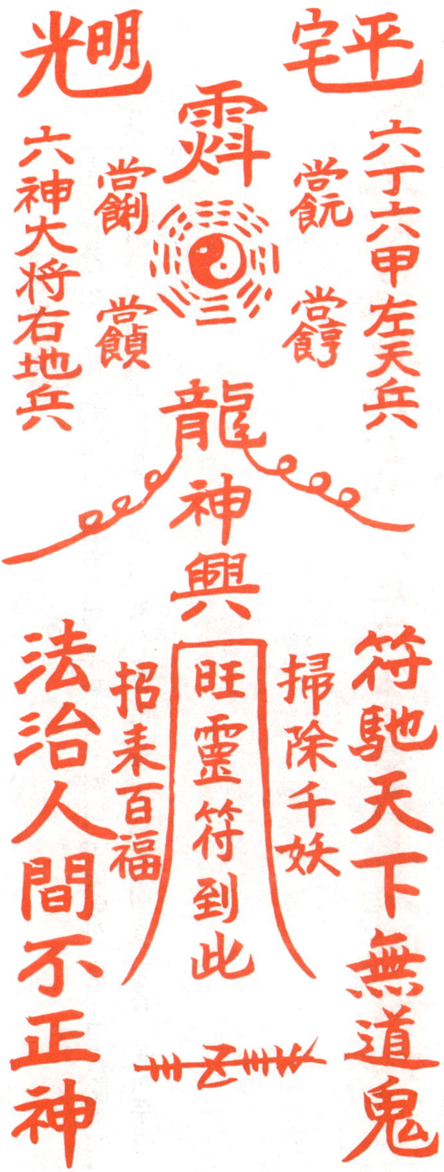
六丁六甲左天兵
六神大将右地兵
符馳天下無道鬼
法治人間不正神
掃除千妖
招来百福
旺靈符到此

축귀진택편안부(逐鬼鎭宅便安符)

이는 집안에 있는 잡귀、요괴(妖怪)를 몰아내고 가정을 편안케 하는 부적인데 이 부적을 붙여놓으면 오뢰대장군(五雷大將軍)이 친히 와서 흉신과 마귀들을 주살하게 되어 가환(家患)이 사라지고 관재구설(官災口舌)도 물러간다는 것이다。

축귀진택부(逐鬼鎭宅符)

집안에 잡귀(雜鬼) 및 요마(妖魔)가 침입하여 우환질고、시비구설송사(是非口舌訟事)、손재(損財) 등의 재앙이 떠나지 않을 때 먼저 제사(祭祀)를 지내고 이 부적을 붙여두면 모든 재액이 소멸된다。

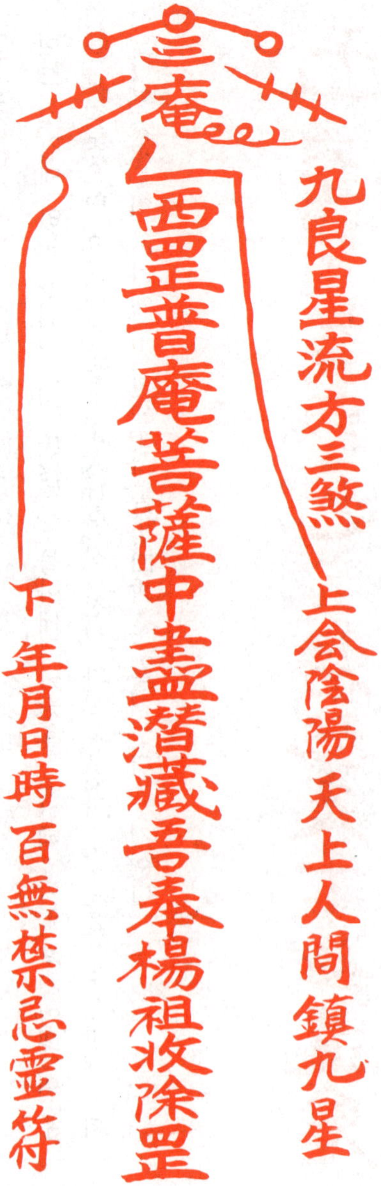

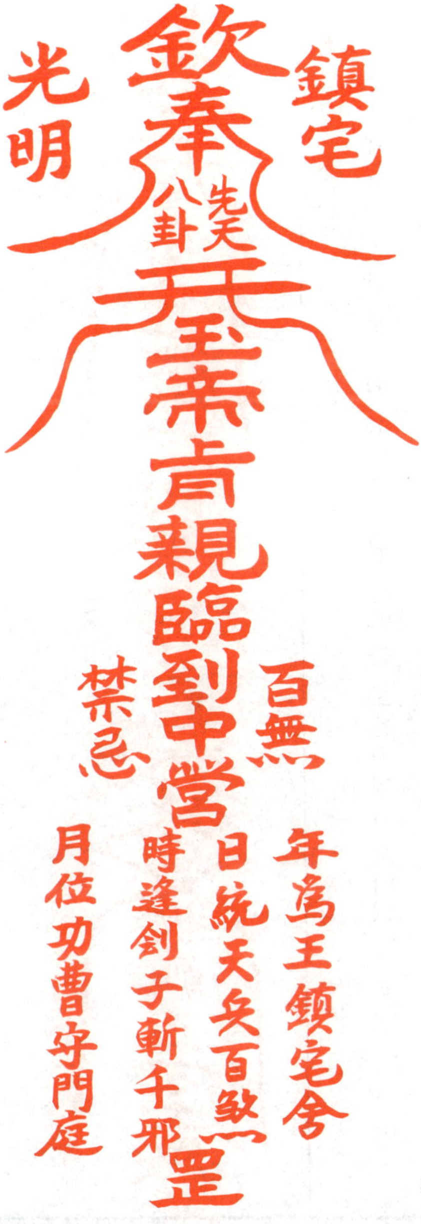

진살평안부(鎭殺平安符)

이 부적은 고옥(古屋)으로 이사하게 될 경우 그 집에 있는 모든 귀신 및 흉살(凶殺)을 제거(除去)시키는 부적이다。 이 부적을 붉은 천에 옮겨 그려서 새로 이사가는 집대들보에 붙이거나 대문 위에 붙여두면 잡귀가 사라지고 집안이 평안하다。

진살령부(鎭殺靈符)

집안에 붙여두면 모든 귀신이 침범치 않는다。

(一)

(二)

축사부(逐邪符)

이 부적을 주사(朱砂)로 그려 남자는 왼편 여자는 오른편에 차고다니면 요귀가 침범 못한다。

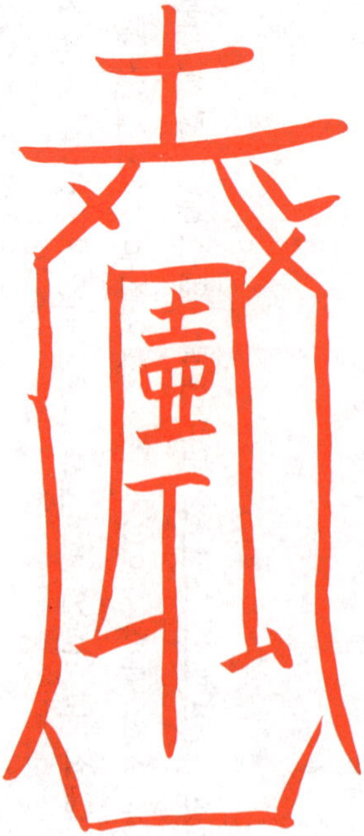

제살령부(除殺霊符)

이 부적을 두장 써서 한장은 문 위에 붙이고 한장은 몸에 지니면 흉살이 사라진다。

제사부(除邪符)

이 부적을 써서 몸에 지니고 다니면 모든 사마(邪魔)가 침범 못한다。

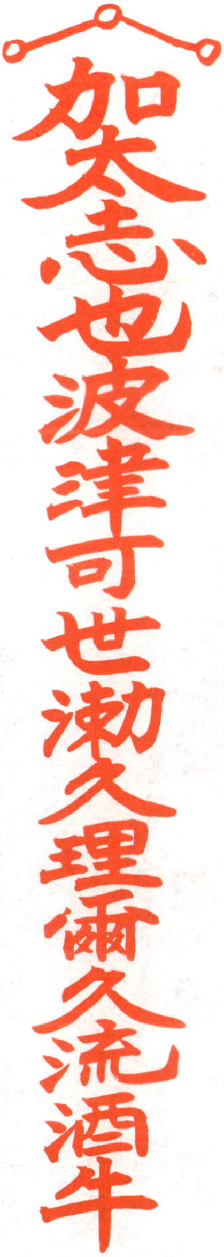

흉살퇴치부(凶殺退治符)

두장을 써서 하나는 내실 문위에 붙이고 한장은 몸에 지니면 자연히 흉살과 잡귀가 물러난다。

사마제압부(邪魔制壓符)

사귀와 요마를 제압하는 부적으로 몸에 지니면 좋다。

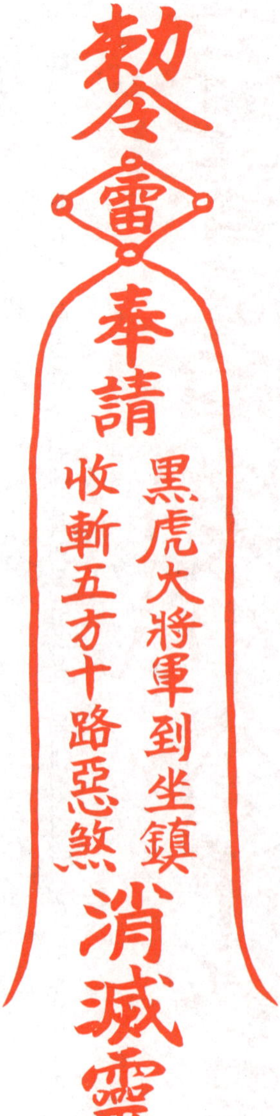
勅令
雷
奉請
黑虎大將軍到坐鎮
收斬五方十路惡煞
消滅靈

피대화진살평안부(避大禍鎭殺平安符)

이 부적을 주사(朱砂)로 그려 내실 문 위에 붙이면 재앙이 사라지고 흉살이 범접치 못하므로 집안이 평안하다。

압살부(押殺符)(一)

이 부적은 모든 흉살(凶殺) 및 귀신 악귀 잡귀 요마(妖魔) 등을 제거시키는 부적으로 집안에 붙이면 자녀들이 편안히 자라나고 몸에 지니고 다니면 재수있고 횡액을 당하지 않는다。

주문 = 령입백살잠장강옥내급주복장
另入百殺潛藏罡獄內急走伏藏

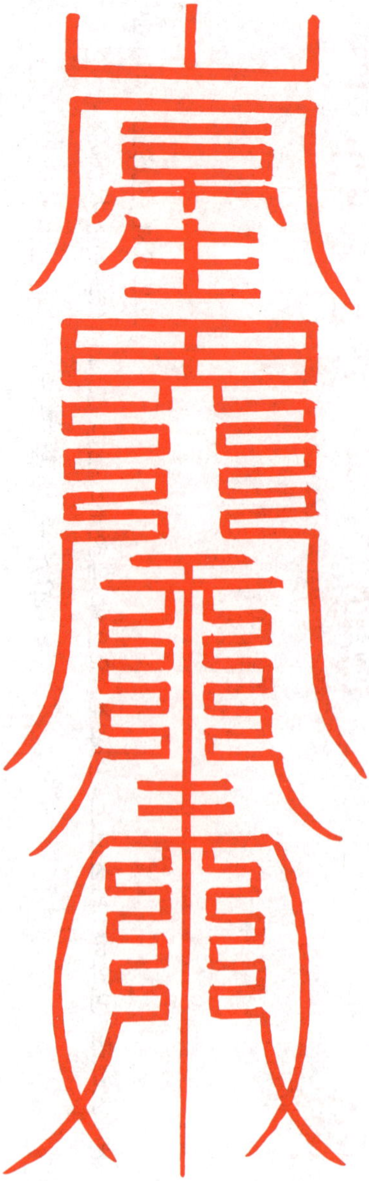

압살부(押殺符) (二)

이 부적은 동토탈이 났거나 부정(不淨)을 범하여 잡귀가 말썽을 부리는 경우에 쓰이는 것으로 동토나 부정이 든 자리에 붙이면 대길하다。

공인제살부(工人除殺符) (一)

토공(土工) 목공(木工) 또는 기와공(瓦工) 철공(鐵工) 등이 이 부적을 몸에 지니고 있으면 작업 중 사고가 발생하지 않는다。

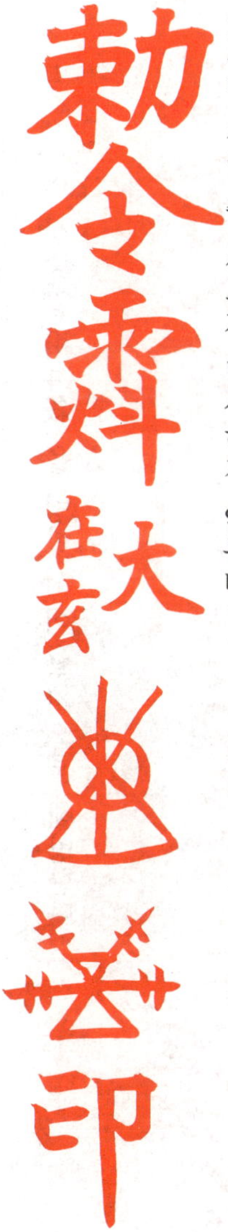

공인제살부(工人除殺符)(二)

토목공(土木工)이 상충살(相冲殺)을 범할 시 이 부적으로 예방한다。

奉聖人勅令
收斬鬼煞即便靈符
無病萬事大吉
罡

범충살 제액부(犯冲殺除厄符)

충살(冲殺) 맞은 사람을 안정시키는 부적이니 태워 마신다。

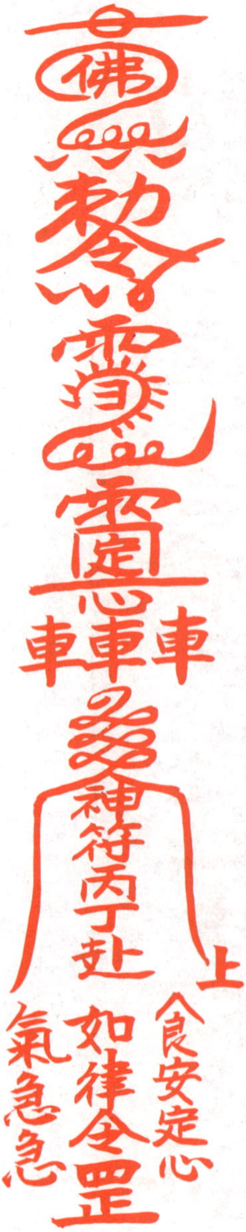
佛
車車車
上
安定心
如律令罡

구귀벽사부(驅鬼辟邪符)

도깨비나 잡귀(雜鬼)가 씌웠을 때 이 부적을 주사(朱砂)로 석장을 쓴다。 한장은 유향(乳香) 五分을 다린물에 불살라 먹이고、 두장은 밤에 환자가 자는 방안에서 유황(硫黃)과 같이 불살라 먹이면 잡귀가 자연히 떠나가고 환자가 쾌차하여진다。

고륜살제거부(鼓輪殺除去符)

북이나 장고 꽹과리 및 악기(樂器)로 인한 동토 부정이 있을 때 쓰는 부적

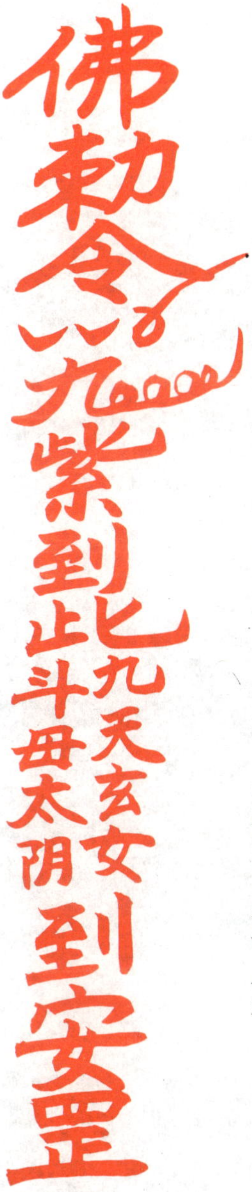

제九부 꿈(夢)에 대한 부적

꿈은 사람마다 거의 꾸기 마련이다。 꿈에는 길몽(吉夢—좋은 꿈)과 흉몽(凶夢—惡夢—나쁜 꿈) 또는 객몽(客夢—길흉에 아무런 영향이 미치지 않는 꿈)이 있는데 길몽과 흉몽의 구분은 해몽책(解夢冊)이나 기타 잘 아는 사람에게 문의하기 바란다。

길몽을 주었을 경우 그 꿈을 현실화하기 위해 부적을 사용하면 금상첨화격(錦上添花格)이 되어 더욱 길한 것이며 흉몽이라 판단되면 이를 즉시 퇴치시켜야 하등의 재앙이 따르지 않는다는 것이다。

—흉몽을 물리치는 요령

① 악몽을 꾸었을 때는 아무 말도 하지 말고 아침에 일찍 일어나 깨끗한

물(淨寒水)를 한모금 입에 물고 동쪽 해돋이를 맞이하여 뿜은뒤 「악몽착초목하고 호몽성주옥(惡夢着草木好夢成珠玉)」이란 주문을 세번 외운다。(그리고 악몽이 생각날 때마다 수시로 외운다。) 그리고 부적을 써서 태워 마시거나 몸에 지닌다。

② 아침에 일찍 일어나 동쪽을 향해 바른 자세로 서서 「동천에 해 돋으니 어둠이 간곳 없구나。내 마음 공허하니 악몽악사 어디 있으랴」라는 주문을 세번 외우고 물을 세번 내뿜는다。

③ 역시 아침 일찌기 동쪽을 향하여 바르게 앉아서 백지에다 붓으로 「악몽거(惡夢去)」라고 백번 쓰거나 백번 외운다。

이상과 같은 요령으로 악몽을 물리친뒤 반드시 악몽 퇴치하는 부적을 써서 일주일 동안 몸에 지니고 다녀야 한다。

⊙ 주문=혁혁양양 일출동방 차부 단각 악몽발제불상 급급여율령

赫赫陽陽 日出東方 此符 斷却 惡夢祓除不祥 急急如律令

위 주문은 부적을 사용할 때 쓰는 악몽 퇴치 주문이다。

● 십이지일 몽(十二支日 夢)

子日꿈=자신이 질병을 얻거나 부부 사이에 근심이 생긴다。

丑日꿈=남방(南方)으로 가면 기쁜 일이 있고 또 매사가 여의하다。

寅日꿈=남방에서 재물이 생기지 않으면 혹 송사시비(訟事是非)가 일어난다。

卯日꿈=집안에 질병이나 구설이 이를 징조이다。

辰日꿈=귀인을 만나게 되는 꿈이며 재물이 들어온다。

巳日꿈=우선은 기쁜 일이 이르나 三四日 뒤 흉액이 있을 징조、구설수도 이른다。

午日꿈=주식(酒食)의 기쁨이 있고 만사가 형통한다。

未日꿈=동방에서 주식이나 재물이 들어올 징조이다。

申日꿈=혹 재물이 들어오게 되고、상가집 같은데서 좋지 못한 소식이 이른다。

酉日꿈=한편으로 기쁜 일이 생길 징조이나 구설수를 의미한다。

戌日꿈=일신이 피로할 징조、그렇지 않으면 손재수를 주의하라。

亥日꿈=주식(酒食) 등에는 길하나 관재수를 조심하라。

이상과 같이 일진에 따라 꿈의 길흉이 다르게 되는데、만일 흉몽이라 생각되거나 상서롭지 못한 예감이 들면 다음 부적가운데 일진별로 골라서 사용하고 악몽 퇴치에 대한 부적을 겸하여 사용하라。

자일꿈(子日夢) 몸속에 지닌다。

인일꿈(寅日夢) 머리 속에 지닌다。

축일꿈(丑日夢) 머리 속에 지닌다。

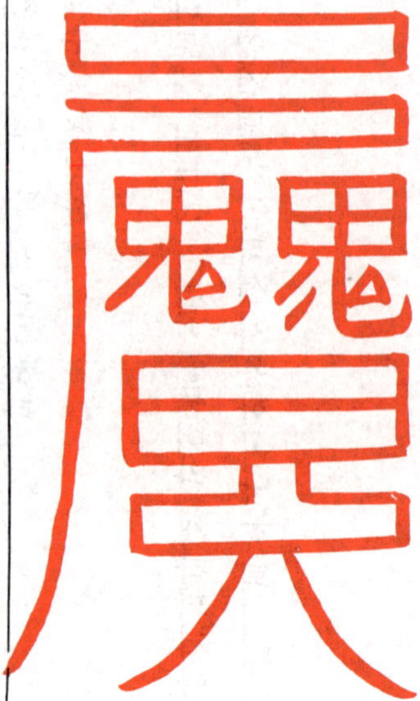

묘일꿈(卯日夢) 출입문에 붙인다。

진일꿈(辰日夢) 출입문에 붙인다。

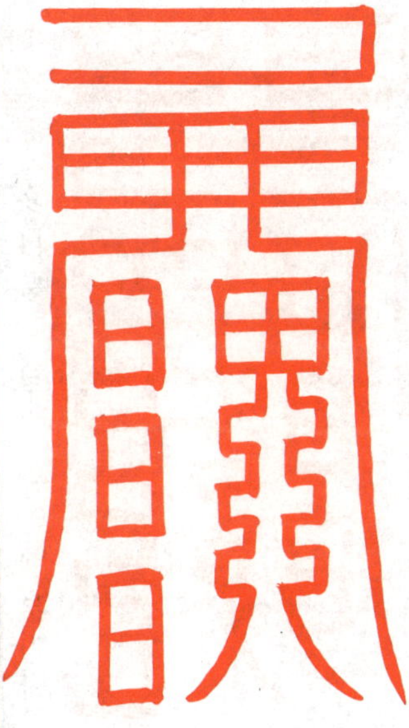

사일꿈(巳日夢) 북쪽 벽 위에 붙인다。

오일꿈(午日夢) 남쪽 벽 위에 붙인다。

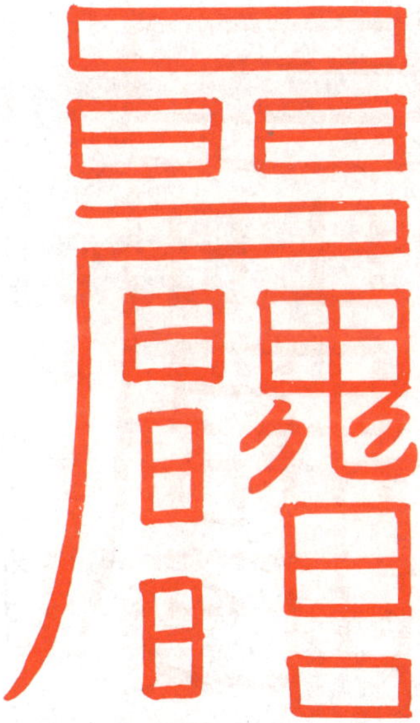

미일꿈(未日夢) 머리털 속에 지닌다。

신일꿈 (申日夢) 왼쪽 몸에 지닌다。

술일꿈 (戌日夢) 서쪽 벽에 붙인다。

유일꿈 (酉日夢) 머리 속에 지닌다。

해일꿈 (亥日夢) 부엌 중앙에 붙인다。

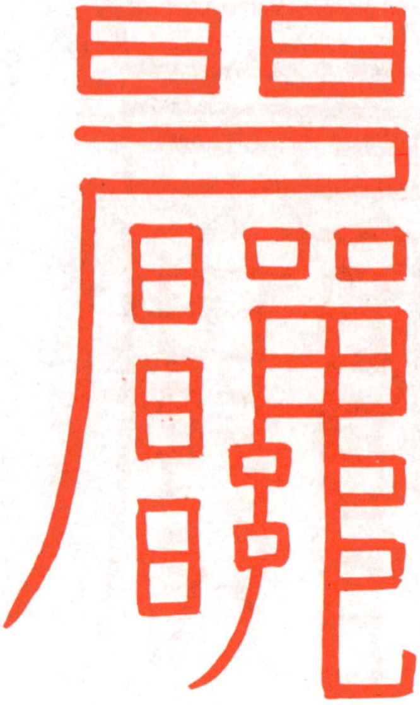

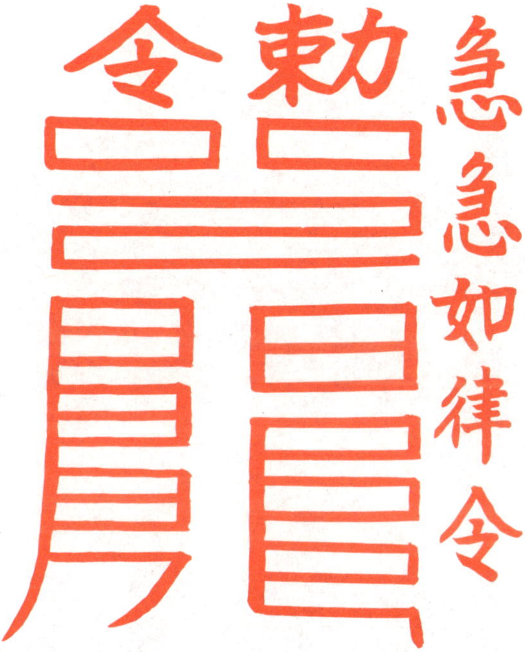

호신탈식부(梟神奪食符)

집안에 항시 우환 질고 및 괴변(怪變)이 자주 일어나고, 꿈자리가 뒤숭숭하거나 흉몽을 꾸었을 때, 또는 자면서 가위에 눌리거나 자주 놀랄 때 이 부적을 써서 벼개 속에 넣고 자면(우환 질고에는 내실 문 위에 붙인다) 자연히 이러한 일이 사라진다.

제十부 신앙(信仰) 및 풍속에 대한 부적

1、불도(佛道)에 대한 부적

2、사령(死霊)을 위한 부적

3、장사(葬事)와 풍수(風水)에 대한 부적

이 항목에서는 불도(仏道)를 수련(修練)하는 사람이 하루속히 도(道)를 통할 수 있도록 해달라는 부적과 사람이 장차 사망하거나 또 사망한 사람의 영혼의 명복(冥福)을 빌기 위한 부적 및 죽은 뒤 장사(葬事)를 모심에 있어 아무 탈 없는 땅을 골라 첫째로는 고인(故人)의 유체(遺體)가 편안하고、다음에는 고인의 자손들이 편안케 해달라고 원하는 마음에서 사용되는 부적이니、임의로 골라쓰면 좋을 것이다。

1、불도(佛道)에 대한 부적

위인염불부(為人念佛符)

이 부적을 붙여놓고 불경을 외우면 효력이 빠른 부적이다。부모가 자식을 위하여 자식이 부모를 위하여 또는 남편이나 아내를 위하여 불공을 드릴 때 이 부적을 사용하면 불심(佛心)이 쉽게 통한다 하였다。

당득견불부(當得見佛符)

이 부적은 부처님을 뵙기를 원하는 사람이 정성을 다하여 염불하며 꾸준히 노력하면서 이 부적을 붙여놓으면 자기가 원하는 부처님을 뵈올수 있다는 부적이다。

멸죄성불부(滅罪成佛符)

인생이란 일생을 살아가는 동안 자신이 알게 모르게 숱한 죄를 짓기 마련이다。인생말년에 혹은 중간에 자기의 죄를 깨닫고 곧 부처님께 죄를 소멸해줍시사고 염불하며 이 부적을 지니면 모든 죄를 멸하고 부처님의 제자가 된다 한다。

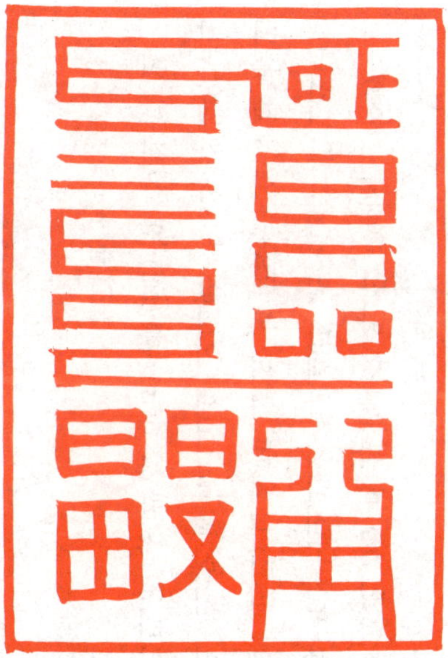

제죄능멸부(諸罪能滅符)

이 부적도 자기가 지은 죄과(罪過)를 부처님의 도력(道力)으로 소멸해 달라고 염불하며 죄를 뉘우칠 때 쓰이는 부적이다。이 부적을 지니고 죄를 빌면 곧 모든 잘못이 소멸되느니라。

문경멸죄부(聞経滅罪符)

이 부적은 평소에 착하지 못한 일을 많이 한 사람이 죄를 뉘우치고 부처님의 경문을 들을 때 몸에 지니면 곧 모든 죄가 부처님의 법력(法力)으로 소멸시켜 준다고 한다。

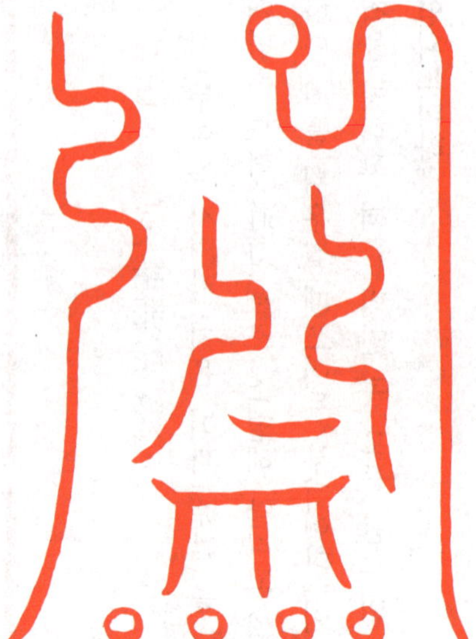

구도부(求道符)

이 부적은 도(道)를 닦는 사람이 여러가지 장애가 많고 잡념이 생겨 도를 닦기 어려울 때 주사(朱砂)로 써서 몸에 지니면 모든 번뇌와 잡념 및 방해가 사라지고 순조롭게 좋은 스승을 만나 도를 닦을 수 있다는 것이다。

2、사령(死靈)을 위한 부적

파지옥생정토부(破地獄生淨土符)

이 부적을 써서 사망인의 무덤에 같이 묻고 한장은 부처 앞에 붙여놓고 염불(念佛)하면 지옥을 벗어나 정토(淨土)에 다시 태어난다는 부적이다。고인(故人)의 명복을 비는 의미에서 사용해볼만한 일이다。

(一)

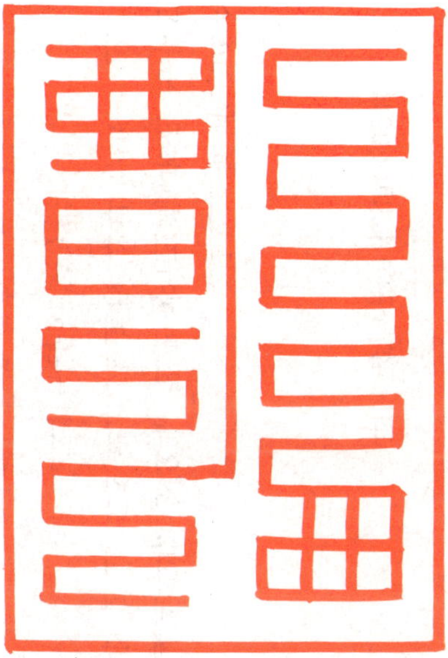

(二)

왕생정토부(往生浄土符)

이 부적은 장차 죽게 될 사람이나 이미 죽은 사람을 위해서 사용되는 것으로 몸에 지녀주고 명복(冥福)을 빌면 죽어서 극낙세계(極楽世界)로 가거나 다시 정토(浄土)에 탄생한다는 부적이다。

왕생정토부(往生浄土符)

정토왕생부(浄土往生符)

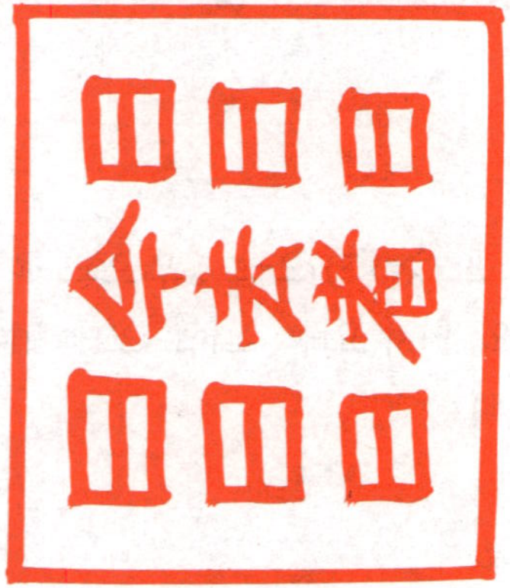

영생정토부(靈生淨土符)

사람이 죽으면 육체는 땅 속에 묻히고 오직 영혼(靈魂)만이 존재한다고 한다. 그러므로 그 영혼을 위하여 기도를 드리는 경우가 많은 바 이 부적을 붙이고 염불하면 죽은 영혼이 극낙에 가거나 정토에 다시 탄생한다고 한다.

탈지옥부(脫地獄符)

생시에 무지(無知)로 인하여 죄업을 지었더라도 모든 죄를 멸해주고 영혼이 지옥에 들어가지 말게 해달라는 부적이다. 살아있는 사람이 사망인을 위해 염불할 때 붙이거나 사망인의 몸에 지녀주면 지옥을 벗어난다.

3、장사(葬事)와 풍수(風水)에 대한 부적

아래 부적은 초상(初喪) 면례(緬礼—移葬) 개장(改葬) 수분(修墳—무덤 고치는것) 등 묘를 다루는 일에 사용하는 부적이다。 또는 풍수해(風水害)로 인하여 묘지(墓地)가 파손되었을 때 먼저 손질을 끝마치고 나서 이 부적을 땅에 묻어두면 묘탈(墓頉)이 생기지 않는다。

풍수부(風水符) (一)

먼저 이 부적을 써서 땅위에 놓고 묘를 개수(改修)한다。

풍수부(風水符) (二)

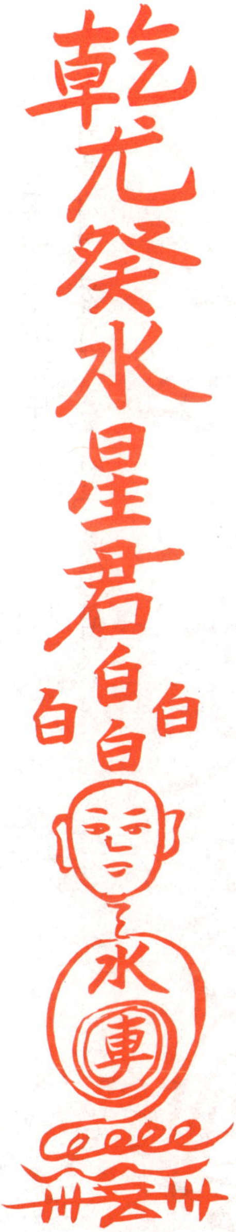

풍수부(風水符) (三)

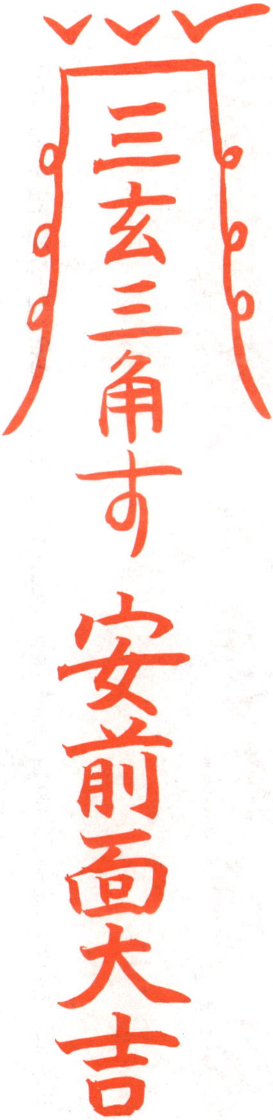

용신보호부(龍身保護符)

용신을 상하면 재앙이 있다。먼저 이 부적을 써놓고 흙을 다루면 용신이 상하지 않는다。

좌산안중궁부(坐山安中宮符)

이 부적을 써서 광중에 넣고 성분(成墳)한다。

진삼살부(鎭三殺符)

이 부적은 묘를 쓰고자 하는 사람이 산소국내(山所局內)가 제한되어 부득이 삼살방(三殺方)을 범하지 않을 수 없는 경우、주사로 써서 복숭아 나무를 二尺三寸이 되도록 잘라서 그 위에 붙이고 장사를 지내면 삼살을 진압하게 된다。

성분압살부(成墳押殺符)

이 부적은 장사(葬事)를 다 끝마치고 평토제(平土祭)를 지낼 때 붙여두면 모든 흉살을 제압한다。

사골투태살(死骨投胎殺)

가정의 우환 질고나 손재 구설 및 인정(人丁)의 손상 등 가지가지의 재앙이 선조(先祖)의 묘(墓)가 잘못된 원인이라고 판단이 된 경우、이 부적을 써서 그 무덤에 묻고、우환 질고를 당한 당사자의 몸에 지녀주면 모든 재앙이 사라진다고 한다。

상여부(喪輿符)

이 부적을 지니고 상여 뒤에 따라가면 부정이 범접치 않는다。

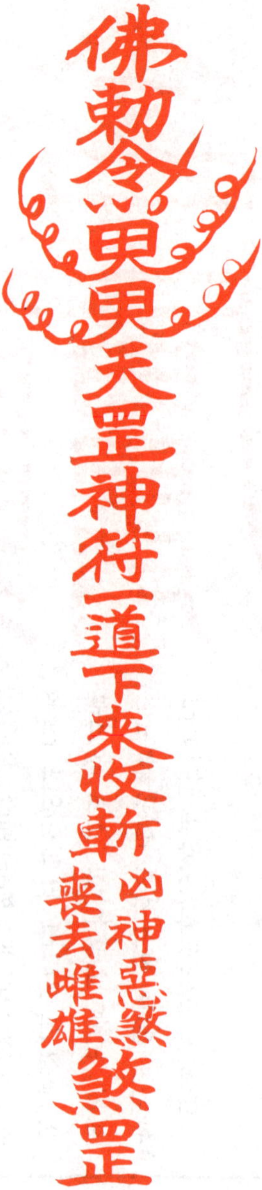
佛勅令
天罡神符一道下來收斬
凶神惡煞
喪去雌雄
煞罡

상부정불침부(喪不淨不侵符)

이 부적을 지니고 초상집에 가면 상부정(喪不淨)이 범치 않는다。

佛勅下
天
罡
神符一道
收斬
雌雄
喪事
死煞
罡

제十一부 육축(六畜) 및 충수해(虫獸害)에 대한 부적

1、육축의 안전에 대한 부적

2、충·수해에 대한 부적

이 항목에서는 집안에 소、개、돼지、양、닭、오리 등을 기를 때 전염병 등이 육축에게 침입하지 않고 번성케 해 달라는 부적과、또 한가지는 집안에 이롭지 못한 벌레들이 많이 들어오거나、사나운 짐승이 침입해서 육축에게 해를 끼치는 것 등을 미리 예방하는데 필요한 부적을 수록하였다。편의에 따라 해당되는 부적을 가려 사용하면 그 효험이 신비할 것이다。

1、육축(六畜)의 안전에 대한 부적

육축편안부(六畜便安符)

소、말、개、돼지、오리、양 등 모든 가축(家畜)이 병 없이 잘 자라게 하려면 이 부적을 주사(朱砂)로 써서 축사(畜舍―외양간 또는 마굿간、닭장 등)에 붙여두라。돌림병에 걸리지 않을 뿐 아니라 육축이 왕성한다。

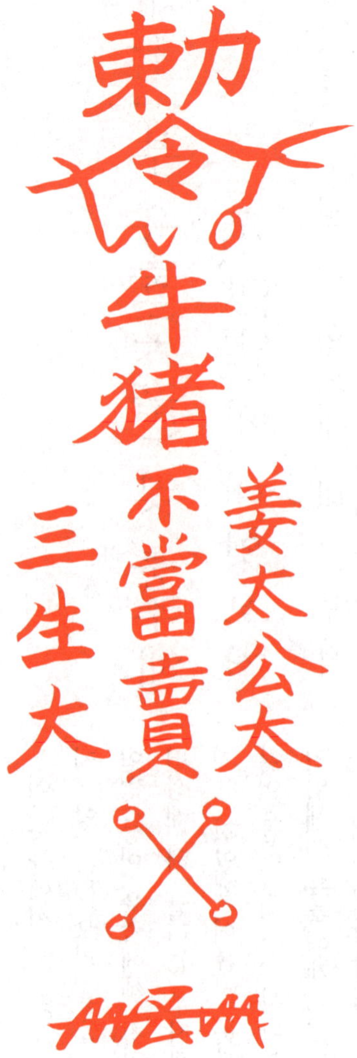

육축재온퇴치부(六畜災瘟退治符)

이 부적은 모든 가축(家畜)의 돌림병에 쓰이는 것이다。

봄병(春瘟)

여름병(夏瘟)

가을병(秋瘟)

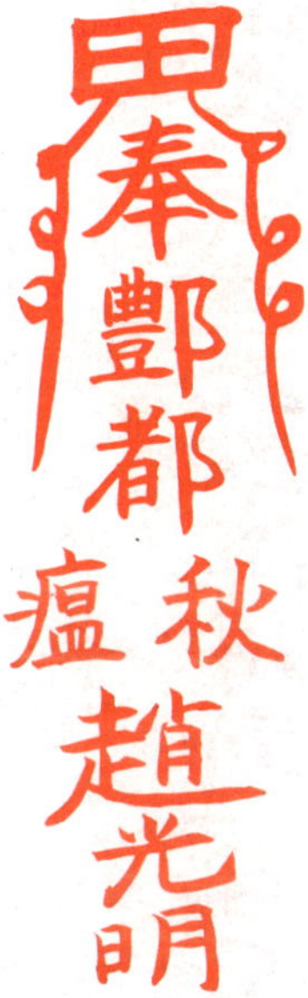

겨울병(冬瘟)

육축제온부(六畜制瘟符)

모든 가축의 돌림병을 제압하는 부적으로 축사에 붙인다。

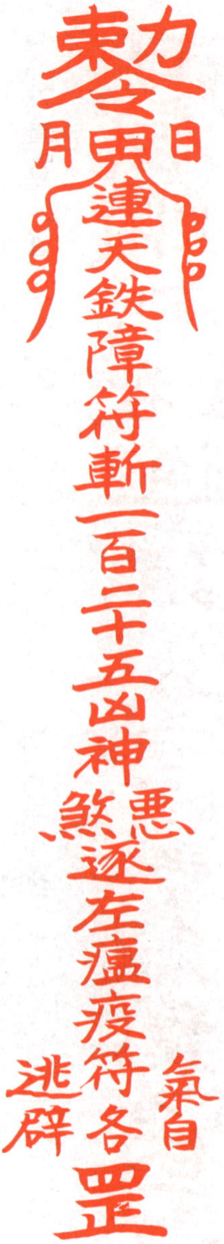

육축온역진압부(六畜瘟疫鎭压符)

모든 가축의 돌림병을 진압하는 부적으로 축사에 붙인다。

저온치료부(猪瘟治療符)

돼지가 돌림병에 걸렸거나 걸릴 우려가 있을 때 돼지우리에 붙인다。

저태보호령부(猪胎保護靈符)

돼지가 새끼를 배었을 때 그 뱃속의 새끼들을 보호해달라는 부적이다。

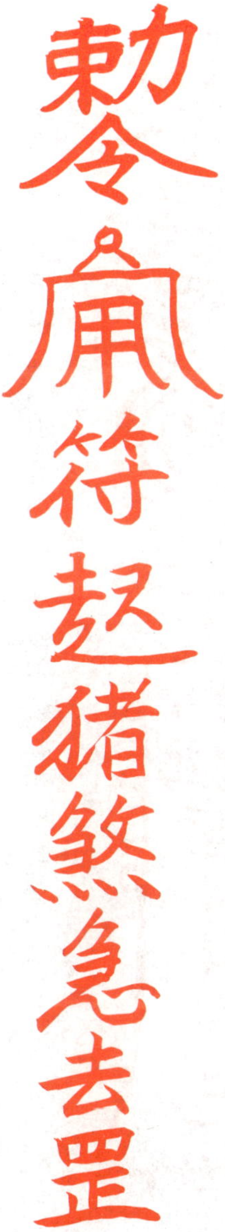

저계온역퇴치부(猪鷄瘟疫退治符)

돼지 혹은 닭이 돌림병에 걸렸을 경우, 이 부적을 우리에 붙인다。

저구온역퇴치부(猪狗瘟疫退治符)

이는 돼지와 개의 돌림병을 물리치는 부적이다。

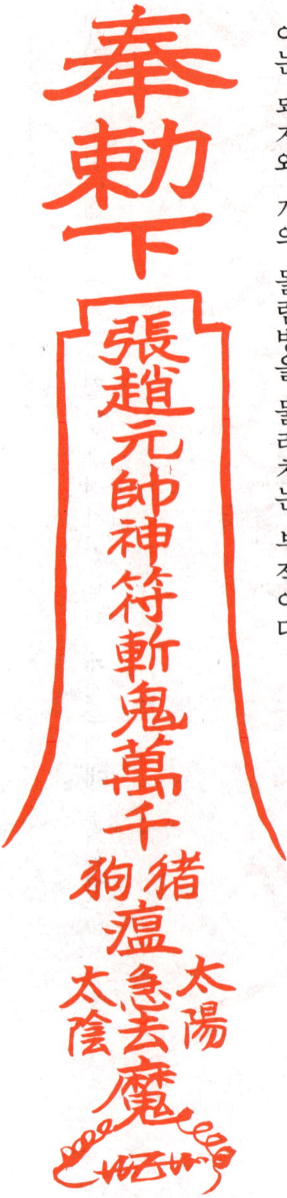

우온퇴치부(牛瘟退治符)

소가 돌림병이나 기타 병에 걸렸을 때 외양간에 붙여두면 곧 낫는다。

계압온역진압부(鷄鴨瘟疫鎮压符)

닭이나 오리、거위 등이 돌림병에 걸리면 이 부적으로 물리친다。

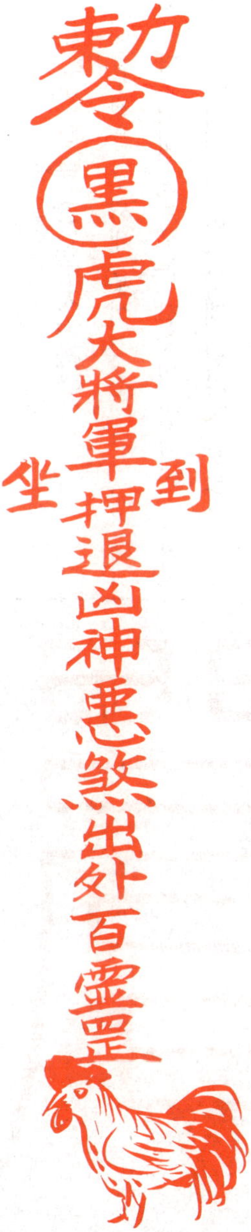

육축대길부(六畜大吉符)

이 부적을 축사에 붙이면 소、 말、 개、 돼지、 닭、 거위 등 모든 짐승이 병 없이 잘 자라고 또 새끼가 번창하게 된다고 한다。

계아압성왕부(鷄鵝鴨盛旺符)

이는 닭、 오리、 거위 등에 대하여 쓰는 부적이니、 해당되는 우리에 붙이면 매우 번성하고 병 없이 잘 자란다 한다。

2、충(虫)·수해(獸害)에 대한 부적

비수불침부(飛獸不侵符)

날짐승이 집안이나 방안으로 들어와 귀찮을때 이 부적을 대문 및 안방 밖 문위에붙이면 들어오지 않는다。

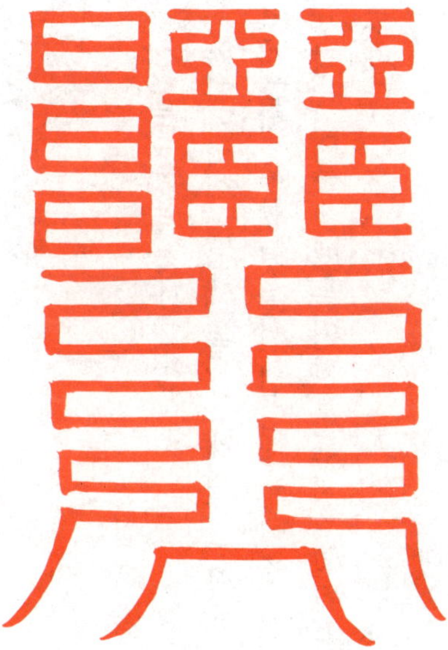

야수불침부

들짐승이 집안으로 들어오는 것을 막는 부적인데、혹은 뱀、개구리、또는 맹수(猛獸)들의 침입도 방지하는 부적이다。문지방 위에 붙이면 효력이 있다。

견굴토예방부(犬堀土豫防符)

개가 땅을 파는 경우가 있다。특히 아궁이 밑、뜨락밑 토담밑 등 좋지 못한 곳을 파거든 이 부적으로 방지하라。개가 땅을 파는 것은 그 집안에 상서롭지 못한 일이 생길 징조라 한다。

괴물퇴치부(怪物退治符)

가지가지의 벌레、뱀、노래기、날짐승 등 상서롭지 못한 것들이 집안에 들어올 때 이 부적을 대문 위에 붙이면 모든 괴물이 범접치 못한다。

벽서부(辟鼠符)

쥐가 집안에 많을 때 이 부적을 써서 음력 정월달 첫번째 쥐날(子日)에 밤 子시에 아궁이 위 부뚜막에 놓아두면 일년내 쥐가 들끓지 않는다고 한다。

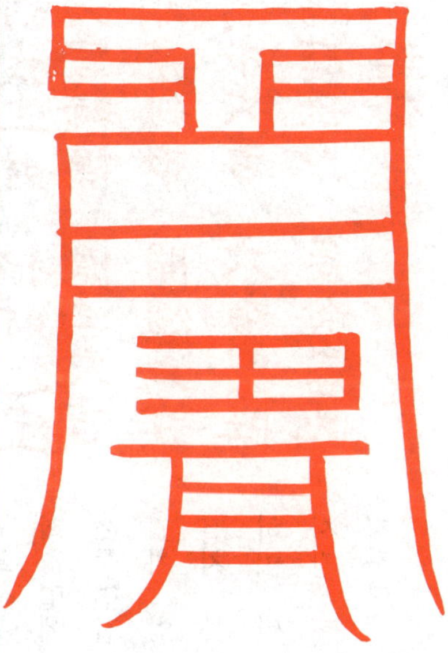

날짐승이 몸에 똥을 누었을 때

날짐승이 하늘을 날아가며 갈긴 똥이 의관에 맞으면 재앙이 이른다는 속설이 있다。이런 경우는 위의 부적을 써서 몸에 지니면 모든 액이 범접치 못한다고 한다。

피취충부(避嗅虫符)

이 부적은 냄새를 맡고 찾아다니는 모든 벌레、특히 고약한 냄새를 풍기는 노래기 따위를 쫓는 부적이다。노란종이에 주사(朱砂)로 써서 집안 각처에 붙여두면 벌레가 들어오지 않고、이미 들어온 벌레는 전멸된다。

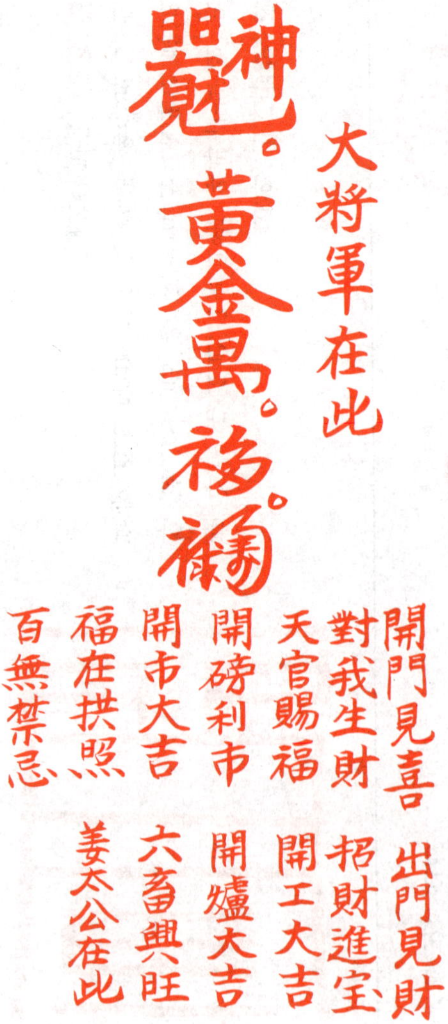
大将軍在此
開門見喜 出門見財
對我生財 招財進宝
天官賜福 開工大吉
開磅利市 開爐大吉
開市大吉 六畜興旺
福在拱照 姜太公在此
百無禁忌

위의 글귀도 부적 밑에 써두면 잡귀가 범접치 못하며 만사가 대길하다。

봉충부(封虫符)

집안이나 농작물 등에 벌레가 많이 생기면 이 부적을 써서 제거한다。

목충제거부(木虫除去符)

책상、농 등에 나무좀이 생겼을 때 이 부적을 붙이면 제거된다。

백의제거부(白蟻除去符)

이 부적을 써서 집안 각처에 붙이거나 물에 풀어서 흰 개미가 모이는 곳에 뿌리면 자연히 제거된다。

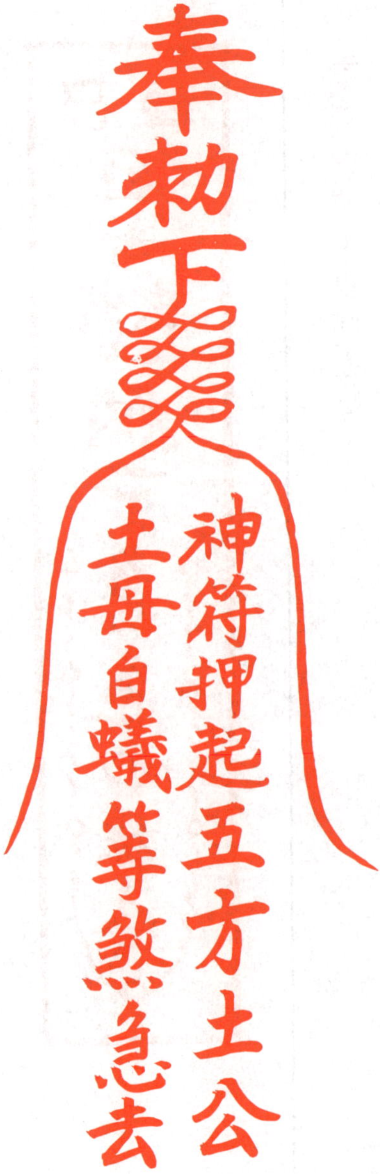

제十二부 사주관살(四柱関殺)을 예방하는 부적

1、일반관살(一般関殺)에 대한 부적

2、소아관살(小児関殺)에 대한 부적

관살(関殺)이란 사주(四柱)의 원국(原局)에 살이 범하여 있음을 말한다。즉 말두살(抹頭殺) 오귀살(五鬼殺) 투정살(投井殺) 급각살(急脚殺) 상문(喪門) 조객(弔客) 삼형육해(三刑六害) 침수(深水) 뇌공살(雷公殺) 등의 갖가지 흉악한 살이 침범하여 재앙과 흉변을 불러 일으키는데、이러한 흉살이 사주가 운데서 발견되었을 경우는 서슴치 말고 살을 제거시켜야 한다。그 제거시키는 방법의 한가지로는 그 살에 해당되는 부적을 사용하면 흉살의 작용력을 막고 흉화위길(凶化為吉)이 된다는 것이다。

다음은 각 관살에 대한 예방 부적이다。

1、일반관살(一般関殺)에 대한 부적

말두살(抹頭殺)

말두살은 즉 상충살(相冲殺)이니 다음과 같다。

子午生—八月	丑未生—九月
寅申生—十月	卯酉生—十一月
辰戌生—十二月	巳亥生—正月

이 살이 있는 사람은 남과 의사 충돌이 심하고 시비 구설(是非口舌)이 따르며 풍파가 심하여 사업에 실패가 많다。여자는 가정불화가 많고 또는 해산(解産)때에 난산(難産)을 면치 못한다。주사(朱砂)로 써서 매년 몸에 지녀주면 이 살이 해소된다。

오귀살(五鬼殺)

오귀살은 다음과 같다。

申子辰生―酉戌　巳酉丑生―丑午　寅午戌生―卯辰　亥卯未生―子丑

오귀살이 사주에 있으면 집안에 평지풍파(平地風波)가 많고 우환 질고(憂患疾苦)가 따르며 관재、구설、손재 및 심하면 부부 이별 또는 상패(喪敗)를 당하여 고독하게 지내는 경우가 많다。오귀살이 있거든 이 부적을 써서 일년간 몸에 지녔다가 불살라 마신다。

오귀살제거부(五鬼殺除去符)

이 부적은 사주에 오귀살이 있거나 이사 혹은 집 수리 및 동토에 있어 오귀방을 범하여 탈이 생겼을 때 쓰는 것이니, 여하튼 오귀를 퇴치시켜주는 부적이다。

유혼살부(遊魂殺符)

이 살이 있거나 범하면 남의 꼬임에 빠져 본의 아닌 실수를 저지르거나 손해를 당하게 된다。 주사로 두장을 써서 한장은 내실 문 위에 붙이고 한장은 본인의 몸에 지니고 다니면 이러한 일이 발생하지 않는다。

삼형살 (三刑殺)

삼형이란 사주에 다음과 같은 것이 같이 있음을 말한다。

寅巳申、丑戌未、子卯、辰辰、午午、酉酉、亥亥、

삼형살이 있으면 관재、살상、횡액 등이 있으니 이 부적으로 예방하라。

육해살 (六害殺)

육해살은 다음과 같다。

子—未、丑—未、寅—巳、卯—辰、申—亥、酉—戌。

또는 申子辰生—卯、巳酉丑生—子

寅午戌生—酉、亥卯未生—午

육해살이 있는 사람은 육친의 덕이 없고 일생 재복이 없어 식소사번 하며 혹 중이 될 염려가 있다。

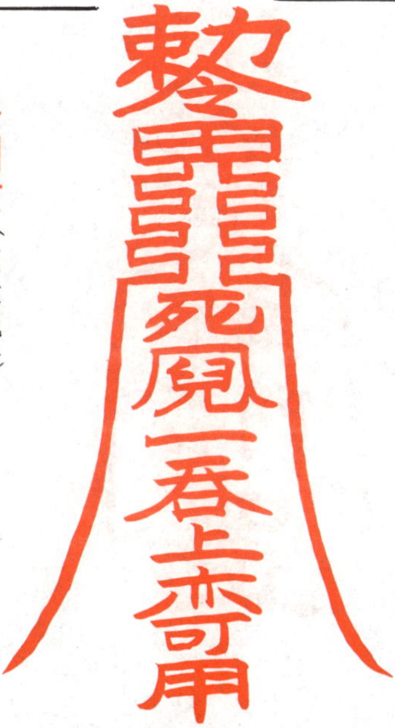

상문부 (喪門符)

상문은 다음과 같다。

年	子	丑	寅	卯	辰	巳	午	未	申	酉	戌	亥
상문	寅	卯	辰	巳	午	未	申	酉	戌	亥	子	丑

예를 들어 子年生은 사주에 寅이 있으면 상문살이요、子年에는 寅日이나 寅方이 상문일이요 상문방이다。사주에 상문이 있으면 질병과 손재수가 있고、태세(太歲)에 상문방으로 문상이나 위문을 가면 질병과 손재수가 생긴다。이 부적을 써서 예방하라。

조객부(吊客符)

조객살은 다음과 같다。

子年戌 丑年亥 寅年子 卯年丑
辰年寅 巳年卯 午年辰 未年巳
申年午 酉年未 戌年申 亥年酉

사주에 조객살이 있거나 조객살 닿는 방향에 문상을 가서 우환이 생기면 이 부적으로 조객살을 퇴치시킨다。

백호살부(白虎殺符)

백호살은 다음과 같다。

正二月申酉時 三月子戌時
四六月卯丑時 八十月卯時

사주에 백호살을 범하면 질병 불구(不具) 등의 흉액이 있으니 이 부적을 써서 몸에 지녀야 한다。

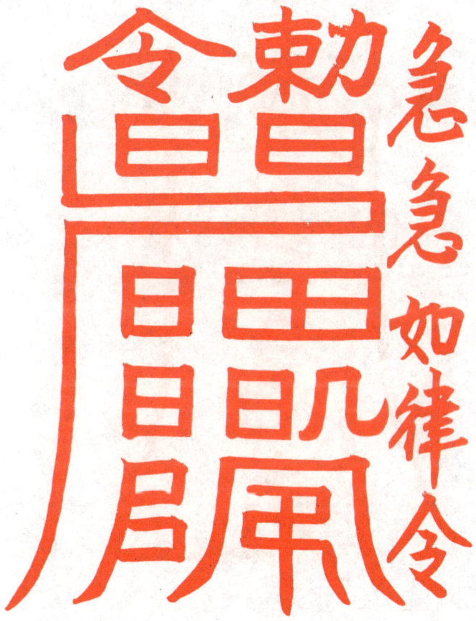

백호살제거부(白虎殺除去符)

원래 백호살(白虎殺)이란 사주에 있는 경우 재앙이 많이 따르기 마련이다。 집안에 식구가 상(傷)하고 악질에 걸리기 쉬우며、부상(負傷) 복제수(服制数) 관액(官厄) 등이 빈번하므로 반드시 살을 제거시켜야 된다。 다음의 주문을 외우면서 소、닭、돼지고기를 같이 차려놓고 정성껏 제사하면 이 살을 물리치게 된다。

주문‖천령지령 무사신명 축사겁괴 숭화무종 급급여율령칙

구교살 (勾絞殺)

구교살은 다음과 같다。

子生卯　丑生辰　寅生巳　卯生午
辰生未　巳生申　午生酉　未生戌
申生亥　酉生子　戌生丑　亥生寅

사주에 구교살이 있으면 관재、구설、시비가 많고、손재수와 상신(傷身)의 액도 있으니 이 부적으로 예방하라。

미혼살 (迷魂殺)

미혼살을 범하면 재난이 많고 남의 꾀에 빠져 집을 뛰쳐나가기도 하며 혹은 정신이 건전치 못한 경우가 있다。주사(朱砂)로 이 부적을 써서 몸에 간직하면 무해하다。

관부살방지부 (官符殺防止符)

관부살은 다음과 같다。

子生辰 丑生巳 寅生午 卯生未
辰生申 巳生酉 午生戌 未生亥
申生子 酉生丑 戌生寅 亥生卯

관부살이 사주에 있으면 관재 구설이 항시 따르니 이 부적을 몸에 지녀야 그 액을 방지한다。

호신살 (虎神殺)

호신살이 침범하면 수족의 활동이 불편하고 우환 질고가 따르며 객사(客死)하기 쉬운 흉살이다。 이와 같은 증상이 있는 것은 호신살이 침범한 까닭이니 「주사」로 이 부적을 써서 문위에 붙이고 치료해야 된다。

병부살퇴치부(病符殺退治符)

병부살은 다음과 같다。

子生—亥 丑生—子 寅生—丑 卯生—寅 辰生—卯 巳生—辰

午生—巳 未午—午 申生—未 酉生—申 戌生—酉 亥生—戌

병부살이 있으면 전염병에 걸리기 쉽고 몸이 항시 약하다。이 살이 있는 사람은 문병(問病) 문상(問喪)을 주의해야 한다。이 부적을 몸에 지니고 또는 병이 났을 때는 이 부적을 써서 약대리는 곳에 같이 대려서 복용하면 질병이 즉시 낫는다。

사부살퇴치부(死符殺退治符)

사부살은 다음과 같다。

子生—巳 丑生—午 寅生—未 卯生—申 辰生—酉 巳生—戌
午生—亥 未生—子 申生—丑 酉生—寅 戌生—卯 亥生—辰

이 사부살이 있으면 관재、시비、구설 및 손재 질병 등의 액이 따른다。매년 정월초에 한장씩 몸에 지녔다가 섣달 그믐날에 불에 태워 마시면 아무 탈이 없다는 것이다。

암해살(暗害殺)

무단히 실물수가 있고 도적이 잘 들어 손재하고 뒷전에서 남의 비방과 모략을 당하여 곤경에 빠지고 횡액이 자주 일어나는 까닭은 암해살(暗害殺)이 침범한 때문이니, 이런 경우가 생기면 즉시 이 부적을 써서 집 네귀에 붙이고 몸에 지니면 곧 해소된다.

오귀화태살(五鬼化胎殺)

여자가 임신하여 십삭(十朔)이 되기 전 낙태(落胎)가 빈번하거나 유산(流産)이 자주 있을 경우, 이는 오귀가 태신(胎神)을 침범한 까닭이니 임신부가 이 부적을 주사(朱砂)로 써서 몸에 지니면 무사하다.

투정살(投井殺)

투정살이란 우물에 빠져 자살한다는 살이다。 사주에 이 살이 있으면 당자의 몸에 이 부적을 써서 지녀주면 흉액을 면할 수 있다。

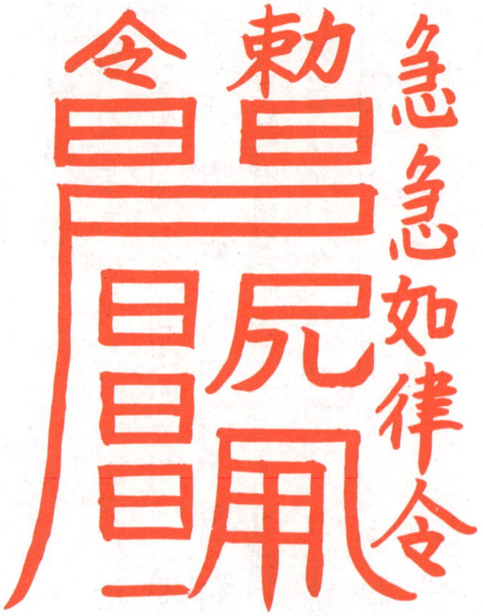

투하살(投河殺)

역시 물에 빠져 자살할 우려가 있거나 연고 없이 낭떠러지나 구덩이에 잘 빠져 곤경을 겪는 일이 있다。 이 부적을 주사(朱砂)로 써서 몸에 지니면 편안하다。

충천살(冲天殺)

이 살이 있는 사람은 단명(短命)하거나 질병이 많다。 또는 관재 구설 송사가 끊이지 않을 것이니、이 부적을 주사(朱砂)로 써서 몸에 지니고 있으면 무사하다。

호리살(狐狸殺)

호리살이란 여우나 이리에게 해(害)를 입는다는 살이니、사주에 이 살이 있는 사람은 이 부적을 주사로 써서 항시 몸에 지니고 다니면 이 액을 면하게 된다。

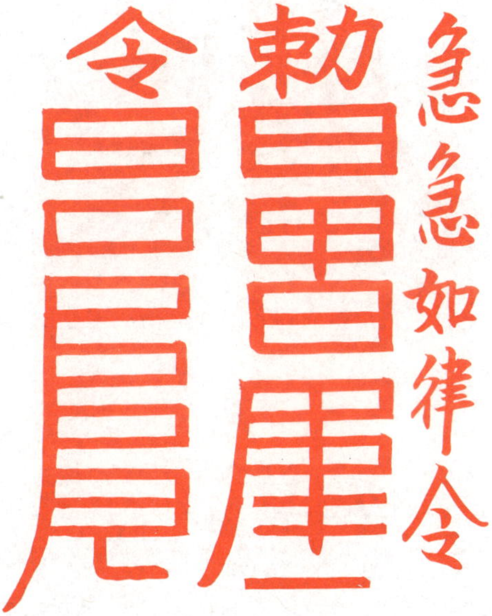

급각살(急脚殺)

급각살은 다음과 같다。

甲乙生─申酉時 丙丁生─亥子時 戊己生─寅卯時
庚辛生─巳午時 壬癸生─辰戌丑未時

사주에 급각살이 있으면 낭떠러지 같은 데서 떨어져 다리를 크게 다치거나、관절염 신경통으로 고생하게 될 것이니、이 부적을 써서 몸에 지니면 그러한 액이 사라진다。

주도살(走跳殺)

이 살이 있는 사람은 자주 집을 뛰쳐나가 타관에서 방황하는 괴벽이 있어 가정에서 안정된 생활을 못한다。이 부적을 써서 내실 문 위에 붙여두면 집을 나간 사람은 돌아오고 집에 있는 경우는 나가지 않는다。

경안살(硬眼殺)

집안에 비극이 자주 발생하여 눈물이 마를 새가 없게 되거나 집안에 안질이 자주 발생하여 고생하는 경우는 이 경안살이 침범한 까닭이니 내실 문위에 붙이고 환자가 태워 마시면 신효하다。

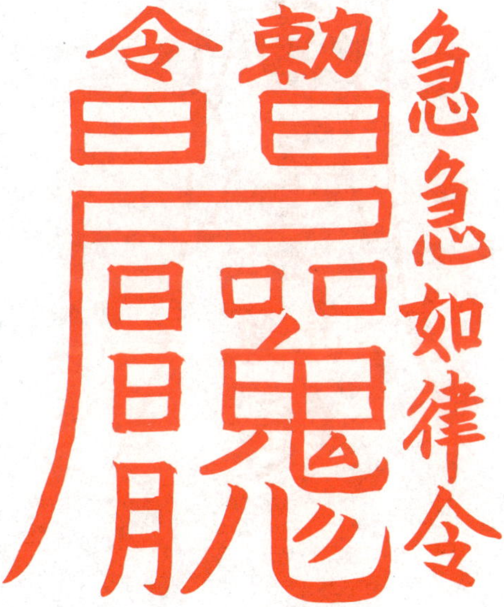

태음살부(太陰殺符)

태음살은 다음과 같다。

生年	子	丑	寅	卯	辰	巳	午	未	申	酉	戌	亥
太陰殺	亥	子	丑	寅	卯	辰	巳	午	未	申	酉	戌

사주에 태음살이 있으면 의기가 소침하여 용기가 없고 여색에 빠져 패가망신하며 손재수도 빈번하니、다음의 부적을 주사(朱砂)로 써서 매달 二十六일 밤에 불태워 버리면 태음살이 소멸된다。

세파부(歲破符)

세파살(歲破殺)은 다음과 같다.

生年	歲破
子	酉
丑	辰
寅	亥
卯	午
辰	丑
巳	申
午	卯
未	戌
申	巳
酉	子
戌	未
亥	寅

사주에 세파가 있으면 모든 일이 어긋나 용두사미(竜頭巳尾)가 되고 관직이나 직장의 운이 없으며 일가친척의 덕이 없다. 이 살이 있는 사람은 이 부적을 써서 몸에 지니고 있다가 단오절(端午節)에 불태워 버리면 이러한 재앙이 소멸된다.

천공살(天空殺)

천공살은 다음과 같다.

生時	天空
子	亥
丑	戌
寅	酉
卯	申
辰	未
巳	午
午	巳
未	辰
申	卯
酉	寅
戌	丑
亥	子

사주에 천공살이 있으면 모든 일이 여의치 않다。 특히 처자의 덕이 없고 재물이 모아지지 않으며 무슨 사업을 하든지 성공하기 힘들다。 이 살이 있으면 매월 二十七日 낮 동방을 향하여 이 부적을 들고 하늘에 축원하고나서 불살라버리면 이 살을 물리치게 된다。

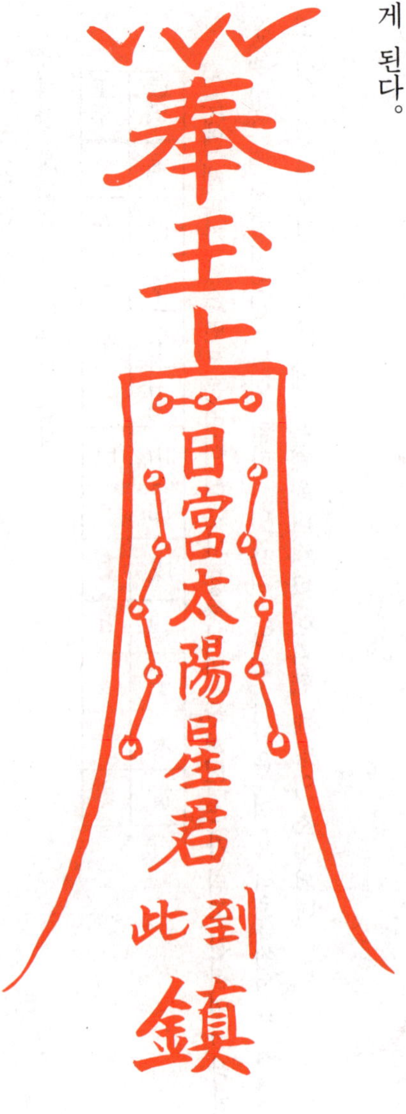

진살부(鎭殺符)

이 부적은 어떠한 살을 막론하고 살의 작용을 제압하는 것이다。이 부적을 써서 매년 정월 초하룻날에 주문을 외우고 몸에 지니고 있다가 동짓날(冬至日)에 불태워버리기를 칠년동안 계속하면、명중(命中)에 침입한 모든 살이 자연 물러가게 된다。

천구살부(天狗殺符)

천구살은 다음과 같다。

生月	寅	卯	辰	巳	午	未	申	酉	戌	亥	子	丑
天狗殺	子	丑	寅	卯	辰	巳	午	未	申	酉	戌	亥

천구살이 사주에 들면 손재수가 있고 질병과 신액이 따른다。이 살을 제거하려면 이 부적을 써서 몸에 지니고 있다가 음력 七月 十五日 전에 불태워 버리면 이러한 액이 사라진다。

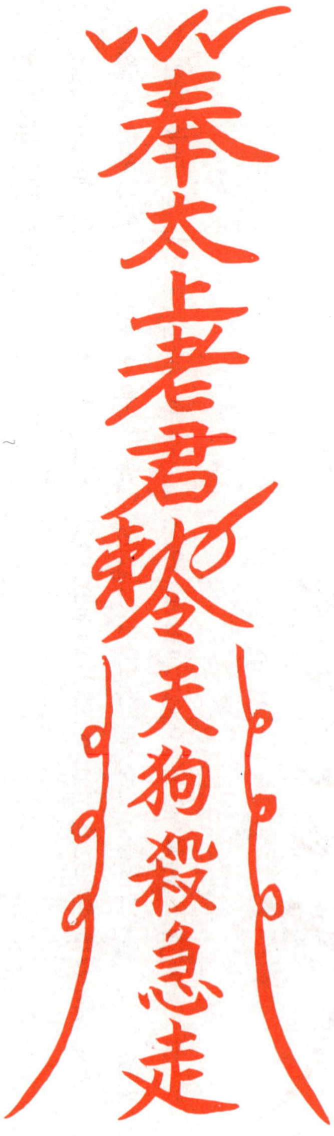

암시살(暗矢殺)

암시(暗矢)란 자기도 모르게 뒤에서나 옆에 숨어서 해치려는 것을 말하는데, 이러한 살이 있는 사람은 까닭없이 남의 모함에 빠지기 쉽고 또는 피할래야 피할 수 없는 횡액이 따라 잘못하면 생명마저 빼앗길 염려가 있다。이 부적을 써서 항시 몸에 지니고 다녀야 한다。

기로살(気勞殺)

이 살을 맞은 사람은 칼끝을 피하기 어려우며、이 혈기가 몸에 머물면 재앙이 이르고 앓아 눕게 되는바、이 병에 걸리면 약의 효과가 없으며 때때로 구토와 기침을 하는 중세이다。이 살을 풀지 않고 오래두면 생명이 위험한 것이니 이 부적을 써서 살을 풀어주어야 한다。

회개살부(華盖殺符)

화개살은 다음과 같다。

申子辰年日—辰 巳酉丑年日—丑
寅午戌年日—戌 亥卯未年日—未

여자의 사주에 화개가 있고도화가 있으면 창녀가 되거나 여러번 시집을 가게 된다。다음의 부적으로 이 살을 제거하라。

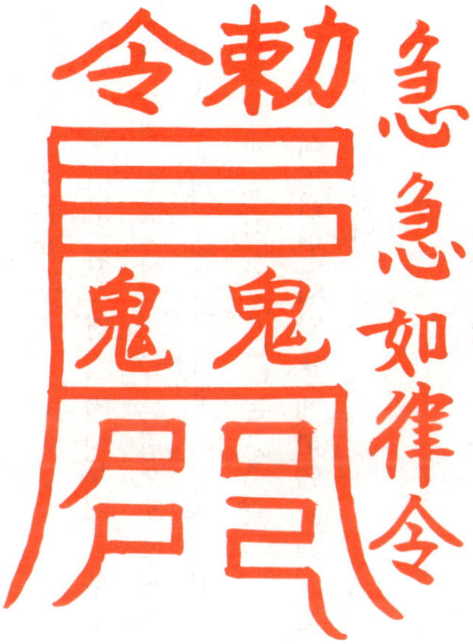

삼형육해살(三刑六害殺)

삼형육해란 다음과 같다。

三刑＝ 寅巳申·丑戌未·子卯
辰辰·午午·酉酉·亥亥

六害＝ 子—未 丑—未 寅—巳 卯—辰
辰—卯 巳—寅 酉—戌 申—亥

관재 구설과 시비가 따르고 육친의 덕이 없고 재수가 나쁘다。

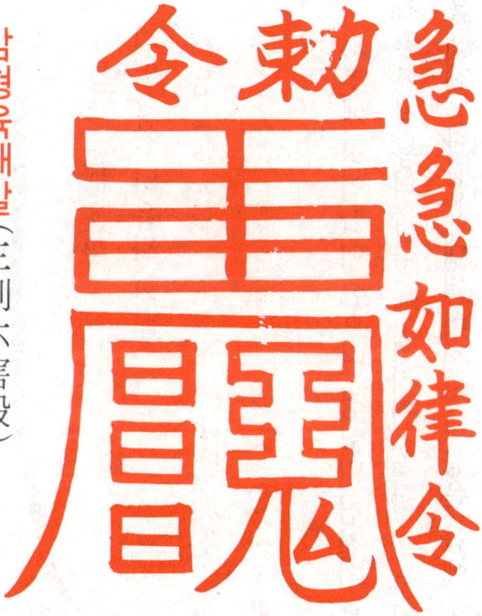

연태성(硯台星)

연태성을 띠고 있으면 어려서부터 무병(無病)하게 크고 자라서는 독립으로 출세해서 벼슬이 높게 오르나 하루 아침에 범죄를 짓고 형옥에 들어가 죽는다는 살이다. 이 부적으로 예방하면 일약 출세하여 일생 명성을 떨치게 된다.

비염살(飛廉殺)

비염살은 다음과 같다.

子生—申 丑生—酉 寅生—戌 卯生—亥
辰生—子 巳生—丑 午生—寅 未生—卯
申生—辰 酉生—巳 戌生—午 亥生—未

사주에 비염살이 있으면 정신이 건전치 못하고 간질등의 악질에 걸리기 쉽다 이 부적을 써서 한장은 태워 마시고 한장은 몸에 지니면 무사하다.

모재살(耗財殺)

모재살은 다음과 같다。

생년	子	丑	寅	卯	辰	巳	午	未	申	酉	戌	亥
大耗	午	未	申	酉	戌	亥	子	丑	寅	卯	辰	巳
小耗	巳	午	未	申	酉	戌	亥	子	丑	寅	卯	辰

이상의 대모(大耗)소모(小耗)를 모재살이라 하는데、돈을 벌어도 자연 쓸곳이 많아 모아지지 않고 사업의 실패 등으로 인해 빈궁해지기 쉬운 것이니 이 부적을 써서 집 대문이나 내실 문 위에 붙여두고 이 살이 범한 당사자가 지니고 다니면 손재수를 면한다。

매아살(埋兒殺)

매아살은 다음과 같다。

生年	子	丑	寅	卯	辰	巳	午	未	申	酉	戌	亥
埋兒殺	丑	卯	申	丑	卯	申	丑	卯	申	丑	卯	申

사주에 매아살(埋兒殺)이 있으면 자식을 낳아도 기르다가 十세 전에 모두 잃고마는 까닭에 자손이 귀하다。 이 살이 있는 사람은 다음 부적을 써서 몸에 지니거나 태워 마시라。

현량살(懸樑殺)

현량살(懸樑殺)이란 들보에 목매어 자결(自決)한다는 살인데 다음과 같다。

申子辰生-壬子時　巳酉丑生-辛酉時
寅午戌生-庚午時　亥卯未生-乙卯時

이 살이 있는 사람은 순간적인 재앙이 이르면 능히 감내하지 못하고 충격을 받아 자칫하면 자살하기 쉬우니 이 부적을 써서 그러한 액을 예방하라。

투생귀(偸生鬼)

이 투생귀살이 명(命)에 붙으면 자식을 잃게 되며 또 낳아도 즉시 잡귀가 침범하여 三세 이전에 실패한다。그러므로 자녀를 낳아 五、六세 이전에 실패하는 까닭은 대개 이 살이 범접한 바이니、다음에 있는 부적을 주사(朱砂)로 써서 한장은 태워 마시고 한장은 문 위에 붙인다。

2、소아관살(小兒関殺)에 대한 부적

낙정관살부(落井関殺符)—낙정살 예방하는 부적

낙정관살은 아래의 표와 같다。

甲己日生—巳、乙庚日生—子、丙辛日生—申、丁壬日生—戌、戊癸日生—卯

어린이가 사주에 이 살이 있으면 우물이나、기타 개울에 빠져 생명을 잃게 될 염려가 있다。아래의 부적으로 이 살을 방지시켜야 한다。

계비관살부(鷄飛関殺符)

계비관살은 다음과 같다。

甲己日生—巳酉丑、乙丙丁戊日生—子
庚辛壬癸日生—寅午戌

이 살이 있는 사람은 어릴적에 살생(殺生)하는 것을 보지 말아야 한다。만일 살생을 보면 살이 침입하여 신음신음 앓다가 죽기 쉽다。이 부적으로 예방하라

취명관살부(取命関殺符)

취명관살은 아래와 같다。

甲乙丙丁日生—申子辰月時
戊己庚日生—亥卯未月時
辛壬癸日生—寅午戌月時

취명관살이 있으면 사당이나 묘지에 가서 잡귀를 씨우게 되니 주의하라 이 부적을 써서 예방하라。

뇌공관살부(雷公関殺符)

뇌공관살은 아래와 같다.

生日	申乙丙丁戊己庚辛壬癸
雷公関	丑午子子戌戌寅寅酉亥

이 뇌공살은 어릴적에 벼락맞을 염려가 있다는 것이다. 우리가 치는 날 높은 곳에 가지말고 이 부적을 사용하면 예방된다.

단장관살부(断腸関殺符)

단장관살은 아래와 같다.

甲乙日生—午未　丙丁日生—辰己
庚辛日生—寅　壬癸日生—丑

이 살이 있으면 어릴적에 잘못하여 창자가 끊긴다는 것이다. 주의하고 이 부적으로 관살을 막으라.

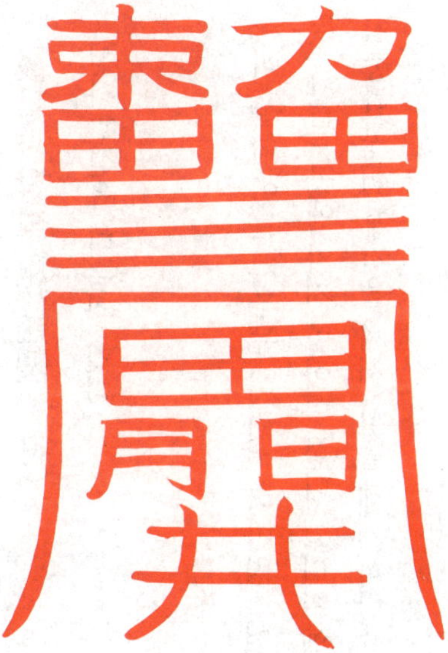

천일관살부(千日関殺符)

천일관살은 다음과 같다。

甲乙日生ー辰午、丙丁日生ー申、 戊己日生ー己庚辛日生、 壬癸日生ー丑亥、

천일내에 기르기 어렵다。 아래 부적을 써서 예방하고 그 모친은 남의 집에가서 숭돌질이나 매를 갈지 말아야 한다。 천일이 지나면 무방하다。

철사관살부(鉄蛇関殺符)

철사관살은 다음과 같다。

甲乙日生ー辰、丙子日生ー未申

戊己日生ー寅、庚辛日生ー戌、 壬癸日生ー丑

이 살이 있는 사주는 어려서 마마병(천연두) 앓는 곳에 가지 말아야 한다。 마마예방 접종하고 이 부적을 써서 살을 제거하라。

백호관살부(白虎関殺符)

백호관살은 다음과 같다。

甲乙日生—酉 丙丁日生—子 戊己日生—午
庚辛日生—卯 壬癸日生—午

사주에 백호살이 있으면 특히 홍역이나 마마에 생명을 빼앗기기 쉬우니 주의하고、이 부적을 써서 예방하라。

귀문관살부(鬼門関殺符)

귀문관살은 다음과 같다。

子日酉 丑日午 寅日未 卯日酉
辰日亥 巳日戌 午日丑 未日寅
申日卯 酉日子 戌日巳 亥日辰

사주에 이 살이 있으면 먼 길에 출행하지 말고 사당、묘지、절 같은 음산한 곳에 가지 말라。이 부적을 써서 살을 막으면 길하다。

천조관살부(天吊関殺符)

申子辰日－巳午　巳酉丑日－子午
寅午戌日－辰午　亥卯未日－午申

사주에 이 관살이 있으면 일찍 부모와 헤어져 살거나 조실부모 하게 될 우려가 있으니 이 부적을 써서 몸에 지니고 있으면 이러한 액이 방지된다.

당명관살부(撞命関殺符)

단명관살은 다음과 같다.

子寅日－巳　丑戌日－未　寅日－巳
卯日－子　辰巳申日－午　午未日－丑
酉亥日－亥

사주에 이 살이 있으면 어려서 경기등 질병이 많이 따르므로 기르기가 어렵다。 이 부적을 써서 해당자의 몸에 매년 한번씩 지녀 주라。

화상관(和尚関)

화상관은 다음과 같다。

子午卯酉日生—辰戌丑未時
辰戌丑未日生—子午卯酉時
寅申巳亥日生—寅申巳亥時

화상관이란 중이 될 인연이 있다는 관살이다。어릴 적에 그 어머니가 절(寺)이나 사당(祠堂) 같은 곳에 데리고 가지 말아야 하며 이 부적으로 예방해야 한다。

탕화살부(湯火殺符)

탕화살은 다음과 같다。

子午卯酉日生—午
辰戌丑未日生—未
寅申巳亥日生—寅

사주에 이 살이 있으면 끓는 물、끓는 기름、 및 불을 조심하지 않으면 액이 이른다。이 부적으로 액을 방지하라。

야제관살부(夜啼関殺符)

야제관살은 다음과 같다。

子寅卯辰巳午申酉亥日生—未
丑未戌日生—寅酉

이 살을 범하면 어린이가 밤만 되면 아무 까닭없이 운다。이럴 때는 이 부적을 「주사」로 써서 아기의 몸에 지녀주고 하룻밤 지낸 뒤 불에 태워 먹인다。

소아야제방지부(小兒夜啼防止符)

한장은 방안에 붙이고 한장은 성명을 기입하여 불살라버린다。

소아야제부(小兒夜啼符)

이 부적은 명돈(命錢) 약간을 상위에 놓고 축원한 뒤 불살라버린다。

소아야제관살부(小兒夜啼関殺符)

소아야제살은 또 다음과 같은 사주이다。

正二三月生—午時 四五六月生—酉時 七八九月生—子時 十·十一·十二月生—卯時

이 부적으로 소아야제살이 풀리기 전(울음이 그치면 관살이 풀린것임)에는 방에 불을 넣지 말아야 한다。이상의 모든 야제살 부적이 듣지 않을 경우에 사용한다。

단명관살부(短命関殺符)

당명관살은 다음과 같다.

申子辰日—巳時 巳酉丑日—寅時

寅午戌日—辰時 亥卯未日—未時

단명관살은 명이 짧다는 살이다. 대개는 어려서 액을 당하고 어릴 적을 지나더라도 명이 오십을 넘기 어렵다 한다. 어린이를 출산후 이 부적을 그려서 애기방 지나는 곳에 붙여 두고 축수하라.

직난관살부(直難関殺符)

직난관살은 다음과 같다.

正二月生－午　三四月生－未　五六月生－卯戌

七八月生－巳申　九十月生－寅卯　十一·十二月生－辰酉

이 살이 사주에 있으면 십세이전에 칼, 도끼, 낫 같은 연장을 가까이 하지 말아야 한다.

이 부적을 써서 사주 당사자에게 지녀주면 이 살이 해소된다.

사골투태살(死骨投胎殺)

사골투태살이란 어려서부터 잔병이 많은 애를 천신만고 키워놓으면 네살때 갑자기 병들어 죽게되는 무서운 살이다。 이 살이 있어 죽은 사람은 십중 구명이니 반드시 아래의 부적을 써서 액을 막아주라。

수화관(水火関)

수화관살이 있는 사주는 다음과 같다。

春月生—未戌 夏月生—丑辰

秋月生—丑戌 冬月生—未辰、

이 살이 있으면 물、불、혹은 끓는 물、기름 등에 액을 당할 우려가 있다。 이 부적을 사용하면 수화관살이 제거된다。

심수관살부(深水関殺符)

심수관살은 다음과 같다。

春生—寅申　夏生—未

秋生—酉　冬生—丑

이 살이 있는 사람은 어려서 청명제사나 칠석(七夕) 제사에 참석하지 말고 이 부적을 지녀주면 명이 길어 진다。

사주관살부(四柱関殺符)

사주관살은 다음과 같다。

正七月—巳亥　二八月—辰戌　三九月—卯酉

四十月—寅申　五・十一月—丑未

六・十二月—子午

사주관살이 범하면 단명한 것이니 이를 방지하려면 가마 사인교 등을 타지 말고、부모 곁을 잠시간 떠나있으면 된다。그리고 이 부적을 써서 살을 해소시키라。

장군전(将軍箭)

장군전은 다음과 같은 사주이다。

正二三月生—辰戌酉 四五六月生—子卯未 七八九月生—丑寅午 十·十一·十二月生—巳申亥

사주에 이 살이 있으면 장군묘(将軍廟)나 기타의 사당 같은 곳에 가면 액을 당할 염려가 있으니 주의하고 또 이 부적을 써서 액을 방지하라。

욕분관살부(浴盆関殺符)

욕분 관살은 다음과 같다。

正二三月生—辰 四五六月生—未

이 살이 있는 사람은 봄에 辰日、여름에 未日、가을에 戌日、겨울에 丑日을 피하여 목욕시켜야 한다。그렇지 않으면 욕분관살이 닿는다。이 부적으로 살을 막으라。

단교관살부(斷橋関殺符)

단교관살이 있는 사주는 다음과 같다。

生月	斷橋関
正月	寅
二月	卯
三月	申
四月	丑
五月	戌
六月	酉
七月	辰
八月	巳
九月	午
十月	未
十一月	亥
十二月	子

단교관살이 사주에 있으면 배타거나 강을 건너지 말아야 하고 외나무 다리 위험한 다리(橋樑) 등을 건너지 말아야 한다。다음 부적으로 액을 방지하고 일생 주의하라。

염왕관살부(閻王關殺符)

염왕관살은 다음과 같다。

正二三月生ㅡ丑未 四五六月生ㅡ辰戌
七八九月生ㅡ子午 十·十一·十二月生ㅡ寅卯

이 살은 일찍 염라대왕이 불러간다는 살이니 예방하는 요령은 오래된 부처나 미륵이 있는 곳에 가지 말고 이 부적을 몸에 지니고 있으면 된다。

무정관살부(無情關殺符)

무정관살은 다음과 같다。

春月生ㅡ寅酉子 夏月生ㅡ巳戌亥
秋月生ㅡ丑申 冬月生ㅡ子午

이 살이 있으면 아비없이 편모(偏母)를 모시게 되거나 혹은 두 부모를 모시는 사주다。이 부적을 사용하여 그러한 일이 없도록 예방하라。

백일관살부(百日関殺符)

백일관살은 다음과 같다。

正四七十月—辰戌丑未　二五八十一月—寅申巳亥　三六九十二月—子午卯酉

이 살이 사주에 있으면 출생후 백일을 넘기기 어렵다는 관살이다。 예방하는 법은다음 부적을 지녀주고 출생 날부터 백일이 되는날은 어린이를 문밖에 안고 나가지 말아야 한다。

사계관살부(四季関殺符)

사계관살은 다음과 같다。

正二三月生—巳丑 四五六月生—辰申

七八九月生—亥未 十・十一・十二月生—寅戌

이살이 사주에 있으면 일생 질병이 떠날 날이 없다。매년 이 부적을 지니고 있다가 섣달 그믐날에 태워버린다。

매아관살부(埋児関殺符)

매아관살은 다음과 같다。

子午卯酉日—丑 辰戌丑未日—卯

寅申巳亥日—申

이 매아살은 어릴적에 땅속에 묻힌다는 흉악한 살이다。이부적을주사로써서 十세 전까지 매년 한번씩 몸에 지녀주어야 이 액을 면한다。

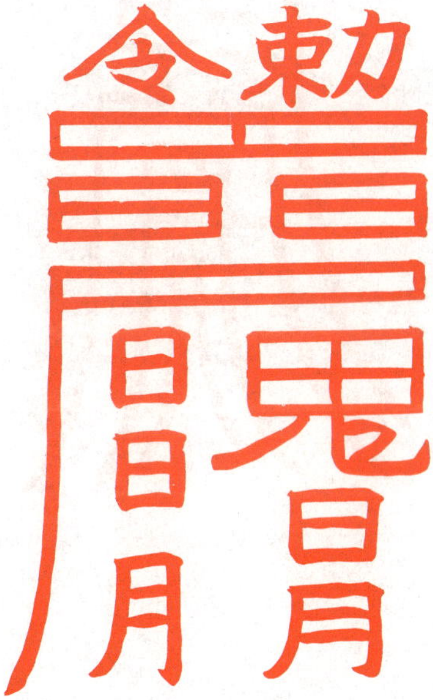

금쇄관살부(金鎖関殺符)

금쇄관살은 다음과 같다。

正七月生―申時 二八月生―酉時 三九月生―戌時

四十月生―亥時 五十一月生―子時 六十二月生―丑時

금쇄살이란 금(金)은(銀) 쇠붙이、자물쇠、동전(銅銭) 같은 것을 가지고 놀다가 변을 당한다는 살이다。이러한 물건을 가지고 놀지 않도록 주의할 것이며 이 부적으로 액을 방지하라。

제十三부 질병(疾病)에 대한 부적

1、질병총부(疾病総符)

① 질병 종합 예방방지 및 퇴치부

② 三十日병에 대한 부적

2、질병 각과(各科)에 따른부적

① 내과(内科)

② 외과(外科)

③ 돌림병

④ 부인병(婦人病)

⑤ 소아병(小児病)에 대한 부적

⑥ 기타(其他) 질병에 대한 부적

누구를 막론하고 병이 나거나 상처를 입으면 우선 병원이나 약방을 찾아가 치료하거나 약을 써야 한다。그러나 치료가 더디거나 약의 효과가 적을때는 그 원인이 잡귀 또는 부정탈 같은데 있는 것이니,다음에 있는 부적을 써서 사용하면서 치료를 받으면 속히 쾌차할 것이다。다음 부적은 질병의 종합적인 부적과 아울러 각과별로 분류하였으니 해당되는 곳을 찾아 부적을 써서 예방하거나 치료하면 효력이 매우 신비할 것이다。

1、질병총부(疾病総符)

질병의 종합 예방 및 퇴치부

질병소멸부(疾病消滅符)

이 부적을 주사(朱砂)로 써서 내실 문 위에 붙여두면 질병과 재앙이 사라지고 아울러 수복(壽福)이 자연히 이른다。

질병대길부(疾病大吉符)(一)

환자가 지니고 있으면 대길하다。

질병대길부(疾病大吉符)(二)

백병치료부(百病治療符)

내과(內科)나 외과(外科)를 막론하고 환자가 복약(服藥) 또는 치료를 하여도 효력을 받지 못할 경우 이 부적을 주사로 써서 하룻밤 간직하였다가 다음날 아침 불에 태워 먹으면 곧 약효를 본다。

백병치료부(百病治療符)

이 부적은 모든 병에 치료가 빨리 되라는 부적으로 병원 치료 및 약을 먹어도 병이 낫지 않을 경우 이 부적을 주사로 써서 불에 태워 먹은뒤에 치료를 받거나 약을 먹으면 효력을 본다。

만병통치부(萬病統治符)

사람이나 가축(家畜)을 막론하고 어떠한 병이든 치료되는 부적이다。 이 부적을 주사로 그려 불에 살라가지고 맑은 물에 타서 복용하라。

오뢰통치백병부(五雷統治百病符)

모든 병을 치료하는데 약을 쓴 후 사용하면 효험이 빠르다。

통치백병오뢰부(統治百病五雷符)

병세가 이상하고 알수 없는 잡증(雜症)에 사용하는 부적으로 다른 부적과 같이 사용하라。사용하는 방법은「경면주사」로 붉게 써서 벼개속에 넣고 하룻밤 자고난 뒤 아침에 태워 마신다。

만겁불수생사부(萬劫不受生死符)

이 부적은 환자가 의식을 잃고 깨어나지 못하거나 기타 사고나 중환(重患)으로 인하여 생명이 경각간에 있을 때 주사(朱砂)로 써서 태워 마시면 곧 의식을 회복한다。

만병치료부(萬病治療符)

이 부적도 모든 병을 치료하는 비결이다.

질병치료부(疾病治療符)

이 부적을 써서 푸른 참대(靑竹)에 매어달아 집 남쪽에 세워두면 효험이 있다.

복약효력부(服藥効力符)

환자가 약을 복용하여도 효력을 보지 못하고 오랜 시일을 고생할 경우 이 부적을「주사」로 써서 몸에 지니고 하룻밤 자고나서 다음날 불살라 먹는다。(몇번이고 되풀이 하라)

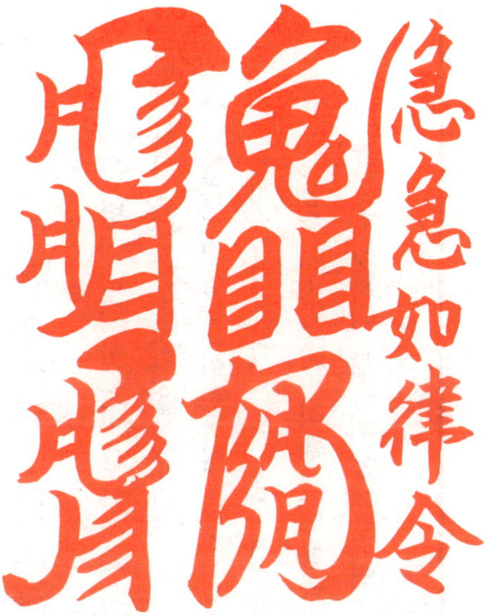

복약효력부(服藥効力符)

이 부적도 환자가 치료를 하거나 약을 먹어도 좀체로 낫지 않을 때에「주사」로 써서 벼개 속에 넣어두고 하룻밤 지내고 난뒤에 불태워 마시면 효험이 있다。

2、삼십일병부(三十日病符)

이 부적은 병이 발생한 날짜를 알아서 그 날짜에 해당되는 부적을 사용하면 효력이 빠르다고 한다。다음의 진언을 외우라。

주문= 질출혁혁양양 일출동방 오직차부 보세불살 구토삼매지화 복비문읍지광 착괴사 천봉역사 파질용 예적금강 항복요괴 화위일상 급급여율령 사바하

먼저 고치삼통(叩歯三通—이를 세번 딱딱 마주치는 것)하고 정한수(浄寒水) 한모금을 입에 물고 동방을 향하여 뿜은뒤 앞의 진언을 외운다。

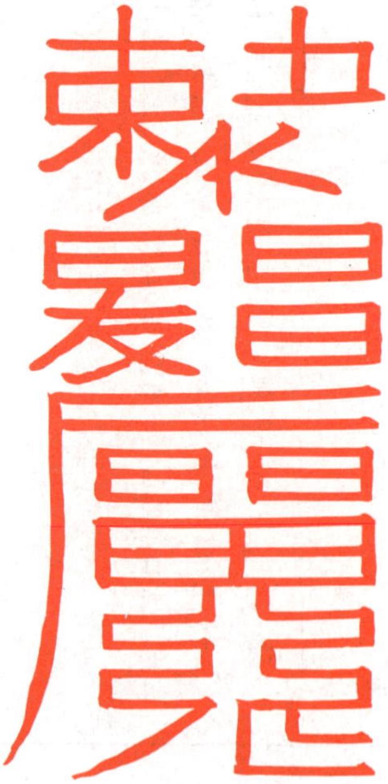

초일일병(初一日病)

초하루에 병이 발생하거든 이 부적을 그려 한장은 불에 태워 마시고 한장은 환자가 거처하는 문위에 붙여 놓으면 신효하게 병이 낫는다。

초이일병(初二日病)

두장을 써서 한장은 불에 살라 마시고 한장은 내실 문 위에 붙여 두면 질병이 자연 낫는다。

초삼일병(初三日病)

초삼일에 병을 얻은 경우에「주사」로 이 부적을 써서 불에 태워 가지고 물에 타서 마시면 효험이 있다。

초사일병(初四日病)

초사일에 병이 생기면 위 부적 두장을 써서 한장은 불에 태워 마시고 한장은 문 위에 붙이면 길하다.

초오일병(初五日病)

초오일에 병을 얻은 사람은 위 부적을 두장 그려서 한장은 불에 살라 마시고 한장은 몸에 지니고 있으면 병이 쾌차하여진다.

초육일병 (初六日病)

초육일에 병이 발생하거든 위 부적 한장을 그려 내실 문 위에 붙여두면 자연 약효가 있고 질병이 사라진다。

초칠일병 (初七日病)

초칠일에 병이 생긴 사람은 위의 부적을 한장만 써서 환자가 거쳐하는 방문 위에 붙여두면 효험이 있다。

초팔일병(初八日病)

초팔일에 병이 생긴 사람은 위 부적을「주사」로 한장만 써서 불에 태워 마시면 신효하게 병이 낫는다。

초구일병(初九日病)

초구일에 병이 발생하면 위 부적을 두장 써서 한장은 불에 태워 마시고 한장은 환자가 거처하는 문 위에 붙이면 길하다。

초십일병(初十日病)

초십일에 병이 발생하면 위 부적을 한장만 그려서 불에 태워 병자가 곧 쾌차하여진다。

십일일병(十一日病)

십일일에 병이 발생하거든 위 부적을 한장만 그려서 병자가 거처하는 방문 위에 붙여두면 효력이 신비하다。

십이일병 (十二日病)

십이일에 병이 생기거든 위 부적을 한장만 써서 환자가 거처하는 방문 위에 붙여두면 곧 효력이 있다。

십삼일병 (十三日病)

십삼일에 병이 생기면 위 부적 두장을 써서 한장은 불에 태워 마시고 한장은 문위에 붙여두면 대길하다。

십사일병(十四日病)

십사일에 병이 발생하거든 위 부적을 두장 써서 한장은 불에 태워 마시고 한장은 환자가 거처하는 문위에 붙여두면 효력이 있다。

십오일병(十五日病)

십오일에 발생한 질병은 위 부적을 두장 써서 한장은 불에 태워 마시고 한장은 문 위에 붙이면 병이 속히 낫는다。

십육일병(十六日病)

십육일에 병이 발생하거든 위 부적 두장을 써서 한장은 불에 태워 마시고 한장은 몸에 지니고 있으면 병마가 자연 물러간다。

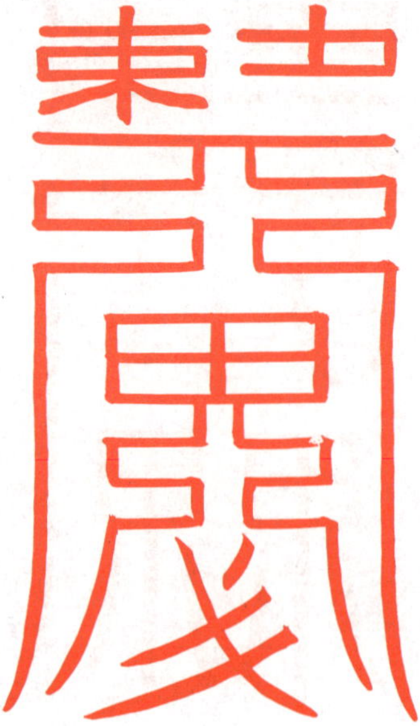

십칠일병(十七日病)

십칠일에 병이 발생하거든 위 부적 두장을 「주사」로 그려 한장은 불에 태워 마시고 한장은 환자의 몸에 지녀주면 곧 효험이 있다。

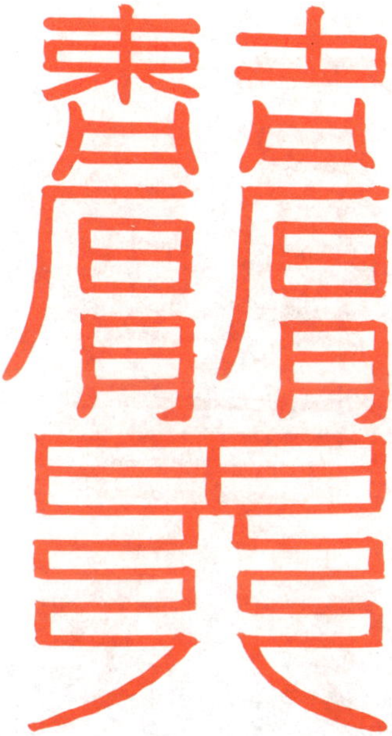

십팔일병(十八日病)

십팔일에 병이 발생하거든 위 부적 두 장을 써서 한장은 불에 태워 마시고 한장은 머리 속에 지니고 있으면 곧 쾌차하여진다。

십구일병(十九日病)

십구일에 병이 생기거든 위 부적 두장을 써서 한장은 불에 태워 마시고 한장은 머리에 지니고 있으면 질병이 자연 사라진다。

이십일병(二十日病)

이십일에 병이 발생하거든 위
부적 두장을 써서 한장은 불에 태
워 마시고 한장은 환자가 거처하
는 문위에 붙이면 대길하다。

이십일일병(二十一日病)

이십일일에 병이 발생하면 위
부적을 한장만 써서 불에 태워 마
시면 질병이 점차로 물러간다。

이십이일병(二十二日病)

이십 이일에병이 발생하거든 위 부적 두장을 써서 한장은 몸에 지니고 한장은 문 위에 붙여두면 질병이 자연 물러간다。

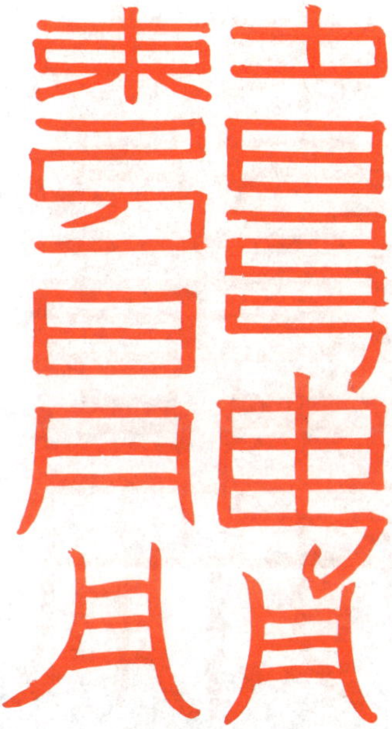

이십삼일병(二十三日病)

이십 삼일에 병이생기거든 위 부적 두장을 써서 한장은 불에 태워 마시고 한장은 환자의 몸에 지녀 주면 대길하다。

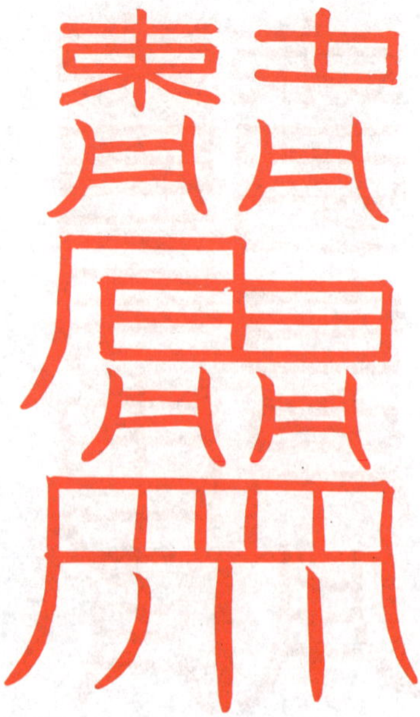

이십사일병(二十四日病)

이십사일에 병이 발생하거든 위 부적 두 장을 써서 한장은 불에 태워 마시고 한장은 환자가 있는 문 위에 붙여두면 병이 물러간다。

이십오일병(二十五日病)

이십오일에 병이 발생하거든 위 부적을 한장만 써서 환자가 거쳐하는 문 위에 붙여두면 질병이 자연 물러간다。

이십육일병(二十六日病)

이십 육일에 생긴 병은 위 부적을 한장만 써서 환자가 거처하는 문 위에 붙여두면 자연히 약효가 발생한다。

이십칠일병(二十七日病)

이십 칠일에 병이 생기거든 위 부적을 한장만 써서 환자의 머리 속에 지니거나 벼개 속에 넣어두면 질병이 물러간다。

이십팔일병(二十八日病)

이십 팔일에 병이 발생하거든 위 부적 두장을 써서 한장은 불에 태워 마시고 한장은 환자의 몸에 지니면 효험이 신비하다。

이십구일병(二十九日病)

이십구일에 생긴 병은 위 부적을 한장만 그려 환자가 자는 침대 위에 붙이거나 벼개 밑에 넣어두면 곧 질병이 물러간다。

삼십일병(三十日病)

두장을 써서 한장은 불에 태워 마시고 한장은 몸에 지니고 있으면 질병이 곧 낫는다。

십전보허부(十全補虛符)

이 부적은 선천적으로 허약한 체질을 타고난 사람을 보호하는 것인데 丙子日에 셋번째 글짜부터 매일 한자씩 인삼 대린물과 불에 태워 마신다。

2、질병 각과(各科)에 대한 부적

①내과(內科)

가、두통·두풍 및 기타 풍증

두통치료부(頭痛治療符)

이는 급구취운부(急救猝暈符)인데 갑자기 머리가 어지러워 쓰러지며 인사불성이 되었을 경우 이 부적을 불살라 생강을 대린 물에 타서 입에 흘려넣으면 신효하게 낫는다。

입지두통부(立止頭痛符)

두풍(頭風)이나 두통(頭痛)이 났을 경우 「주사」로 위의 부적을 써서 재를 만들어 천금 한돈반중 대린 물에 타서 마시면 곧 통증이 가신다。

두풍부(頭風符)

풍증으로 머리가 아플때 백유향(白乳香) 대린 물에 부적을 태운재를 타서 마시면 신효하다。

두통부(頭痛符)

이 부적을 써서 백지(白芷)한돈중 대린 물에 부적 재를 타서 마신다。

두풍치료부(頭風治療符)(一)

이 부적을 「경명주사」로 정성들여 그려 「풍화주문」을 일곱번 외운후 몸에 지니고 있으면 두풍이 침노하지 않는다。

두풍 치료부(頭風治療符)(二)

다음의 주문을 일곱번 외우고 불에 살라 복용하라。

주문‖자기청령 낭랑대조 원진소강 강응구림 섬손강중 진도안 정유공

중풍부(中風符)(一)

이 부적을 내실문 위에 붙여 놓고 다른 중풍부적을 태워 마신다。

중풍부(中風符)(二)

중풍으로 입과 손이 비뚜러지는 경우 위의 부적을 「주사」로서 불살라 재를 만든 다음 아주까리씨 껍질 벗긴것三돈중 얼음 조각 五푼중과 부적 재를 혼합시켜 갈아서 입이나 눈의 반대 쪽에 붙인다。

중풍부(中風符)(三)

중풍을 앓은 뒤에 수족을 쓰지 못할 경우 이 부적을 붉은 글씨로 二十장을 써서 오동나무 열매를 진하게 대리고 소주를 약간 타서 부적 한장씩 태워 아침 일찍 공복(空服)으로 마신다。 남은 물은 하루에 몇차례 마비된 수족을 닦는데 이렇게 二十日간을 계속하면 수족이 자연 풀린다。

중풍부(中風符)(四)

이 부적을 석장을 그려 불살라 재를 만든 다음 대순(竹荀)과 생강즙 三잔을 만들어 재와 합해서 하루 세끼에 나누어 마시면 효험이 있다。 말을 더듬는 사람은 형개(荊芥)이삭 두돈중에 부적재를 타서 복용하라。

나、 위병(胃病) 및 가슴앓이

위통부(胃痛符)

위가 좋지 못하여 명치 끝즉 중완부근이 아플때 또는 위가 쓰리고 아플때나 소화불량증에 괴로울때 이 부적을 써서 태운 재와 목향(木香) 한돈중을 같이 대려 복용하면 신효하다。

평위지토부(平胃止吐符)

먹은 음식이 메시꺼워지거나 구토(口吐)증이 자주 일어나 고생할때 이 부적을 글씨 한자씩 세조각으로 나누어 불에 태워서 아침 점심 저녁의 세때에 생강 대린 물과 같이 복용하면효험이 있다。

위통치료부(胃痛治療符)

간기를 하거나 위통 또는 모든 가슴알이에 쓰이는 부적이다。 위의 부적을 「주사」로 써서 불에 태운 뒤 향부자 一돈반중을 대린 물에 부적 재를 타서 마시면 효험이 있다。

가슴아플때(胸痛符)

소화불량이나 기타의 원인으로 가슴이 두근거리거나 찢어지는듯이 아플 때에는 음식도 먹을 수 없다。 이런 경우 위의부적을 각각 한자씩 써서 재를 만들고 후박 한돈중을 끓인다음 부적재를타서 아침 점심 저녁으로 복용하면 신효하다。

가슴알이(胸痛符)

가슴알이로 고통이 심할 때 위의 부적을 주사로 써서 불에 태운 재를 자소·목향(紫蘇·木香) 각 오푼중을 대린 물에 타서 복용하면 곧 가슴알이가 낫는다。

다、복통(腹痛)

헛배부를 때

뱃속에 적이 생겨 때때로 아프거나 헛배가 불러 거북할때 위의 글씨를 주사로 써가지고 불태워 재를 만든 다음 당귀 두돈중을 넣고 대린물에 부적 재를 혼합하여 복용하라。효험이 좋다。

복통부(腹痛符)(一)

원인 모르게 배가 갑자기 아프면 부적재와 오수유 한돈반 대린 물에 타서 먹고、음식이 체해서 구토 및 설사가 나오면 천곡 두돈중을 삶아 부적재와 혼합하여 복용하라。

복통부(腹痛符)(二)

소화불량 및 배탈로 인하여 배가 아플때 이 부적을 태워 복용하라。

복통부(腹痛符)(三)

배가 거북하거나 아플 때이 부적을 태워서 복용하라。

복통부(腹痛符)(四)

이 부적도 배가 아플 때 불에 태워 마시면 길하다。

라、 기침(咳嗽) 및 담(痰)

입지담천부(立止痰喘符)

가래가 많거나、 숨차거나 기침이 자주 나오거나 하는데 치료하는 부적이다。 위의 부적을 붉은 글씨로 써서 무우를 즙낸 물에 부적을 불태워 혼합 복용하면 이러한 증세가 없어진다。

해소치료부(咳嗽治療符)

감기에 걸렸거나 가래가 많아 기침이 심할 때는 석고 세돈중을 삶은 물에 위의 부적을 써서 불태워 재를 혼합해서 복용한다。 추위로 인하여 기침이 심한 경우는 「노소경」을 대려서 부적 재와 복용하고、 담이 많아 기침이 나오면 무우씨를 대려 부적 재와 같이 복용하라。

급구담궐부(急救痰厥符)

담이 성하거나 옆구리나 팔、다리、허리、어깨 등이 절릴때 위의 부적을 써서 불살라 반하 두돈중 대린물에 혼합해서 복용하거나 생강 세쪽을 삶아 부적재를 타서 복용하라。가래가 많이 생길때는무우 즙에 혼합해서 복용하면 가래가 없어진다。

숨찬병방지부

숨이 차고 가쁜 증세로 고생하거든 위의 부적을 써서 불태운 재를 관동화(款冬花) 한돈중 대린 물에 타서 마시면 숨찬병이 신효하게 낫는다。

담질부(痰疾符)

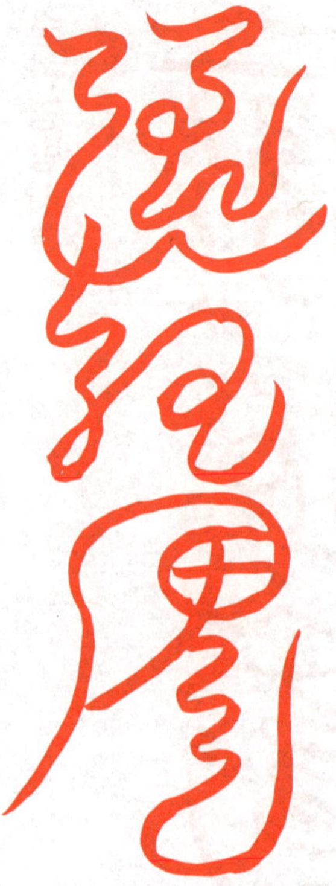

모든 담병(痰病)으로 고생하는 사람은 위의 부적을 써서 불에 살라 금계랍(金鷄納)을 삶은 물에 부적 태운 재를 혼합해서 복용하면 효험이 있다。

입소풍담부(立消風痰符)

살이 비대한 사람은 담이 많아서 풍습(風湿)을 끼게 되며 배와 가슴쪽에 조체되어 밥맛이 없고 정신이 혼미해지고 또 손가락의 감각이 이상하여지며 마치 간질환자같이 되는 것이니 이 부적 석장을 써서 한장씩 불태워 생포도즙과 부적재를 혼합하여 마시면 신효하다。

마、 한열(寒熱) 및 냉습(冷濕)

육도거병부(六道祛病符)

한열병(寒熱病)에 걸려 몸이 갑자기 추워 떨다가 갑자기 열이 나는 증세로 담열 혹은 학질과 같은 병이다。 위의 부적을 써서 불사르고、 시호 한돈반중을 대린 물에 타서 복용하면 이러한 증세가 없어진다。

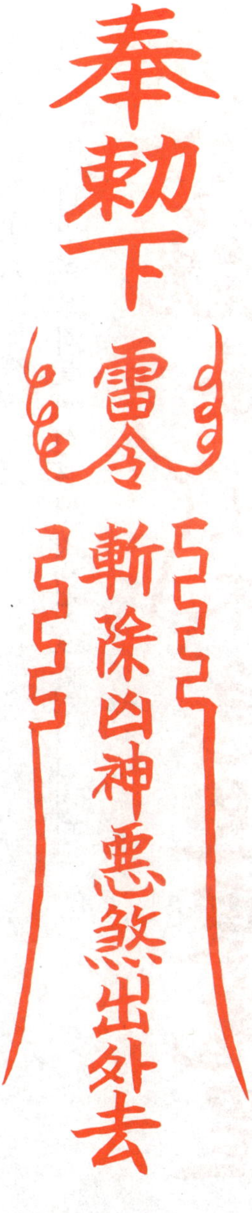

한열령부(寒熱靈符)

열이 나거나 한기(寒氣)가 일어나는 사람의 잠자리 위에 붙여둔다。

한기치료부(寒氣治療符)(一)

한기가 일어나면 이 부적을 써서 몸에 지니면 오한이 사라진다。

한기치료부(寒氣治療符)(二)

이 부적도 한기를 치료하는 방법으로 춥고 떨리면 몸에 지니라。

한열치료부 (寒熱治療符)

이 부적은 한열이 심하면 병이 일어난 다음 날에 몸에 지닌다.

한열퇴치부 (寒熱退治符)

춥고 떨리거나 열이 심할 경우 이 부적을 써서 남자는 왼손 여자는 오른손에 쥔다.

한열병치료부(寒熱病治療符)

어떠한 질병을 막론하고 병세가 가중(加重)되어 갑자기 한열이 심하거나 기타 감기 몸살로 인한 한열등이 일어날 경우는 일어난 삼일째 이 부적을 써서 몸에 지니면 길하다。

소해화열부(疏解火熱符)

일체의 화열증(火熱症)에는 다음의 부적을 붉은 글씨로 써서 불에 태워 그 재를 시호(柴胡) 한돈반중과 박하(薄荷) 팔푼중을 대린 물에 타서 복용하면 잠시 후 증세가 훨씬 완화된다。

바、 간질(癎疾)

간질퇴치부(癎疾退治符)

간질병 환자를 부적으로 완전히 치료한다는 것은 불가능한 일이다。 병원 치료나 약리치료(藥理治療)를 해야 되는바 간간히 일어나는 증상은 부적으로 잠시 멈출 수 있다는 것이다。 간질이 발작되거든 이 부적을 주사(朱砂)로 써서 재를 만든 다음 산조인탕(酸棗仁湯)에 부적 재를 혼합하여 복용하면 곧 증세가 멈추어진다。

통치오간부(統治五癎符)

양두풍을 앓거나 심사병 또는 간질을 앓는 사람은 이 부적을 「주사」로 써서 부적 쓴 종이를 불에 살라 재(灰)를 만든 다음 산조인(酸棗仁) 한돈중을 삶은 물에 부적 재를 타서 복용하면 이러한 증세가 차츰 나아간다。

사、 대소변(大小便) 및 이질(痢疾)・설사(泄瀉)에 대한 부적

소변통리부 (小便通利符)

소변(小便)이 마려워도 잘 나오지 않거나、소변보기가 거북하거나 또는 소변이 아주 불통되는 경우、이 부적을 주사(朱砂)로 써서 불에 태워 차전자(車前子) 두돈중을 대린 물에 혼합、공복(空腹)으로 복용하면 효험이 있다。

설사정지부(泄瀉停止符)

소화불량이나 배탈、이질(痢疾) 등으로 설사가 계속되는 경우 위의 부적을 불에 살라 목향 한돈중을 대린물에 타서 복용하라。 백리증(白痢症)이나 적리증(赤痢症)에는 황금、백작약 각 한돈중을 삶아 부적 재를 타서 먹으면 중세가 그친다。

입지비설부(立止脾泄符)

이 부적도 설사에 사용하는 것으로 설사가 그치지 않으면 위의 글씨를 「주사」로 써서 불에 태워 복숭아씨 두돈중을 삶은 물에 부적 태운 재를 타서 마시면 설사가 멈추어진다。

통변화적부(通便化積符)

여러 날이 되도록 대변을 누지 않아 굳어서 변비증이 심하면 아래의 부적을 「주사」로 쓴 다음 불태워 재를 만든 다음、가벼운 증세일 경우에는 「사약」 한돈중을 대린 물에 부적 재를 타서 마신후 다음 날에는 「당귀」 두돈중을 대려 역시 부적을 불태운 재와 혼합하여 마시면 대변이 쉽게 나온다。

이질치료부(痢疾治療符)

부적을 써서 불태워 석류(石榴) 껍질 대린 물에 타서 복용하라。

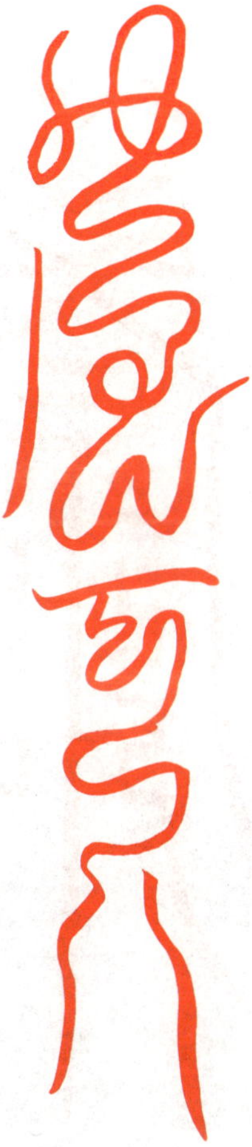

구설치료부(久泄治療符)

오래 묵은 설사를 치료하는 부적인데 양귀비 꽃잎 세푼중 대린 물에 부적을 불태워 섞은 뒤 복용하라。

토사치료부(吐瀉治療符)

심히 토하거나 설사하는데는 이 부적을 주사로 써서 약과 같이 불태운 재를 복용하면 증세가 곧 멈춘다。

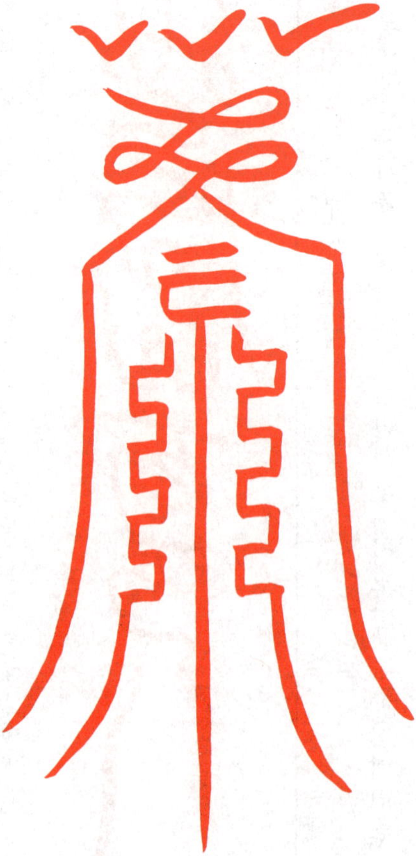

곽난토사부(霍亂吐寫符)

곽난토사(霍乱吐写)로 어려움을 겪을 때 다음에 있는 부적을 「주사」로 써서 불에 태운 다음 그 재를 백반 두돈중을 끓는 물에 녹이고 부적재를 배합하여 복용하면 곧 토사곽난이 멈춘다。

하부루설치료부(下部漏泄治療符)

대변이 항시 마려운듯 하고 막상 변소에 가서 용변(用便)하려면 나오지 않으나 변소에서 나와 있으면 묽은 변이 찔끔 찔끔 새어나와 옷을 버리는 경우 이 부적을 써서 불에 태워 재를 만든 다음 회향(茴香)을 갈아서 부적재와 혼합하여 붙이거나 복용하면 곧 이러한 중상이 신기하게 멈춘다。

대변불통부(大便不通符)

변비증이나 기타의 증세로 대변이 나오지 않을 때 태워 마신다。

방귀부

방귀가 자주 나오면 이 부적을 물에 태워 마신다。

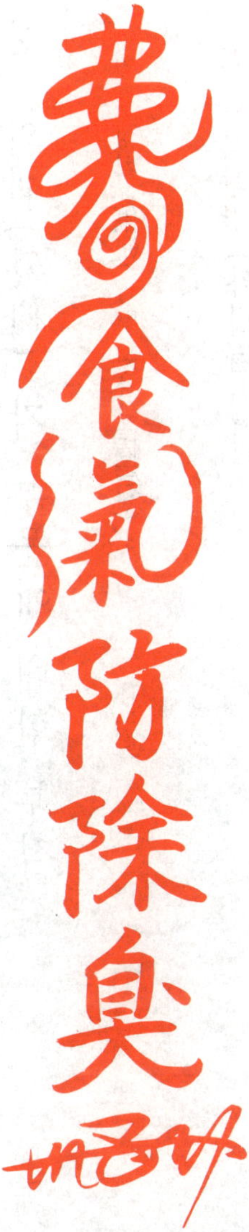

2、외과(外科) 각 부문에 대한 부적

가、상처(傷処) 및 종기(腫氣)

외과백방부(外科百方符)

모든 외과(外科)에 속하는 병을 치료할 경우 치료하기 전먼저 이 부적을 써서 방문 위에 붙이고 한장은 환자의 몸에 지녀주면 선신(善神)이 보호해주므로 안전하게 치료를 받을 수 있다。

금속피상부(金屬被傷符)

쇠붙이에 다치거든 이 부적을 써서 태워 마시라。

금속상처치료부(金屬傷處治療符)

특히 칼로 베이거나 창으로 찔리거나 화살촉 같은 것이 박혀 독종(毒腫)이 났을 경우 「말똥굴레벌레」 세개와 파두(巴豆) 네알과 부적을 태운 재를 섞어 찌어서 상처에 바르면 신효하다。

화상치료부(火傷治療符)

불에 데어 부풀어 오른 경우는 이 부적을 써서 불살라 그 재를 주묵(硃墨)을 갈은 것과 섞어 환부(患部)에 붙인다。 그러나 화상이 오래된 경우는 수화자금정(水火紫金錠)을 불살라 부적 재와 혼합해서 화상 입은 곳에 붙이면 신효하다。

상지외증부(上肢外症符)

팔이나 어깨 그리고 손등、 손바닥、손가락 등에 종기(腫気)가 생기거나 다쳐서 진물렀을 경우는 이 부적을 다섯장을 써 가지고 태을자금정(太乙紫金錠)을 대린 물에 한번에 한장씩 불태워 재를 섞어 이겨가지고 환부에 바르면 신효하다。

창종치료부(瘡腫治療符)

이 부적을 써서 다음 주문을 외우고 나서 불태워 마신다。

주문 ‖ 자과응령 천덕합성 진광대덕 화응만행 섭예도 조중성 장광경

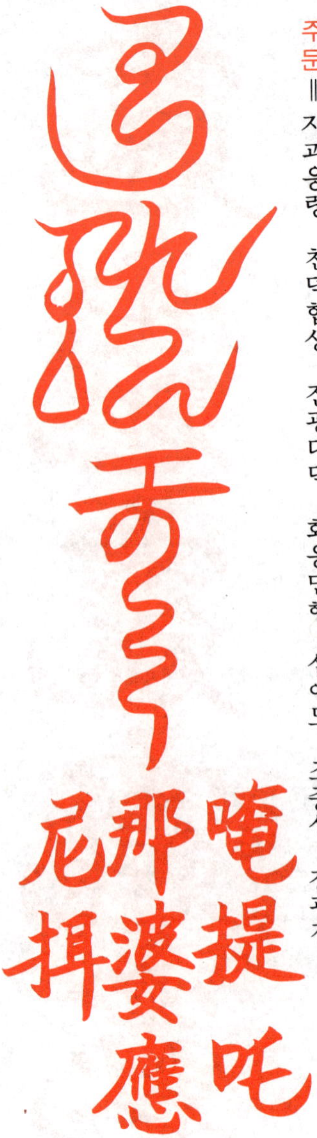

면종치료부(面腫治療符)

얼굴에 종기가 나거나 다쳤을 경우 위의 부적을 불태워 패모(貝母―조개、굴 껍질 등) 가루와 식초에 개어서 환부에 바르면 신효하다。

태퇴경종통부 (胎腿経腫痛符)

다리나 종아리에 종기가 생겨 벌겋게 독(毒)이 올랐을 때 위의 부적을 「주사」로 써서 불에 태워 재를 만들고 봉선화 잎과 구기자 잎을 진하게 대린 물에 부적 재를 섞어 바른다。(약을 바르기 전 약물이나 생강쪽으로 여러번 환부를 깨끗이 닦아낸다)

슬부종환치료부 (膝部腫患治療符)

무릎 부위에 생긴 종기나 상처독(傷処毒)에는 위의 부적을 「주사(朱砂)」로 써서 불태워 재를 만들어서 「자금정(紫金錠)」에 물을 축여 숫돌에 갈아 부적재를 섞은 뒤 환부에 바르면 신기하도록 효과가 좋다。

유주치료부(流注治療符)

유주병(流注病)을 앓는 사람이 약을 쓰거나 치료를 받아도 좀체로 낫지 않을 때는 위의 부적을 「주사」로 써서 불에 태운뒤 그 재를 밥물에 혼합하여 복용하면 효험이 빠르다。

주황정치료부(走黃疔治療符)

독종(毒腫)이 생겨 좀체로 낫지 않고 통증이 심하거든 (이런 증상을 走黃이라 한다) 파초뿌리(芭蕉根)를 깨끗이 씻어 부적을 불태운 재에 섞어 이겨가지고 즙(汁)을 한 그릇 정도 만들어 복용하면 곧 효험이 있다。

가래덧과 부스럼 치료부

부스럼이 진물르거나 독종으로 인한 가래덧이 생기거든 위의 부적을「주사」로 써서 불태워 재를 받아서 백국화(白菊花) 나무 줄거리、 잎(枝葉)을 깨끗이 씻어 즙을 만든다음 부적재를 섞어 약간의 탁주(濁酒)를 타서 마시면 신효하다。

발바닥종기(治足底瘡符)

발바닥 밑을 다치거나 종기가 나서 거북하면 위의 부적을「주사」로 써서 불태워 재를 만든 다음 붉은 눈이 달린 대극(真紅芽大戟)의 심을 빼고 입으로 씹어서 부적 태운 재와 섞어 환부에 바르면 신효하다。

염창치료부(濂瘡治療符)

다리 앞정강이에 종기가 생겨 약을 써도 낫지 않거든 「주사」로 위의 부적을 써서 불태워 재를 만들고 「장뇌(樟脳)」 세돈중과 동록(銅緑) 한돈중 그리고 돼지기름 한덩이를 같이 합하여 찧어서 조석(朝夕)으로 두차례 씩 四·五일을 계속 환부에 바르면 신효하게 낫는다。

음낭종기치료부(陰嚢腫気治療符)

음낭이란 불알이다。 즉 불알이 산증(疝症)처럼 부어오르거나 종기가 생겨 낫지 않거든 「주사」로 위의 글씨를 써서 재를 만들어 가지고 목화씨(棉花子)를 대린 물에 섞어 환부를 씻으면(몇번이고) 차츰 완치된다。

악창치료부(惡瘡治療符)

악창이 생겨 치료를 받거나 약을 써도 잘 낫지 않거든 「주사」로 위 부적을 써서 불태워 재를 만들어서 「유기노조」를 대린 물에 섞은 뒤 짓이겨 붙이라。 또 마른버즘을 고치려면 식초에 위의 부적 재와 섞어 바르면 신효하다。

화단독종치료부(火丹毒腫治療符)

「화단독종」이란 속칭 도장병이라 하는데 이 증상이 발생할 경우는 인주(印朱)를 찍어 바르거나 위의 부적을 써서 불태워 가지고 인주에 섞어 바르면 효력이 빠르다。

종독치료부(腫毒治療符)

원인 모르게 부스럼이 생긴 뒤 환부가 점차 탈을 잡아 마침내 종독(腫毒)이 되었을 때는 「주사」로 옆의 부적을 그려 불태운 재와 원화근(蘐花根)을 짓찧어서 섞어가지고 환부(患部)에 바르면 신효하게 낫는다。

수롱지혈부(收膿止血符)

모든 종기나 가래덧 부종(脬腫) 등으로 고생할 경우는 다음의 부적을 써서 불살라 마시고 다음과 같은 주문을 외우면 효험이 있다。

주문＝일월성두진 풍상우로신 수호수질병 즉멸불루정 토산상붕 토지지열
일수불출농 이수불출혈 급급여율령칙

주문을 외울 때 종기나 기타 환부를 눈을 똑바로 뜨고 보며 외워야 한다。

족종치료부(足腫治療符)

발목 및 부위에 종기가 생기거나 다쳐서 잘 낫지 않을 때는 판율(板栗) 二十二개를 만들어 판율 한개마다 부적 하나씩을 써서 자기 전에 부적 쓴 판율을 하루 두 개씩 씹어 삼키면 자연히 종기가 치료된다.

설창독부(舌瘡毒符)

혓바닥에 종기가 생겼거나 혓바늘이 선 사람은 이 부적을불사른 재와 오수유(吳茱萸) 한돈 반중을 곱게 빠아서 식초에 같이 개어서 잠자리에 들어갈 무렵 발바닥에 붙여두면 곧 효험이 있다.

설상생창부(舌上生瘡符)

혀를 다쳐 피가 나오거나 혀(舌)에 독종이 생겨 아플때는 다음의 부적을 주사로 써서 불에 태워 재를 만든 다음 대추씨(棗仁)를 빠아서 가루로 만들어 부적 재와 섞어 아픈 곳에 바르면 신효하다。

인중종환부(人中腫患符)

인중(人中)이란 코 밑입술위 오목한 곳인데 이곳이 헐거나 부스럼이 생길 경우는 위의 부적을 써서 불태운 재(灰)와 생포황(生蒲黃) 두돈중、그리고 천련(川蓮) 한돈중、얼음 조각 한돈중을 섞어 곱게 빠은뒤 마유(麻油)로 개어서 환부에 바르면 곧 효험이 있다。

압상부(壓傷符)

담장이 무너지거나 나무토막 등이 굴러드는 바람에 그것에 깔려 중경상(重輕傷)을 입었을 때는 우선 병원에 가서 치료를 받음이 마땅하나、환부가 좀체로 낫지 않거든 이 부적을 써서 불태운 재를 소주(燒酒)에 타서 상처에 붙여두면 치료가 빠르다。

상처치료부(傷処治療符)

어떠한 형태로든지 일신의 어느 곳이 다쳐서 상처를 입었을 경우 병원이나 약물의 치료를 받아도 잘 낫지 않거나 또는 시간이 급박하여 병원이나 약방을 가기 전에 응급 조치를 하고 나서 다음 부적을 써서 환자의 몸에 지녀주면 증세가 악화되지 않는다。

주문=천진원웅 합은천진 조오도법 원합원진 섭조통 류도 가중

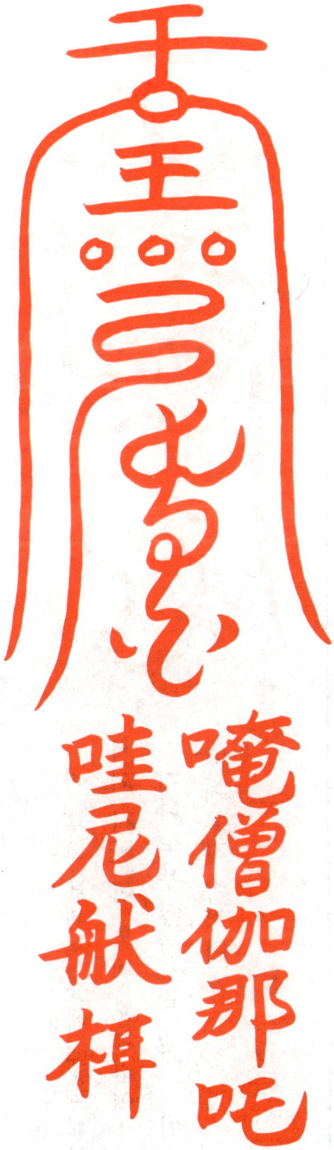

독정치료부 (毒疔治療符)

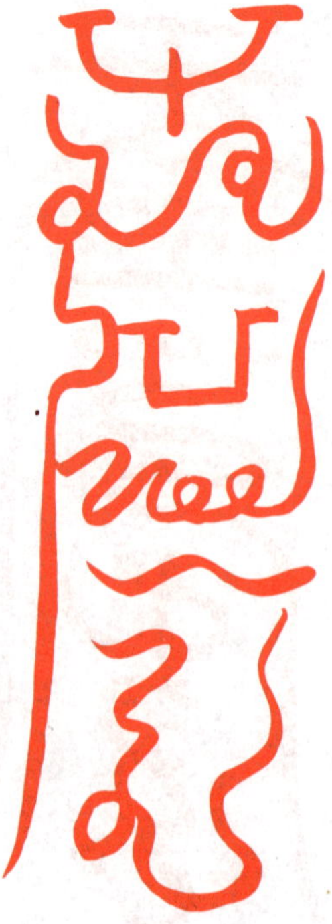

이 부적을 써서 불에 태운 재와 석회(石灰)와 물에 혼합하여 바르거나 녹두(綠豆)를 씹어 먹으면 치료가 속하다。

창독치료부 (瘡毒治療符)

위의 부적을 주사(朱砂)로 그려 불에 태워가지고 애교(魚膠—부레)를 물에 끓여 녹인뒤 부적재를 타서 환부(患部)에 바르면 효험이 있다。

설상생창부(舌上生瘡符)

혀(舌)에 부스럼이나 종기가 나거나 다쳐서 아플 경우는 대추씨(棗仁)를 곱게 가루내어 위의 부적을 써서 태운 재와 섞어 바르면 신효하다。

일체손상치료부(一切損傷治療符)

어떠한 곳에 상처를 입든지 일체 치료하는 부적이다。 송향(松香)과 백반을 곱게 빼아서 위의 부적을 그린 종이를 불태워 섞어가지고 상처에 바르면 길하다。

경물손상부(硬物損傷符)

단단한 물건에 타박상을 입었을 때에는 혈갈초(血竭草)를 짓찌어 위의 부적을 그린 종이를 불태워 그 재와 혈갈초를 섞어 바르면 신효하다。

창전피상치료부(槍箭被傷治療符)

창이나 화살촉 또는 기타의 쇠붙이로 다쳤을 경우 위의 부적을 주사로 써서 불태운 재를 금창약(金槍藥)에 섞어 바르면 속히 치료된다。

구교상처부 (狗咬傷処符)

이 부적은 개에 물린데 사용하는 것으로 주사로 써서 불에 태워 바른다。

도금독치료부 (刀金毒治療符)

칼이나 낫、호미、기타의 연장으로 다쳐 독이 오른데 향로에 불살라 연기를 쏘이면 독이 제거된다。

태양창부 (太陽瘡符)

이 부적은 햇볕에 몹시 그슬려 그로 인한 부스럼이 생기거나 고름이 나오는 경우 위의 부적을 주사로 써서 불에 태운 재를 환부에 바르면 신효하다。

지혈령부 (止血靈符)

다치거나 기타의 사고로 피가 몹시 흐를때 부적을 태워 바른다。

종환치료부(腫患治療符)

부스럼 혹은 종기가 나서 낫지 않을 때 이 부적을 물에 적셔 종기에 붙여둔다。

토혈중지부(吐血中止符)

입으로 계속 피를 토할 때에는 위 부적 四자를 써서 각각 하루에 二자 씩 당귀 두돈중 대린 물에 부 적을 태워 재를 섞어 가지고 아침과 저녁 으로 복용한다。(한끼에 당귀 두돈 중을 사용해야 한다。

치이인상골부(治利刃傷骨符)

예리(銳利)한 칼이나、낫、자귀 또는 도끼 등으로 깊은 상처를 입었을 경우 다음 부적을 정성껏 「주사」로 그려 불에 살라서 재를 만든다。 그리고는 강랑(蜣螂)─말똥굴레) 세마리를 이깨어서 부적재와 혼합하여 바르면 상처가 신효하게 낫는다。

사람에 물린데(人咬符)(一)

사람에게 물려 덧나고 곪으며 아플 때에는 위 부적을 써서 불태운재와 뇌환을 섞어서 상처에 문지르면 탈 없이 완치된다。

사람에 물린데(人咬符)(二)

사람에게 물려 상처가 낫지 않고 독종(毒腫)으로 번질 우려가 있을 때는 우선 쌀 뜨물로 상처를 깨끗이 씻어내고 감초를 씹은 뒤 부적재와 같이 상처에 바르면 독이 제거된다。

광견(狂犬)에 물린데

미친 개에게 물리면 우선 환자의 정수리에 있는 머리털 가운데 붉은 털이 있으면 하나도 남기지 않고 뽑아버린 뒤 뉘여놓는다。 그리고는 위 부적 三장을 써서 한장을 태워서 그 재를 물에 타 물린 곳을 씻어내고、한장은 불살라 살구씨(杏仁) 한돈중을 빠아서 부적 재와 같이 환부에 바르고、 한장은 생배추 즙(汁)을 내어 부적재를 섞어 마시는데、七日에 한번씩 이와 같은 순서를 거듭한다。

독사(毒蛇)에 물린 경우

독사에 물리면 즉시 치료해야 독이 전신에 퍼지지 않는다。 위의 부적을 태워 그 재를 대통(竹筒)、속에 넣고 대통 밑을 불지르면 연기가 위로 솟구치는데 그 연기를 뱀에 물린 자리에 쏘이면 독이 제거된다。

뱀이 몸속 구멍으로 들어갔을 때

혹 뱀이 사람의 입이나 코、귀、항문 등을 뚫고 들어가는 일이 있는데 잡아빼도 비늘이 거슬려 빼어내기 곤란하다。이런 경우는 위의 부적을 불살라 부적재와 후추가루를 뱀 꼬리 구멍에 넣으면 뱀이 스스로 물러나온다。

벌레에 물린데

독벌레(毒虫)나 기타의 짐승에 물려 독이 오르고 아프면 이 부적을 써서 불사른 재를 진흙창 속의 흙과 섞어서 바르면 충독(虫毒)이 자연 제거된다。

범에 물린데

혹 범에게 물려 상처가 크면 위의 부적을 써서 불태워 재를 받은 뒤 뽕잎(桑葉)을 삶은 물에 백반가루와 부적 재를 섞어 상처에 바르면 물린 독이 제거된다。

지네(蜈蚣)에 물린데

지네에게 물린 자리는 위의 부적을 써서 그 종이를 불살라 사람의 손톱을 곱게 갈아서 부적재와 같이 물에 타서 바르면 지네 독이 제거된다。

화상(火傷)을 입었을 때

끓는 물에 데거나 불에 데여 상처가 부푸르고 아프며 좀체로 낫지 않을 경우에 치료하는 부적이다。

불에 데었을 때는 하수구(下水口)에 있는 흙에 마유(麻油)를 섞어 부적을 태운 재와 같이 환부(患部)에 바르고 나서 설탕을 끓여 먹어야 하며, 끓는 물에 데었을 때는 풀을 쑤어 썩힌 다음 간장에 섞어 부적 재와 같이 바른뒤 역시 백설탕(白雪糖)을 끓여 마셔야 한다。

나、 안과(眼科)

안과통치부(眼科統治符)

이 부적은 안과(眼科)에 속하는 모든 증세에 종합적으로 치료하는 부적이다。

주문 = 령광보소 구청청진 두강옹극 만상구존 섭맹숙안 조강중 엽천궁중복

위의 주문을 외우면서 처방(処方)하면 대길하다。

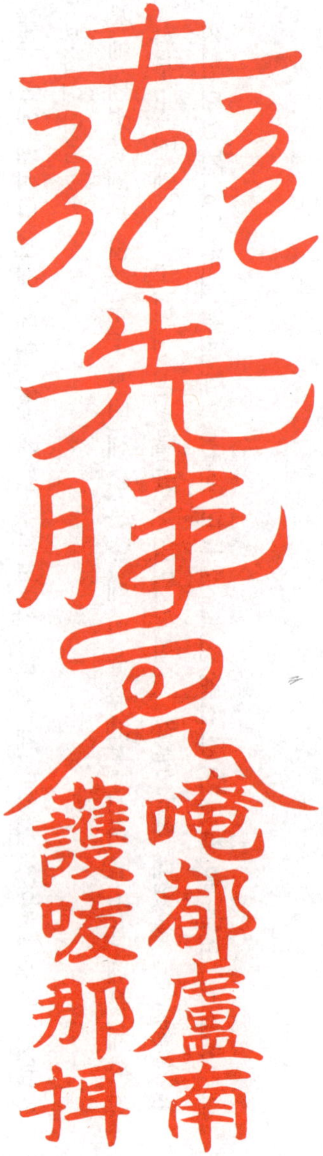

목통령부(目痛靈符)

눈 아플 때 몸에 지니면 좋다。

영풍와루부(迎風渦淚符)

바람을 맞아 눈물이 흘러내리는 것이 오래 가면 낫지 않는다。이 부적재를 숙지황 두돈중 대린물에 타서 복용하면 곧 낫는다。

눈이 항상 침침할 때

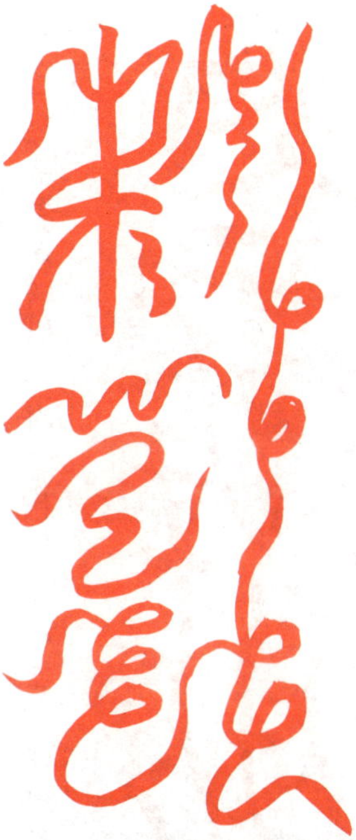

눈이 항시 침침하여 눈물이 흐르는 사람은 위의 부적을 「주사」로 써서 불태운 재를 숙지황 삶은 물에 섞어서 복용하면 시력(視力)이 맑아진다。

눈이 맑아지는 부적

다음의 부적을 태워 구기자(枸杞子) 한돈중 대린 물에 혼합하여 마신다。

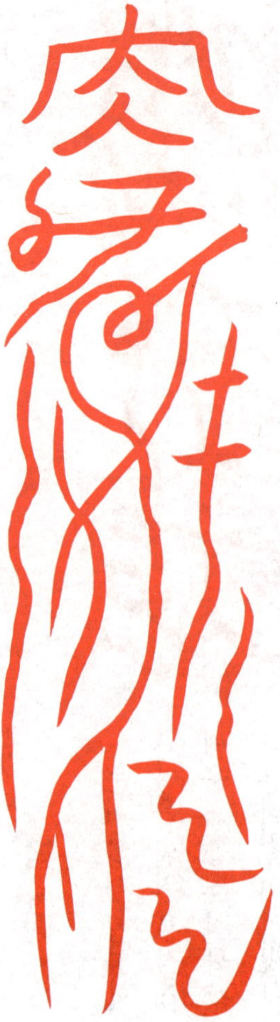

적안치료부(赤眼治療符)

눈이 붉게 충혈되었을 때는 천황련(川黃蓮) 두돈중을 대린 물에 위 부적을 주사로 그려 불에 태운 재를 타서 복용하면 이러한 증세가 차츰 가시게 된다。

청맹치료부 (青盲治療符)

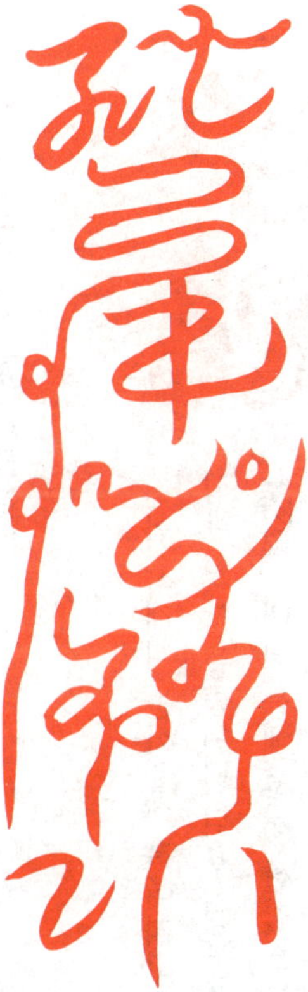

눈동자가 청티가 끼어 침침하거나 일시적으로 안보일때 천궁(川芎)을 대린 물에 부적태운재를 혼합해서 복용하면 효험이 있다。

적안치유부 (赤眼治愈符)

돌림병(도라홈 같은 것)에 걸려 눈이 붉어지고 눈꼽이 많이 끼게 될 경우는 만형자(蔓荊子)、천황련(川黃蓮)을 각각 한돈중씩 대린 물에 부적태운 재를 타서 아침 점심 저녁 세때에 나누어 복용하면 증세가 치유된다。

백응제거부(白翳除去符)

한쪽 눈이나 혹은 양쪽 눈에 백태가 낀 경우는 속히 치료하지 않으면 실명(失明)할 우려가 있다。의사의 치료는 물론이며 위의 부적을 구기자(枸杞子) 한돈중 대린 물에 부적 재와타서 복용하면 치료가 빠르게 된다。

목풍치료부(目風治療符)

위 아래의 눈까풀이 붉어지고 뒤집힐듯 들떠있고 가려움증이 심한 것은 풍증이니、위 부적을 九벌을 써서 형개(荊芥)、방풍(防風) 대린 물에 한끼 한장씩 불태워 혼합해서 三일간을 씻어내면 이러한 증세가 없어 진다。

청맹복명부(清盲復明符)

눈에 백태도 끼지 않고 잘 보이지 않는 것을 청맹(清盲)이라 하는데 부적을 태운 재를 천궁(川芎) 두돈중을 대린 물에 타서 복용한다。

양안종통부(兩眼腫痛符)

눈에 열이 오르거나 종기가 나서 아프거든 위 부적을 불태워 재가루를 천련(川蓮) 두돈중 대린 물에 타서 복용한다。

안통치료부(眼痛治療符)

두 눈이 붉지도 않은데 뒤집힐듯 하거나 몹시 가렵거나 아플때위 부적을 九장 써서 한끼에 한장씩 불에 태워 그 재와 형개(荊芥) 한돈중씩 대린 물에 혼합하여 三일간을 걸쳐 눈을 씻어내면 신효하다。

다、 코병(鼻疾)

코병치료부(鼻疾治療符)

위의 글씨는 코병에 대하여 일체를 치료하는 부적이다。 부적을 써서 불사른 재와 목필(木筆) 꽃송이 다섯개를 따서 속살、털、씨 등을 버리고 파초(芭草) 대린 물에 하루밤을 담그어서 말린뒤 곱게 갈아서 사향 일리중을 같이 섞어 파뿌리 잘른 것으로 하루 六・七회 바르면 좋다。

비뉵속치부(鼻衄速治符)

몸에 열을 받거나 몹시 피로하여 코피가 계속 흘러나오는 경우 위의 부적을 불살라그 재를 생배추 짓찌은 즙(汁)과 혼합해서 복용한다。 또한 방법으로는 냉수를 대야에 떠놓고 그 위에 부적을 불살러 재를 불에 넣고 환자의 두 발을 천천히 대야에 담그면서 머리통까지 담그었다가 몇분 후에 꺼내면 코피가 멈춘다。

비종치료부(鼻腫治療符)

위의 부적을 써서 불태워 재를 만든 뒤 사향(麝香)에 잘 섞어가지고 코안으로 불어 넣으면 치료가 빠르다。

비악창치료부(鼻惡瘡治療符)

자금정(紫金錠)을 물과 같이 갈아서 위 부적을 태운 재와 섞어 환부에 바르면 효험이 빠르다。

라、 귀병(耳疾)

귀농혈치료부(耳濃血治療符)

귀속이 상하거나 또는 다른 원인으로 귀가 아프거나 고름이 계속 나올때는 위 부적을 써서 불태운 재와 금사하엽(金糸荷葉)을 찌어 즙과 함께 섞어 귀속에 몇 방울씩 흘려넣으면 치료된다。

이통치유부(耳痛治愈符)

귀가 막히거나 귀속이 헐거나 몹시 아플 때는 큰 우렁이 한 개를 잡아다가 사향(麝香) 一리돈중을 우렁이 딱지 속에 넣어 두면 물이 되는데、그 물을 작은 그릇에 딸아서 위 부적을 태운 재를 넣고 잘 혼합해서 한 방울씩 흘려넣고 파줄기로 귀를 막아 두면 차츰 치료된다。

귀에 벌레가 들었을 때

날벌레 혹은 기어다니는 벌레가 귀속에 들어가 잘 나오지 않을때는 위의 부적을 「주사」로 써서 양손에 한장씩 쥔 다음 한 손으로는 코를 꾹 눌러막고 한 손으로는 벌레가 들지 않은 다른 귀를 막고 있으면 (벌레 들어간 귀는 막지 않는다) 잠시 후에 벌레가 스스로 나온다。

귀속에 버섯같은 것이 돋아날 때

귀속에 버섯같은 것이 돋아나오거나 또는 절구공이처럼 매달리는 것이 생기는 경우가 있다。이럴 때에는 주사(朱砂) 한 돈중、경분 두돈중、얼음三푼을 같이 곱게 갈아서 물이나 기름에 걸직하게 반죽하여 부적을 태운 재와 섞는다。 그리고는 곡초 끝을 입으로 잘근 잘근 씹어 붓 모양처럼 만들어서 이것으로 약을 찍어 환부(患部)에 자주 바르면 점차 없어진다。

이정치유부(耳錠治愈符)

귀속에 목화씨 같은 것이 생겨나는 것을 「이정(耳錠)」이 라 한다。이러한 현상이 생기면 때때로 쑤시고 아픈데 이럴 경우 위의 부적을 써서 종이를 불사르고、사람의 손톱을 볶아질만큼 말린뒤 얼음조각을 약간 섞어 부적재를 넣고 곱게 갈아서 붓 대통으로 귀속에 불어 넣으면 차츰 치료된다。

이롱치료부(耳聾治療符)

두귀 또는 한쪽 귀가 막히거나 먹어서 들리지 않을 경우 전갈(全蝎) 한개를 독을 제거해서 술에 담구었다가 부적을 태운 재를 섞어 귀속에 한방울씩 흘러넣으면 효험이 있다。

이독치료부(耳毒治療符)

귀 속에 독종(毒腫)이 생기거나 악질(惡疾)에 걸려 괴로울때는 배차즙(韮菜汁)을 만들어 다음의 부적을 써서 불에 태운 재와 섞어서 하루에 몇차례고 몇방울씩 흘려 넣으면 차츰 낫는다。

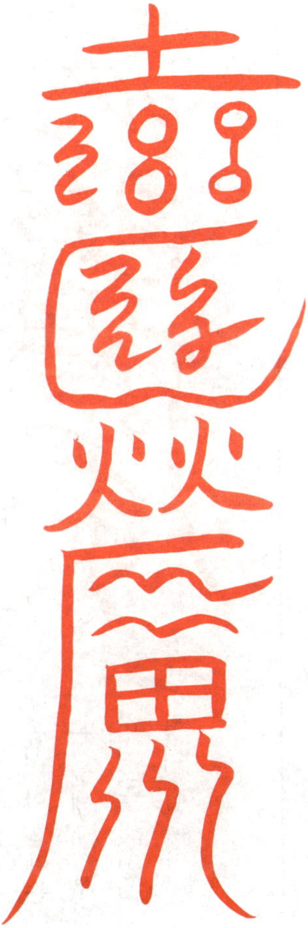

마、치과부(齒科符)

풍충진통부(風虫鎭痛符)

풍치병 혹은 충치로 인하여 이가 몹시 아플때는 관중(管中) 쌀을 삶은 물에 위 부적을 태운 재와 섞어 마시고 또 몇번이고 양치질하면 효험이 있다。

치통치료부(齒痛治療符)

풍이나 충으로 이가 아플 때 위의 부적을 「주사」로 써서 재를 만든 다음 박하(薄荷) 한돈중 대린 물에 혼합해서 입에 물고 몇번이고 양치질을 되풀이 하면 통증이 가신다。

치통 멈추는 부적(止歯痛符)

풍치 또는 충치로 이(歯)가 몹시 아프거든 위의 부적을 「주사」로 써서 불태워 재를 물 타서 마시면 치통이 멈춘다。

치통치류부(歯痛治癒符)

이 부적을 써서 아픈 이(歯)에 물고 있으면 통증이 사라진다。

아통치료부 (牙痛治療符)

풍중이나 열(熱)로 인하여 어금니가 몹시 아플 때는 이 부적을 붉은 글씨로 쓴 다음 불에 태워 재를 만들고, 석고(石膏) 다섯돈중을 대린 물에 부적재를 타서 양치질하거나 복용하면 자연히 통중이 사라진다。

치아종궤치료부 (齒牙腫潰治療符)

이(齒)를 다치거나 이틀이 곪아 헤어지거나 기타의 종기가 생긴 경우는 위의 부적을 써서 불태워 재를 만들어서 형개방풍(荊芥防風) 대린 물에 타서 복용하고 또는 이 물로 옥물어뱉으면 치료된다。

바、 인후병(咽喉病)

후풍치료부(喉風治療符)

목구멍에 병통이 생겨 아플 때는 이 부적을 써서 불사른 재와 청감낭(橄欖) 흰 무우(白蘿蔔)를 대린 물에 섞어서 복용하면 병이 곧 낫는다。

후풍치유부(喉風治愈符)

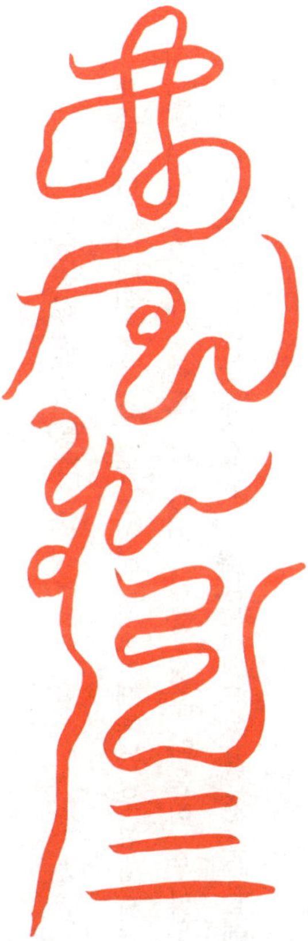

목구멍이 풍증 등으로 아플 때에는 만년청근(萬年青根)을 씻어가지고 즙(汁)을 한 잔 정도 만든 것에 식초 반 잔을 섞은 뒤 위의 부적을 써서 태운 재를 섞어 입안에 넣고 옥물었다가 잠시 후 삼킨다。 이렇게 몇번이고 거듭하면 마침내 가래(痰)를 많이 토하게 됨과 동시에 아픈 증상이 낫는다。

후풍치류부(喉風治愈符)

풍증이나 기타의 증세로 목구멍이 아플 때에는 우선 병원이나 약방의 치료를 하는 것이 원칙이나, 그렇게 해도 잘 낫지 않을 경우 다음의 부적을 주사(朱砂)로 써서 재를 만들어 놓고, 다음에는 생감람(生橄欖)과 무우를 삶은 물에 부적 재를 타서 복용하면 효험이 있다。

후증치료부(喉症治療符)

목구멍에 종기가 생기거나 붓거나 풍증으로 인하여 몹시 아플 때는 칠성어(七星魚) 쓸개를 삶은 물에 다음 부적을 그려 불태운 재를 타서 복용하면 매우 효험이 있다。

백후병치료부(白喉病治療符)

백후병(白喉病)에 걸렸을 경우는 협사구(夾蛇龜—거북 종류) 한쌍을 구하여 위의 부적을 주사(朱砂)로 거북 등 위에 쓴다。 환자를 반듯하게 뉘여놓고 거북이를 입과 입술 사이에 갖다 대고 거북의 머리를 환자의 입안으로 향해주어 거북의 혀로 환부(患部)를 핥도록 하면 곧 병이 낫는다。

입 천장에 종기가 난 경우

입 천장에 부스럼이나 종기가 생겨 고생할 때는 식염(食鹽)을 볶아서 덩이 백반 세푼중과 섞어 빠아서 위의 부적을 태운 재와 섞어놓고 귀우지개 같은 것으로 약을 떠서 종기가 생긴 곳에 하루 五、六차 바르면 환부가 치료된다。

목젖이 생겼을 때

목구멍에 목젖이 생겨 음식을 먹든가 물을 삼키기가 거북할 경우 위의 부적을 써서 불살라 재를 만들어 놓고 우슬초(牛漆草=鷄脚骨郞草라고도 한다)를 뜯어다가 즙을 내어 부적재와 섞어서 입안에 잠시 오물었다가 삼키기를 몇 번이고 되풀이 하면 목젖이 자연 가라앉는다。

딸꾹질이 자주 나올때

딸꾹질이 며칠을 두고 계속 멈추지 않을 때는 깨끗한 물을 한 그릇 정도 데워 가지고 위의 부적을 불태운 재에 섞어 단숨에 마시면 자연 딸꾹질이 멈추게 된다。

생선가시가 목에 걸렸을 때 (一)

고기를 먹다가 잘못하여 생선 뼈가 목구멍을 넘어가기 전 걸리는 경우가 많다。 이럴 경우에는 다음의 부적을 붉은 글씨로 다섯벌을 써서 네벌은 불에 태워 놓고 큰 마늘쪽으로 두 코구멍을 막은 뒤 흰 설탕에 부적 재를타서 서서히 삼키면 걸린 뼈가 녹아버린다。 만약에 닭고기 뼈가 걸린 경우는 새모시 마전한 것을 불살라 재를 받아서 만년청근을 즙(汁)을 내고 식초 반잔 정도에 부적 재와모시 재를섞어 입에 넣고 몇번이고 옥물었다가 삼키면 가래가 나오기 시작하면서 가시가 사라진다。

생선가시가 목에 걸렸을 때 (二)

몸에 생선가시가 걸렸을 때 이 부적을 태워 마신다。

돼지 뼈가 목에 걸렸을 때

돼지 뼈가 넘어가기 전 목구멍에 걸리면 이 부적을 태워 마신다。

화골부(化骨符) (1)

화골부(化骨符)란 생선 및 기타 고기의 가시가 목구멍에 걸린 것을 녹여 없앤다는 부적인데 다음에 기록하는 화골부를 임의로 골라 사용하는데 다음과 같은 주문을 외운 뒤 부적을 태워 복용하라。

주문‖문설산동자도 목살장류귀 아사탄오귀 탄거만물화성수 화위 양대해 오봉태상로군칙 신장신병 화급여율령

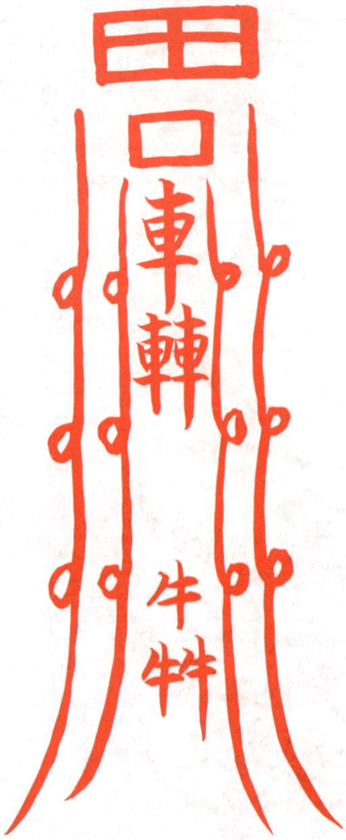

화골부(化骨符) (2)

두벌을 써서 음양수(陰陽水—들판 우물물이나 맑은 개울물)에 태워 마신다。

화골부(化骨符) (3)

주문을 속으로 외운뒤 이 부적을 불에 태워 복용한다。

화골부(化骨符) (4)

(생선가시) (잔뼈) (짐승뼈) (생선가시) (잔뼈) (짐승뼈)

화골부(化骨符) (5)

청수 한 그릇을 왼손에 받들고 주문을 왼 다음 오른손으로 물 위에 아래와 같은 부적을 그린 다음 마시면 걸린 뼈가 녹아버린다。

사、 피부(皮膚)

풍습치료부(風濕治療符)

습진으로 고생하는 사람은 위의 부적을 주사(朱砂)로 써서 재를만든 다음 파두(巴豆) 五十알을 껍질 벗겨 부적 태운 재와 같이 대려서 솜으로 찍어 습진 있는 곳을 문지른다。 습진이 헤어져 진물이 흐르거든 잠사(蚕沙) 한 되에 물다섯그릇을 부어 진하게 끓인다음 찌꺼기를 버리고 그물에 부적 재를 타서 환부를 여러 차례 닦아내면 치료된다。

마른버즘 고치는 법

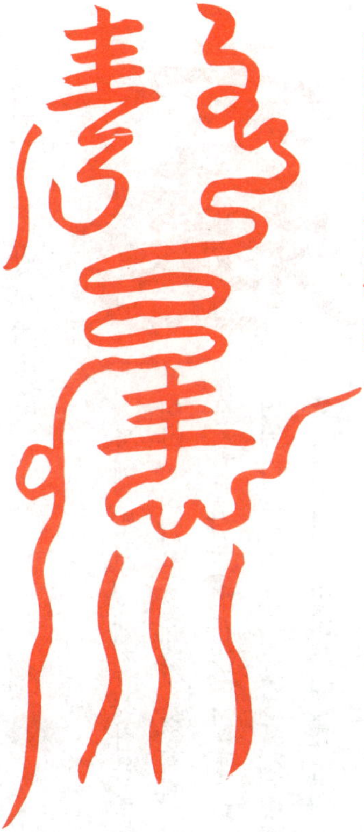

피부에 마른버즘(乾濕) 이 생기거든 창이초(蒼耳草=도꾸마리대) 풀을 뜯어다가 부적재를 섞은 뒤 짓찌어 버즘 자리에 붙이거나 연분(鉛粉)을 역시 부적재와 섞어서 바르면 버즘이 자연 없어진다。

반점치료부(班點治療符)

몸에 반점이 생긴 사람은 눈이 붉어지고 숨도 가쁘기 마련이다。 이러한 증세가 있을 때 위의 부적을 써서 재를 만든 다음 곱돌가루(滑石粉) 한돈중과 백반 五푼중을 대린물에 타서 먹거나 또는 오수유말(吳茱萸末)을 따뜻한 식초에 개어서 양쪽 발바닥에 발라두면 효험이 있다。

사마귀 및 혹 떼는 방법

몸에 사마귀나 혹이 생겨 미관상 좋지 못하여 떼려 할 경우 앵도씨(櫻桃子)를 곱게 갈아서 식초에 부적 태운 재와 같이 섞어서 사마귀나 혹이 생기는 곳에 발라두면 자연히 삭아 없어진다。

옴을 치료하는 법

몸에 「옴」이 올라 고통을 받을 경우 진천복(眞川樸)을 참기름에 섞어 갈아가지고 간장과 백반을 조금씩 섞은 뒤에 위의 부적을 써서 불에 태운 재를 역시 혼합하여 옴이 옮은 자리에 바르면 효력이 좋다。

아、치질 및 임질(淋疾)

치질(痔疾) 치료부

치질(痔疾)이 생겨 괴로움을 당할 때 위의 부적을 「주사」로 써서 불태운 재를、목별자(木鱉子)를 식초에 진하게 갈아서 부적재와 혼합하여 치질 있는 곳에 바르면、효험이 있다。

임질치료부(淋疾治療符)

임질병이나 그와 비슷한 성병(性病)에 걸렸을 경우 은소(銀硝) 한돈중을 대린 물에 위의 부적을 써서 태운 재를 섞어서 복용하면 치료가 빠르다。

③ 돌림병(瘟疫)

돌림병예방부(瘟疫豫防符)

돌림병이 부근에 돌아다니면 자칫 전염될 우려가 있으니 이 부적을 써서 허리에 지니고 다닌다。 이미 전염된 사람은 술에 유향을 약간 넣어 이 부적을 태운 재를 섞어서 복용하면 효험이 있다。

불설벽온부(佛說辟瘟符)

이것은 불경에 있는 부적으로 역시 돌림병(장질부사 뇌염 등 전염되기 쉬운 것)을 방지하는 부적이다。「주사」로 그려 한장은 내실 문 위에 붙이고 한장은 몸에 지니고 다니면 전염되지 않는다。

학질퇴치부(瘧疾退治符)

학질을 예방하거나 이미 학질을 앓는 사람을 물리치는 부적이다。자라 껍질을 식초에 담그었다가 구어서 곱게 가루를 만든 다음 술이나 끓는 물에 부적을 태운재와 같이 타서 복용하면 학질이 침범치 못하거나 낫게 된다。

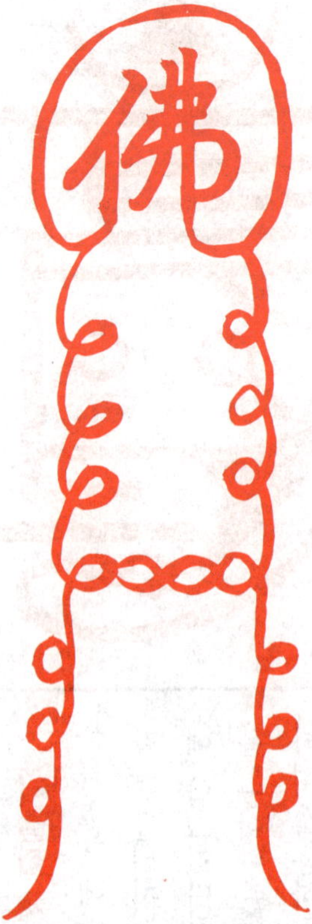

학질퇴치부(瘧疾退治符)

이 부적도 학질(하루걸이 병)을 예방하거나 학질을 물리치는데 쓰이는 것으로 주사로 그려 몸에 지니고 다닌다.

④ 부인병(婦人病)

유종치료부(乳腫治療符)

부녀자가 젖 몸살을 하거나 젖에 종기가 생겨 낫지 않을 경우 위의 부적을 두벌 만들어 불에 태운 재를 술에 골고루 저어서 때때로 아픈 곳에 바르면 차차 환부(患部)가 치료된다.

산중보호부(産中保護符)

부녀자(婦女子)가 임신중에 있거나 해산(解産)에 임박하였을 경우 주문을 외우고 나서 이 부적을 주사로 써서 몸에 지니고 있으면 태아(胎兒)에게 이상(異常)이 없을 뿐 아니라 순산(順産)하여 산모(産母)의 건강을 보호해 주고 젖(乳)도 풍부하게 나온다。

주문＝구천감생　주생응령　도지급웅　보고진종　섬범중이　강화백　조개왕신

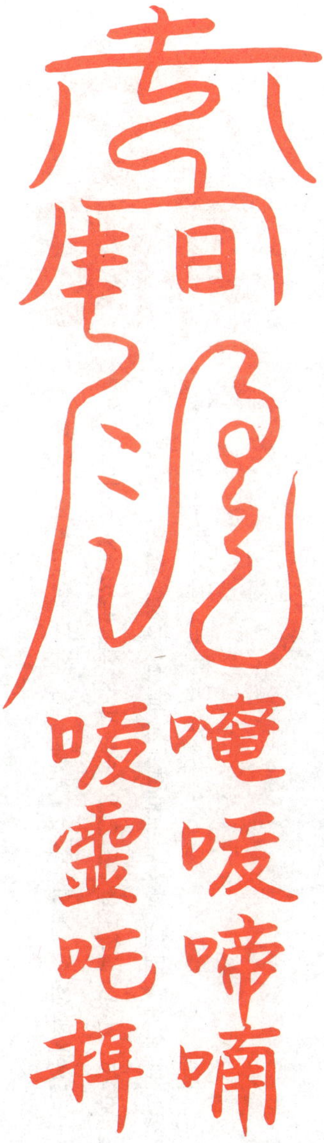

조경부(調経符)(一)

부녀자가 월경(月経)이 불순(不順)하거나 대하증(帯下症)이 있으면 건강에 해로울 뿐 아니라 애기를 낳지 못할 염려가 있다。이런 경우 향부자 한돈반중을 대려 부적을 살라 혼합해서 복용하면 효험이 있다。

조경부(調経符)(二)

월경이 고루지 못하거든 위의 부적을 그려 불태운 재를 천궁(川芎) 한돈반중 대린 물에 타서 복용하면 곧 월경이 좋아진다。

부인병치료부(婦人病治療符)

부인병이란 월경불순(月経不順) 대하증(帶下症) 냉병(冷病) 등의 여러 가지가 있는데 이러한 병이 쉽게 치료되지 않거든 위의 부적을 태워 대추 대린 물에 타서 복용하면 신효하다。

부녀백병치료부(婦女百病治療符)

이 부적은 부녀자의 산전 산후(産前産後)에 체질이 약해질 우려가 있을 경우 또는 기타의 부인병을 치료하는데 신효한 부적이다。 이 부적을 써서 의사의 처방한 약과 같이 복용하면 길하다。

⑤ 소아과(小兒科)

오줌싸게 치료법

오줌싸는 어린이 모르게 이 부적을 써서 불살라 먹인다。

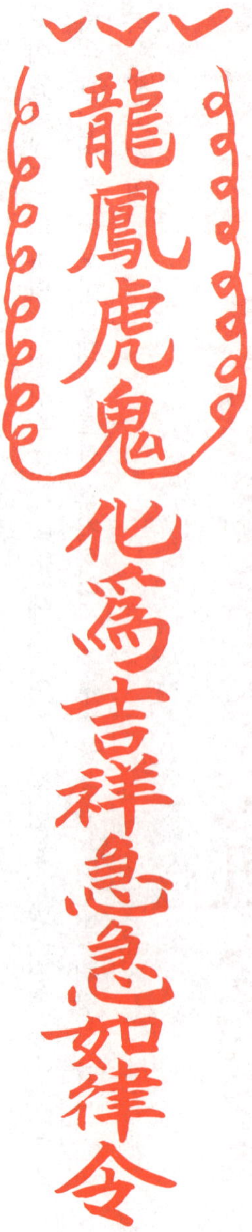
龍鳳虎鬼
化爲吉祥急急如律令

소아과소신부(小兒科召神符)

唵哺喇帝
伽吒即揖

모든 소아병(小兒病)을 치료하기 전 우선 위의 부적을 불살라 먹이고 다음과 같은 주문을 외운다。

주문‖건원법상 일기류
병 합진웅감 진
원강령 섭하종회
대동심 하 명희유

출두안전부(出痘安全符)

어린애가 마마(속칭 홍역)를 시작할때 이 부적을 「주사」로 써서 재를 만들어 젖에 타서 먹이면 쉽게 「마마」를 끝마친다。

감적부(疳積符)

어린애가 음식을 잘못 먹어 위(胃)와 대소장(大小腸)에 적체(積滯)가 되어 얼굴이 누렇거나 발육이 부진할 경우 이 부적을 써서 하루에 한장씩 불에 살라 복룡 한돈중대린 물에 타서 먹이면 신효하다。

토유치료부(吐乳治療符)

어린애가 젖을 먹기만 하면 소화를 못하고 토할 경우 백출 오푼중을 대린 물에 위 부적을 태운재를 젖에 섞어 먹이면 효험이 있다。

급만경기부(急慢驚氣符)

급성이나 만성을 막론하고 어린이의 경기는 매우 위험하다。 이런 경우는 질경이 풀과 초련자를 같이 찌어 즙을 만들고 그 즙에 부적재와 꿀물을 섞어 먹인다。

수경부(收驚符)

어린애가 경기로 깜짝 깜짝 놀라고 열이 갑자기 오르내릴 때는 이 부적을 「주사」로 써서 불태워 그 재를 젓에 개어서 먹이면 경기가 멈추어진다。

奉佛勅令
三昧老人到此定三魂七魄歸本身

경기 멈추는 부적(收驚符)

어린이가 갑자기 놀라거나 갑자기 울어대는 경우 이것을 「경기」라 하는 것이니 곧 이 부적을 불살라 젖에 타서 먹인다。

경기 멈추는 부적 (收驚符)

어린 애기가 갑자기 놀라거든 이 부적을 써서 태워 먹인다。

침구전소신부 (針灸前 召神符)

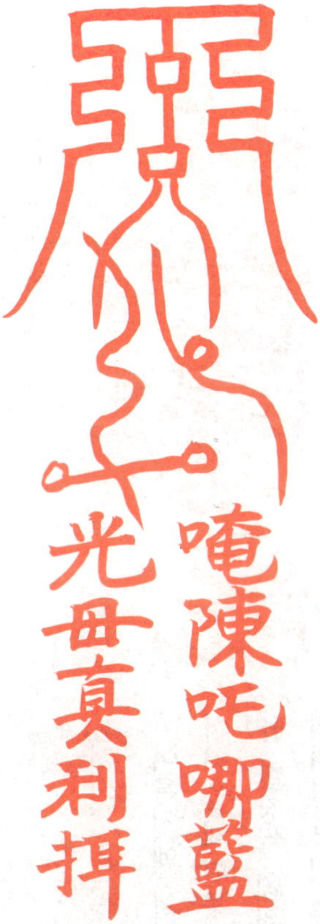

소아병에 침을 맞칠 경우 안전을 도모하기 위해 위의 부적을 불살라 먹인 뒤 다음과 같은 주문을 외운다。

주문=원명진결 영웅함명

대기종**범** 만옹금령

섭창주

⑥ 기타 질병부(其他疾病符)

더위 피하는 부적(立愈中暑符)

여름철에 날씨가 무더워 더위를 참기 어려울 때 편두 두돈중 대린 물에 위 부적을 한장씩 태워 섞어서 세차례 복용하면 더위가 물러간다。

피열부(避熱符)

몹시 열(熱)을 내는 공장에서 일을 하거나 여름철에 더워 견디기 어려울 때 이 부적을 써서 한장은 태워 마시고 한장은 몸에 지니면 더위가 물러간다。

피로회복부(疲勞回復符)

이 부적은 심신 과로(心神過勞)로 인하여 기운이 탈진(脫盡)되었을 경우 불에 살라서 유향、인삼을 각 두돈중을 대려 타 마신다。

허탈증치료부(虛脫症治療符)

밥이나 음식을 아무리 먹어도 식욕이 한이 없는 증세이다。이 부적을 써서 한장 은 불에 태워 마시고 한장은 몸에 지니면 허탈증이 차차로 없어진다。

식욕촉진부(食慾促進符)

장마철을 맞이하거나 봄、여름철에 구미(口味)가 없어 조석을 먹지 않았는데도 배가 부른듯 하거나 식욕이 없을 때에는 위의 부적을 써서 재를 만들어 약수(藥水)에 타 복용하면 소화도 잘되고 곧 구미(口味)가 돋아난다。

해민장력부(解悶長力符)

근심 걱정으로 인하여 고민이 많을 경우는 밥맛도 없기 마련이다。이럴 때에는 위의 부적을 태워 재를 만들어서 무우씨 대린 물에 타서 먹으면 고민도 사라지고 식욕이 왕성해진다。

초대방맥부(召大方脈符)

크게 다치거나 기타의 사고、또는 기절(氣絶)하여 인사불성이 되거나 가사(假死) 상태에 있어 심히 위급할 때 이 부적을 급히 써서 불태워 먹이고 다음과 같은 주문을 외우면 대방맥이 뛰기 시작한다。

주문＝양광일기 일월합형 주지웅강 내외통령 섭황광경 람수도 장자 주범경 양지학

진경안신부(鎭驚安神符)

걸핏하면 놀라거나 까닭없이 무서워지며 조그마한 일을 당해도 가슴이 울렁거리는 사람、즉 무서움을 심히 타는 사람은 이 부적을 써서 불태워 재를 만든 뒤 탁주(濁酒)에 타서 복용하면 신효하다。

식일치료부(食壹治療符)

수분(水分)이 입안에 부족하거나 해서 밥을 먹을 때 침이 말라 잘 넘어가지 않는 사람은 소화불량증도 걸리기 마련인데、이러한 때에는 위 부적을 「주사」로 써서 불살라 향연(香櫞)한돈반중을 대린 물에 부적재와 혼합하여 복용하면 치료가 된다。

주취해소부(酒醉解消符)

술을 과음(過飮)하여 좀처럼 깨어나지 않을 때는 이 부적을 써서 불살라 따뜻한 물에 복용하면 곧 술이 깬다。

멀미병 치료부

기름 냄새 또는 악취(惡臭) 혹은 차멀미 배멀미 그리고 원인 모르게 갑자기 머리가 어지러워지며 아플 때는 생강을 대린 물에 부적을 써서 재를 만들어 섞어 먹으면 신효하게 머리 속이 개운해진다。

유정치료부 (遺精治療符)

꿈속에 남녀가 성행위(性行為)를 하다가 실제로 정액(精液)을 발사(発射)하는 사람이 간혹 있는데 이런 경우를 몽정(夢精)이라고도 한다。 몸이 허약하면 발생하기 마련이므로 위의 부적을 태워 등심초 한 묶음을 삶은 물에 부적 재를 타서 복용하면 신효하다。

상한잡증부 (傷寒雜症符)

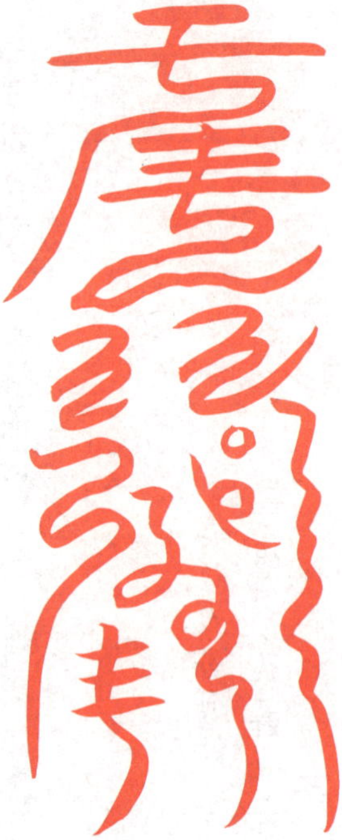

상한은 여러가지의 증세가 있는데 한약방이나 양약방에 가서 증세에 적합한 약을 구하여 복용하되 반드시 위의 부적을 써서 불에 태워 약과 같이 복용하면 약효가 빠르다。

놀란병부(治驚符)

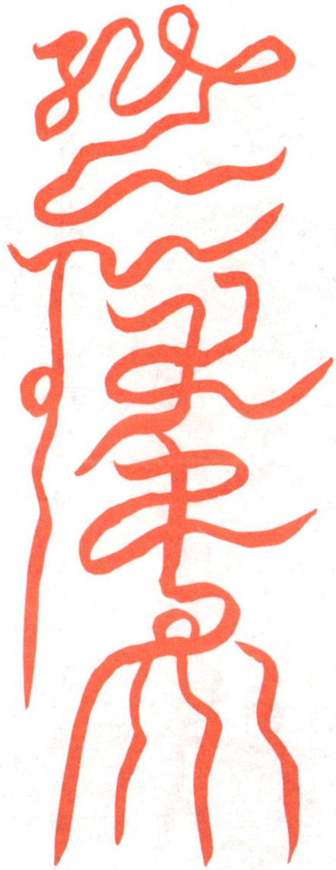

무슨 일에 몹시 놀라 그로 인하여 병을 얻었을 때는 위의 부적을 주사로 써서 재를 만들어 대추 삶은 물에 타서 복용하면 곧 치료된다。

상한불한부(傷寒不汗符)

상한(傷寒) 병으로 땀이 나오지 않는 증세에는 마황(麻黃) 두돈중을 끓인 물에 위의 부적을 그린 재를 타서 복용하면 곧 치료된다。

바늘이 살속에 박혔을 때

쇠붙이나 바늘이 잘못하여 목구멍에 걸렸을 때는 「갈가마귀」의 깃털 五、六개를 빼서 기와 위에 놓고 노랗게 되도록 볶아서 위의 부적을 태운 재를 섞어 같이 곱게 갈은 뒤 술에 개어서 바늘이 박힌 자리에 붙이면 저절로 쇠꼬챙이가 나온다。

수각부(修脚符)

다리나 종아리가 아플 때는 이 부적을 주사로 그려 불에 태워 마신다。

수금귀전부(收禁鬼箭符)

산이나 들을 거닐다가 갑자기 허리나 수족이 아프거나 쥐가 나든지 저리면 위의 부적을 붉은 글씨로 써서 불태운 재와 천산갑 한돈중에 볶은 황태 三돈중 난잎 三돈중을 진하게 대린 물에 타서 술을 섞어 먹으면 효험이 있다。

소풍지통부(疏風止痛符)

풍습을 받게되면 두 다리에 통증이 생겨 걸음걷기가 어렵다。이런때는 송오 두근과 부적을 같이 태워가지고 형겁 둘에 나누어 싸아서 남비 속에 데운 뒤 아픈 곳에 번갈아 붙이면 잠시후 쾌차하여진다。

거풍산한부(祛風散寒符)

사지(四肢)가 마비되어 힘줄이 당기는듯 아픈 것은 찬바람이 뼈에 들어간 원인인데 이런 경우에는 자소(紫蘇)를 끓인물에 부적글씨 한자씩 태운 재를 타서 하루 세끼씩 복용하면 신효하다。

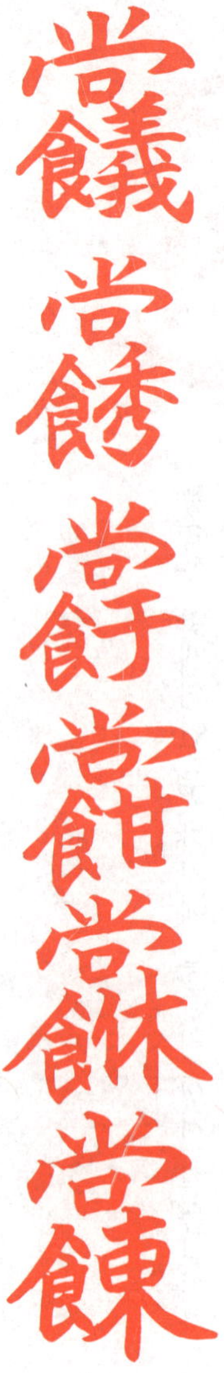

냉병치료부(冷病治療符)

냉병으로 고생할 경우 이 부적을 불에 태워 복용하거나 몸에 지니고 다니면 효험이 있다。

요·배통치료부(腰背痛治療符)

허리나 등을 다쳤거나 다치지 않았더라도 날이 음습(陰湿)하게 되면 쑤시고 아픈 경우에 위의 부적을 써서 강활(羌活) 한돈중을 대려 부적 재와 같이 복용한다

견비통치료부(肩臂痛治療符)

두 어깨가 아프거나 양팔이 쑤시고 아프든지 움직이기가 거북할 때는 계지(桂枝) 한돈중을 삶은 물에 이 부적 재를 타서 복용하면 신효하다。

요통치료부(腰痛治療符)

허리를 다쳤거나 절리거나 혹은 신경통으로 쑤시고 아플 때는 아래의 부적을 「주사」로 쓴 다음 불에 살라 재를 만들어서 적감초(赤甘草)와 백강(白薑) 한돈중 대린 물에 혼합해서 매일 二、三차 복용하면 차차로 치료된다。

제十四부 기타 비법(秘法)에 대한 부적

자물쇠 푸는 부적 (解鎖符)

잠겨진 자물쇠가 녹이 슬거나 해서 잘 열리지 않을 경우 「경명주사」로 이 부적을 써서 자물쇠에 붙이면 잠긴 자물쇠가 자연히 풀린다。

밤길에 무섭지 않는 부적

흰 종이에 붉은 글씨로 써서 몸에 지니고 밤길을 걸으면 무섭지 않다。

(一)

我是鬼

(二)

急急如律令

수렵・어렵부(獸獵・魚獵符)

산짐승、산새、들새 및 물고기 등을 잡을 때 쓰이는 부적인데 맨 처음 잡은 짐승이나 물고기를 놓아주면서 「나무보승여래」라는 주문을 일곱 번 외우고 불살라 버리면 짐승이나 물고기가 잘 잡히며 종일 잡아도 아무런 탈이 생기지 않는다。

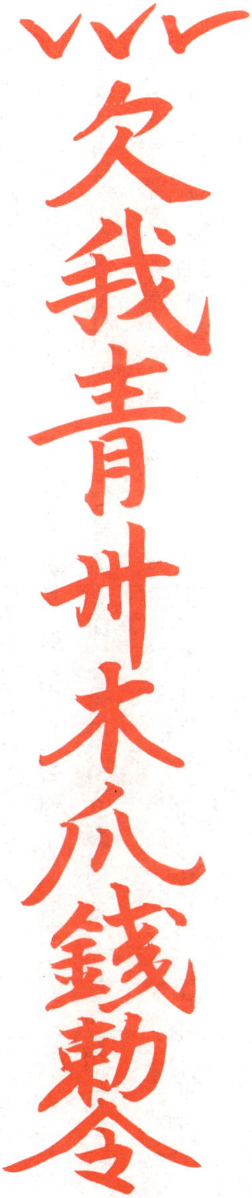

보행신비법(步行神秘法)

하루에 백리(百里)를 걷거나 태산준령(泰山峻嶺)을 넘어도 다리가 아프지 않고 빨리 걸을 수 있는 비법이다。 가운데 손가락을 위로 쭉 펴고、 엄지 손가락과 새끼 손가락을 안으로 오무리고、 무명지와 식지(食指)를 가운데 손가락 밑으로 넣고 걷는데 이는 도인(道人)들이 주로 사용하는 방법이다。

걷는 사람의 신발 위에 이 부적 七자를 거꾸로 붙이고 걸으면 신기한 효력이 있게 된다。

금압몽마부(禁壓夢魔符—가위 눌릴 때)

잠을 자다가 꿈속에 자주 가위에 눌려 잠자기가 두렵고 또 편한 잠을 자지 못하는 사람이 있다。 이는 정신(精神)이 쇠약한 원인인데, 이 부적을 석장(三枚)을 써서 종이에 싸서 그 위에(勅令)이라 쓴다。 벼개 밑에 넣고 자다가 꺼내어 방문 위에 붙이고 두장은 불살라 그 재를 복신(茯神) 一돈중 대린 물에 타서 먹으면 신효하다。

결승부(決勝符)

이 글씨를 써서 손에 쥐고 싸우면 승리한다。

문병부(問病符)

이 글씨를 손에 쥐고 문병가면 안전하다。

승소부(勝訴符)

勝

이 글씨를 주사로 써서 손바닥에 쥐고 법정에 출두하면 소송에 승리한다。

이거부(移居符)

붉은 종이에 아래 글씨를 써서 지붕 속에 넣어두고 이사하면 대길하다。

萬年靑

매고부(埋古符)

낡은 물건 및 오래된 물건을 땅에 묻을 때 이 부적과 같이 묻으면 탈이 없다。

金貴大德

소아범 신방살부(小兒犯新房殺符)

이 부적을 써서 어린애들이 처음 신방에 출입할 때 모르게 지녀주면 신방살을 피하게 된다。

(一)

(二)

상차향부(相借向符)

남의 돈이나 물건이나 기타를 빌려서 일을 할 때 뜻대로 이루어지는 부적이다.

화합세정부(和合洗淨符)

상대방과 타협을 보고자 할 때 이 부적을 지니면 서로 뜻이 화합한다.

화합부(和合符)

상대방이 누구든지 막론하고 그 상대방과 뜻이 화합하고자 할 때 이 부적을 지닌다。

탄전부(呑錢符)

어린이가 동전을 삼키고 욕을 볼 때 이 부적을 써서 태워 마신다。

사계부 (四季符)

사계부(四季符)란 봄、여름、가을、겨울의 사철에 따라 몸에 지니면 만사 대길한 부적인데 「태현선옹신위(太玄仙翁神位)」 앞에 고치삼번(叩齒三次―이를 딱딱 세번 마주치는 것)하고나서 황지(黃紙)에다 이 부적을 써서 신위(神位) 앞에 놓고 술을 부어올린다음 사용한다。

봄부적 (春季符)

봄에 이 부적을 써서 몸에 지니고 다니면 재액이 따르지 않고 대길하다。

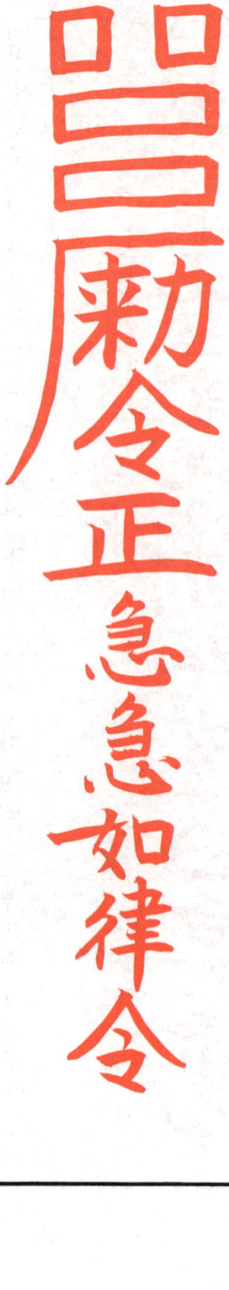

여름부적(夏季符)

여름에 지니면 길한 부적이다。

가을부적(秋季符)

가을에 지니면 길한 부적이다

겨울부적(冬季符)

겨울에 이 부적을 지니면 모든 화를 면하고 만사가 여의하다。

이동부(移動符)

중요한 물건을 옮겨놓을 때 이 부적을 써서 붙여두면 탈이 생기지 않는다。 이동하기 전에 쌀 씻은 뜨물을 옮겨놓을 자리에 뿌려놓은 뒤에 이 부적을 붙이고 다음에 물건을 옮겨놓아야 한다。

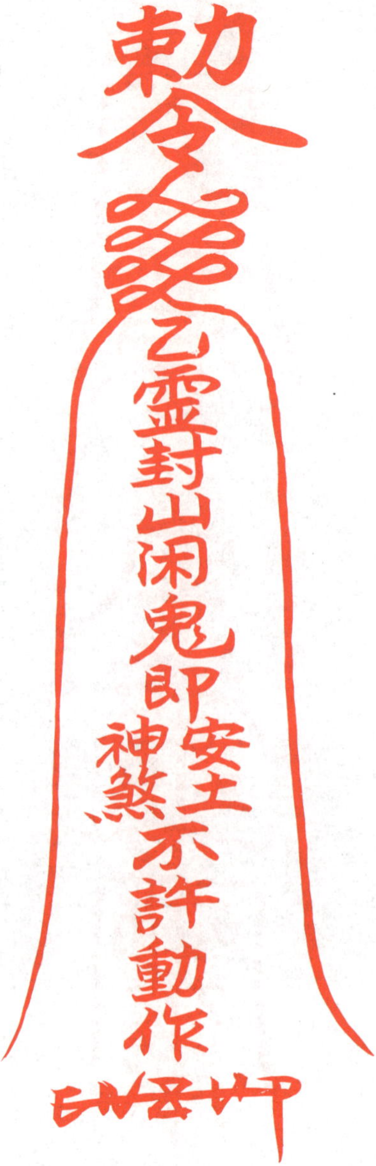

增補●追録

靈符神書

目次

一、가정길리(家庭吉利)에 대한 부적

가정길리란 첫째 집안이 화목하고 자손이 창성하며 사업이 잘 되고 육축 농사 등이 잘 되며、모든 일이 소원대로 이루어지는 것을 말한다。또는 우환이 따르지 않고 괴이한 일이 발생치 않으며 벼슬이 여의하고 경영이 순조로운 것 등을 포함한다。

만사대길부

아래 부적을 朱砂로 그려 매년 立春日 立春時에 재수부와 같이 一장씩 그려 몸에 지니거나 집안에 붙여두면 가내 대길하고 일신이 형통한다。

안택부 (安宅符)

아래 부적을 그려 모든 방이며 부엌 그리고 창고 등에 붙여 두고 안택경(安宅經)을 읽으면 집안에 재난이 생기지 않고 모든 길상(吉祥)이 날로 이른다。

가내대길부 (家內大吉符)

위 부적을 그려 대문(大門)에 붙여두면 모든 재앙이 不侵하고 질병과 근심이 자연 사라지며、집안이 화목하고 재산이 늘며 또는 육축(六畜)이 번성한다。

백사대통부(百事大通符)

이 부적을 경면주사로 그려 内室 벽 위에 붙여두면 백사대통이니 즉 우환질고가 침입치 않고 가정화목에 자손 창성이오 모든 사업이 잘 되어나간다。

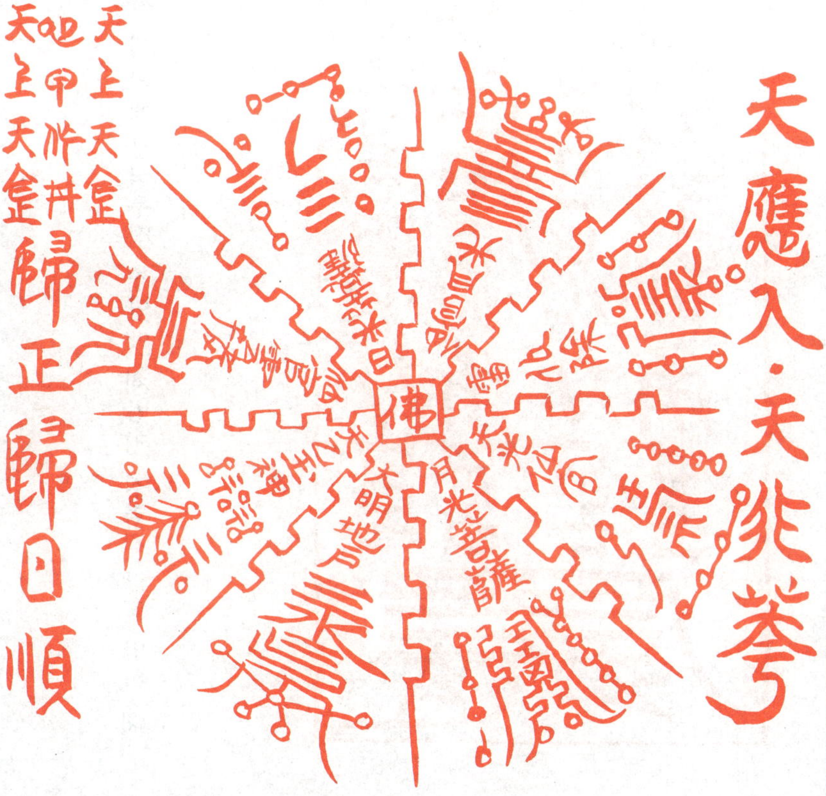

오공령부(五公靈符)

이 부적을 黃紙에 朱砂로 써서 門 위에 붙여두면 집안에 재앙이 침범치 않고 만사 대길하다。

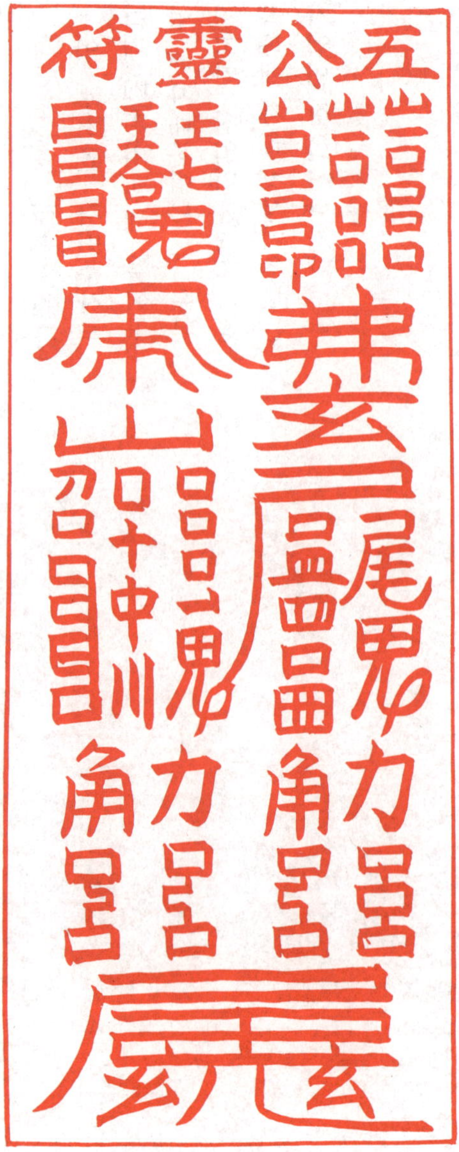

관음영부(觀音靈符)

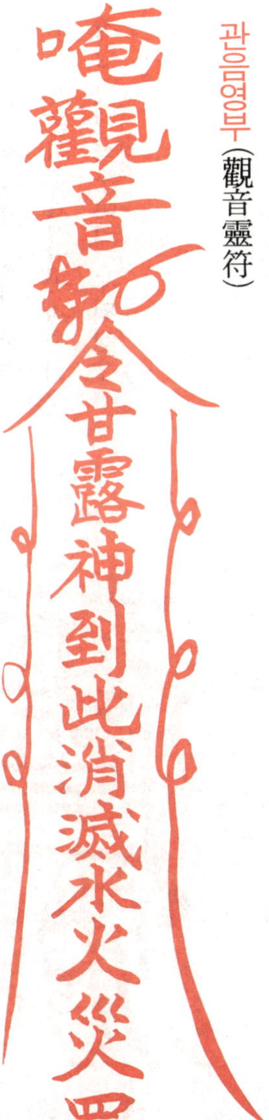

唵觀音勅令甘露神到此消滅水火災罡

여조령부(呂祖靈符)

위 관음령부와 여조령부는 집안이 평안하라는 안택부(安宅符)이다。 그러므로 위 부적을 써서 집안에 붙여두면 삼재팔난(三災八難)이며 수화액(水火厄) 그리고 도병화(刀兵火) 등 모든 재난이 침범치 않는다。 朱書로 써서 방에 붙이거나 몸에 지니고 다니면 대길하다。

가업번영부(家業繁榮符)

이 부적 두 장을 그려 한 장은 집에 붙이고 한 장은 몸에 지니면 사업이 흥왕하고 집안일이 순조로우며 특히 장사에 이익이 많다。

자손번영장수부(子孫繁榮長壽符)

이 부적을 그려 항시 붙여두면 가문이 융창하고 자손이 창성하며 식구마다 부귀장수한다。

가내화합부(家內和合符)

집안 식구끼리 의사가 不合하거나 정이 없이 지내는 경우가 있다。 아래 부적을 그려 가주(家主)가 항시 지니면 자연히 집안이 和順해진다。

부자화목부(父子和睦符)

부모와 자녀간에 거리감이 생겨 서먹서먹 하거나 찬 바람이 도는 집안이 있다。 이럴 때는 위 부적을 그려 부모와 자녀들이 각각 몸에 지니면 서로 애정이 두터워지고 집안이 훈훈해진다。

진 자손불화(鎭子孫不和)

자손들 끼리 의가 좋지 못하거나 화목치 못하며 서로 싸우는 등 가정불화가 있을 때는 이 부적을 그려 방안에 붙여두면 吉하다。

진 부자불화(鎭父子不和)

父子간에 情이 없거나 화목치 못하거든 이 부적을 그려 內室 門 위에 붙여두라 父子의 情이 두터워지고 자연 화목해진다。

미혼부(迷魂符)

남편 혹은 아내 혹은 자녀 중에 까닭없이 집을 나가 타관에서 방황하는 경우가 있다。이는 미혼살(迷魂殺)이 침입한 연고이니 이 부적을 써서 방 안 문위에 붙여 두면 나간 사람이 스스로 돌아온다。

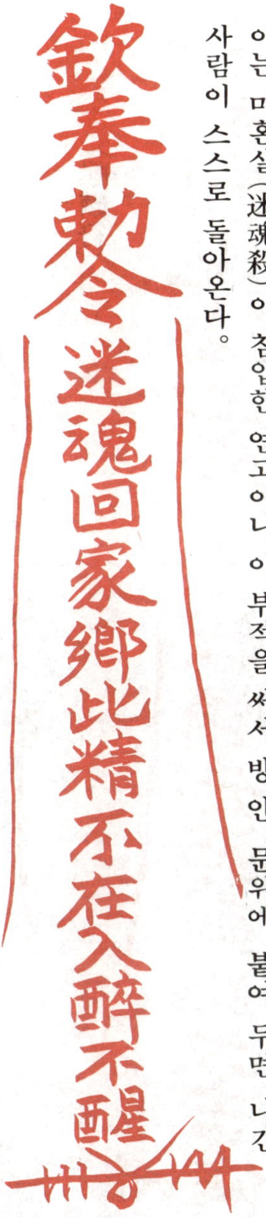

欽奉勅令
迷魂回家鄉此精不在入醉不醒

가출방지부(家出防止符)

가족 중에 까닭없이 가출하였거나 자주 가출하는 사람이 있을 경우 이 부적을 그려 내실문 위에 붙여두면 이미 나간 사람은 돌아오고、잘 나가는 사람은 마음을 잡고 가출하지 않는다。

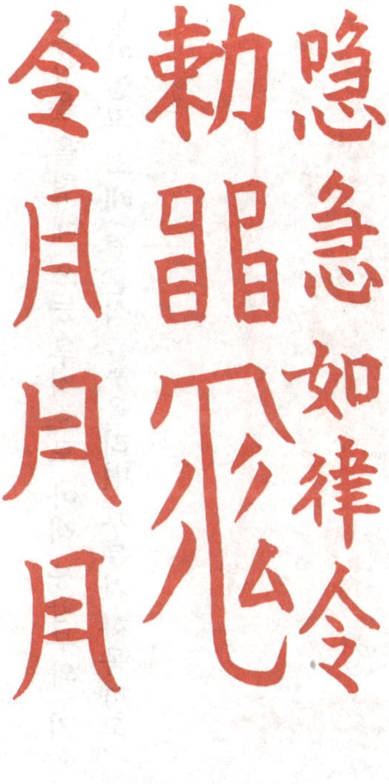

二、부부(夫婦)에 대한 부적

이 부적은 신랑 신부가 초례청에서 결혼식을 올릴 때 쓰는 부적으로 아래 봉황부와 기린부를 각 一장씩 그려 초례상 양쪽에 붙여놓고 초례(결혼식)를 올리면 부부가 화목하고 백년해로(百年偕老)한다。

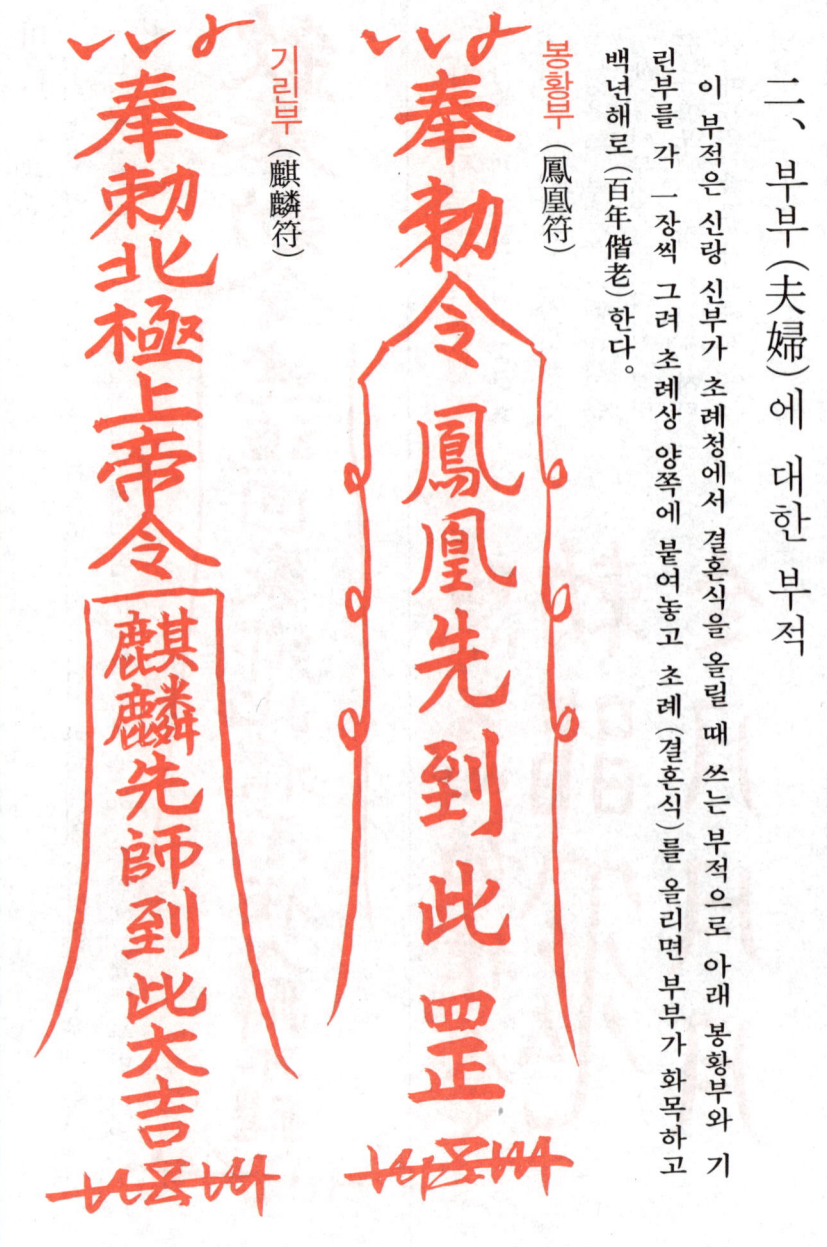

봉황부(鳳凰符)

기린부(麒麟符)

화합부(和合符)—男子用

이 화합부는 남편의 몸에 지닌다。

화합부(和合符)—女人用

이 화합부는 아내의 몸에 지닌다。

부부가 각각 지니면 일생동안 부부가 화합하고 이별 없이 백년해로하며 자손도 많이 둔다고 한다。

부부합심부(夫婦合心符)

이 부적을 부부가 거처하는 房에 붙여놓고 다음과 같은 주문을 읽으면 부부가 합심 화목해지고 만사 대길하다。

천정지정 일월지정 천지합기정 일월합기명 신귀합기형 여심합아심 아심합여심

天精地精 日月之精 天地合其精 日月合其明 神鬼合其形 余心合我心 我心合余心

천심만심만만심의합아심 태상노군급급여율령칙

千心萬心萬萬心意合我心 太上老君急急如律令勅

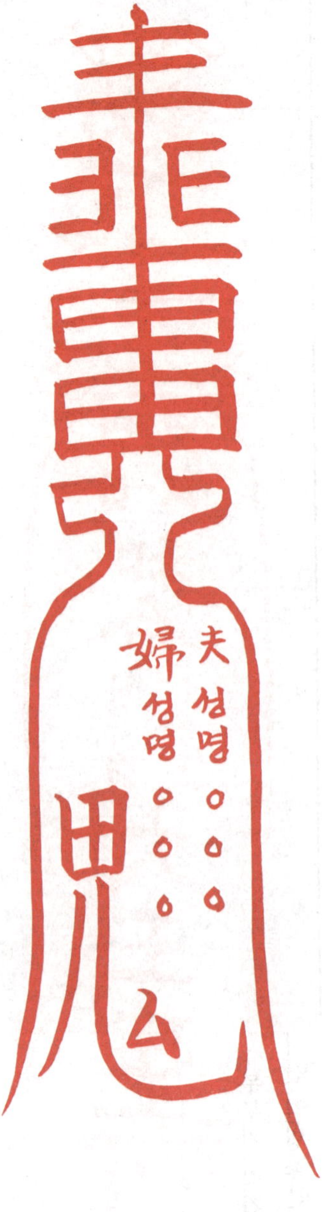

부부상애부(夫婦相愛符)

아래 모양의 부적을 白紙에 먹으로 그려 남녀의 연령과 성명을 기인한 뒤 他人이 모르게 각각 지니면 부부가 자연 서로 사랑하여 화목해진다。

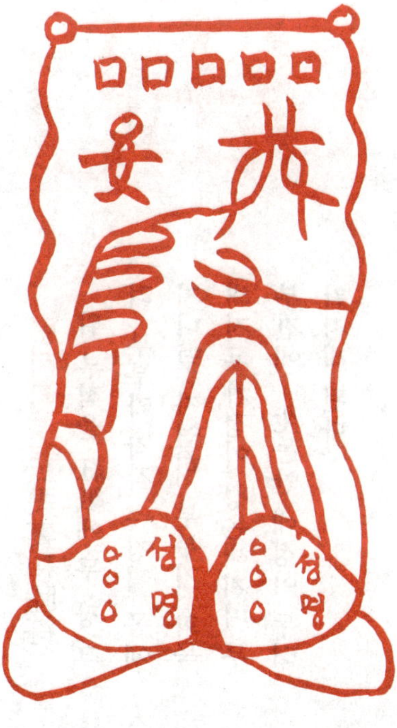

부부화합부(夫婦和合符)

이 부적을 경면주사로 그려 부부 동침하는 방에 붙여두거나 부부의 베개 속에 각각 넣어두면 부부가 화합한다。

진부부불화부(鎭夫婦不和符)

이 부적을 그려 婦人의 몸에 지니고 있으면 부부 불화를 방지하고 아울러 부부가 화목하니라。

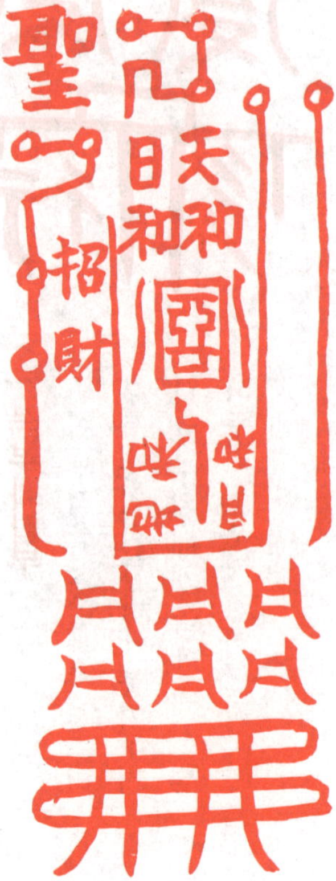

부처화목부(夫妻和睦符)

위 부적을 紅紙에 두 장 그려 부부가 각각 一장씩 몸에 지니면 자연히 부부가 화목해지고 가정이 평온해지며 부부간에 一生동안 애정이 두터워지게 된다。

남편 바람 방지부

남편이 현재 바람을 피우거나 또는 바람피울 우려가 있다고 생각되거든 아래 부적을 그려 남편의 베개 속에 남편 모르게 넣어두면 신효하다。부부 화합부를 같이 사용하면 더욱 좋다。

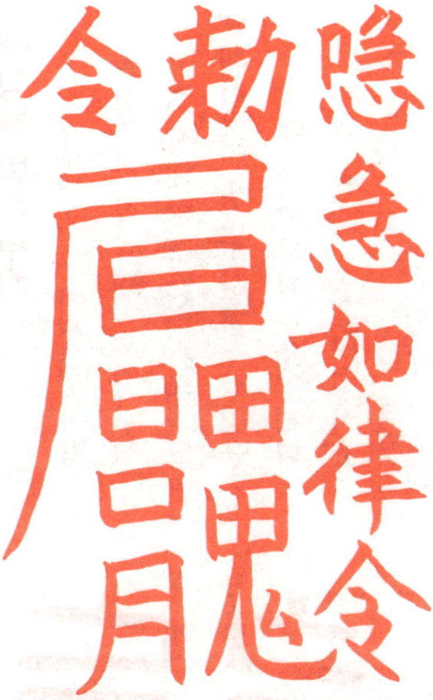

아내 바람 방지부

아내가 바람기가 있어 바람을 피울 염려가 있거나 현재 바람을 피우거든 위 부적을 그려 화합부 一枚와 같이 비밀리에 아내의 베개 속에 넣어두라。곧 바람기가 멈추느니라。

애정을 받는 부적

남편、아내 또는 이성의 사랑을 독점하고 싶을 때는 이 부적을 그려 상대방(남편、아내 또는 애인)의 생년월일과 성명을 부적 옆에 기록하여 몸에 지니거나 베개 속에 넣고 자면 신효하니라。

교제를 끊고 싶을 때

남녀가 사귀다가 어느 한쪽이 싫어져서 교제를 끊고자 해도 상대방이 응하지 않거든 위 부적을 그려 몸에 지니면 상대방이 자연 나를 싫어하여 물러난다。

三、자손에 대한 부적

생자녀법(生子女法)

아들 딸을 막론하고 낳지 못하거나 혹 낳더라도 실패하는 것은 소위 전태살(轉胎殺)이 있는 까닭이다。十二月에 설수(雪水—눈 녹인 물)를 적토(赤土)에 반죽하거나、나무를 사용하며 인형(人形) 七개를 만들어서 각각 머리에 바늘 한 개씩을 꽂아 오색실(五色絲)로 묶은 뒤 들판 적당한 곳에 묻고 기도를 드린 뒤 다음 부적을 방 벽에 붙여놓고 부부가 合房하면 원하는 子女를 낳게 된다고 한다。

생자부(生子符)

다음은 모두 아들을 낳는 부적이 각각 설명에 따라 사용한다。

이 부적은 부부가 자는 내실 벽 위에 붙여둔다。

이 부적은 女子가 태워 마신다。

이 부적은 방안에 붙여 둔다。

이 부적은 出入門 위에 붙여두면 신효하다。

이 부적은 부부가 자는 내실 아랫목 벽에 붙여두면 효력이 좋다。

四、사업·재물·재수에 관한 부적

여의부(如意符)

만사여의재리부(萬事如意財利符)라 한다。이 부적을 붉은 종이에 검정색으로 써서 마음으로 원하는 바를 빌고 몸에 지니면 재물은 물론이고 소원이 이루어진다。

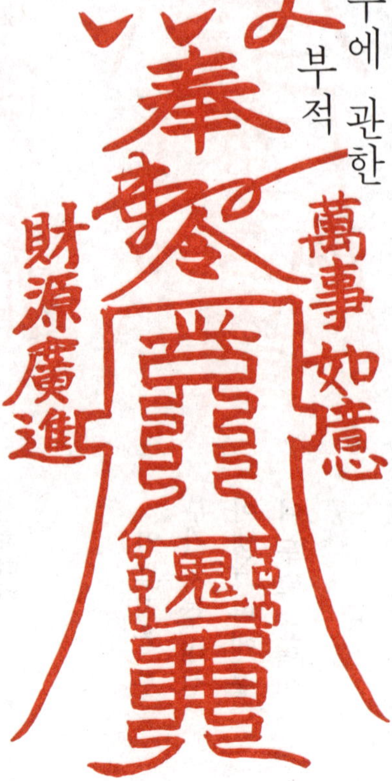

달성부(達成符)

이 부적을 白紙에 주사로 써서 항시 지니고 다니면 재물이 따르고 목적한 소원이 쉽게 이루어진다。

부귀안태부(富貴安泰符)

아래 부적을 정성스럽게 그려 몸에 지니고 다니면 가는 곳마다 財寶가 구름같이 모이고、모든 일이 자유자제로 된다 한다。

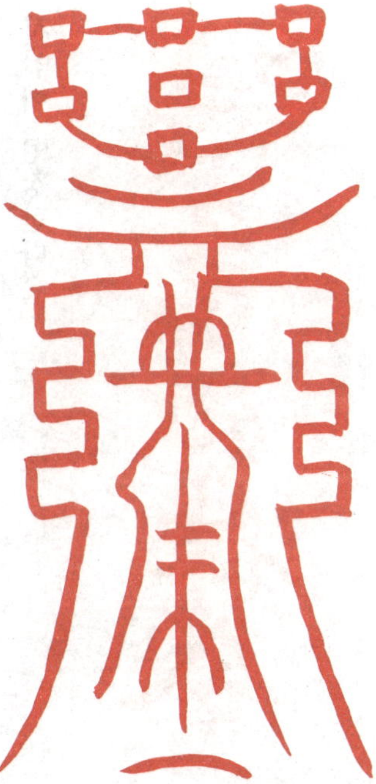

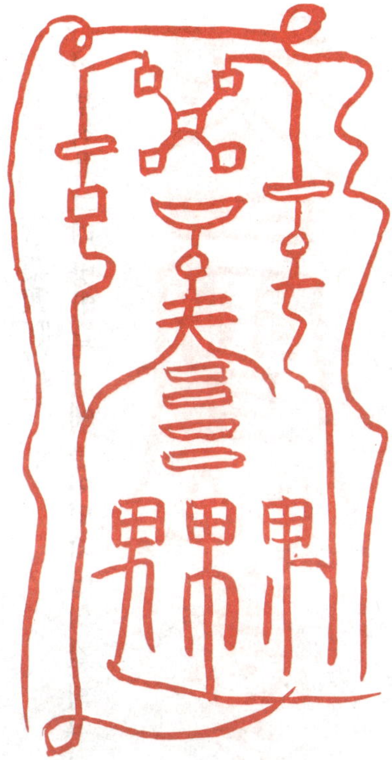

가운융창부(家運隆昌符)

이 부적을 깨끗한 白紙에 朱書로 그려 戶主의 몸에 지니면 가정이 원만해지고 재산이 날로 융창해진다。

사업흥왕부(事業興旺符)

이 부적을 그려 방안 문 위에 붙이면 사업이 잘 되고 자손이 창성하며 경사가 면면하다。

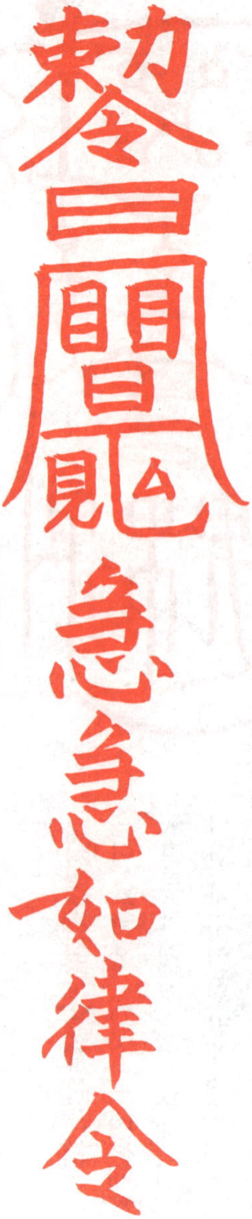

번영부(繁榮符)

이 부적을 內室 門 위에 붙이면 집안과 사업이 번창한다。

득리부(得利符)

위 부적을 백지에 붉은 글씨로 써서 密封하여 깊이 지니면 금은재보(金銀財寶)가 자연 이르고 운수가 형통하니라。

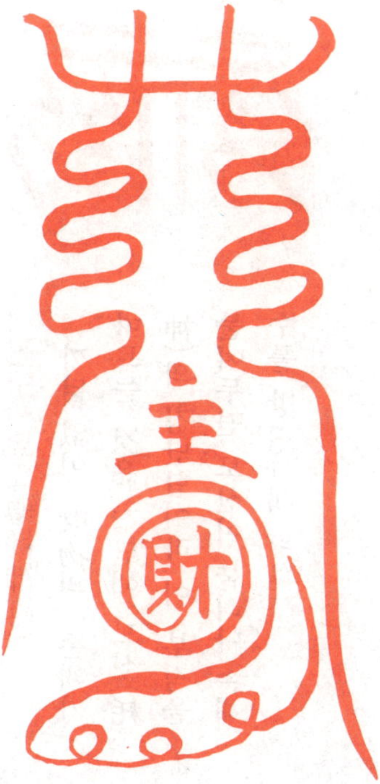

득재부(得財符)

위 부적을 그려 사업장소에 붙여두거나 金庫內에 넣어 두면 사업이 흥왕하고 금전 재물이 날로 번창한다。

경영부 (經營符)

이 부적을 두장 그려 한장은 사업장소에 붙여 두고 한장은 몸에 지니면 경영이 순조로와 사업이 크게 발전하니라。

진모신부 (鎭耗神符)

까닭 없이 財物의 손해가 따르는 것은 집안에 모신(耗神)의 장난함이라 이 부적을 붙여두면 모신이 물러나 손재수를 방지하게 된다。

실패예방부(失敗豫防符)

사업을 처음 시작하거나、또는 자본을 늘리거나 변경 등 사업상의 중요한 시기에 임했을 때 이 부적을 그려 몸에 지니면 실패없이 사업의 경영이 잘 이루어 진다고 한다。

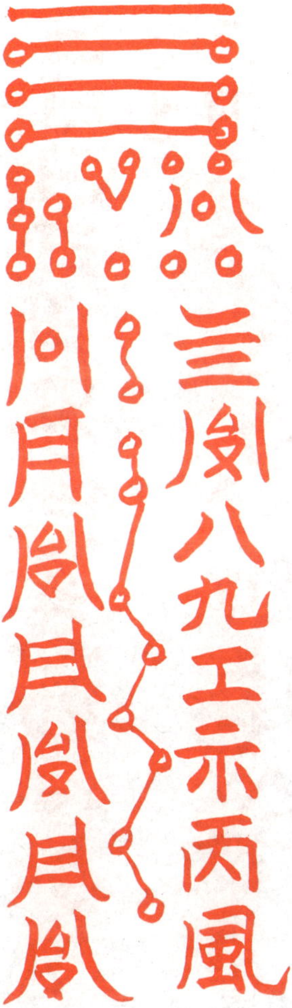

손재방지부(損財防止符)

운명학적 판단에 의하여 손재수가 있거나 손재할 징조가 있을 때는 이 부적을 그려 一장은 사업장소에 붙이고 一장은 몸에 지니면 최소한으로 손재를 줄이게 된다。

안전순조부 (安全順調符)

아래 부적을 깨끗이 그려 항시 지니면 자연히 무슨 일이나 순조롭게 되고 安全하며 근심이 따르지 아니한다。

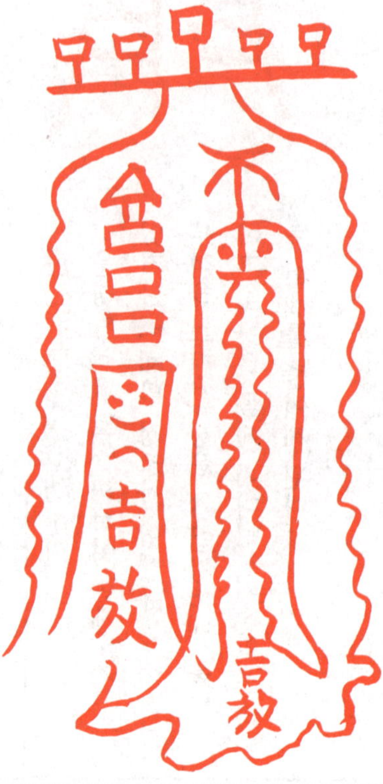

(가)

(나)

목적달성부

위 부적 두 가지 중 임의로 골라 그려서 몸에 지니면 목적한 일이나 계획한 일이 순조롭게 이루어진다。

소원성취부

아래 부적을 朱砂로 써서 紅紙에 봉하여 몸에 지니고 다니면 무슨 일이나 남보다 우선하게 되고 소송、입찰、경쟁 등에 승리하게 되며 소원이 이루어진다。

부탁이 성취되는 부적

이 부적을 몸에 지니면 자신이 계획한 일이 잘 성취 될 뿐아니라 어떤 일을 남에게 부탁한 경우 그 사람이 성의껏 돌보아 준다。

채용부(採用符)

사업을 목적하거나 기타 일로 인하여 고용인 혹은 部下 식모 등을 채용하게 될 때 이 부적을 붙여두면 자연 좋은 사람을 채용하게 된다。

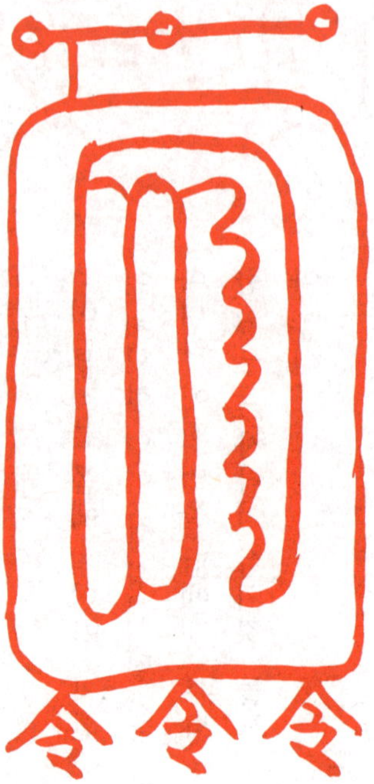

주인에 충성하는 부적

고용인을 채용한 사업주 혹은 부하를 거느린 上司의 경우 고용인이나 부하가 진심으로 도와주어야 사업이 잘 되고、윗사람으로서의 체면이 서게 된다。이 부적을 지니면 부하나 고용인이 충성으로 주인을 도운다。

五、학업・시험・관직에 대한 부적

정신이 맑아지는 부적

工夫하는 학생、여러가지 시험에 응하는 사람、연구가 발명가、아이디어 맨 등은 아래 부적을 그려 몸에 지니면 항시 머리가 맑아져서 우수한 성적으로 실력을 발휘할 수 있다。

또는

합격부(合格符)

입학시험、취직시험 및 기타의 시험에 응시하거나 혹은 어떤 일에 出馬하여 당선되기를 원하는 사람은 위 부적을 그려 몸에 지니라 정신이 맑아져서 평소의 실력을 만분 발휘하게 되고 또 出馬자는 당선의 행운이 온다。

공명부(功名符)

이 부적을 그려 항시 몸에 지니고 다니면 뜻하는 관직을 얻고、관직에 있는 자는 공명이 현달하여 순풍에 돛단듯이 입신출세(立身出世)한다。

이관부(利官符)

관직(官職)을 구하려는 사람은 좋은 관직을 얻고、관직에 있는 이는 직위와 녹봉이 오르는 부적이다。이 부적을 그려 몸에 지니라 大吉하리라。

관직을 얻는 부적

이 부적을 그려 봉안하고 소원성취에 대한 경문을 읽으면 좋은 벼슬이나 좋은 직장이 쉽게얻어진다。

좋은 직업을 얻는 부적

이 부적을 朱砂로 그려 몸에 지니면 이상에 맞는 직업이나 좋은 직장을 얻어 소원을 이루게 된다。

지공부(志公符)

이는 천태산(天台山) 조화신(造化神)의 부적이다。이 부적을 써서 몸에 지니면 관록이 따르고 일신이 태평하다。

랑공부(郎公符)

이 부적은 貴人이 도와주고 어진 사람이 구원해 주는 부적으로 몸에 지니면 부귀가 이를뿐 아니라 人口가 平安하다。더욱이 이 부적을 지니고 佛經을 외우면 복록이 무량하다。

좋은 주인을 만나는 부적

이 부적을 몸에 지니면 관직에 있는 자는 좋은 上司를 만나 귀염을 받고、고용인의 입장이면 마음씨 좋은 主人을 만나 총애를 받게 된다。

총애부(寵愛符)

관직에 근무하거나 남의 고용인이 되어 윗사람이나 主人의 총애를 받지 못하면 不辛한 일이다。이 부적을 그려 몸에 지니면 윗사람 및 主人의 특별한 사랑을 독차지 하게 된다。

六、재난(災難) 방지에 대한 부적

재난(災難)이란 官災、口舌、疾病、水火厄、失物、殺傷 등 여러가지의 厄을 말하는데 失物 損財와 疾病에 대해서는 다른 항목에서 다루기로 하고 여기에서는 특히 官災、口舌 水火厄 雷電厄의 방지에 대한 부적만을 수록한다。

다음 각 부적을 참고하여 적절히 使用하면 아래와 같은 재난을 미연에 방지하여 재산상 생명상의 平安을 期할 수 있다。

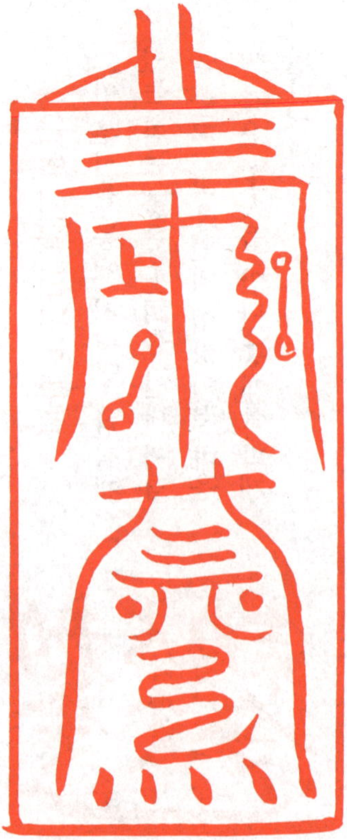

뇌전불침부(雷電不侵符)

운명학적 판단에 의하여 뇌전의 액이 있다고 생각되거나、電氣業 등 感電의 우려가 있는 직업에 종사하는 사람은 마땅히 위 부적을 써서 항시 몸에 지니면 身이 安全하다。

벼락 예방부

아래 그림도 벼락을 예방하는 부적이니 신수가 불길하거나 사주학적으로 뇌공살(雷公殺) 등이 있을 때는 이 부적을 그려 항시 몸에 지니고 다니면 善神의 수호를 받아 벼락 따위의 참변을 당하지 않는다。

관재 구설 송사 시비 소멸부

이는 官災、口舌、訟事、是非 등 모든 厄을 예방하는 부적이니 몸에 지니면 大吉하다。

횡액을 면하는 부적

신수가 불길하다고 판단되거나、직업・생활의 여건에 의하여 부득이 위험한 일에 종사하는 사람、短命의 우려가 있는 사람 등은 이 부적을 그려 항시 몸에 지니면 모든 재앙과 횡액을 면하게 된다。

관액방지부(官厄防止符)

운명학적인 판단에 官厄 또는 刑厄이 있거나、故意 혹은 過失로 인하여 罪를 犯한 경우 이 부적을 朱砂로 그려 몸에 지니면 관액수가 방지 되고、이미 범한 罪라도 그 벌을 면제 받거나 가볍게 받는다。

화재불침부(火災不侵符)

이 부적은 黑紙에 白色으로 그려 출입문 위에 붙여두면 火災를 방지한다。신수에 화재수가 있거나 화재의 위험이 있다고 볼 때 사용하라。

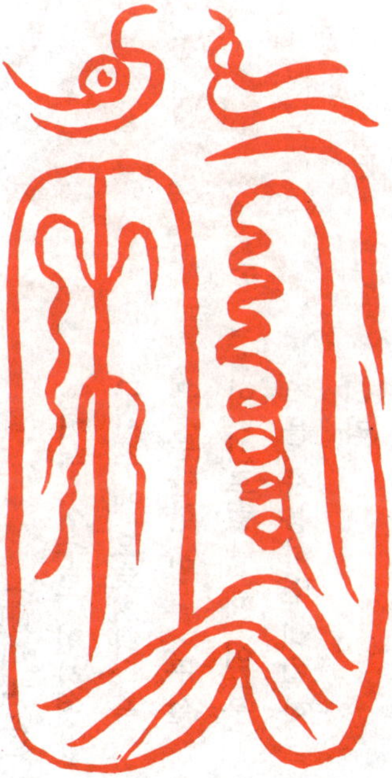

수액예방부(水厄豫防符)

신수나 사주의 판단에 水厄이 있다고 보거나 환경상 생활상 水厄의 우려가 있을 때 이 부적을 그려 집에 붙여두거나 몸에 지니면 水魔를 퇴치하여 건물 및 일신의 안전을 도모한다。

진 관재불침(鎭官災不侵)

고의 또는 과실로 인하여 罪를 犯하였거나 또는 官災수가 이를 우려가 있을 때 이 부적을 지니면 罪의 赦함을 받거나 官厄이 스스로 물러난다。

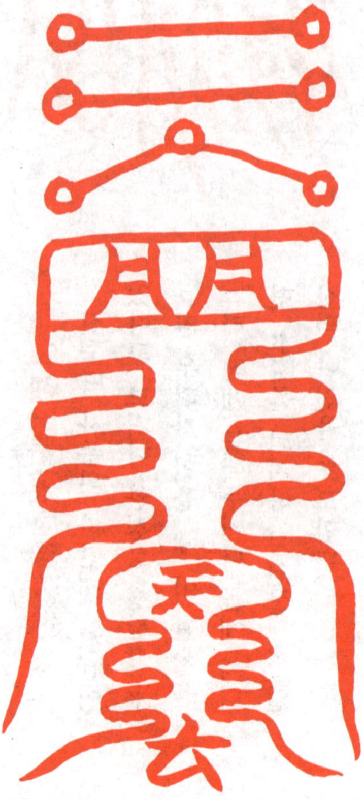

진 구설부(鎭口舌符)

어떤 실수로 인하여 구설수에 오르거나、혹은 무단한 일로 구설이 이르렀을 때 이 부적을 사용하면 대길하니라。

진온부(鎭瘟符)

이 부적을 집안에 붙여 두거나 몸에 지니면 온역(瘟疫) 등 전염병이 침범하지 않는다。또 이미 들어온 전염병은 자연 치료된다。

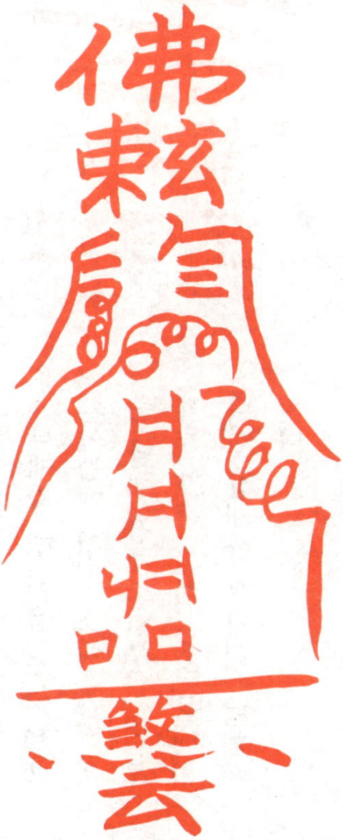

강도(强盜) 및 도적 예방부

이 부적을 朱砂로 그려 出入門 위에 붙여두면 집안에 도둑이나 강도가 들어오지 않는다。

七、삼재(三災)에 대한 부적

삼재(三災)란 胞胎法으로 病、死、葬 당는 해를 말하는데 즉 「병들어 죽고 장사지낸다」는 뜻이다。 삼재가 드는 命은 다음과 같다。

亥子丑年—巳酉丑生
寅卯辰年—申子辰生
巳午未年—亥卯未生
申酉戌年—寅午戌生

맨 처음 드는 해를 入三災、그 다음 해를 中三災、마지막 해를 出三災라 한다。이 三災에 대한 부적은 책머리에 이미 記述하였으므로 그곳에 参考할 것이며 아울러 追錄으로 빠진 것을 첨가하였다。

드는 삼재부(入三災符)

삼재가 맨 처음 드는 해에 쓰이는데 정월 초하루나 입춘 날에 삼재소멸부와 위 부적을 각각 그려 같이 몸에 지니면 삼재를 무사히 넘기게 된다。

묵는 삼재부(中三災符)

삼재가 들어 두번째 맞이하는 해에 쓰이는 삼재부적이다。드는 삼재부는 불태워 없애고 이 부적을 대신 지니라 두번째 맞이하는 삼재운을 평안히 넘긴다。

나는 삼재부(出三災符)

이 부적은 삼재가 마지막 드는 해에 삼재소멸부와 같이 몸에 지니면 삼재 액운을 끝까지 무사히 넘기게 된다。

八、안전(安全)에 대한 부적

사람이 一生을 사는 동안 신변에 모든 위험이 따르기 마련이다。무단히 天災地變을 당하여 재산 및 생명의 위협을 받고 不幸에 빠지는 수가 허다하다。그러므로 다음에 소개되는 부적은 여행중 안전、항해(航海) 또는 광산(鑛山) 등 위험한 곳에 가거나 위험한 일을 하게 될 때 미리 안전을 도모하면 불의의 사고 등으로 당하는 횡액을 면할 수 있다。

천재(天災)를 막는 부적

이 부적을 그려 항시 지니고 있으면 不意의 天災地變을 예방하여주므로 몸의 安全을 도모한다。

여행안전부(旅行安全符)

이 부적을 그려 몸에 지니면 여행중 아무 사고를 당하지 않고 목적을 순조롭게 이룬다。

항해안전부(航海安全符)

아래 부적을 주사로 그려 몸에 지니고 배를 타면 항해중 폭풍우 등 위험한 풍랑을 만나지 않고 또는 배 위에서 질병도 따르지 않는다。

입광안전부(入鑛安全符)

깊은 坑 속에 들어가 鑛物을 캐는일에 종사하는 鑛夫들은 항시 위험이 따르므로 마음을 놓을 수 없다。이 부적을 정성스럽게 그려 몸에 지니면 항시 신변이 편안하다。

보신부(保身符)

七日七夜를 정성드린 뒤 이 부적을 지니고 다니면 颱風、暴雨 벼락 暴雪 등 天候에 의한 재앙은 물론이오 兵亂 暗害등 모든 횡액을 당하지 않고 항시 몸이 平安하다。

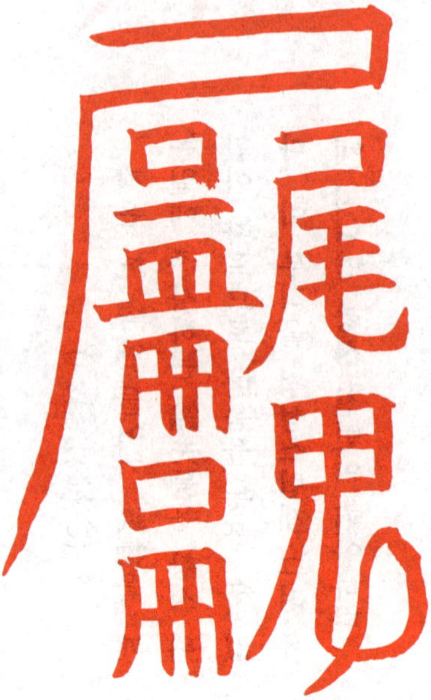

평안부(平安符)

七日간 몸을 깨끗이 하고 경을 읽은 뒤 이 부적을 지니라 모든 질병이 이르지 아니하고 兵亂이나 劍創 등 어떠한 위험에도 몸을 상하지 않는다。

九、여행에 대한 부적

원행안전부(遠行安全符)

먼 곳으로 여행을 떠날 때 이 부적을 그려 몸에 지니면 여행중에 질병과 횡액이 따르지 아니하며、목적을 순조롭게 달성하고 돌아온다。

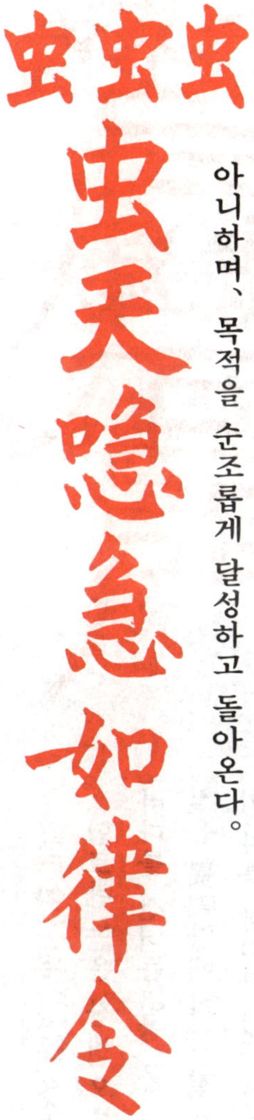

여행대길부(旅行大吉符)

이 부적도 여행을 떠날 때 몸에 지니면 여로(旅路)가 평안하고 여행길에 가는 곳마다 좋은 일을 만난다。

수륙원행부(水陸遠行符)

수륙만리(水陸萬里) 먼 여행을 떠날 때는 이 부적을 몸에 지니라。 강도、뱀、맹수가 침범하지 않으며 어떠한 험로라도 安全을 기약한다。

험로안전부(險路安全符)

험로란 높은 산에 오르는 일、바다를 건너는 일、물 설고 산설은 異國땅에 가는 길 등 위험이 따르를 염려가 있을 경우 이 부적을 지니면 善神이 보호하여 일신의 안전을 도모한다。

불리한 곳으로 여행할 때

여행을 떠날 때 마음이 내키지 않는 경우가 있다。그렇다 해서 여행을 취소할 수 없는 입장일 때 이 부적을 지니라 모든 액이 물러난다。

노상횡액 방지부(路上横厄防止符)

항시 出入이 많은 사람、항공여행、해상여행을 떠나는 사람、또는 이에 직업적으로 종사하는 사람、운전사、기관사、안내양 등은 이 부적을 朱砂로 그려 몸에 지니라。여로의 일신이 편안하고 모든 액이 침범하지 않는다。

十、이사에 관한 부적

직업상 생활상 살다보면 부득이 살던 자리를 옮겨 다른 곳으로 移徙하게 될 경우가 많다。方位가 나쁘니 어쩌니 하고 함부로 이사하기를 꺼리는 예가 적지 않으며、혹은 이사후 질병이 따르거나 재산의 손실이 생기면 이사탈이라고 믿는 사람들이 있다。 어쨌거나 이사를 갈 때 아래 부적중에 적당히 골라 사용하면 이러한 근심이 사라진다。

이사평안부(移徙平安符)

위 글씨를 朱砂로 써서 살던 집 지붕 속에 넣어 두고 이사가면 이사후 재수가 대통하고 우환질고가 없이 집안이 평안하다。

이사대길부(移徙大吉符)

사람이 살던 집을 떠나 다른 곳으로 이사하면 그 집에 있는 소위 복신(福神—俗稱 業神이라함)도 따라 가야만 이사후 집안이 순조로와 진다 한다。 그러나 이사할 戶主의 命에 의거하여 方向이 나쁘거나(五鬼方、三殺方、喪門、吊客方、甑破方、進鬼方、退食方 眼損方 등) 호주 本命의 生氣法이 맞지 않거나(禍害、絶命日 등) 또는 이사하는 日辰이 나쁘면 이 복신이 따라가지 않고 도리어 凶神惡殺만 침범하여 이사후 온갖 재난이 이른다 한다。 그러므로 이러한 우려가 있을 때는 다음 부적을 그려 새로 이사한 집 안방 문 위에 붙여두면 大吉하다 한다。

이사탈(移徙頉)소멸부

이사한 뒤에 원인모르게 우환 질고가 생기거나 재수가 없다고 생각되면 아래 부적 四장을 그려 집 네 모서리에 붙여두면 자연 액이 사라진다。

신옥 이사부(新屋移徙符)

새로 지은 집으로 이사할 경우 위 부적을 그려 안방 문 위에 붙여 두라。 재앙이 침범치 않고 집안이 번창하며 만사대길하다。

二、소송(訴訟)에 대한 부적

승소부(勝訴符)

소송이 걸린 경우 이 부적을 그려 몸에 지니고 법정(法廷)에 나가면 자연 자신에게 유리한 판결이 내려진다。즉 소송에 이기는 부적이다。

소송부(訴訟符)

위에 있는 부적은 그려 몸에 지니고、아래 글씨는 써서 접어 손에 쥐고 법정에 나가면 소송에 유리하다。

三、악사귀(惡邪鬼) 및 괴물(怪物) 퇴치부

악귀퇴치부(惡鬼退治符)

이 부적을 硃砂로 그려 몸에 지니고 다니면 모든 惡鬼를 물리치고 기타 좋은 일이 생긴다。

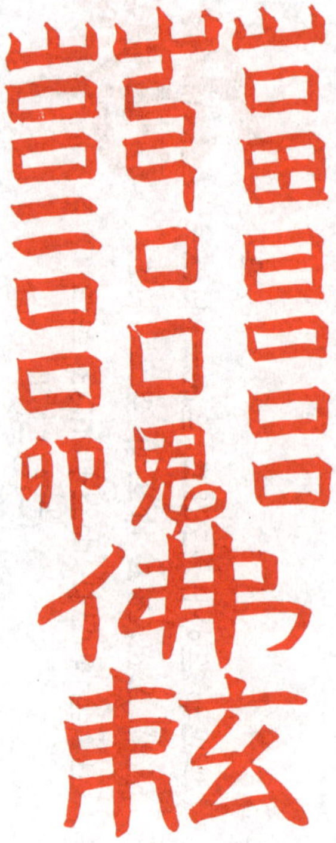

귀괴불침부(鬼怪不侵符)

이 부적을 그려 出入門 위에 붙여두면 귀신이나 괴물 따위가 집안에 침범하지 못한다。몸에 지녀도 그러하다。

제사기부(除邪氣符)

요사한 기운을 제거하는 부적이니 白紙에 먹으로 써서 항시 지니고 다니면 邪氣가 물러가고 재앙이 침범치 아니한다。

진악사부(鎭惡邪符)

흉악한 사귀가 몸에 붙으면 이로 인하여 惡念이 생긴다。이 부적을 紅紙에 먹으로 그려 紅紙에 싸 지니면 자연히 邪惡한 마음이 물러가고 心靈이 깨끗해진다。

괴물퇴치부

괴물이란 상서롭지 못한 모든 것을 말한다。 아래와 같은 부적을 그려 집안에 붙여두거나 몸에 지니면 괴물이 침범하지 않는다。

요괴(妖怪)퇴치부

위 부적을 그려 내실문 밖 벽위에 붙여두면 요괴가 집안에 침범하지 못한다。 또는 위 부적을 몸에 지니면 사귀(邪鬼) 및 뱀、맹수 등의 해를 입지 아니한다。

인귀(人鬼)퇴치부

인귀란 사람죽은 귀신이다。억울하게 죽은 사람、비명에 죽은 사람 등은 그 영혼이 안정하지 못하고 떠돌아 다니면 사람에게 침입 우환 질고 괴변 등을 일으킨다。이 부적을 경면주사로 그려 방문 위에 붙여 두면 집안에 침입하지 못한다。

백괴(百怪) 불침부

백괴가 집안에 들면 人口를 損하거나 六畜을 損하며 경하더라도 우환 질고를 불러온다。이 부적을 그려 집안 적당한 곳에 붙여두면 모든 괴물이 들어오지 못한다。

제사마부(除邪魔符)

아래와 같은 부적을 그려 몸에 지니면 邪魔가 침범하지 못한다。만일 사람의 몸에 사마가 붙으면 모든 일을 방해하여 되는 일이 없으리니 예방하면 길하다。

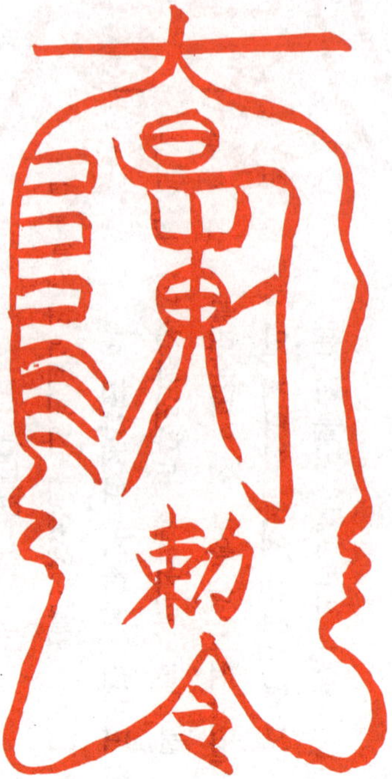

제악마부(除惡魔符)

위 부적을 그려 몸에 지니면 악마가 몸에 침입하지 못한다。

피괴부(避怪符)

이 부적을 복숭아나무 널판지에 경면주사로 그려 안방 대들보 위에 붙여두면 도난(盜難)이며 재화(災禍)가 생기지 않고 기타 모든 요괴로운 것이 침입치 못하므로 집안이 항시 평안하다。

화해귀(禍害鬼) 퇴치부

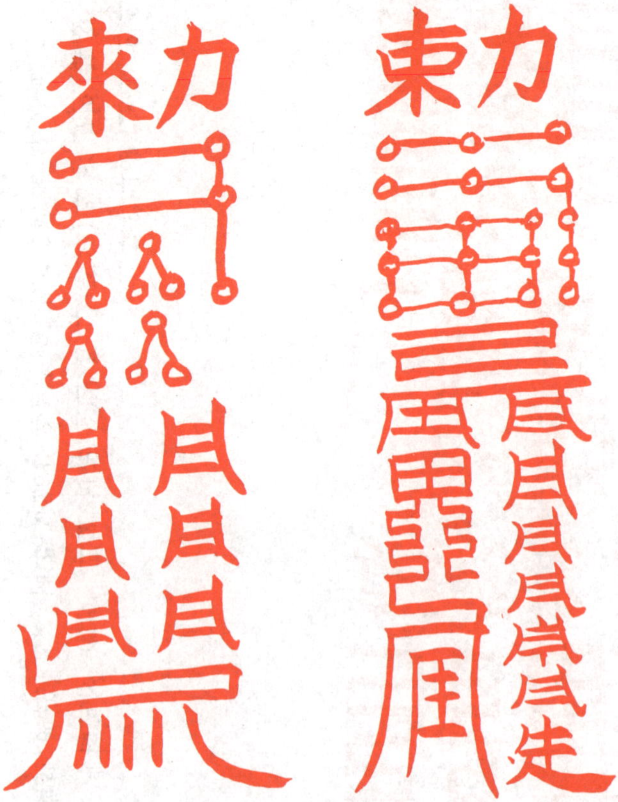

신(神)은 善神으로 사람에게 福을 주지만 귀(鬼)는 惡鬼로써 사람에게 재앙을 불러온다。고로 신(神)은 받들어 위함이 可하고 귀(鬼)는 퇴치함이 마땅하다。위 부적은 모두 인간에게 흉화(凶禍)의 해를 끼치는 사귀(邪鬼) 악귀(惡鬼) 요마귀(妖魔鬼)를 물리치는 부적이니 그려서 집에 붙이기도 하고 몸에 지니면 일체의 흉화가 생기지 않는다。

악귀도주부(惡鬼逃走符)

아래와 같은 부적을 지니거나 붙여두면 악귀가 가장 싫어하여 접근하지 않는다고 한다。 고로 이 부적을 사용하면 일체의 악귀가 침범하지 아니한다。

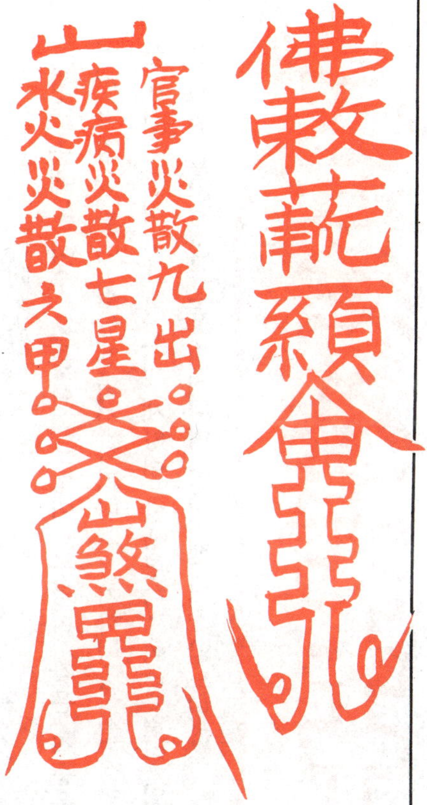

객귀불침부(客鬼不侵符)

객귀란 객사한 귀신이다。 객귀가 집안에 들면 백일 이내로 질병 손재 손축(損畜) 손인구(損人口) 등의 흉사가 발생하니 이러한 징조가 있으면 모름지기 위 부적을 사용하여 물리치라。

괴수불침부(怪獸不侵符)

짐승 중에도 여우、승냥이、구렁이、부엉이 같은 짐승은 상서롭지 못한 짐승이다。이러한 짐승 등이 집안에 침입하거나 집 가까이 와서 장난을 치던지 괴이한 울음소리를 내면 그 집안에 반드시 재앙이 발생한다。이런 일이 있을 때는 다음과 같은 부적을 그려 붙여두라。곧 퇴치되며 탈이 생기지 않느니라。

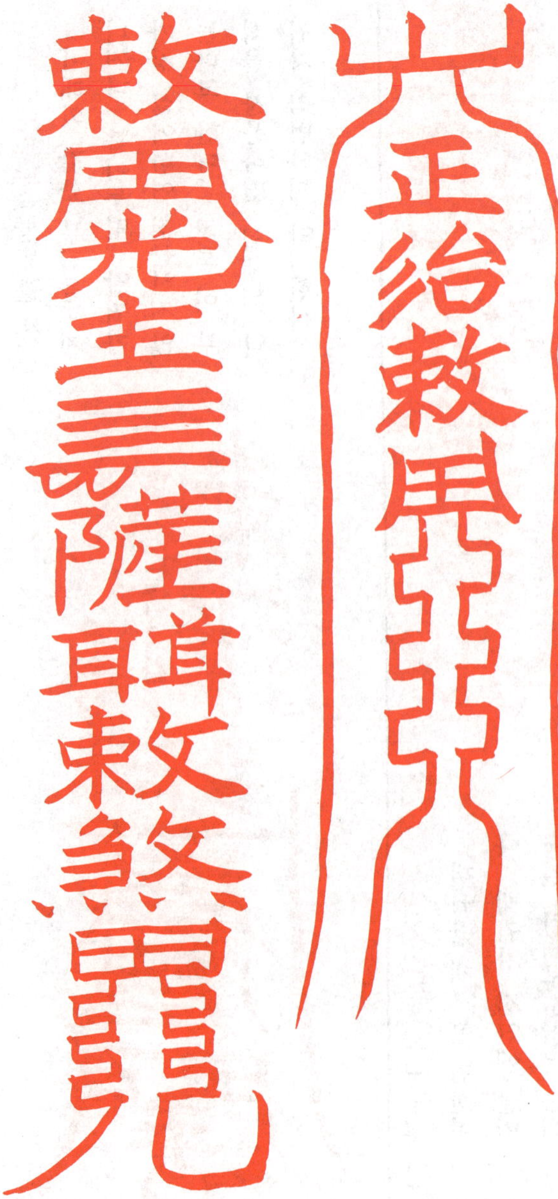

三、육축(六畜)에 대한 부적

육축(六畜)이란 집에서 기르는 짐승(家畜)을 총칭함이니 즉 소(牛)、말(馬)、양(羊)、닭(鷄)、 개(狗)、 돼지(猪)의 여섯 가지 짐승이지만 오리며 토끼 등도 두 이에 포함시킨다。

다음은 육축이 잘 되는 부적、육축의 병(病)을 막는 부적 등을 수록한다。

육축왕부(六畜旺符)

이 부적을 그려 畜舍(우리)에 붙여두면 모든 육축이 잘 자란다。

양축평안부(養畜平安符)

이 부적을 黃紙에 朱書(붉은글씨)하여 외양간 기둥에 붙여두면 자연히 육축이 병 없이 잘 자라고 새끼가 번성한다。

가축흥왕부(家畜興旺符)

이 부적은 紅紙에 붉은 글씨로써 해당되는 畜舍 기둥에 붙이라 가축이 자연 흥왕하리라。

육축이 달아날 때

육축(六畜)이 자주 달아나거나 누가 훔쳐가 기르기가 어려울 때 이 부적을 써서 축사(畜舍) 기둥에 붙여놓으면 길하니라。

육축이 잘 죽으면

위 부적을 그려 우리에 붙여두라 어떤 육축을 막론하고 잘 자라느니라。

가축 병 방지부

아래와 같은 부적을 黃紙에 먹으로 그려 불에 태운 재를 깨끗한 물에 타서 畜舍에 골고루 뿌리면 가축이 모두 질병 없이 잘 자라고 전염병 등에 걸리지 아니한다。

육축온역 방지부

위 부적을 그려 돼지、소、양、닭 우리의 적당한 곳에 붙여 두면 모든 가축이 전염병 등에 걸리지 않고 잘 자란다。

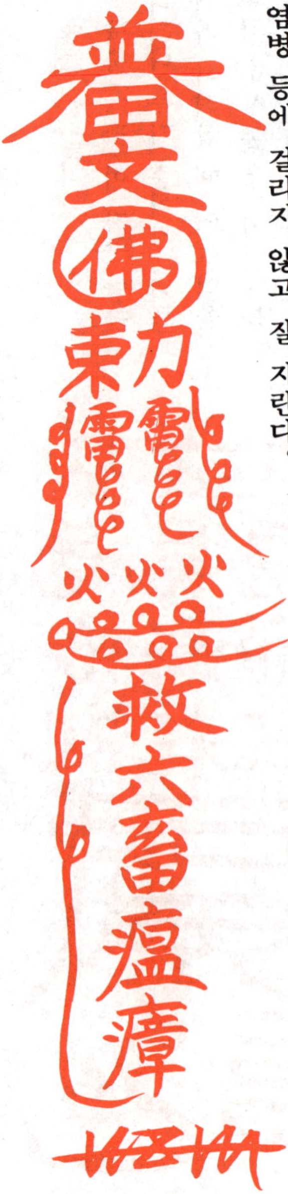

육축이 살찌게 하는 부적

이 부적을 붙여두면 가축마다 살이 찌고 무럭무럭 잘 자란다。

육축이 잘 죽거나 달아나면

이 부적을 그려 畜舍 적당한 곳에 붙이라 길하리라。

四、 꿈에 대하여

악몽(惡夢)을 꾸면

아래 부적을 그려 몸에 지니면 전화위복 된다。

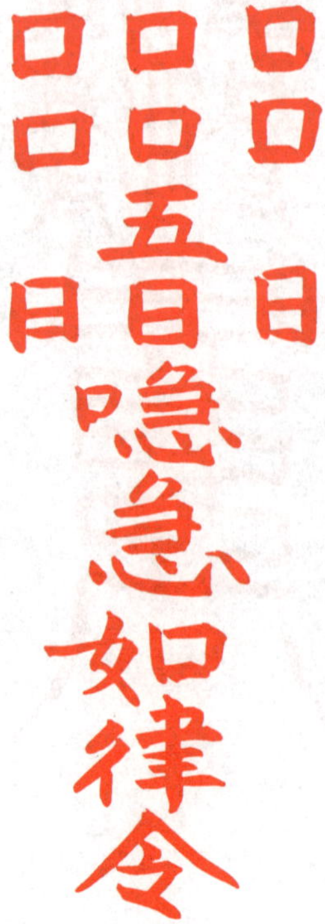

악몽(惡夢)퇴치부

이 부적을 그려 몸에 지니면 악몽으로 인한 우환질고 등 상서롭지 못한 일이 발생하지 않는다。

꿈자리가 사나울 때

아래 모양의 부적을 그려 몸에 지니고 다니면 아무 不祥事가 생기지 않고 平安하니라。

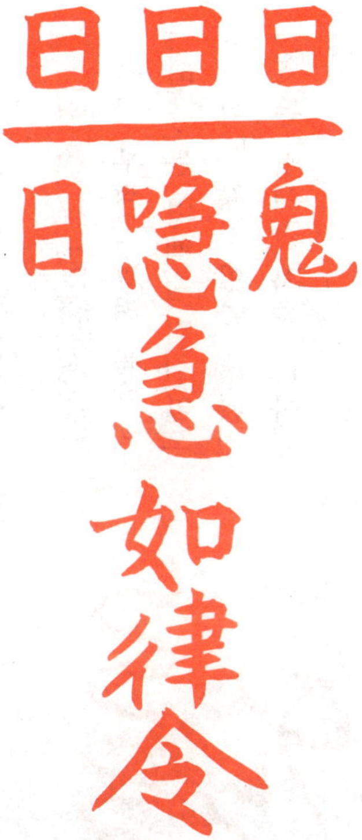

흉몽(凶夢)을 길몽(吉夢)으로

흉몽을 꾸었다고 생각되거든 아침에 일찍 일어나 아무 말도 하지 말고 냉수를 한모금 머금고 내 뿜으며 「악몽은 착초목하고 희몽은 성주옥」이라 주문을 외운 뒤 손바닥 위에(남자는 왼손、여자는 오른손) 위와 같은 부적 글씨를 쓴다。

一五、질병(疾病)에 대한 부적

백병불침부(百病不侵符)

아래 부적을 그려 몸에 지니면 모든 병에 걸리지 않으며、이미 앓고 있는 患者인 경우는 병세가 차츰 나아간다。

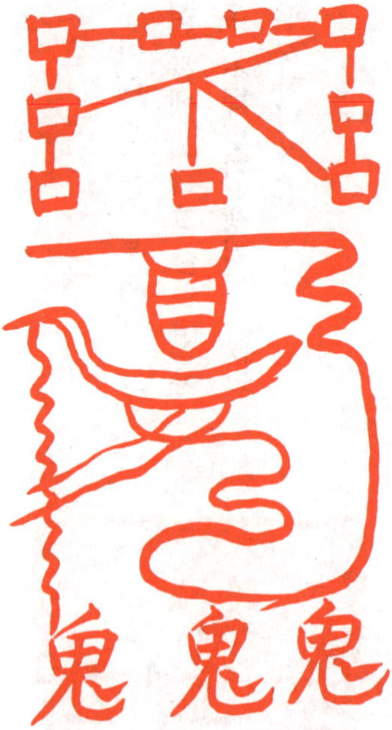

제병치료부(諸病治療符)

이 부적은 만병이 침입하지 않는 질병 예방부이다。뿐 아니라 몸에 지니면 이미 앓고 있는 병이라도 藥効가 있어서 쉽게 치료된다。

질병퇴치부(疾病退治符)

이 부적을 그려 病者가 지니면 병이 악화되지 않고 차츰 건강이 좋아진다。

식물중독부(食物中毒符)

음식을 잘못 먹고 중독이 걸렸을때 이 부적을 깨끗한 白紙에 먹글씨로 써서 불에 태워 마시면 점차 그 중독성이 가라앉는다。

질병대길부(疾病大吉符)

이 부적을 써서 환자가 있는 방 문 위에 붙여 두면 대길하다。

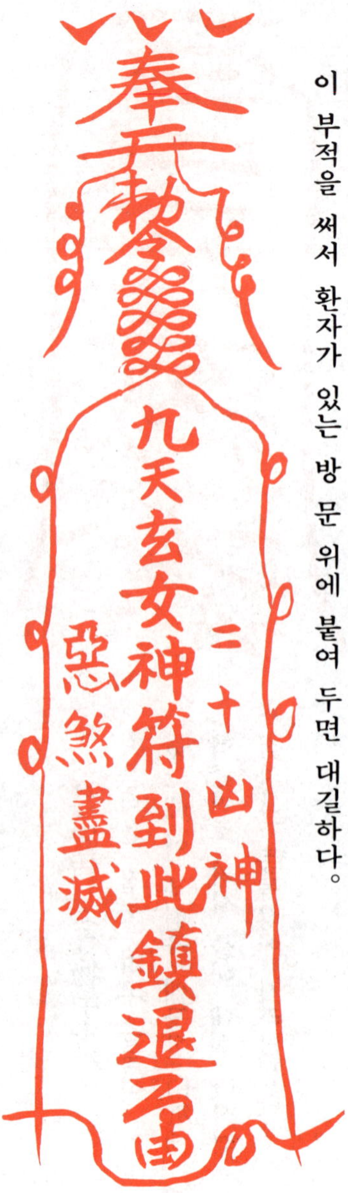

두통치료부

두통(頭痛)이 심할 때 이 부적을 태워 마시면 길하다。

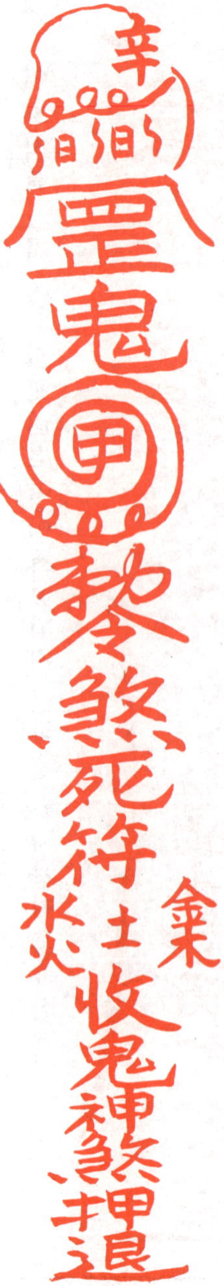

지통부(止痛符)

중병(重病)을 앓거나 갑자기 크게 다쳐 통증(痛症)이 심할 때는 즉시 아래 부적을 경면주사로 그려 불에 태워 마시면 통증이 신효하게 멈추느니라。

지혈부(止血符)

몸에 상처를 입고 出血이 심하거든 경면주사로 다음과 같은 부적 글씨를 써서 불에 태워 마시면 신효하니라。

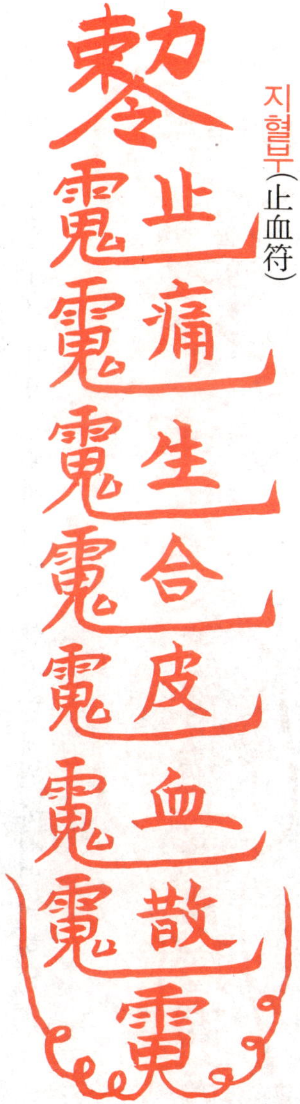

백병퇴치부(百病退治符)

이 부적 두 장을 그려 한 장은 몸에 지니고 한 장은 태워 마시면 길하다。

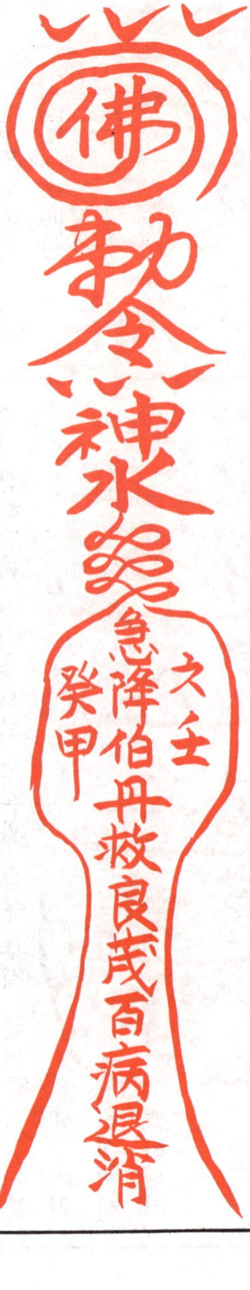

이통치료부(耳痛治療符)

귀가 몹시 아프거든 이 부적을 그려 태워 마시면 신효하다。

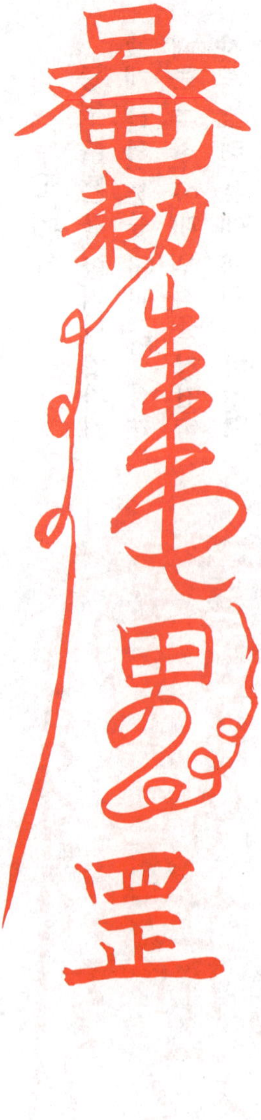

신경통 치료부

신경통(神經痛)으로 고생하는 환자는 이 부적을 그려 불에 태운 재를 다른 치료약과 같이 복용하면 약효가 더욱 좋다。

한열치료부(寒熱治療符)

환자가 갑자기 열이 심히 오르거나、오한이 심할 때 이 부적을 경면주사로 써서 태워마시면 신효하다。

一六、동토(動土) 및 수조(修造)

무릇 사람이 생활하려면 새로 집을 짓기도 하고、이미 지은 建物을 改修도 하고、혹은 별채로 달아내기도 하고、우물파고、장독대 세우고、창고 짓고、문 다는 등 여러가지 일을 하고 산다。그러다가 殺方을 범하거나 나쁜日辰을 범하면 이로 인하여 손재、질병、상액(喪厄)、실패 등의 재앙이 일어나는 수가 있다 한다。

다음 부적들은 이러한 탈(頉、흙 다루고 나무 다룬 탈)을 미리 방지하여 재앙이 이르지 않도록 하는 방법이니 적절한 것으로 골라 사용하면 大吉하다。(동토에 대하여 앞 本録에 收録하였으므로 이에 서는 그에 收録되지 않은 것만을 골라 보충한다。)

십이지년압살부(十二支年壓殺符) 子年에 修造할 때 쓰이는 부적이다。

복숭아나무판자 에 이 부적을 朱書로 그려 공사 현장 근처에 땅을 파고 묻는다。

丑年에 修造할 때 쓰인다。이부적을 위 요령에 의하여 땅에 묻고 집을 짓거나 수리하면 비록 凶神惡殺을 범할지라도 頉이 생기지 않는다。(以下同)

寅年에 修造할때 쓰인다。

卯年에 修造할 때 쓰인다。

辰年에 修造할 때 쓰인다。

巳年에 修造할 때 쓰인다。

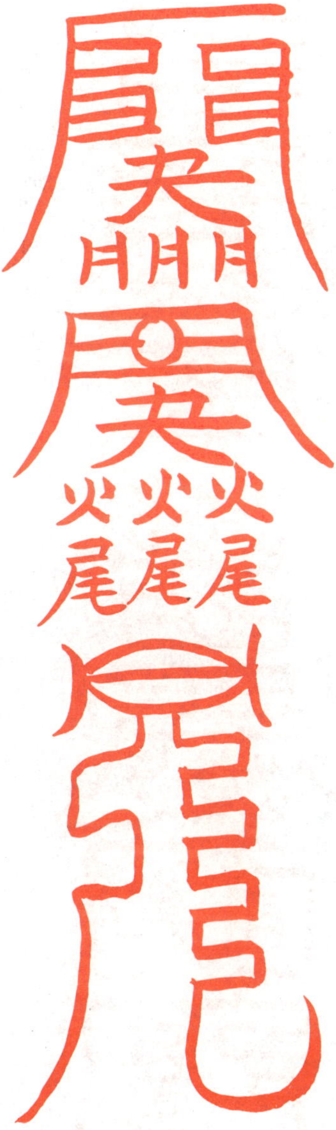

午年에 修造할 때 쓰인다。

未年에 修造할 때 쓰인다。

申年에 修造할 때 쓰인다。

酉年에 修造할 때 쓰인다。

戌年에 修造할 때 쓰인다。

亥年에 修造할 때 쓰인다。

삼살부(三殺符) — 申子辰年符

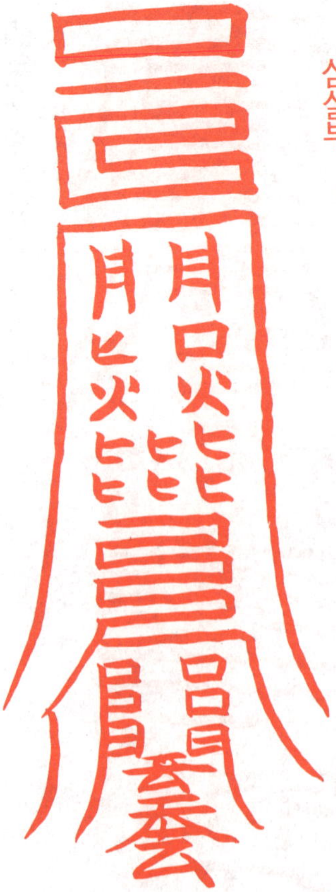

申子辰 三年은 巳午未南方이 三殺이다。고로 이해에 修造하려면 위 부적을 집 南方에 붙여 놓고 일을 시작하라。

巳酉丑年符

巳酉丑 三年은 寅卯辰 東方이 三殺이다。 고로 이 해에 修造하려면 위 부적을 東方에 붙여 놓고 着手하라。 頉이 생기지 않으리라。

亥卯未年符

亥卯未 三年은 申酉戌 西方이 三殺이니 집 서쪽에 위 부적을 그려 붙여놓고 事用하면 탈이 생기지 않는다。

寅午戌年符

寅午戌 三年은 亥子丑 北方이 三殺이다。故로 이 三年에 修造하려면 위 부적을 써서 北方에 붙여두고 일을 시작하라。능히 凶殺을 누르게 된다。

집짓는 운이 맞지 않을 때

성조운(成造運)이 不利한데도 부득이 집을 짓거나 고치려는 경우 이 부적을 그려 현장에 붙여놓고 일을 시작하면 무해하다。

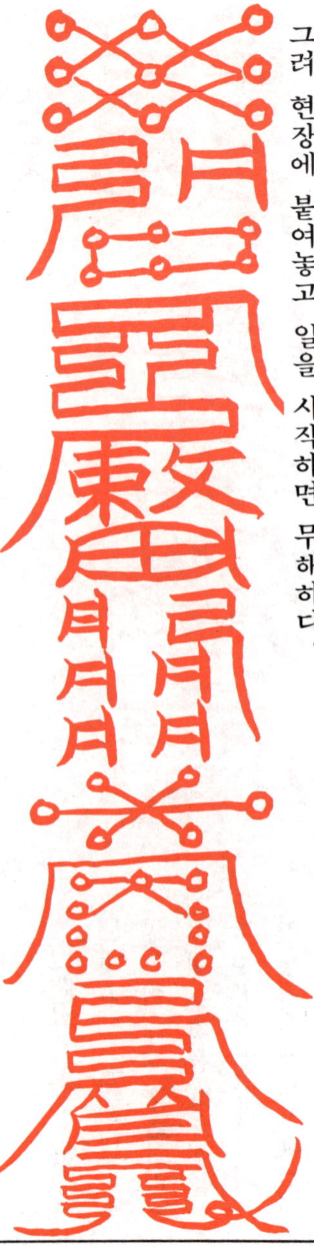

一七、 초상(初喪) 및 분묘(墳墓)에 대한 부적

시체가 웃으면

죽은 사람은 말이 없고 아무런 동작이 없어야 마땅하거늘 괴이하게 죽은 시체가 깔깔 대고 웃는 일이 혹 있다 한다。 이렇게 되면 그 집안에 예측키 어려운 凶非라 한다。 다음의 부적을 마음 내키는대로 골라 그려서 영구(靈柩)앞에 붙이고 백지 七장에 白米 七홉、 물 七잔을 차려놓고 제사를 지내면 탈이 없다 한다。

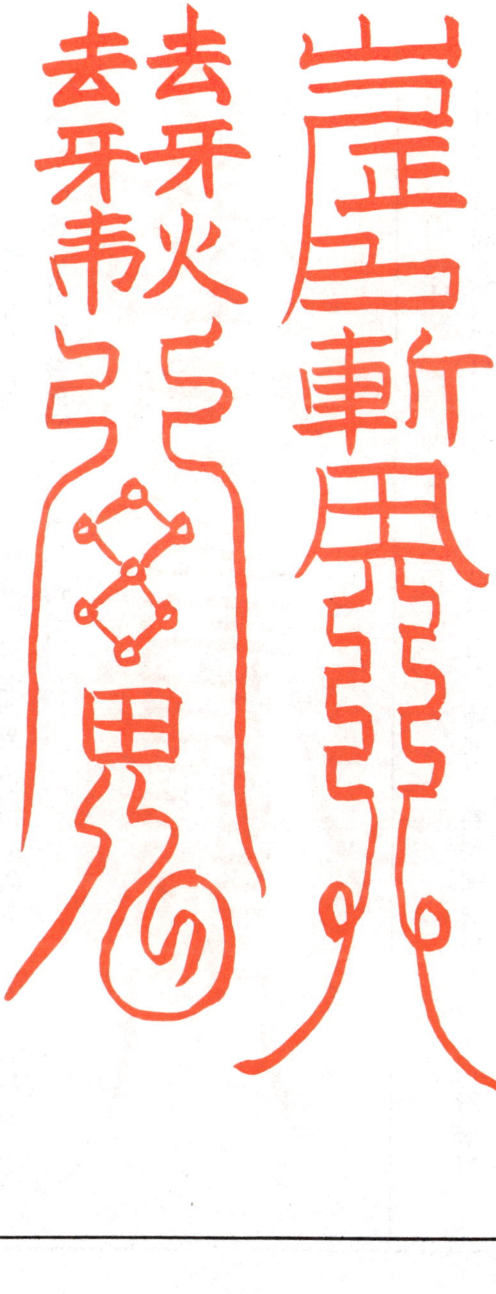

또는 亡人의 머리카락 七개를 뽑아 金銀銅錢 七개와 같이 太歲를 기준한 天月德 방향에 묻고 다음 부적을 靈前에 붙이기도 한다。

시체가 자리를 뜨지 않을 때(靈車不行)

시신을 상여에 옮기거나、상여를 發靷하여 장차 葬地로 옮길 때 까닭없이 시체가 꼼짝달싹 않는 경우가 있다 한다。이럴 때는 喪主가 哭하여 喪杖으로 靈柩를 七번 두드린 뒤 아래 부적을 그려 出入門에 붙이고 간단히 祭를 올린 뒤 시신을 옮기거나 발인하면 길하다。

장사를 지낸 뒤 상주가 질병에 걸리면(喪主受殃)

장사를 지내고 反哭하여 돌아온 즉시 喪主가 急病에 걸리는 경우 다음 부적을 그려 먼저 것은 괴연상에 붙이고 다음 것은 상주가 몸에 지닌다。그리고 가신(家神)에 제사를 드리면 급병이 낫는다。

괴연 靈位前에 붙인다。

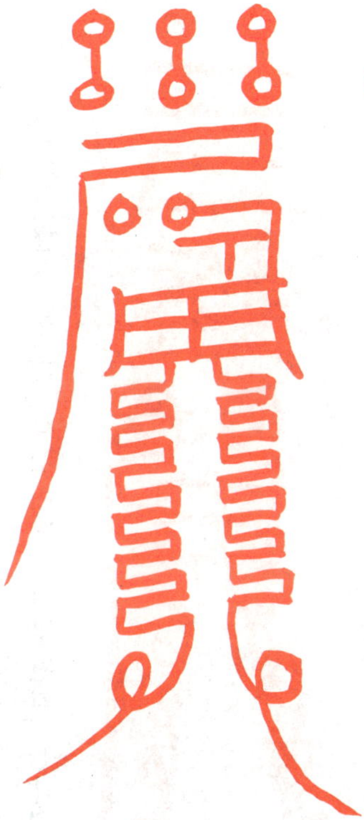

상주의 몸에 지닌다。

진묘부(鎭墓符)

묘살(墓殺)을 누르는 부적이다。 나무판자 七寸길이에 이 부적을 붉은 글씨로 그려 묘에서 三步 밖 辰戌丑未 방위에 묻으면 大吉하다。

압광부(押壙符)

광중의 殺을 누르는 부적、종이에 그려 광중 上下에 같이 묻는다。

一六、기상(氣象)에 관한 부적

기우부(祈雨符)

오랜 가뭄이 들어 비가 오지 않을 때 위 부적을 그려 기우제(祈雨祭)를 지내면서 불에 태워 날리면 곧 비가 내린다고 한다。

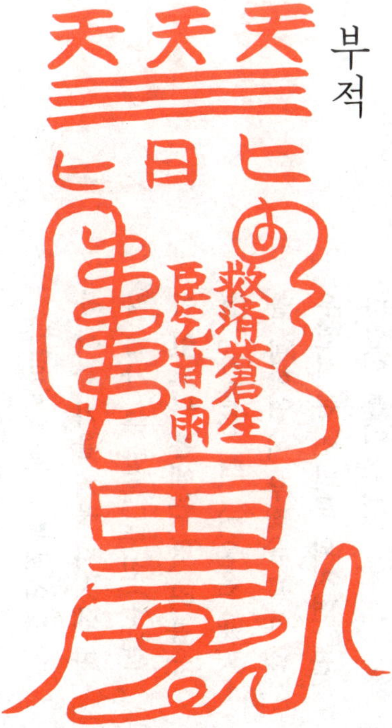

기청부(祈晴符)

장마가 오래 들어도 그 폐단이 크다。 고로 장마가 그치지 않을 때는 아래 부적을 그려 불에 태워 날리며 하늘에 제사를 지내라 곧 日氣가 快晴해 지리라。

청명부(晴明符)

日氣가 맑게 개이라는 부적이니 불에 태워 재를 날리며 하늘에 기도한다。

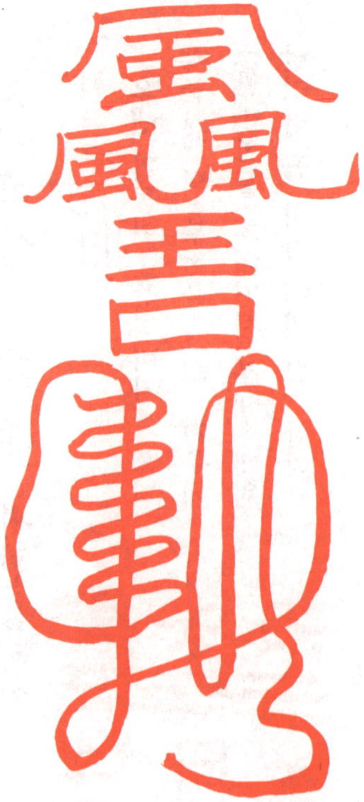

호풍부(呼風符)

바람을 부르는 부적이다。 봄 여름 가을 겨울 사시에 따라 각각 그 맡은 주신(主神)이 있으니 봄에는 東、여름은 南、가을은 西、겨울은 北天을 向하여 이 부적을 불에 태우면서 큰 소리로 외치면 곧 바람이 불어온다。

一九、기타 비법(秘法)에 대한 부적

당첨부

아래의 부적글씨를 두 장 써서 한 장은 정결한 곳에 붙여 두고、한 장은 몸에 지니고 추첨 장소에 가면 유리하니라。

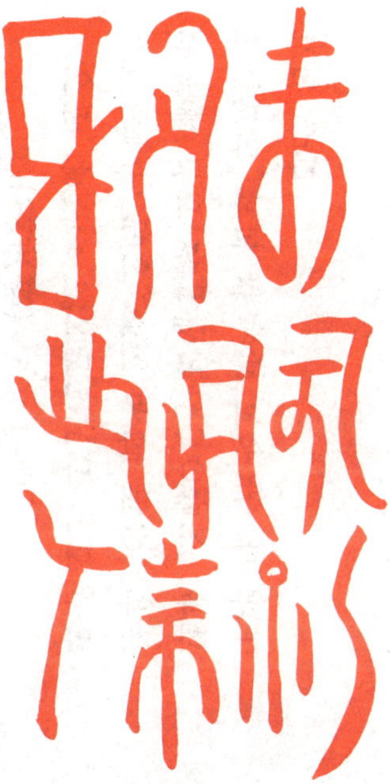

집 잘 팔리는 부적

가옥(家屋)을 팔려는데 잘 팔리지 않을 때는 위 부적을 써서 팔려는 건물 보이지 않는 곳에 붙여 두면 곧 원매자(願買者)가 나타나 순조롭게 매매가 이루어진다。

분실물(紛失物) 찾는 부적

어떤 물건을 잃어버렸거나 어디에 있는지 알수 없어 찾지 못할 때는 아래 부적을 그려 붙여놓고 「○○물건 속히 나오너라」하고 주문을 외우면 곧 찾는다고 한다。

도둑을 잡는 부적

위 부적을 붉은 글씨로 그린 뒤 문앞에서 불사르면 도둑 이 들어오지 않으며、또는 이미 도망친 도둑을 수월하게 잡을 수 있다고 한다。

잠이 잘 오지 않을 때

습관성 혹은 근심 걱정으로 인하여 잠을 이루지 못할 때 아래와 같은 부적을 써서 태워마시고 잠을 청하면 효력이 있다。

가위 눌릴 때

정신허약 또는 기타의 원인으로 잠만 들면 꿈자리가 사납고 가위눌려 헛소리를 하던지 식은땀이 나오는 경우 위 부적을 두장 그려 한장은 베개 속에 넣어두고、한장은 태워 복신(伏神)한 돈중 대린물에 섞어 복용하면 신효하니라。

모기 쫓는 부적

여름철이 되면 시골 등 농촌이나 산간벽지에는 모기가 성행하며 여간 괴롭지 않다。아래 부적을 여러장 그려 벽에 붙이기도 하고 불에 태우면 모기가 자연 쫓겨가느니라。

방탕(放蕩)을 막는 방법

자녀를 여럿 키우느라면 그 자녀중에 방탕에 빠져 父母의 근심을 끼치는 경우가 있다。위 부적을 그려 그 방탕한 당사자 모르게 의복 속에 살짝 지녀주면 효력이 있다。

개미(蟻)를 쫓는 부적

개미떼가 집안 이곳 저곳에 많이 꼬이면 성가시다 이럴 때는 아래와 같은 부적을 그려 태운 재를 개미가 모이는 곳에 뿌리면 신효하다。

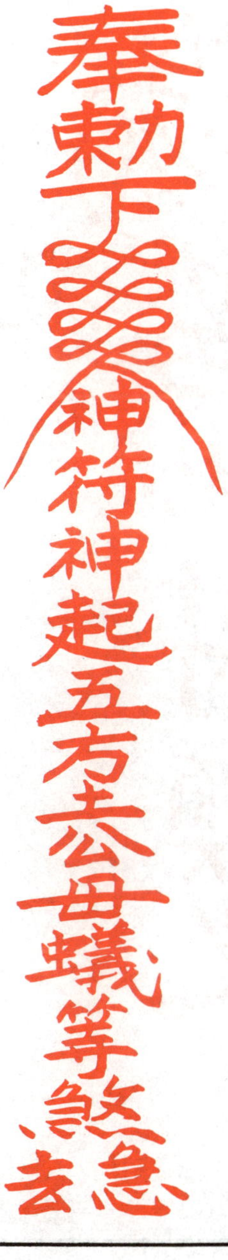

나무 벌레(木虱)를 없애는 방법

나무 벌레란 즉 좀을 말한다。 책상、농、의자 등 목조가구(木造家具)에 좀벌레를 예방하는 부적이니 해당 물건에 붙여두면 좋다。

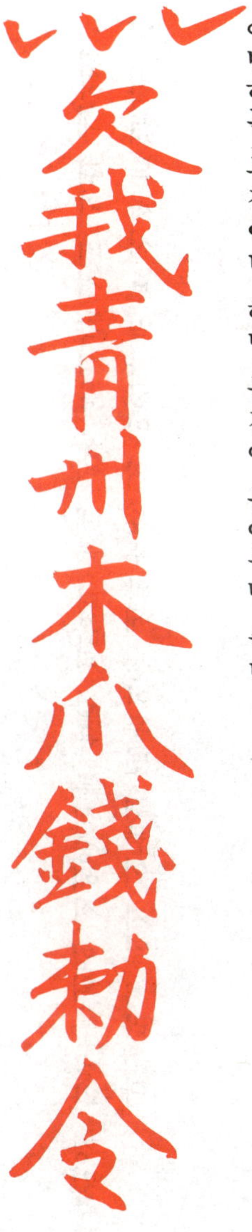

쥐를 쫓는 부적

집안에 쥐가 번져 극성을 부릴 때는 다음과 같은 부적중에서 임의로 골라 경면주사나 먹글씨로 써서 부엌 아궁이 위 부뚜막에 놓아두면 쥐들이 자연 사라진다。

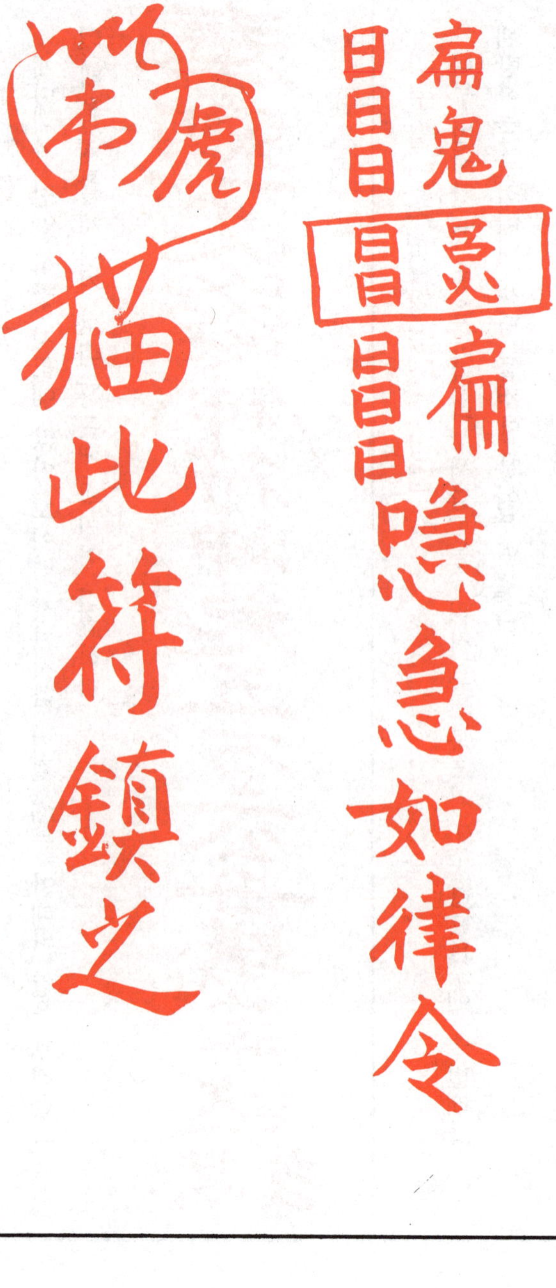

진서식물부(鎭鼠食物符)

쥐가 성행하는 곳에 이 부적을 붙여두면 물건을 썰지 않는다。

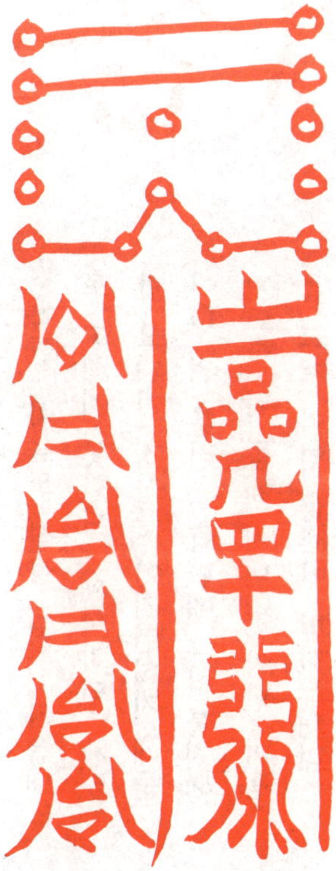

쥐가 옷을 씹을 때

위의 부적을 그려 쥐가 잘 다니는 곳 벽에 붙여두면 신효하니라。

죄형면제부(罪刑免除符)

사람이 죄를 지으면 형벌을 받기 마련이다。그러나 억울한 죄를 짓고 원통한 형을 받는 수가 있는데 이럴 때는 아래 부적을 흰 종이에 먹으로 그려 몸에 지니면 자연 죄형을 면한다。

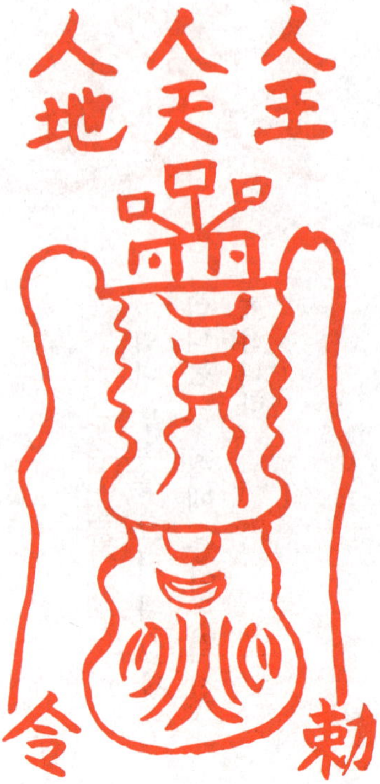

개악부(改惡符)

악한 마음도 실상 자기 마음대로 고치지 못한다。왜냐하면 邪惡한 요괴가 정신을 어지럽히기 때문이니 위 부적을 紅紙에 그려 불전에 기도한 뒤 몸에 지니면 악한 마음을 고쳐 자연 善心이 발하느니라。

소아야체부(小兒夜啼符)

밤이 되면 갓난 아기가 잠을 이루지 못하고 울기만 할 때 이 부적을 그려 그 어린아기의 머리 맡에 붙여두면 울음을 그치고 포근한 잠을 잔다。

안정부(安定符)

초조 불안 및 기타 속상한 일 등으로 심신이 산란하여 마음을 안정 못할 때 이 부적을 그려 태워 마시면 곧 마음이 안정된다。

통선부(通仙符)

신선과 인연을 맺게 해 달라는 부적인바 아래와 같이 그려 한 장은 불태워 사르고、한 장은 손에 쥐고는 눈을 감고 정성되이 기도하면 신선과 인연을 맺을 수 있다 한다。

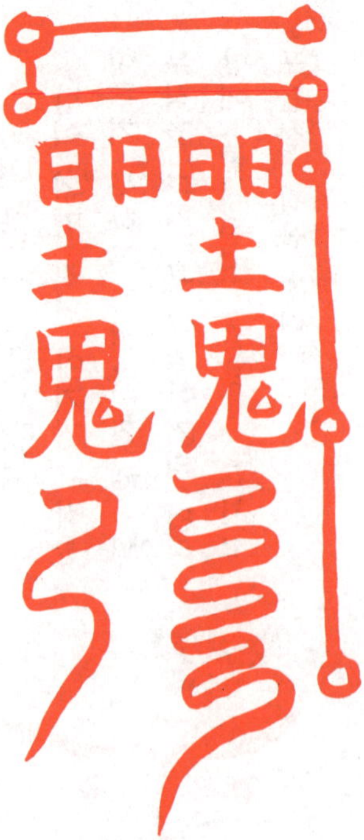

연수부(延壽符)

이 부적을 그려 항시 지니면 수명이 자연 연장되고 뿐 아니라 모든 사람들에게 사랑과 존경을 받게 된다。

여의부(如意符)

이 부적을 그려 奉安하고 정성으로 기도한 뒤 몸에 지니면 모든 일이 뜻대로 되고 특히 가장 절실하게 소원하는 일이 이루어진다고 한다。

청 길몽부(請吉夢符)

길몽을 청하는 방법이니 꿈이 길하면 만사도 길하다。 이 부적을 그려 베개 속에 넣고 자면 밤마다 상서러운 꿈을 꾸게 되고、 또는 싫어하는 사람은 떠나고 貴人이나 君子를 만나 소원이 이루어진다。

대인 귀래부(待人敀來符)

기다리는 사람이 돌아오는 부적、白紙에 朱書로 三장 그려서 一장은 불태우고、一장은 몸에 지니며、一장은 입에 물고 「기다리는 ○○○오십소서」하며 주문을 외면 신효하니라。

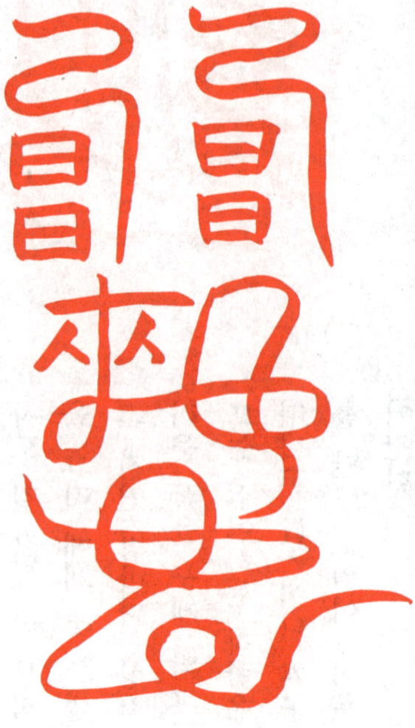

애경부(愛敬符)

어떤 사람에게 사랑과 존경을 받고 싶을 때 위 부적을 그린 옆에 그 사람의 성명과 무슨생이다는 것을 적어 놓고 몸에 지니면 자연 그 사람에게 사랑과 존경을 받아 친근하게 된다。

주식(酒食)을 부르는 부적

이 부적 三枚를 그려 신전(神前)에 불사르며 기도하면 곧 酒食이 이른다。

입수부(入水符)

이 부적 二장을 붉은 글씨로 써서 양쪽 다리에 각각 붙이고 물에 들에 헤엄치면 평지를 다니듯 몸이 가볍고 빠르다고 한다。

강신부(降神符)

이 부적을 그려 奉安하고 神明께 기도하면 곧 善神이 강림하여 돌봐준다고 한다。

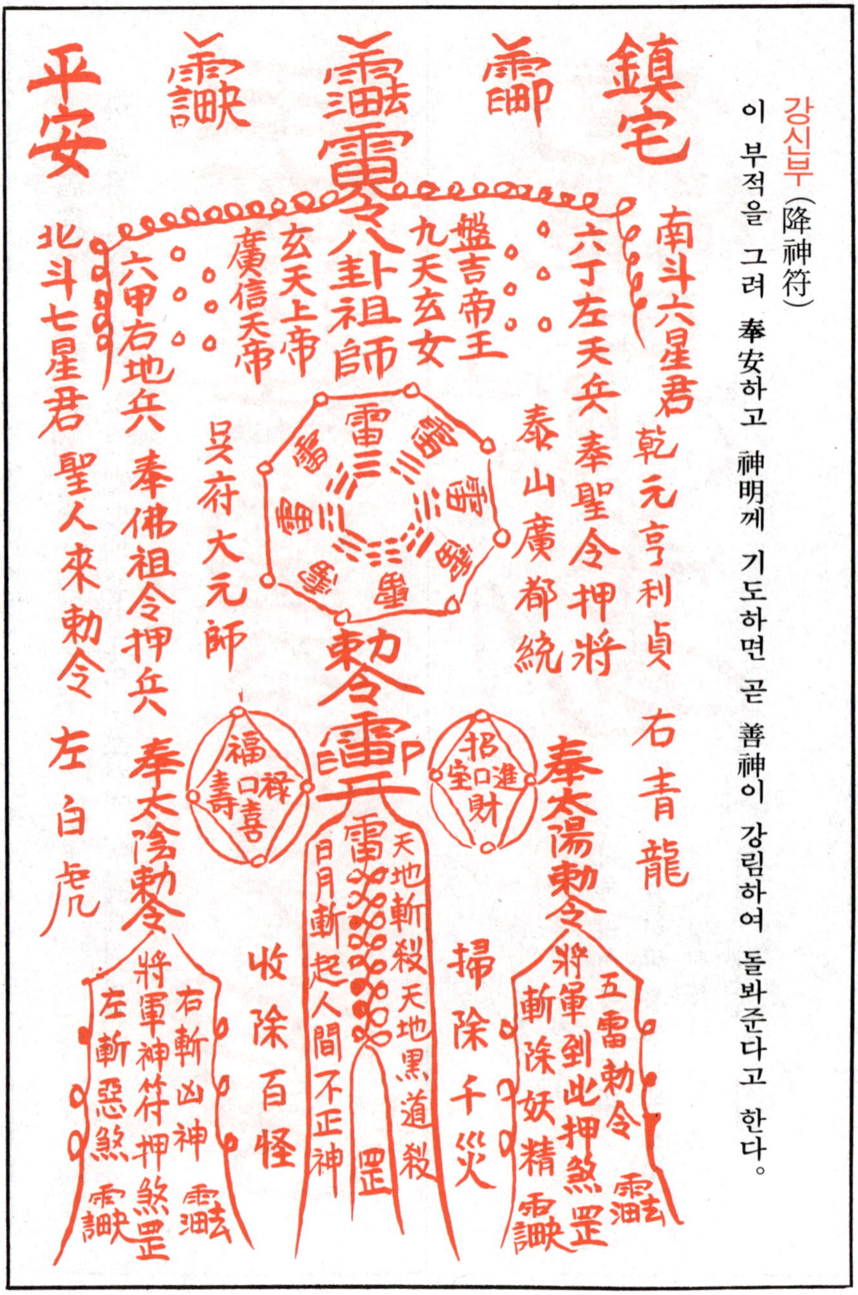

옥추령부(玉樞靈符)

구천응원뢰성보화천존지상(九天應元雷聲普化天尊之像)

광증(狂症)이 났을때 방 안의 동、서、남、북、천정(中央)에 붙인다。

초구령삼정부(招九靈三精符)

구령과 삼정을 부르는 부적이다。 이 부적을 봉안하고 마음에 드는 경을 외우면 영보장생(永保長生)하고 소원을 성취한다。

구도선인부(求道仙人符)

도(道)를 통하고 신선되기를 원하는 부적이다。 도를 닦는 사람이 이 부적을 지니고 있으면 번뇌를 벗어나 쉽게 목적한 도를 통하며 정령(精靈)이 맑아진다는 것이다。

제삼재팔난부(除三災八難符)

이 부적을 정성들여 써서 항상 몸에 지니고 있으면 삼재팔난(三災八難)이 침범치 못하고 귀사(鬼邪)가 멀리 도망가며 관재 구설이 자연 소멸된다.

해오행구요부(解五行九曜符)

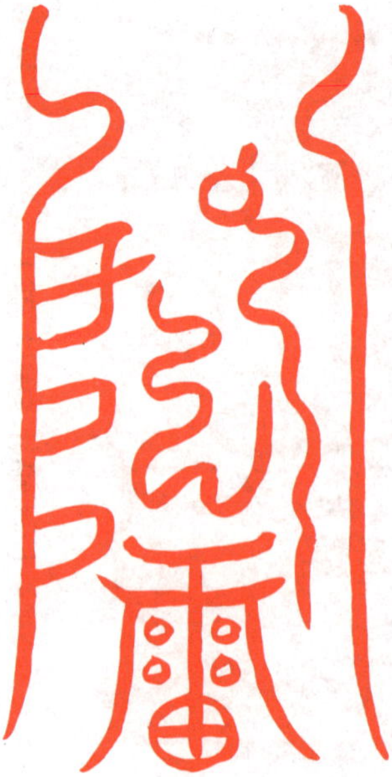

이 부적을 써놓고 성심으로 기도한 뒤 북향(北向)하고 서서 불에 태워 버리면 모든 삼재팔난(三災八難)에서 벗어나고 선신(善神)이 항상 몸을 보호해 준다.

침아고질부(沈痾痼疾符)

병들은 사람이 병원에서 의사의 치료를 받거나 약을 써도 낫지 않을 때는 이 부적을 써 붙이고 축원한 다음 불살라 버리면 곧 질병이 물러간다。

관재구설부(官災口舌符)

이 부적을 정성들여 써서 신령(神靈)에게 축원한 뒤 몸에 지니고 있으면 관재(官災)、시비(是非)、쟁송(争訟) 및 구설(口舌)이 침범치 않는다。

토황신살금기부(土皇神殺禁忌符)

이 부적을 써서 항상 몸에 지니고 있으면 토황신살(土皇神殺)이 침범치 못하므로 상서롭지 못한 일이 생기지 않고 악몽(惡夢)이나 질병 및 재앙을 물리치게 된다。

화목창성생자부(和睦昌盛生子符)

혼인 후에 이 부적을 써서 동쪽으로 뻗은 복숭아나무 가지에 매어달고 주사(朱砂)로 黃白大将軍이라 써서 옥상(屋上)에 꽂아두면 부부가 화목하고 가정이 창성하며 귀자(貴子)를 낳게 된다。

오서사충부(烏鼠蛇蟲符)

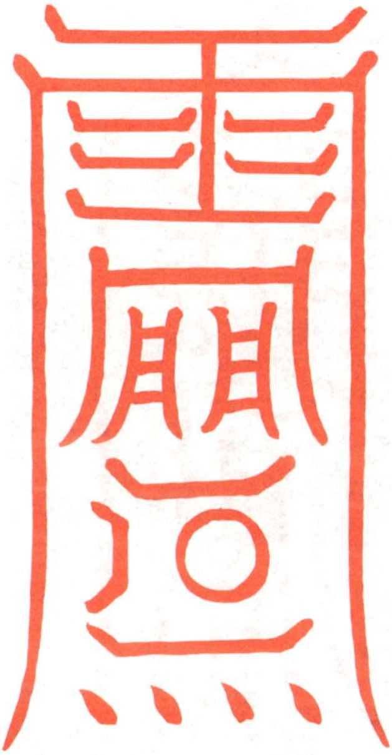

갖가지 상서롭지 못한 벌레 또는 짐승이 집안에 침범하거나, 개, 돼지, 우마(牛馬)의 해를 받거나, 또 집안에 음사(淫邪)가 생기고 살상(殺傷)이 일어날 경우 이 부적을 써서 기도하고 불사르면 이상과 같은 재앙이 사라진다。

제요멸사좌마부(除妖滅邪坐魔符)

요귀 및 사마(邪魔)를 제압하는 부적이다。 집안에서 밤중에 이상한 소리가 나거나 무단히 우환이 생기거나 괴이한 일이 일어나면 요귀의 장난이니 이 부적을 써놓고 기도하면 요마가 자연 사라지며 가택이 편안하다。

소제고완초도조현부(消除蠱盌超度祖玄符)

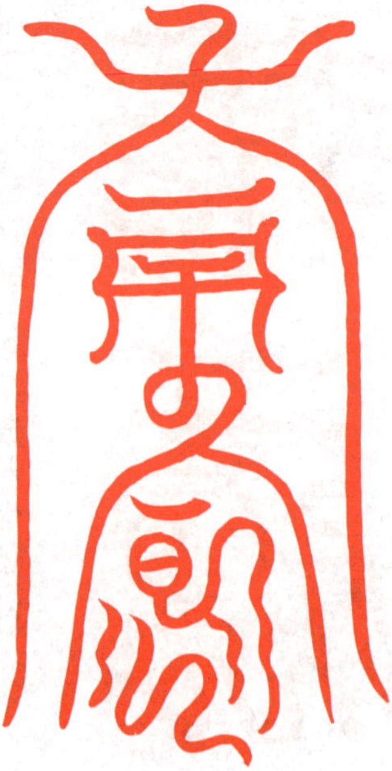

장사(葬事)를 지낸 뒤 관구 (棺柩)에 벌레나 나비 같은 것이 생기면 집안에 재앙이 이르는데 이러할 때에 이 부적을 써서 기도하고 불사르면 재앙이 자연 사라진다。

수륙원행부(水陸遠行符)

수륙(水陸)을 막론하고 먼곳으로 여행을 떠나는 사람이 일신을 보호해달라는 부적이다。 이 부적을 지니고 먼길을 떠나면 객중(客中)에서 질병이 침범치 않고 신상의 안전을 보호하며 목적을 쉽게 달성한다。

만사자이부(萬事自移符)

만사를 임의대로 할수 있도록 해달라는 부적이다。

특히 이 부적은 토지나 가옥(家屋)을 잘 팔리도록 해달라는 부적이니 주사로 그려 내실문에 붙여두고 한장은 몸에 지니면 매매가 순조롭다。

면재횡부(免災橫符)

재앙과 횡액을 면해달라는 부적이다。

재앙과 횡액이 빈번한 사람은 이 부적을 깨끗한 암실에 봉안하고 북향으로 머리를 조아려 百日을 기도하면 지혜가 맑아지고 千日을 기도하면 장수향복(長壽享福)한다。

보경공덕부(寶経功德符)

이 부적을 그려 지성으로 봉안하면 집안에 경사가 이르고 죽어서도 다시 탄생하며、살아서 착한 일을 좋아하면 천존의 위력으로 부귀 다남하게 소원을 성취시켜 준다。

문경멸죄부(聞経滅罪符)

경문을 듣고 죄를 소멸해 달라는 부적이다。마음이 바르지 못하거나 품행이 단정치 않고 언어가 거친 사람이 개과천선(改過遷善)코져 하면 이 부적을 몸에 지니고 기도하면 모든 죄가 소멸된다。

옴마니발묘부(唵摩尼発妙符)

이 부적을 몸에 지니고 다니면 모든 잡귀(雜魂)와 사마(邪魔)가 침범치 않으며 천존(天尊)이 항시 보호해준다。

도우기정지양 수재화액부(禱雨祈晴止禳水災火厄符)

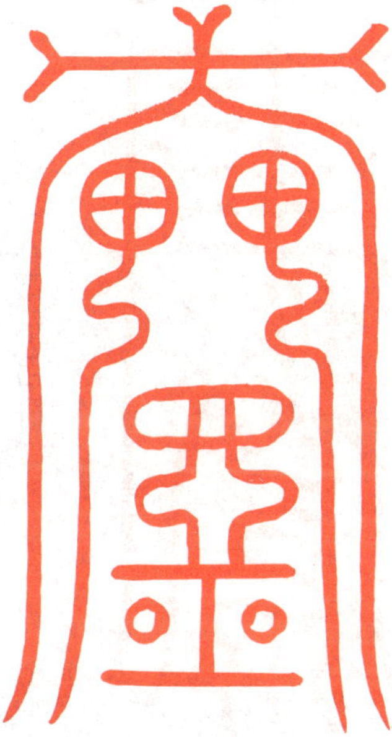

가뭄에 비를 빌고 장마에 수재를 막아주며 화재도 막아주는 부적이다。

이 부적을 몸에 지니면 홍수(洪水)、한재(旱災) 및 기타의 수화(水火)에 대한 액이 침범치 않는다。

오뢰치백부(五雷治百符)

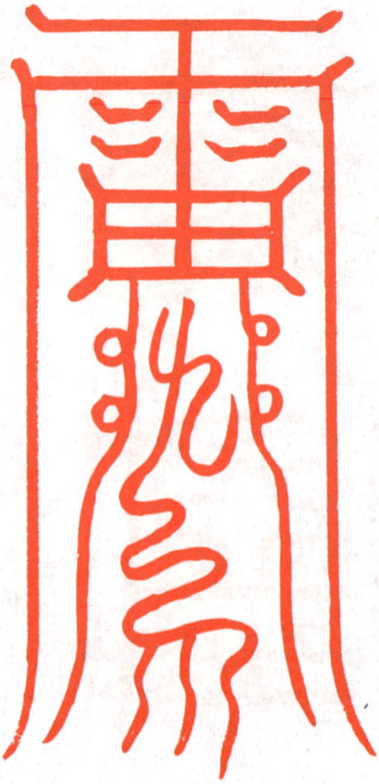

뇌성을 진압하고 백가지 병을 다스리는 부적이다.

이 부적을 써서 몸에 지니면 모든 재앙이 침범치 않으며 백가지 질병도 자연 치료된다.

치백사부(治百事符)

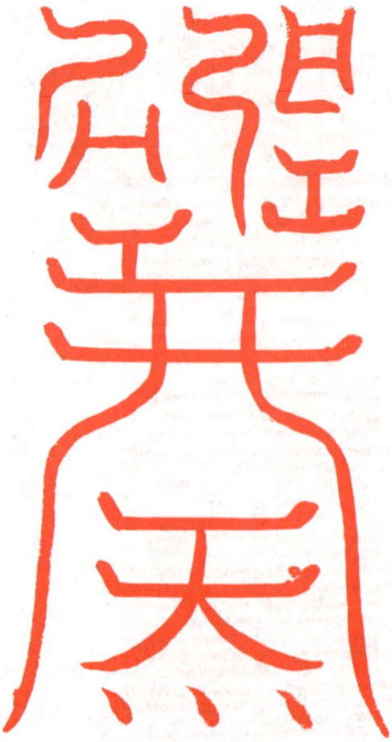

백가지 일을 경영함에 뜻대로 되어달라는 부적이다.

이 부적을 써서 항상 몸에 지니고 있으면 모든 일이 순조롭게 진행된다.

追録

出生月符

출생한 달의 다음에 해당하는 부작을 몸에 지니면 언제나 大吉하다。

일월생(一月生)

이월생(二月生)

삼월생(三月生)

사월생(四月生)

오월 생(五月生)

유월 생(六月生)

칠월 생(七月生)

팔월 생(八月生)

구 월 생(九月生)

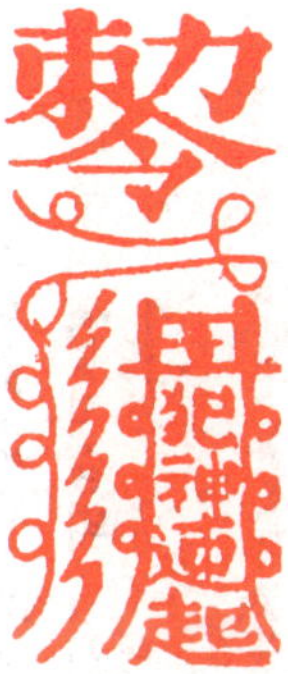

십일월생(十一月生)

시 월 생(十月生)

십이월생(十二月生)

吉凶別

화재를 막는 부적

주서로 써서 방문 위에 붙이면 화재가 발생하지 않는다。

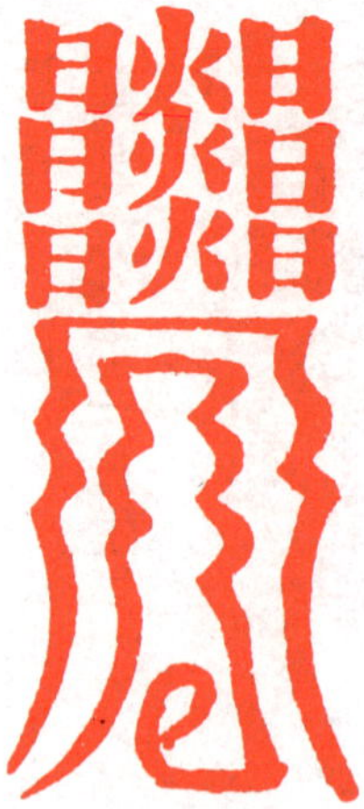

짐승의 침입을 막는 부적

주서로 써서 대문 위에 붙이면 짐승의 침입을 격퇴시킨다。

가축의 질병을 막는 부적

주서로 써서 축사 문 위에 붙이면 괴병이 사라진다。

새의 똥이 몸에 떨어질 때

주서로 써서 의관 속에 넣으면 매우 길하다。

사업 상 변이 생길 때

장부의 이상에 의해 사업이 부진할 때 이 부적을 몸에 지니면 길하다。

기물이 훼손될 때

주서로 써서 이 부적을 방문 위에 붙이면 기물의 훼손을 미연에 방지할 수 있다。

구두나 옷이 마구 헤어질 때

구두나 옷이 마구 헤어질 때 이 부적을 몸에 지니면 오래 사용할 수 있다。

차량 사고에 사용하는 부적

이 부적을 차량에 붙이면 사고가 발생하지 않고 매우 길하다。

산짐승이 침입할 경우

주서로 써서 대문 위에 붙이면 짐승의 침입을 막을 수 있다。

잡새가 침입할 경우

이 부적을 몸에 지니거나 대문에 붙이면 잡새가 침범치 않는다。

괴질을 막는 부적

전염병이 발생할 경우 이 부적을 몸에 지니면 병이 접근치 않는다。

增補 ● 追錄 2

特殊靈符와 呪文

目次

평안부(平安符)

이 부적은 귀곡자(鬼谷子)가 창안해낸 평안부로서 항시 몸에 지니고 다니면 재난을 만나지 않고 안전하다。특히 교통사고 등을 당하지 않는다。

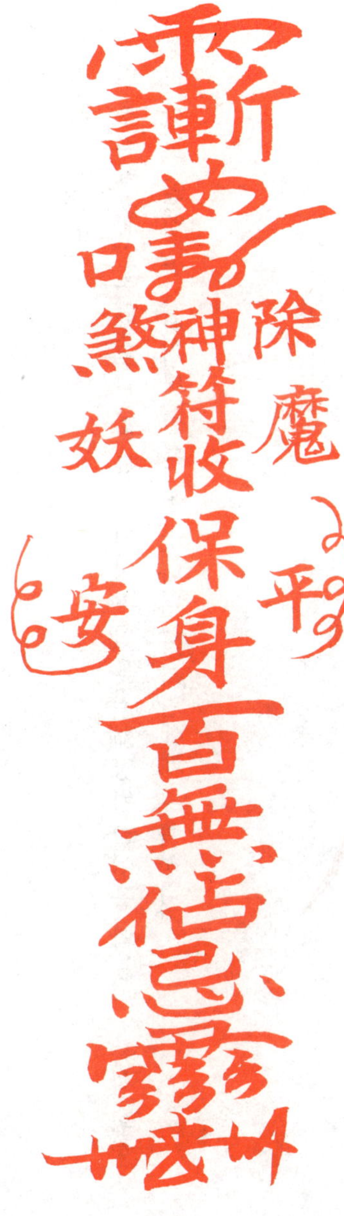

보신평안부(保身平安符)

밤길을 걷거나 깊은 산중 호젓한 길을 걷거나、활동상 위험한 곳의 왕래가 불가피한 사람의 경우 이 부적을 몸에 지니고 다니면 신변 보호를 받아 안전하다。

보신부(保身符)

이 부적을 주사(朱砂)로 그려 몸에 지니고 있으면 재앙의 침입을 막는다。 특히 위험성이 있는 일에 종사하거나 차를 몰고 다니는 사람에게 大吉하다。

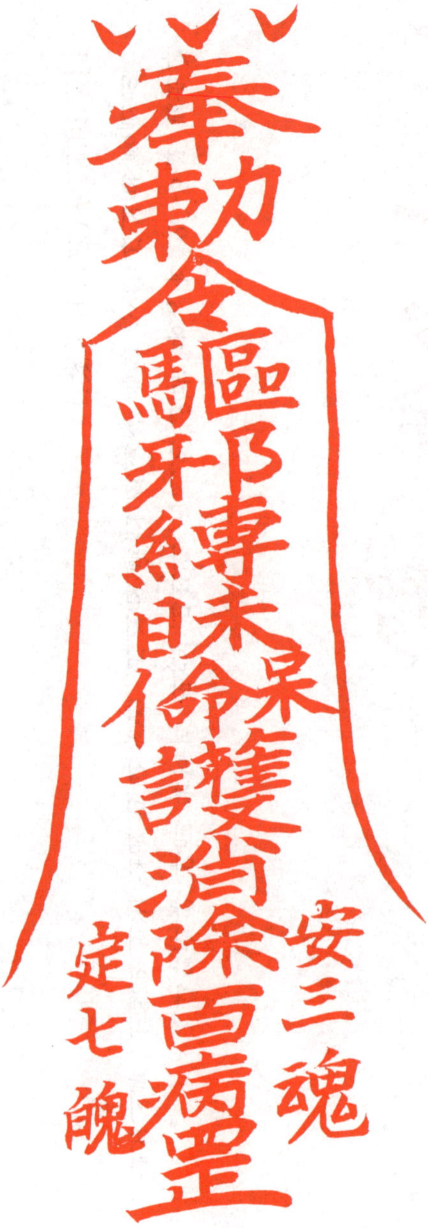

개운부(開運符)

무슨 일을 하든지 되는 일이 없이 실패로 돌아가거나 사주학적으로 운이 없다고 판단될 경우 길일을 가려 버드나무 판자에 아래 부적을 써서 출입하는 대문(大門) 앞에 묻으면 대길하다。 만약 남의 눈에 띄면 효력이 없으니 주의해야 한다。

흥왕부(興旺符)

다음 부적을 황지(黃紙)에다 주사(朱砂)를 이용, 두 장을 그린 뒤 한 장은 베 헝겊에 잘 싸서 주머니 속에 넣고 다니며, 한 장은 출입문 위에 붙여놓으면 실의에 빠졌던 경우라도 의욕이 생겨 경영이 활발해지고 운세가 흥왕하여 크게 성공한다.

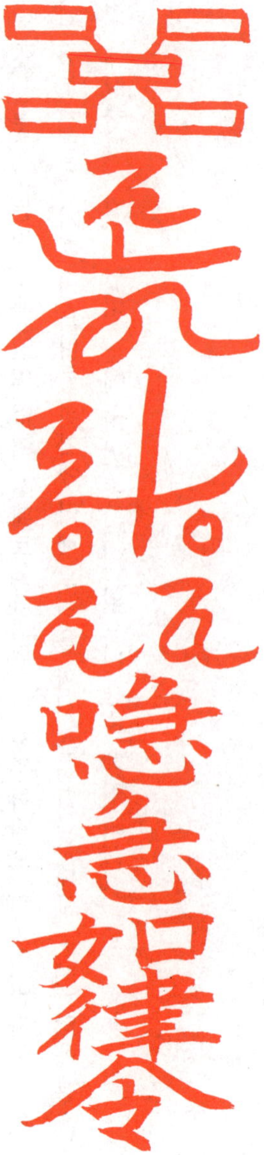

복덕령부(福德靈符)

매년 2월 2일과 8월 15일에 이 부적을 사용하여 복덕정신(福德正神)을 구하되 다음 부적을 써서 거실 방 안에 붙여 둔다。

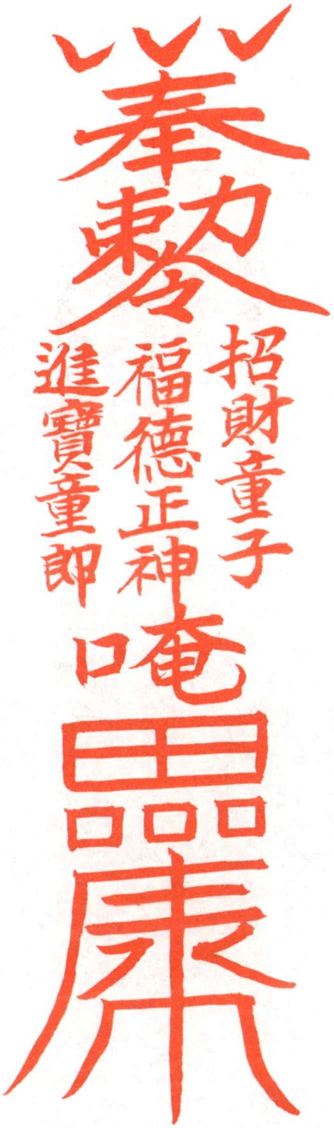

사악신상복부(四嶽神祥福符)

○ **동악태산부(東嶽泰山符)**

이는 동악태산령부(東嶽泰山靈符)로 재앙이 사라지고 복록이 이른다。집 동쪽 적당한 곳에 묻어놓으면 대길하다。

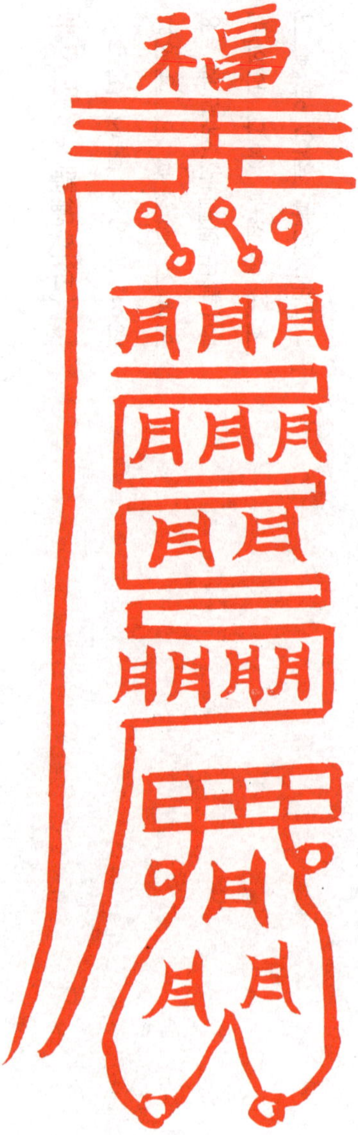

○ **남악형산부**(南嶽衡山符)

이는 남악형산령부(南嶽衡山靈符)로 남쪽에 묻으면 만 가지 재난이 다 물러가고 상서로운 일만 이르다。

○ 서악화산부(西嶽華山符)

다음 그림은 서악화산령부(西嶽華山靈符)다。 주사로 써서 집 서쪽에 묻으면 백 가지 재앙이 물러가고 길상(吉祥)만 이른다。

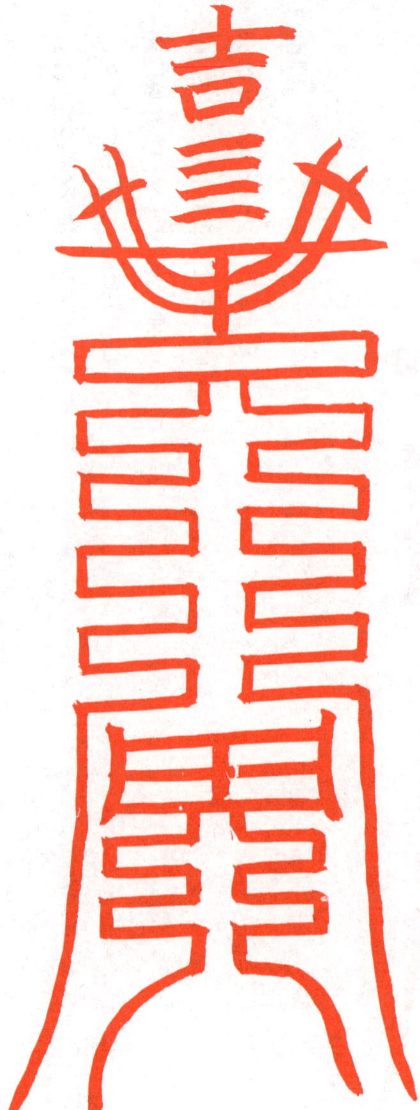

○ **북악항산부**(北嶽恒山符)

다음 그림은 북악항산령부(北嶽恒山靈符)다。주사로 써서 집 북쪽에 묻으면 천백 가지 환란이 사라지고 기쁜 일만 연달아 생긴다。

길상부(吉祥符)

이 그림은 군자(君子)다운 훌륭한 사람과는 가깝게 교제되고 소인(小人) 같은 나쁜 사람과는 인연이 닿지 않도록 해달라는 부적이며, 자면서 꿈자리가 좋고 사마(邪魔)가 물러가라는 신부(神符)다。 주사(朱砂)로 써서 베개나 이부자리 속에 넣어두면 효험이 있다。

여의부(如意符)

다음 부적은 원하는 바를 이루어 달라는 소원부(所願符)인데, 특히 가지고 싶은 물건이 있을 때 다음과 같은 부적을 주사(朱砂)로 써서 몸에 지니면 소원이 이루어진다.

태양부(太陽符)

이 태양부는 백 가지 요사(妖邪)가 자멸(自滅)하는 영력(靈力)이 있다。이른 아침에 다음 주문을 세 번씩 외우고 몸에 지니면 대길하다。

○ 태양주(太陽呪)

동방부상궁 섭수조결린 태양동명경 요요하소종 금아배금면 후천망영자 황화장옥

東方扶桑宮 攝首朝結粦。太陽動明景 寥寥何所終。金我拜金免 侯天望英姿。皇華將玉

녀임헌강 차부

女臨軒降。此符。

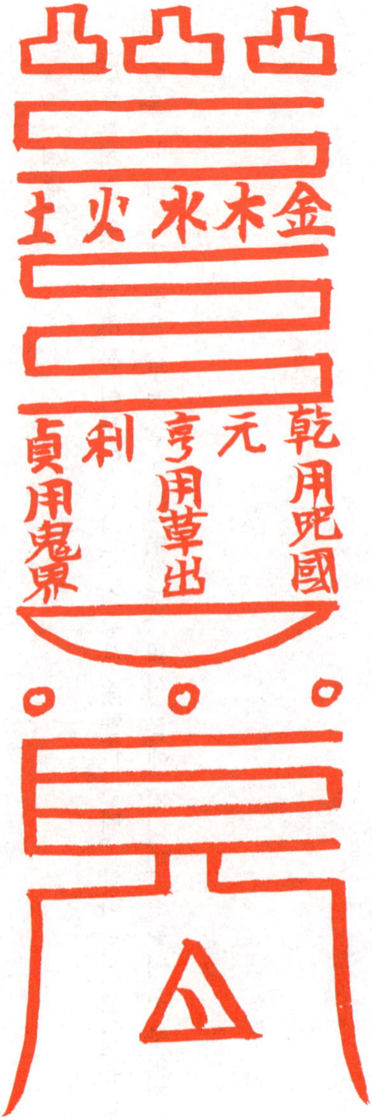

태음부(太陰符)

이 태음부도 태양부와 마찬가지로 요마(妖魔)가 자복(自伏)하는 영부(靈符)다。새벽에 일어나 몸을 깨끗이 씻은 다음 주문을 세 번 염(念)하고 몸에 지니면 대길하다。

○ 태음주(太陰呪)

앙망고팔표 유월잉음정 중유태소성 천인마육병 요화광이극 혼명조삼청 은근구지도 오색하래영

仰望顧八表 惟月孕陰精。中有太素星 天人馬六駢。曜火光二極 混明照三清。慇懃求至道 五色下來迎。

재수부(財數符)

원인모를 재난으로 인해 재물이 나가거나, 경영중인 사업이 부진하여 장차 도산(倒産)될 위기에 있을 때 사용한다。 또는 집안에서 이상한 소리가 들리거나 괴물(怪物)이 나타나거나 가족 중에 환자가 연달아 발생하는 등 불상사가 생길 경우 이 부적을 그려 안방에서 불사르고 술 석 잔 정도를 그릇에 담아 가운뎃손가락으로 술을 묻혀 방 안 구석구석에 뿌리면서 다음 주문을 몇번이고 외우면 액이 소멸된다。

○ 주문(呪文)

천령지령 무사적신명 축사거괴 숭화
天靈地靈、無私的神明、逐邪祛怪 祟化

무종 급급여률령칙
無踪 急急如律令勅。

재리부(財利符)

이 부적을 복숭아나무 널빤지에 주사(朱砂)로 그려 장사하는 점포(店鋪) 출입문이나 간판(看板)에 걸어놓으면 장사가 잘되어 날로 이익이 는다고 한다。

출행부(出行符)

갑자기 먼곳으로 여행을 떠날 때 이 방법을 사용하면 대길하다。

집을 나서 출발할 무렵에 문 안에서 차렷 자세(正身)로 서서 이(齒)를 딱딱 36번을 마주치고 나서 바닥에다 오른손 엄지손가락으로 세로줄 네 개를 긋고 다음에는 가로줄 다섯 개를 그은 뒤 다음과 같은 주문을 일곱 번 외우기를 끝마치고 나서 뒤를 돌아다보지 말고 바로 여행을 떠나면 토귀(土鬼)가 제압당하여 여행중에 재난을 만나지 않고 기쁜 일만 자주 만난다。

○ 주문(呪文)

四縱五橫吾今出行、(사종오횡오금출행) 禹王衛道蚩尤避兵盜賊(우왕위도치우피병도적) 不得起虎狼(부득기호랑) 不侵(불침) 行遠歸鄕(행원귀향) 故當吾者死(고당오자사) 背吾者亡(배오자망) 急急急如九天玄女律(급급급여구천현녀률) 令。(령)

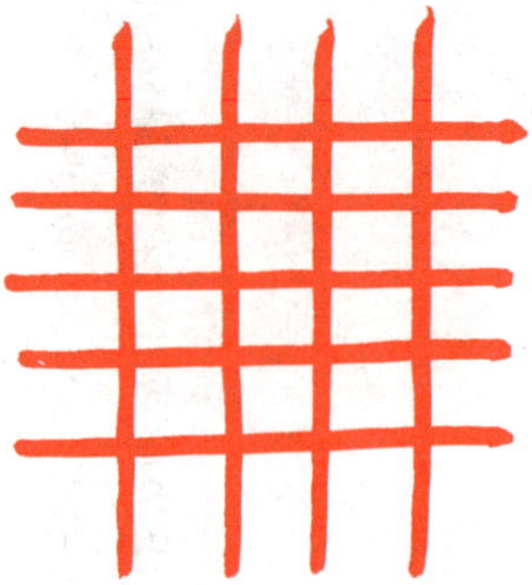

지사부(知事符)

어떤 일을 생각해내려는데 잊어버려 기억이 잘 떠오르지 않거나, 어떤 아이디어가 잘 떠오르지 않아 전전긍긍할 때 다음 주문을 외우고 부적을 써서 불에 태워 마시면 머리가 맑아져 기억과 기발한 아이디어가 창출된다.

○ 주문(呪文)

봉래선자 통성통령 일광지기 월광지정 여오신회 피차분명 오봉삼산구후선생률령 섭

蓬萊仙子 通聖通靈。日光之氣 月光之精。與吾神會 彼比分明 吾奉三山九侯先生律令 攝。

합격부(合格符)

다음 그림은 입학시험、입사시험、국가고시 등 모든 시험을 앞둔 사람에게 사용하면 대길하다。주인공에게 길한 방위에서 깨끗한 물을 길어다가 붓이며 벼루 등을 씻고、이 물로 먹을 갈아 황지(黃紙)에다 써가지고 베에 싸서 몸에 지니고 시험장에 나가면 좋은 성적을 얻는다。

승소부(勝訴符)

다음 그림은 소송에 이기도록 해달라는 영부(靈符)다. 단 정당성이 있는데도 패소(敗訴)할 우려가 있을 때 이 부적을 지니고 법정(法庭)에 나가면 자신의 정당성이 관철되어 승소(勝訴)하되 사악한 마음으로 비리의 소송을 내면 효험이 없다.

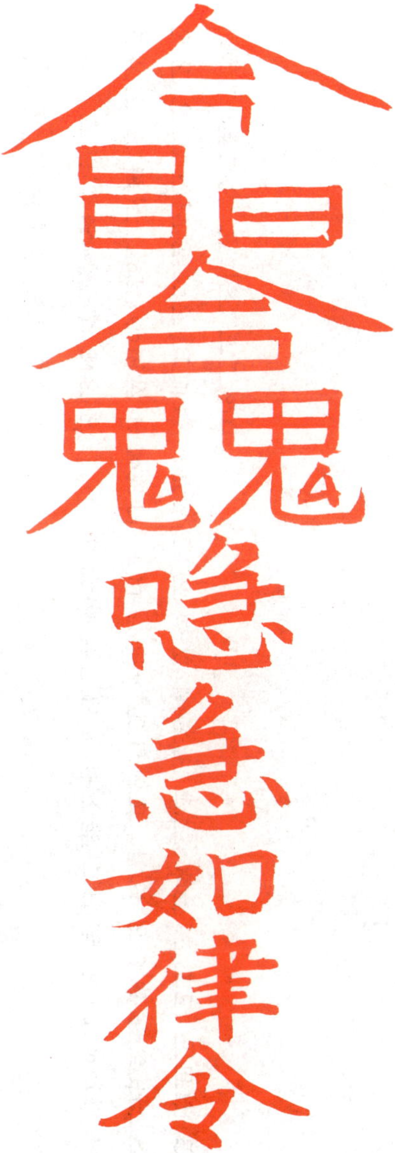

장애퇴치부(障碍退治符)

호사다마(好事多魔)란 말이 있다。무슨 일을 계획하여 추진해 나갈 때 가장 중요한 고비에서 마(魔)가 생겨 중도에 좌절하고 마는 경우가 허다하다。뿐만 아니라 인간만사에 있어 여러 가지 재난이 따르게 마련인데 이 부적을 써서 항시 몸에 지니면 이러한 마(魔)나 재난이 이르지 아니한다。

대인귀래부(待人歸來符)

가족이 가출하여 돌아오기를 원하거나 어떤 사람이 스스로 오기를 간절히 바랄 경우 이 부적 두 장을 그려 한 장은 불에 태우고 한 장은 몸에 지닌다.

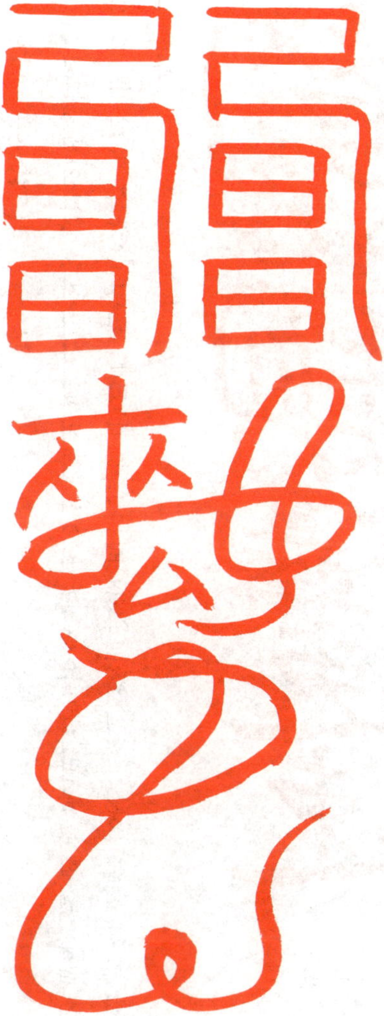

구인부(求人符)

가정부、정원사、운전기사 및 기타 회사원 및 필요한 사람을 구할 때 능력 있고 도움이 될 수 있는 사람을 구해 달라는 부적으로 주사로 써서 한 장은 붙여 두고 한 장은 불사른다。

남자를 구하는 부적

여자를 구하는 부적

연수부(延壽符)

이 부적을 써서 항시 몸에 지니면 수명(壽命)이 연장된다고 한다。

불로장생부(不老長生符)

다음 부적을 봉안(奉安)하고 주문(呪文)을 일곱 차례 읽은 뒤 몸에 지닌다。

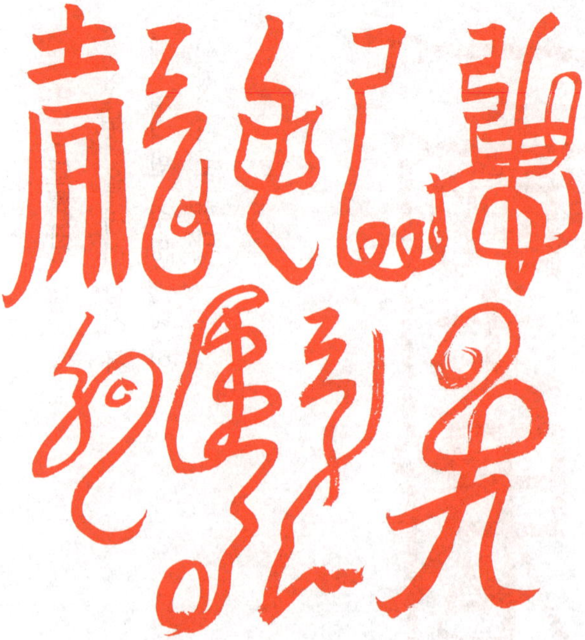

○ 주문(呪文)

천도청명 지도안녕 인도허녕 삼재
天道淸明 地道安寧 人道虛寧 三才
일체 혼합건곤 소청귀명 만장수행 음
一體 混合乾坤 召請歸命 萬將隨行 陰
양쇄육 수화류통 귀근복명 용호분행
陽洒育 水火流通 歸根復命 龍虎奔行
필신화제 연전무정 연진련액 일기성
必神火帝 連轉無定 煉津煉液 一氣成
진 만마공복 백맥조영 선전선조 선화
眞 萬魔拱服 百脈調榮 仙傳仙棗 仙化
선단 전성선정 온포선령 장생불로 과
仙丹 傳成仙鼎 溫飽仙靈 長生不老 果
만비승 급급태상로군률령
滿飛昇 急急太上老君律令。

구주식부(求酒食符)

좋은 술이 생기라는 부적이다。

좋은 음식이 생기라는 부적이다。

입수안전부(入水安全符)

물놀이를 하게 되거나 깊은 강을 건너거나 배를 타고 강·바다·호수를 건너려는데 다음 부적 두 장을 그려 양쪽 다리 적당한 곳에 지니면 안전하다。

혼인 흉년·폐개운을 범할 때

택일법에 의하여 남녀 혼인흉년(婚姻凶年)에 해당하거나 합혼개폐법(合婚開閉法)으로 폐개운(閉開運)에 해당하는 해에 결혼식을 올리면 부부 해로하기가 어렵다고 한다。그러나 부득이 이를 범할 경우 아래 부적을 써서 신혼방 벽이나 침상(寢床)에 붙여놓으면 대길하다。

○ 혼인 흉년

생년	子	丑	寅	卯	辰	巳	午	未	申	酉	戌	亥
남자	未	申	酉	戌	亥	子	丑	寅	卯	辰	巳	午年
여자	卯	寅丑	丑寅	子	亥	戌	酉	申	未	午	巳	辰年

○ 폐개운

子午卯酉生女	19	22	25	28	31	34	37	40세
辰戌丑未生女	17	20	23	26	29	32	35	38세
寅申巳亥生女	18	21	24	27	30	33	36	39세

수애경부(受愛敬符)

어떤 사람(특히 異性)의 사랑이나 존경받기를 원할 때 이 부적을 주사로 그리고 부적 밑에 그 사람의 生年과 성명을 기록한 뒤 몸에 지니면 그 사람에게 사랑과 존경을 받게 된다고 한다。

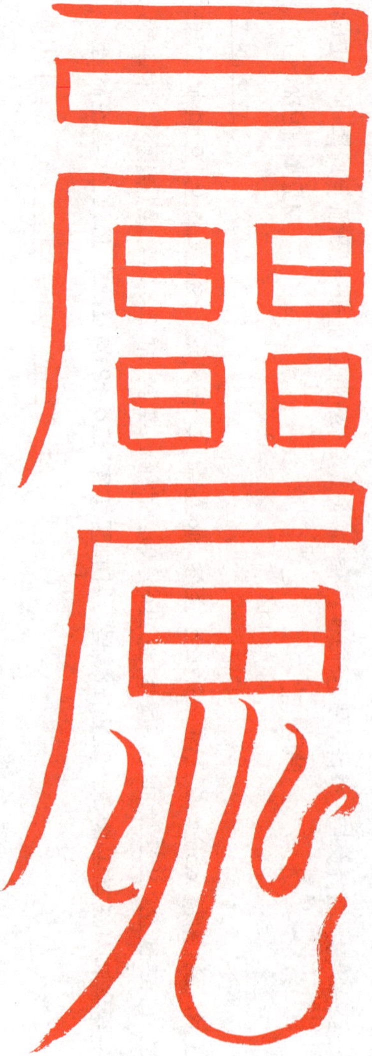

교제부(交際符)

사람과의 교제가 원만하게 이루어지라는 부적으로 특히 남녀간의 연애가 성립되기를 바라는 사람은 이 부적을 써서 몸에 지니면 좋을 것이다。

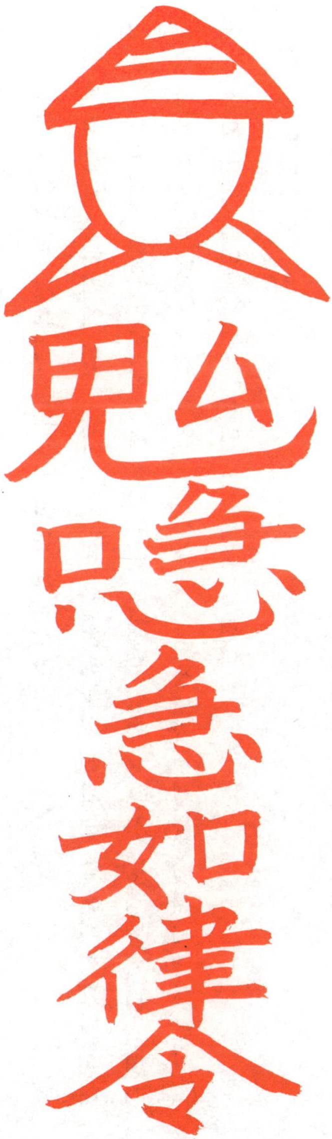

월모배우부(月姥配偶符)

좋아하는 이성과 결혼이 이루어지라는 부적이다。

이 부적을 사용하기에 앞서 제단(祭壇)을 설치해놓고 행하는 절차가 있으나 현대 시대에서는 불가능하므로 이를 생략한다。 단 자정 무렵에 조용한 방에 혼자 있으면서 그림과 같은 부적을 백지에 써놓고(오른쪽에 자기와 상대방의 생년월일과 성명을 쓴다) 다음 주문을 외우되 매일 49번씩 49일 간 되풀이 한다。

○ **주문**(呪文)

건남곤녀 전세인연 월모배우 백세미전 오봉삼산구후선생률령섭

乾男坤女 前世因緣。 月姥配偶 百歲美全 吾奉三山九侯先生律令攝。

애인자래부(愛人自來符)

그리운 사람、 기다리는 사람、 특히 이성교제에 있어 무척 좋아하는 사람이 곁을 떠나 돌아오지 않을 때 다음과 같은 주문(呪文)을 외운 다음 주사(朱砂)로 써서 몸에 지니면 애인이 스스로 돌아온다고 한다。

○ 주문(呪文)

음병양인기 양수음지정 이지교당상 여오결도인 즉희천묘지 묘여어사수 오봉삼산
陰秉陽人氣 陽受陰之精。爾之交檔上 與吾結塗姻。卽喜天淼池 淼如魚似水。吾奉三山

구후선생률령섭
九侯先生律令攝。

화합부(和合符)

부부간에 불화가 있어 화목을 원할 경우 부적 옆에 남녀의 생년월일과 성명을 써놓고 하루에 다음과 같은 주문을 일곱 번씩 외우면 효과적이다。

○ 주문(呪文)

천정지정일월지정 천지합기정 일월합기명 신귀합기형 이심합아심 아심합이심 천심
天精地精日月之精 天地合其精 日月合其明 神鬼合其形 伊心合我心 我心合伊心 千心

만심만만심 의합아심 태상로군급급여률령칙
萬心萬萬心 意合我心 太上老君急急如律令勅。

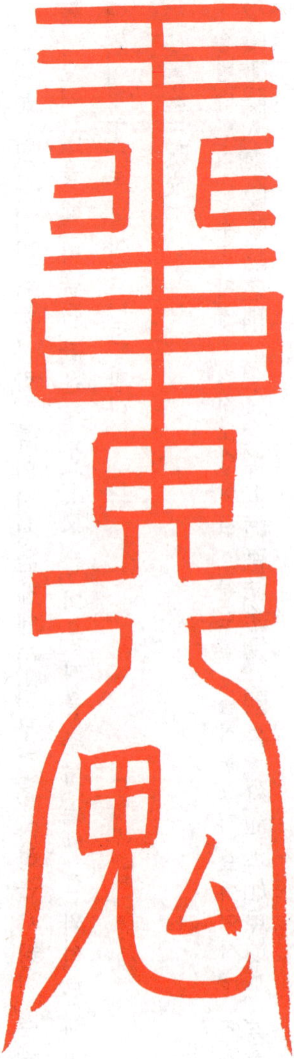

화합부(和合符)

이 부적은 남녀가 혼인하여 얼마 되지 않아서 서로 미워하지 않는데도 불구하고 공교롭게 오해할 일이 생기거나 본의 아니게 불화의 원인이 발생할 경우 두 장을 써서 남녀가 각각 몸에 지닌다。

부처화합부(夫妻和合符)

부부간에 불화가 있을 경우 다음과 같은 부적을 사용하면 길하다。(이부자리 속에 넣어둔다)

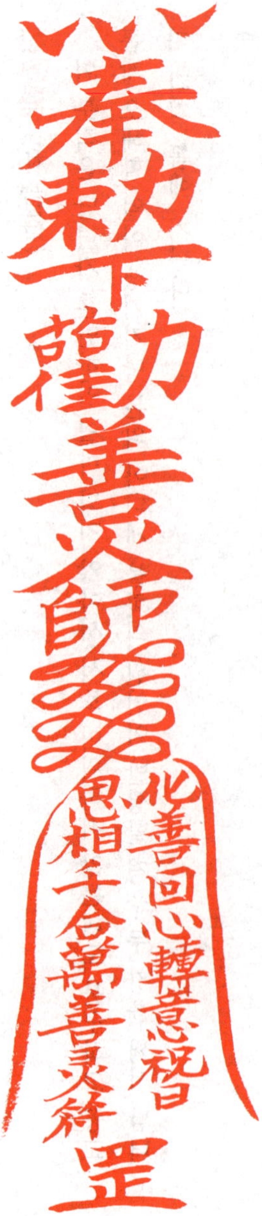

다음 그림도 부부가 화합하는 화합령부(和合靈符)다。부부간의 화합을 원하는 사람의 몸에 지니면 효험이 있다。

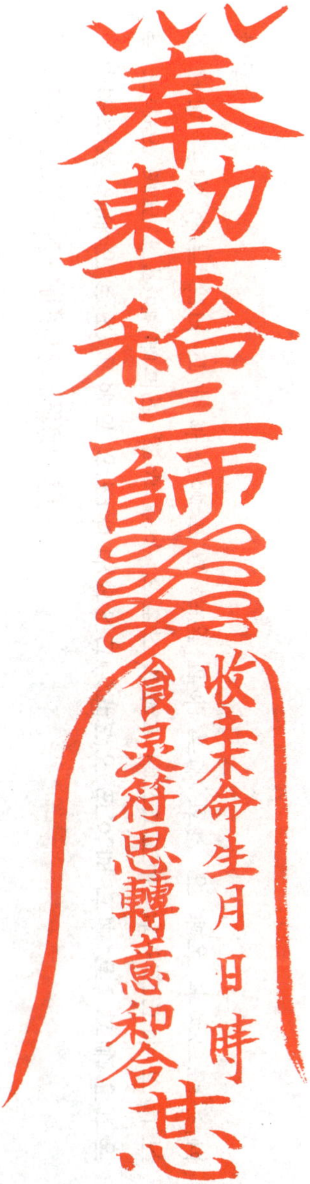

남편이 가정을 돌보지 않을 때

부부간에 갈등이 생겨 마음의 안정을 못하거나, 남편이 밖으로 나돌 때, 다른 여자에게 마음이 팔려 가정을 돌보지 않을 경우(아내가 바람나 돌아다녀도) 복숭아나무 작은 가지 일곱 개를 물에 삶고 다음 부적을 그려 불에 태운 재를 타서 이 물에 목욕하면 신효하다。

이별방지부(離別防止符)

부부간에 이혼의 우려가 있다고 생각되면 다음 부적을 각각 한 장씩 써서 오른쪽 부적은 태워 마시고、왼쪽 부적은 침실 적당한 곳에 붙여 놓는다。

잉태부(孕胎符)

여인이 결혼한 지 오래 되었는데도 특별한 이유(건강문제)없이 임신되지 않을 경우 다음 부적을 사용한다.

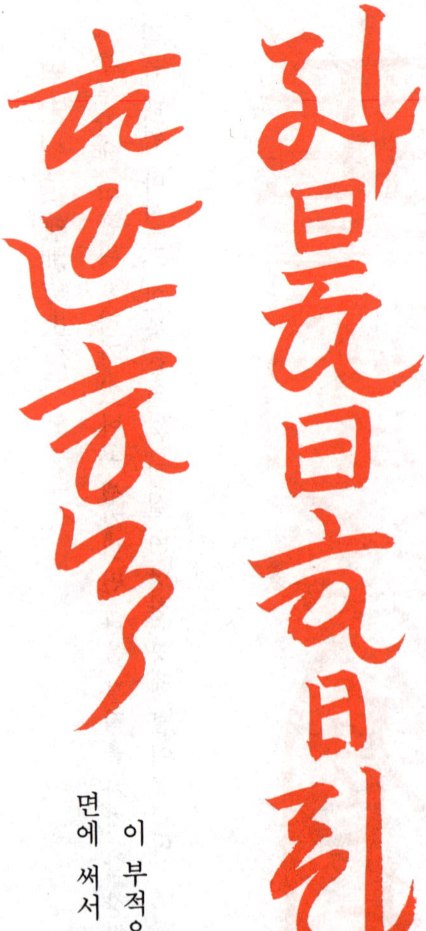

이 부적은 황지(黃紙)에 써서 종이나 비단으로 잘 봉한다.

이 부적은 옆 부적을 싼 표면에 써서 몸에 지닌다.

득자부(得子符)

혼인한 지 여러 해가 지나도 남녀 신체상의 이상이 없는데도 자녀를 두지 못하면 다음 부적을 침상에 붙이고 또는 계란 껍질에 대추 3개를 넣고 베로 싸서 침상 밑에 두었다가 21일째 되는 날에 불에 태워 술에 타 먹으면 잉태된다。

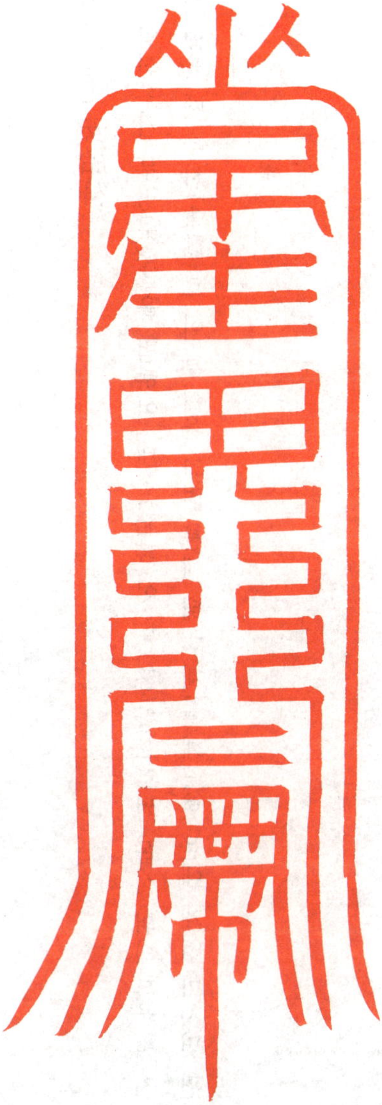

안태부(安胎符)

임신부가 부정(不淨)을 범하여 태신(胎神)이 노(怒)함으로써 몹시 위태로운 경지에 처했을 때 주사(朱砂)로 이 부적을 그려 불에 태운 재를 깨끗한 물에 개어 마시면 편안해진다。

최생부(催生符)

임신부가 달이 차서 출산에 임하였는데도 난산(難産)의 고통을 받거든 다음 부적을 주사로 써서 불에 태운 재를 물에 타 마시면 곧 출산하게 된다。

○ **주문**(呪文)

천양정 지음정 일이삼사오 금목수화토

天陽精 地陰精。一二三四五。金木水火土。

최생부

만삭이 된 임산부가 출산기가 이르렀는데도 며칠을 두고 해산을 못하여 난산의 고통을 받고 있으면 다음 부적을 사용하라。

○ 요령

황지(黃紙)에 옆 부적을 주사로 그려 임산부를 엎드리게 하고 등 위에(옷을 입은 위에) 붙이되 임산부는 이 사실을 모르게 한다。 잠시 후 부적을 떼어 아궁이에 촛불을 켜 부적을 태워 없앤다。 이 방법을 가볍게 여기지 말라。

北斗紫英夫人在此

난산부(難産符)

임산부가 난산으로 고통을 받고 있을 경우 다음 부적을 사용해도 좋다(불에 태워 마시도록 한다). 부적을 그릴 때 다음과 같은 주문을 외운다.

○ 주문(呪文)

쇄하개 쇄하개 시남시녀속하래 물상아명 물손모태
鎖下開。鎖下開。是男是女速下來 勿傷兒命。勿損母胎。

오봉태상로군급급여률령
吾奉太上老君急急如律令。

생산부(生産符)

이 부적도 임산부(妊産婦)의 난산(難産)에 사용된다。 네 장을 써서 세 장은 불사르고 한 장은 태워서 임산부가 물에 타 마신다。

진악몽령부(鎭惡夢靈符)

간밤에 자다가 꾼 꿈이 상서롭지 못한 악몽이라 판단되었을 경우 사용하는 부적인데 각각 꿈을 꾼 日辰에 따라 사용하라。요령은 일찍 일어나 해돋을 무렵에 깨끗한 냉수를 떠가지고 동쪽을 향해 다음과 같은 주문(呪文)을 외운 뒤 부적을 몸에 지니면 악몽으로 인한 흉액을 면한다。

○ 주문(呪文)

혁혁양양 일출동방 차부단각 흉악발제불상 급급여률령칙
嚇嚇陽陽 日出東方 此符斷却 凶惡拔除不祥 急急如律令勅。

甲子 丙子 戊子 庚子 壬子日 등 子日 꿈에 위 부적을 그려 몸에 지닌다。

위 부적은 丑日(乙丑 丁丑 己丑 辛丑 癸丑日)에 악몽을 꾸었을 때 사용한다。

아래 부적은 寅日(丙寅 戊寅 庚寅 壬寅 甲寅日)에 악몽을 꾸었을 때 그려 몸에 지닌다。

위 부적은 卯日(丁卯 己卯 辛卯 癸卯 乙卯日)의 악몽에 사용한다。

아래 부적은 辰日(戊辰 庚辰 壬辰 甲辰 丙辰日)에 꾼 악몽에 사용한다。

위 부적은 巳日(己巳 辛巳 癸巳 乙巳 丁巳日)에 악몽을 꾼 경우 그려서 몸에 지닌다。

午日(庚午 壬午 甲午 丙午 戊午日)에 악몽을 꾸었을 경우 아래 부적을 써서 몸에 지닌다。

未日(辛未 癸未 乙未 丁未 己未日)에 악몽을 꾸었다면 위 부적을 써서 몸에 지니면 흉조가 소멸된다。

申日(壬申 甲申 丙申 戊申 庚申日)에 악몽을 꾸었다고 생각되거든 아래 부적을 써서 몸에 지니면 대길하다。

酉日(癸酉 乙酉 己酉 丁酉 辛酉日)에 악몽을 꾸었다면 위 부적을 써서 몸에 지니면 재앙이 이르지 아니한다。

戌日(甲戌 丙戌 戊戌 庚戌 壬戌日)에 악몽을 꾸었을 경우 아래 부적을 써서 몸에 지닌다。

亥日(乙亥 丁亥 己亥 辛亥 癸亥日)에 악몽을 꾸었을 때 위 부적을 그려 몸에 지니면 흉액이 이르지 아니한다。

이상의 부적을 꿈을 꾼 日辰에 따라 사용하되 반드시 맨 처음 수록한 악몽 물리치는 방법(아침 일찍 일어나 냉수를 그릇에 담아 가지고 해돋을 무렵에 동쪽 하늘을 바라보고 물을 옥물어 내뿜으며 「혁혁양양 일출동방 차부단각 흉악발제불상 급급여률령칙」이란 주문을 세 번 외우고 돌아와서 부적을 써 지닌다)을 사용한다。

악몽해소부(惡夢解消符)

꿈을 꾼 날 이른 아침에 아래 부적을 주사로 써놓고 향(香)을 사른 뒤 다음과 같은 주문을 외우면 흉몽 악몽을 막론하고 흉조(凶兆)가 이르지 아니한다。

○ 주문(呪文)

일출동방 몽몽불상 천하력사 재오신방 도화선녀 주공문왕 삼태호아 백사길창 신
日出東方 夢夢不祥。天下力士 在吾身傍。桃花仙女 周公文王。三台護我 百事吉昌。神
검일하 만괴소망 오봉삼산구후선생률령섭
劍一下 萬怪消亡。吾奉三山九侯先生律令攝。

요괴퇴치부(妖怪退治符)

다음 부적 다섯 가지는 모두 요괴를 퇴치하는 비법이다。각각 해당되는 바를 따라 방법대로 부적을 사용하라。

입고 다니는 옷、쓰는 모자、신는 신 등이 부정(不淨)을 범하였으면 위 부적을 주사(朱砂)로 써서 몸에 지니면 좋다。

침대、이불、요、베개 등 침구류의 부정(不淨)을 씻고 요괴를 물리치는 부적으로 위 부적을 주사(朱砂)로 그려 침구류에 붙여놓으면 대길하다。

주방(厨房)에서 사용하는 물건、즉 솥、냄비、밥통、시루 등에 부정이 범하여 탈이 생겼을 때 아래 부적을 주사(朱砂)로 그려 해당되는 물건에 붙이면 부정탈이 소멸되어 길하다。

밥그릇、국그릇、술잔、솥、냄비、수저 등의 부정(不淨)을 씻고 요괴(妖怪)를 제거하는 부적으로 위 부적을 주사(朱砂)로 그려 부정하다고 생각되는 기명(器皿)에 놓아두면 길하다。

이 부적은 중고차를 구입했거나 묵은 배를 구입하여 꺼림칙하다고 생각될 경우와 새차、새 선박일지라도 살방(殺方)에서 들여왔거든 주사로 그려 구입한 차나 배에 붙여두면 사고가 발생하지 않고 안전운행을 한다。

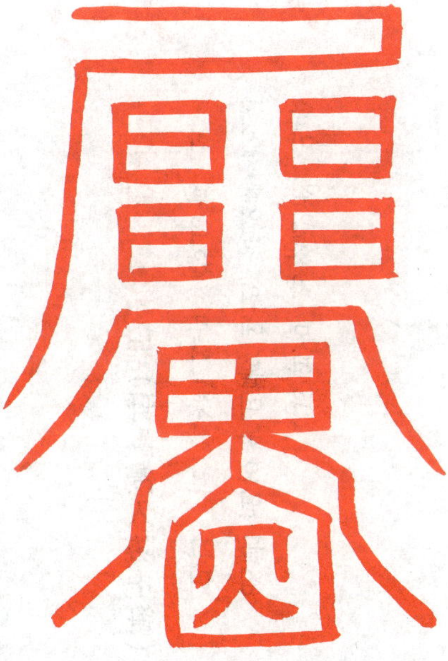

야수침입 방지부(野獸侵入防止符)

위 부적을 주사(朱砂)로 그려 거실 출입문 위에 붙여놓으면 들짐승이 침입하지 못한다。

가축축괴부(家畜逐怪符)

농가에서 소、말、돼지、개 등을 기르다 보면 혹 갑자기 미친 것처럼 날뛰는 경우가 있다。이럴 때 아래 부적을 주사(朱砂)로 그려 외양간이나 마구간 등 가축 우리에 붙여놓으면 괴이한 짓을 멈춘다。

금조불침부(禽鳥不侵符)

농촌이나 산골에서 집을 짓고 살 경우 상서롭지 못한 새떼가 집안으로 날아드는 수가 있다。 이럴 때 아래 부적을 주사로 그려 대문(大門)에 붙여놓으면 새떼의 침입이 멈춘다。

계아축괴부(鷄鵝逐怪符)

닭、오리 등의 가축이 괴질(怪疾)에 걸렸거나 갑자기 이상한 짓을 하면 위 부적을 주사로 그려 둥우리에 끼워놓으면 병이 낫거나 이상한 짓을 멈춘다。

총괴퇴치부(總怪退治符)

위 그림은 모든 요괴(妖怪)를 물리치거나、요괴가 침입하지 못하도록 예방하는 부적이다。주사로 그려 집안에 붙여놓아도 좋고、몸에 지녀도 좋다。

짐승의 똥이 옷에 묻었을 때

공중으로 날던 새의 똥이 공교롭게 떨어져 모자·옷에 묻거나 기타 짐승의 오물이 옷에 묻어 무언가 심상치 않은 일이 생길 것 같은 징조라 생각되거든 아래 부적을 주사로 써서 몸에 지니면 아무 탈이 생기지 않는다。

치저계온부(治猪鷄瘟符)

농가에서 기르는 닭이나 돼지가 돌림병에 걸렸을 경우 다음 부적을 써서 닭장이나 돼지우리에 붙여두면 돌림병이 치유된다。

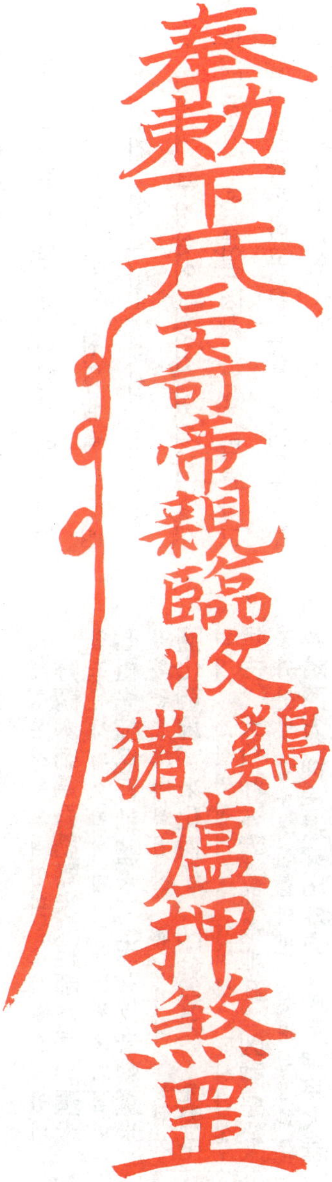

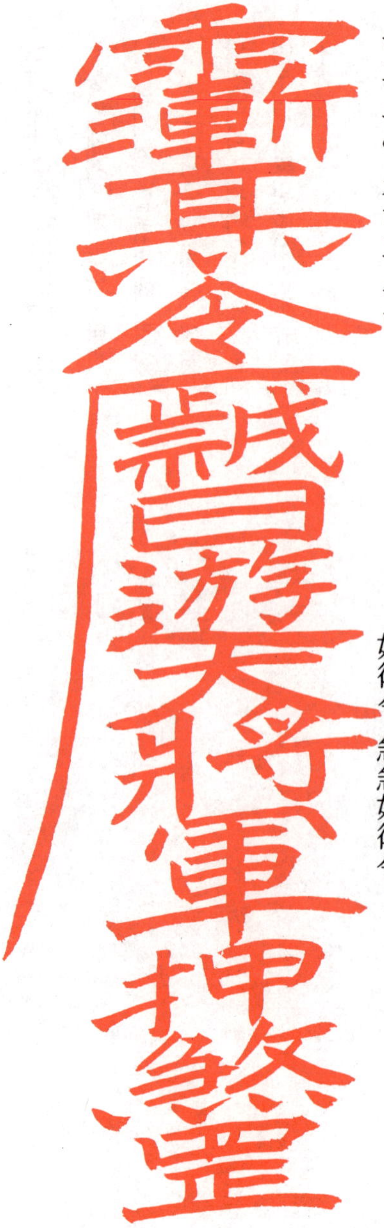

압살부(押殺符)

살(殺)이란 사람에게 재난을 일으키는 흉살(凶殺)이다。 살이 원명(原命 : 즉 四柱)에 있건、 어떤 일로 해서 부정(不淨)을 범하여 부정살이 침입하였거나 흉살방(凶殺方) 흉살일(凶殺日)을 막론하고 흉살이 꼼짝못하고 장난을 못치도록 누르는 부적이다。 종이에 써서 붙이기도 하고 몸에 지녀도 좋다。

○ 주문(呪文)

배청본사위오칙염미 조사위오칙염미
拜請本師爲吾勅鹽米。 祖師爲吾勅鹽米、
칠조선사위오칙염미 옥녀위오칙염미
七祖先師爲吾勅鹽米。 玉女爲吾勅鹽米。
염화동종 미화철자 흉신악살 광귀천
鹽化銅鍾、 米化鐵子。 凶神惡殺、 光歸千
리거 천살귀천거 지살지당 흉신악살
里去。 天殺歸天去。 地殺地當。 凶神惡殺。
공귀서방 압송퇴신출외방 신병신장화급
共歸西方 押送退身出外方。 神兵神將火急
여률령 급급여률령
如律令 急急如律令。

진택(鎭宅)과 압살(壓殺)

진택(鎭宅)이란 소위 집터가 세어 이상한 소리가 들리거나 괴이한 일이 발생하거나 발생할지도 모른다는 불안한 생각이 드는 집을 부적을 사용해서 요괴(妖怪)가 꼼짝못하도록 물리치는 일이며、압살(壓殺)이란 부정(不淨)으로 인해 침입하여 사람을 괴롭히는 흉살을 제압하는 일인 바 진택과 압살의 글자는 다르지만 뜻은 거의 같다。

다음 부적은 집안에 부정(不淨)을 범하여 살귀(殺鬼)가 침입、장난칠 경우에 황지(黃紙)에 주사(朱砂)로 그려 방안 적당한 곳에 붙이면 아무런 탈이 생기지 않고 평안하다。

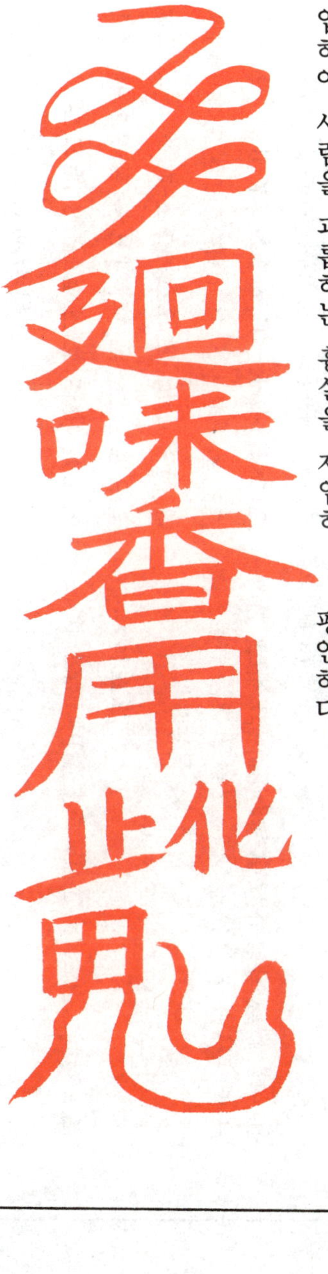

진택평안부(鎭宅平安符)

가정에 나쁜 일이 생기지 말고 평안하라는 부적인데 홍지(紅紙)에 써서 방안에 붙인다。이 부적도 집안의 불상사(不祥事)를 물리치고、앞으로 흉액과 재난이 이르지 않도록 예방하는 영부(靈符)이다。다음 그림도 집안의 흉살을 몰아내는 진택부(鎭宅符)이니 겸하여 사용하면 좋으리라。

○ 주문(呪文)

오봉구천현녀낭낭칙령중사이신 불거 즉참
吾奉九天玄女娘娘勅令衆邪離身 不去 即斬。

진안부(鎭安符)

이 부적도 진택평안부(鎭宅平安符)로서 황지(黃紙)에다 주사(朱砂)로 써서 방안 잘 보이는 곳에 붙여두면 가정에 나쁜 일이 발생하지 않는다。

천세진택부(千歲鎭宅符)

집안에 나쁜 일이 없더라도 이 부적을 붙여두면 장차라도 흉액이 없이 길경(吉慶)이 이른다고 한다。

진살령부(鎭殺靈符)

동토(動土 : 땅 파고 흙 붙이는 일)나 부정(不淨 : 깨끗하지 못한 물건을 들여오거나 불결한 것을 봄)을 범하여 탈(頉 : 질병 손재)이 생겼을 경우 왼쪽 부적을 써서 동토난 곳이나 부정한 곳에 붙여두면 탈이 소멸된다。

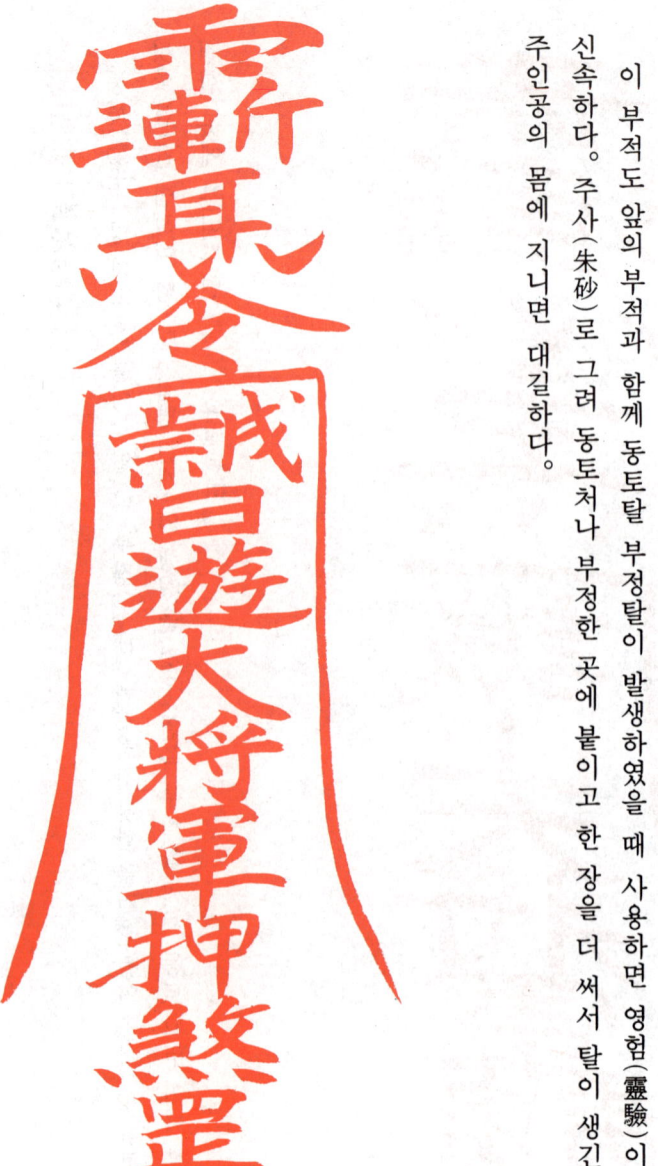

이 부적도 앞의 부적과 함께 동토탈 부정탈이 발생하였을 때 사용하면 영험(靈驗)이 신속하다。 주사(朱砂)로 그려 동토처나 부정한 곳에 붙이고 한 장을 더 써서 탈이 생긴 주인공의 몸에 지니면 대길하다。

진택정수신부(鎭宅淨水神符)

이 부적은 가정에 액이 이르지 않고 좋은 일만 생기라는 안택부(安宅符)인데 제액부(除厄符)의 주문을 외우고 내실 적당한 곳에 붙여두면 대길하다。

백해소재부(百解消災符)

이 부적도 제액부(除厄符)의 주문과 요령대로 행한 뒤 몸에 지니면 질병은 물론 백 가지 재앙이 사라진다。

축괴파사부(逐怪破邪符)

이 부적도 귀곡자(鬼哭子)의 해액부(解厄符)다。사업이 거덜날 지경에 이르거나 재수가 없어 가산이 탕진될 우려가 있을 경우 이 부적을 사용하면 구제된다고 한다。이 부적을 그려 몸에 지니고 다음과 같은 주문을 먼저 외운다。

○ 주문(呪文)

혁혁양양 일출동방 차부단각흉악발제불상 급급여률령칙
嚇嚇陽陽、日出東方、此符斷却凶惡拔除不祥、急急如律令勅。

제액부(除厄符) — 張天師符(장천사부)

액(厄)을 소멸하는 부적으로 이 符를 사용하는 요령은 다음과 같다。

깨끗한 냉수를 한 그릇 담아가지고 옥상이나 산에 올라가 동쪽을 향해 서서 이(齒)를 세 번 마주친 뒤 떠가지고 간 냉수를 한 모금 마시고는 다음과 같은 주문을 외운다。

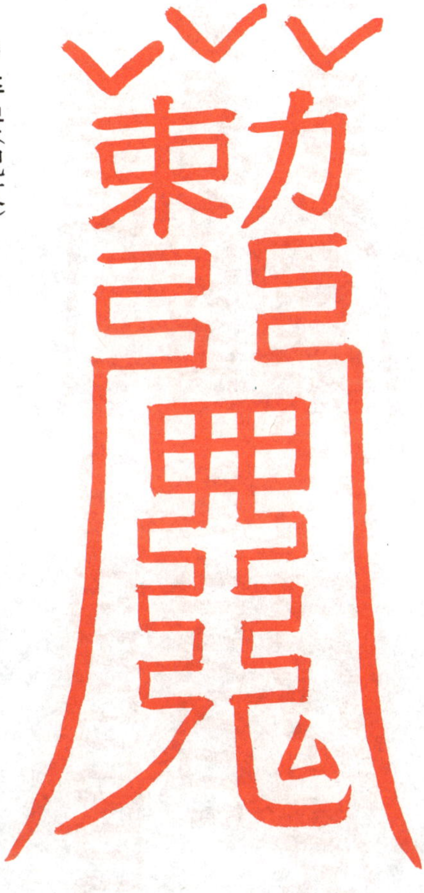

○ 주문(呪文)

赫赫揚揚。日出東方。吾此符普掃不祥。(혁혁양양 일출동방 오차부보소불상)
口吐三昧之火。服飛門邑之光。捉怪使天(구토삼매지화 복비문읍지광 착괴사천)
蓬力士。破疾。機迹金剛。降妖怪化爲吉(봉력사 파질 기적금강 항요괴화위길)
祥。急急如律令勅。(상 급급여률령칙)

이상과 같은 주문을 다 외우고 나서 이 부적을 몸에 지니면 재앙이 이르지 않고, 병든 사람은 병이 낫는다。

피괴부(避怪符)

요괴(妖怪)나 괴이한 일을 피하는 부적이다。

다음과 같은 부적을 복숭아나무 널빤지에 주사(朱砂)로 쓰되 두 개를 만들어 대들보(반자 위) 위에 올려놓아두면 도적 및 요괴가 침입하지 않고 도리어 모든 일이 뜻대로 이루어진다。또 한 장은 몸에 지니고 다니면 혼자서 萬里를 걷더라도 도둑、맹수、악당 등의 침입을 받지 않고、질병에 걸리거나 교통사고 등을 당하지 않는다。

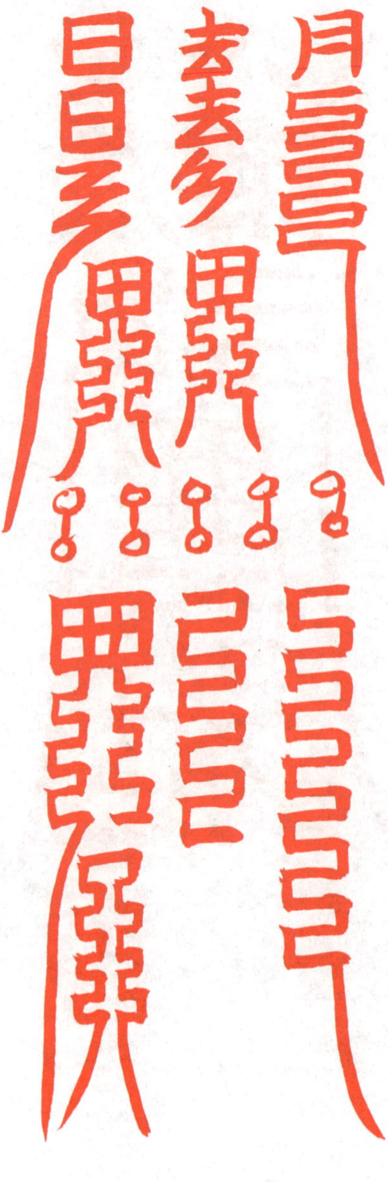

피신괴부(避神怪符)

집을 짓거나 수리하고, 흙을 다루고, 장사 지내는 등의 일에 흉일(凶日)이나 흉방(凶方)을 범하면 구설, 손재, 질병 및 여러 가지 불상사가 이르게 된다. 이와 같은 원인으로 재난이 이르렀다 생각될 경우에는 이 부적을 써서 방문이나 내실 벽 위에 붙여놓으면 액이 사라진다.

또는 이 부적 몇장을 써서 한 장은 불에 태워 마시고 네 장은 벽 네 군데에 붙이며 한 장은 까치집을 지은 나무 밑 등치에 붙여놓으면 백 가지 괴변이 자연 소멸된다.

구역귀신부(驅役鬼神符)

―귀신 쫓는 법

산과 물과 수목(樹木)의 요괴와 뱀、토끼、여우、이리의 형상을 한 요괴 등 일체의 요마와 도깨비는 그 장난이 심해서 사람을 홀리고 큰 피해도 준다。그러나 마음이 맑으면 이러한 사마(邪魔)가 접근하지 못한다。하지만 이러한 요괴들이 침범하여 물러가지 않거든 그림과 같은 부적을 써서 봉안(奉安)하고 주문을 외우면 퇴치된다。

○ 주문(呪文)

天淸地寧、永保長生。鬼神自滅、妖魅潛形。收有違者、押赴九冥。吾奉三山九侯先生律令攝。

(천청지녕 영보장생 귀신자멸 요매잠형 수유위자 압부구명 오봉삼산구후선생률령섭)

소재부(消災符)

인력으로 해결하기 어려운 재난(災難)에 봉착하였을 때 그림과 같은 부적을 써서 벽에 붙여놓고 다음 주문을 수없이 외우면 대길하다。

○ 주문(呪文)

육륙구장 장장장장장 천원지방 일월호광 하귀취견 하사감당 영부진북 제귀멸망

六六九張 張張張張張。天員地方 日月毫光。何鬼取見 何邪敢當。靈符鎭北 諸鬼滅亡。

재화소산 중병인안강건원 원형리정 오봉구천현대선조사칙령

災禍消散 衆病人安康乾原。元亨利貞 吾奉九天玄大仙祖師勅令。

피대화부(避大禍符)

어떠한 재난이든지 침입하지 말라는 부적이다。 주사(朱砂)로 써서 항시 몸에 지니면 대길하다。

또 부적이 아니고도 재화(災禍)를 피하는 방법이 있다。 음력 5월 5일에 서남쪽으로 뻗은 오동나뭇가지를 구해다가 5촌쯤 되게 잘라 인형(人形)을 만들어 곱게 색칠해서 왼쪽 어깨 밑 옷속에 차고 다니면 만 가지 재화가 침범을 못한다고 한다。

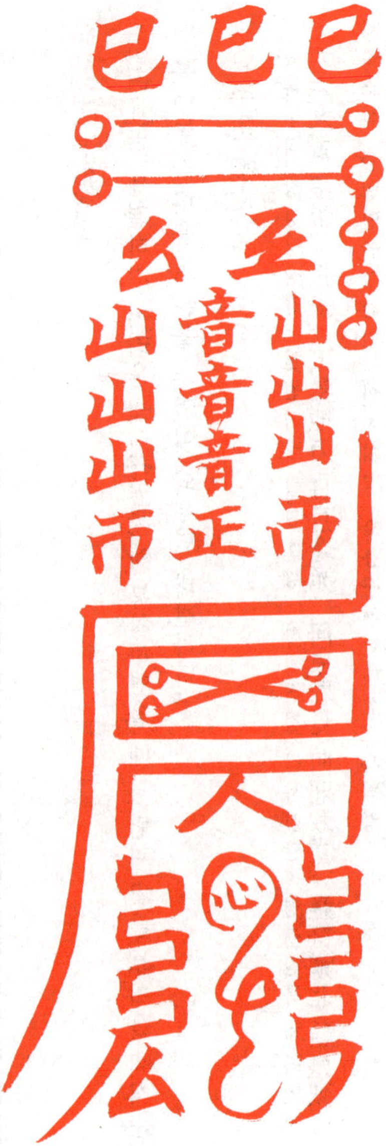

성조부(成造符)

건물을 건축하려는 데 주인공의 성조운이 불리하면 이 부적을 사용하라。

백양목(白楊木)을 인형처럼 만들어 주인공의 생기방(生氣方) 땅속에 묻고 이 부적 두 장을 써서 한 장은 태워 마시고 한 장은 몸에 지닌다。

이 부적은 연월일시의 불길한 것을 범하여 재난이 생겼거나、연월일시의 吉克을 가릴 시일적 여유가 없을 때 사용하는 데 건물을 짓기 전에 땅에 묻고 지은 뒤에는 출입문 위에 붙인다。

공조부(功曹符)

이 부적은 건물을 짓거나 고치거나 달아내는 등 집안에서 요란스럽게 작업을 시작하게 될 경우 부적을 그려 불태우면 탈이 생기지 않고 뒤에 복록이 이른다。

부적을 그리기 전에 먼저 향(香)을 피우고 앉아서 다음과 같은 주문(呪文)을 외워야 한다。

○ 주문(呪文)

분분명명천지동재호환지 지문조속림 분부개조치시공조사자급급강림

奔奔冥冥天地同在呼喚之、至聞詔速臨、焚符開詔値時功曹使者急急降臨。

파토부(破土符)

집을 수리하거나 기타 다른 목적으로 땅을 파거나、흙을 운반하거나 흙을 운반해다 사용할 때 이 부적을 그려 땅을 파는 자리나 흙을 붙이는 곳에 붙여놓으면 동토탈이 일어나지 않는다。

청정부(淸淨符)

남녀를 막론하고 자기 몸이 불결(不潔)하다고 생각되거나 우연히 부정(不淨)을 범하게 되어 지장이 있을 경우 이 부적을 써서 불에 태운 재를 소금물이나 쌀뜨물에 개어 몸을 씻으면 부정이 씻겨진다。

다음 그림도 부정(不淨)을 씻어내는 부적이다。 다음 그림을 황지(黃紙)에다 써서 불에 태운 재를 깨끗한 냉수에 타가지고 입에 옥물었다가 부정하다고 생각되는 곳에 뿜으면 부정이 씻겨진다。

백호방 압살부(白虎方押殺符)

백호방(白虎方)을 범하여(집을 수리하거나 달아내거나 흙을 다루는 일로) 우환이 발생한 경우 다음 부적을 써서 천화일(天火日)에 태우면 길하다。

○ **天火日**

1 5 9월——子日　2 6 10월——卯日

3 7 11월——午日　4 8 12월——酉日

중상일(重喪日)에 안장(安葬)

부득이하여 중상일(重喪日) 및 중복일(重復日)을 범하게 될 때 이 부적을 써서 안장할 때 관 속에 넣고 봉분하면 대길하다。

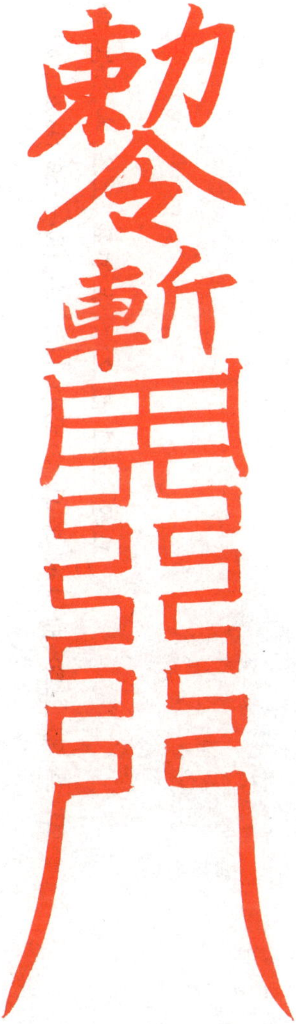

장사지낸 뒤 1년 내에 그 무덤을 다른 곳으로 옮겨 쓸 때 다음 부적을 써서 대문에 붙이면 탈이 없다。

검봉살부(劍鋒殺符)

음양택(陰陽宅)에 검봉살방(劍鋒殺方) 및 검봉살일(劍鋒殺日)을 범하면 불리하다。이 부적을 써서 손을 댄 장소에 붙여두면 해가 없다。

장매살부(葬埋殺符)

이 부적은 음택(陰宅)에 방위나 일진이 나쁠 때(모르고 범해도) 묘역(墓域) 적당한 곳에 묻으면 탈이 없다。

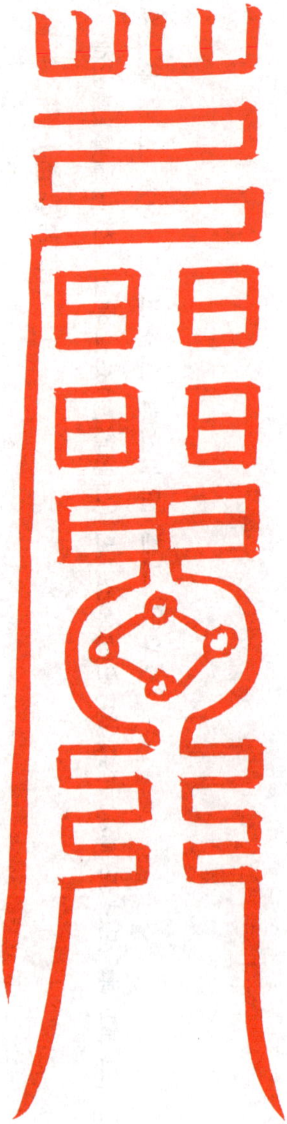

정수부(淨水符)

아무리 깨끗하다고 생각되는 물이라도 눈에 보이지 않는 부정(不淨)한 물일 수가 있다. 그러므로 꺼림칙한 마음을 없애는 동시에 실지로 깨끗한 물이 필요한 이상 가능하면 이 부적을 황지에다 써서 불에 태운 재를 타면 효과적이라 하겠다.

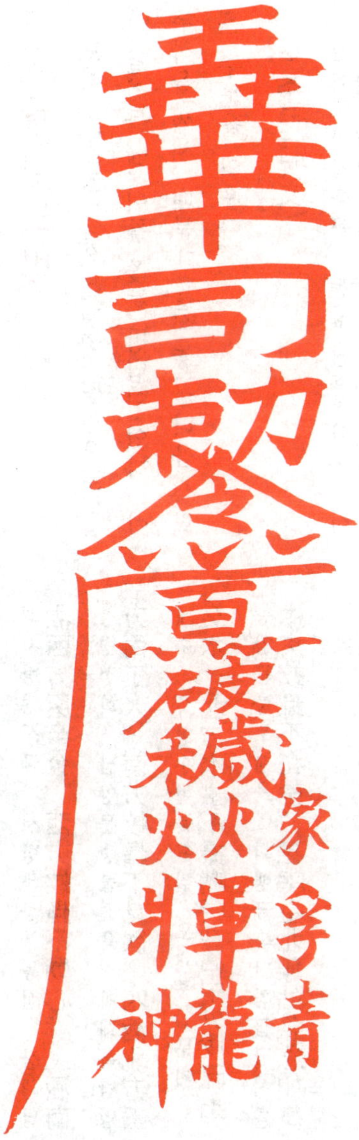

물것 물리치는 법

모기, 날파리 등 물것이 집안으로 몹시 달려들 때 이를 쫓는 방법이 있다. 이 부적을 써서 대문에 붙여놓고 다음과 같은 주문을 외운다.

○ 주문(呪文)

일쇄동방갑을목 동방문충불입옥 이쇄서방경신금 서방문충부동심 삼쇄남방병정화 남방문충불견욕 사쇄북방임계수 북방수현불촬취 오쇄중앙무기토 중앙문충부재옥 희행금북난참급급여률령칙

一洒東方甲乙木。東方蚊蟲不入屋。二洒西方庚辛金。西方蚊蟲不動心。三洒南方丙丁火。南方蚊蟲不見欲。四洒北方壬癸水。北方水玄不撮嘴。五洒中央戊己土。中央蚊蟲不在屋。喜幸金北難站急急如律令勅。

처치도물부(處治盜物符)

중요한 물건을 도난당했는데 가져간 도둑이 누구인지 모를 때 사용하는 방법이다。

戊午·戊戌·戊辰日에 금박지 은박지를 가지고 단(壇)으로 가서 흙을 계란 크기만큼 뭉쳐놓고、또는 진사(辰砂) 一錢을 단 위에 놓는다。부엌바닥의 흙을 약간 긁어 계란 흰자위와 함께 기름이나 술이나 초에 개어 부엌 아궁이에 바른 뒤 부적을 태우면서 주문을 세 번 외우면 물건을 도둑질 해간 사람이 화상(火傷)을 입거나 갑자기 미친 사람처럼 날뛰다가 3일만에 멈춘다。또는 그 도둑이 자수해 온다。

○ 주문(呪文)

某年某月某日家 被盜失去某物。不知取物之人是誰姓名 願灶君令取物者 頭撞火中。額爛頂腐。(○年 ○月 ○日 ○○○집에 ○○ 물건을 도둑맞았으나 훔쳐간 도둑이 누군지를 모릅니다。원하건대 조왕신은 물건 훔쳐간 도둑으로 하여금 머리가 불에 데어 이마가 짓무르게 해주소서)

도우부(禱雨符)

오랜 가뭄이 들어 오곡과 모든 초목이 말라죽게 될 위기에 놓이면 그 지방의 우두머리나 나라의 우두머리는 제단(祭壇)을 설치하고 기우제(祈雨祭)를 지낸다。 이때 다음과 같은 부적을 써서 불사르면 효과적이라 한다。

청명부(淸明符)

이 부적은 옥황상제부(玉皇上帝符)라 반드시 목욕재계(沐浴齋戒)한 뒤에 정성껏 써야지 가볍게 다루면 안된다。 오랜 장마가 멈추지 않거나 오래도록 하늘이 맑지 않을 때 주사로 써서 하늘을 향하여 불에 태운다。

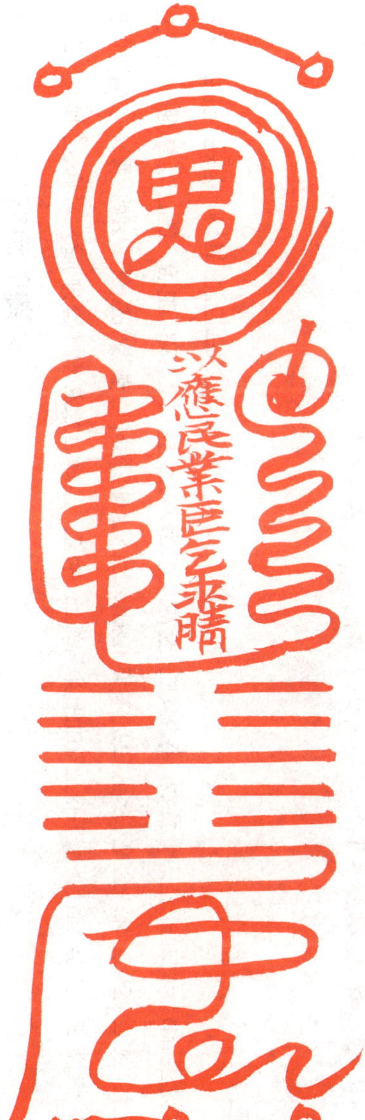

백병치료부(百病治療符)

다음 부적을 주사(朱砂)로 써서 불에 태운 재를 깨끗한 식수(食水)에 개어 마시면 열병(熱病 : 太陰 글씨) 한병(寒病 : 太陽 글씨)과 온역(瘟疫)과 설사 이질 등 여러 가지 질병이 치료된다。 각각 여덟 장씩 그려 사용하되 병이 나을 수 있다는 신심(信心)을 가지고 사용하면 훨씬 효과적이다。

질병부(疾病符)

아래 부적도 환자가 태워 마시면 대길하다。다음 주문을 일곱 번 외운 뒤 부적을 쓰라。

○ 주문(呪文)

九天勅下(구천칙하) 日月星符(일월성부)。左(좌)勅青龍(칙청룡) 右勅白虎(우칙백호)。前勅朱雀(전칙주작) 後勅玄武(후칙현무)。四十萬人(사십만인) 除(제)不祥符(불상부) 到之處(도지처) 元亨利貞(원형리정)。萬邪入地(만사입지) 惡鬼藏形(악귀장형)。急急(급급)如律令(여률령)。

질병부

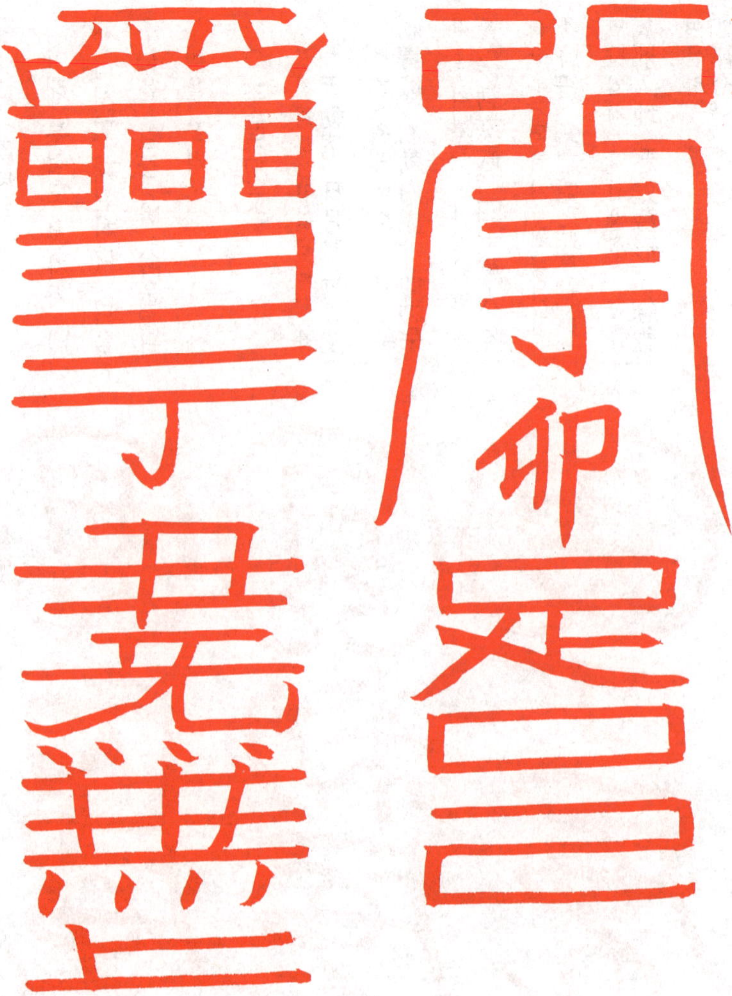

질병부

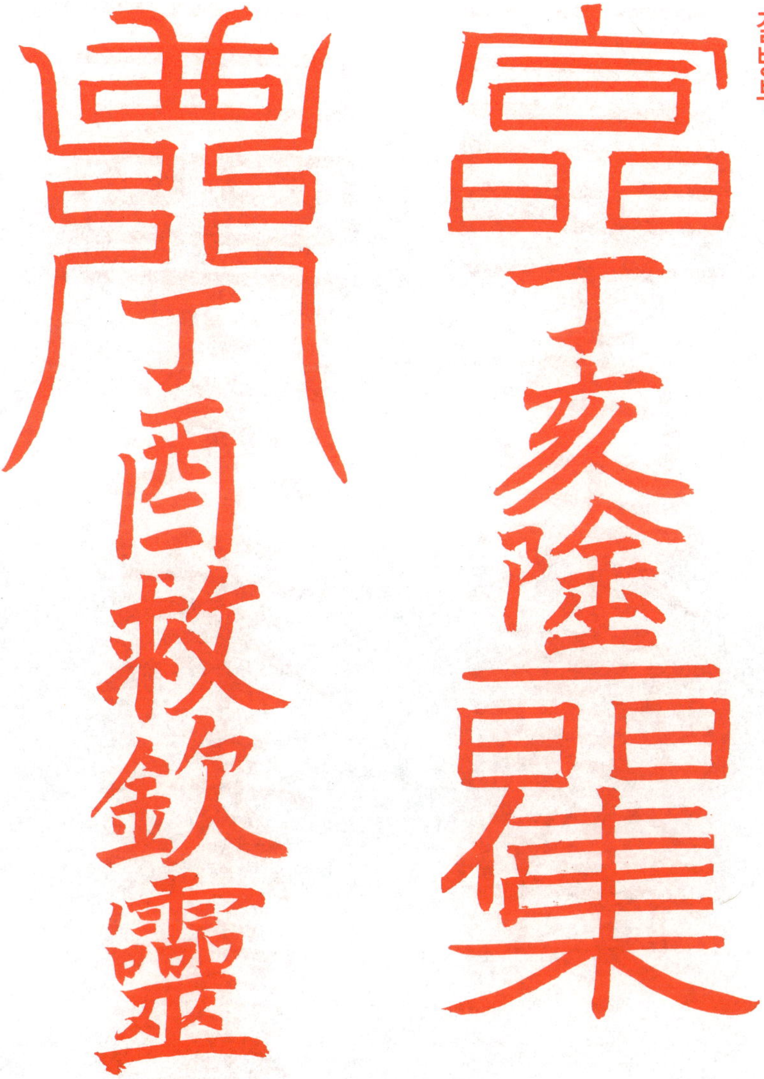

질병부

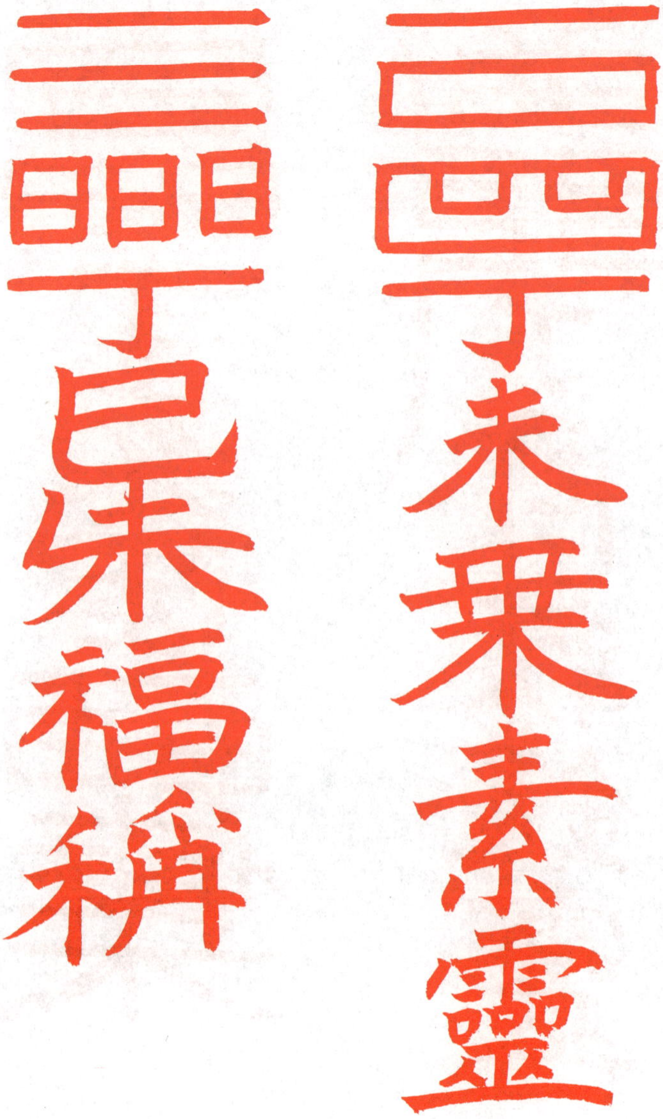

십이월생 질병부(十二月生 疾病符)

정월생인한열부

○ 正月生人寒熱符

正月生人은 子丑寅申 방위에 우물을 파거나 돌을 운반하거나 흙을 다루면 위통(胃痛) 한열(寒熱) 구토(嘔吐) 등의 증세가 발한다。 범한 방위에 이 부적을 붙이면 신효하다。

이월생인요각통부

○ 二月生人腰脚痛符

二月生人은 子寅卯辰未酉戌方에 목석(木石) 판죽(板竹) 철도(鐵刀) 등이 있으면 주로 안질(眼疾)로 눈이 아프고 우수통(右手痛) 각통(脚痛) 요통(腰痛) 등의 증세가 있다。 이 부적을 그려 몸에 지니면 치료된다。

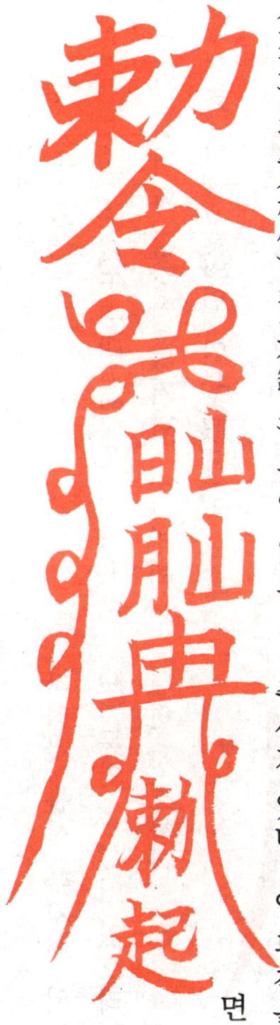

○ 三月生人四肢冷符(삼월생인사지냉부)

三月生人은 子寅午申酉方에 오래 묵은 나무가 섰거나 닭장이 있거나、이 방위에 새로 방을 들이면 안통(眼痛)에 팔、다리가 몹시 쑤시며 위통、사지냉(四肢冷) 등의 증상이 있으리니 이 부적을 지니면 신효하다。

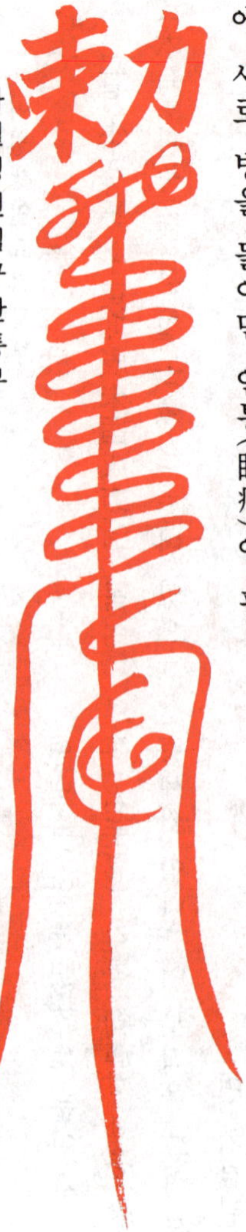

○ 四月生人心口眼痛符(사월생인심구안통부)

四月生人은 집 子丑辰午未戌亥方에 창고、난간、벽을 쌓고 부엌을 내기 위해 목석(木石)을 다룬 일이 있으면 심(心)、구(口)、안(眼)、요통(腰痛)과 사지불안(四肢不安) 등의 증세로 고생할 것이다。다음 부적을 그려 몸에 지니면 편안하다。

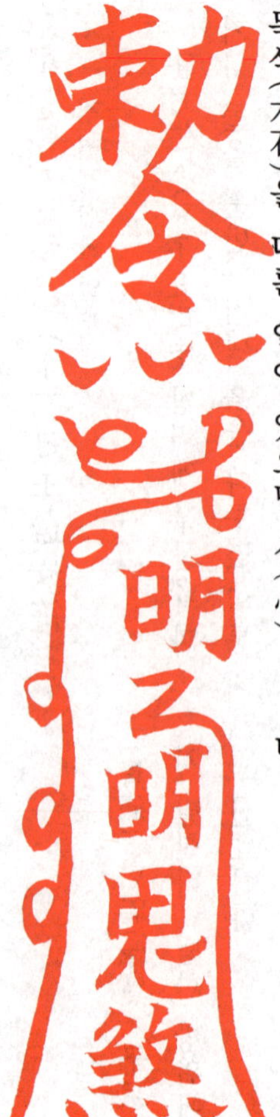

오월생인두요냉열부

○ 五月生人肚腰冷熱符

五月生人은 子丑辰午未酉戌方에 사당(祉堂)、 신당(神堂)이 있거나 나무로 깎아 세운 장승이 있으면 안통(眼痛)、 각통(脚痛)、 요통(腰痛) 한열 왕래 등의 증세로 고생한다。 이 부적을 그려 몸에 지니면 신효할 것이다。

유월생인안심불수부

○ 六月生人眼心不睡符

六月生人은 寅卯申戌亥方에 대문(大門)이 있거나 신주(神主)를 모신 사당(祠堂)이 있으면 눈、 입、 심장 등의 질환 및 요각통(腰脚痛)、 사지가 쑤시고 밤에 잠을 못 이루는 등의 증세로 고생한다。 이 부적을 그려 안치하고 과일 술을 차려놓고 제사지내면 편안하다。

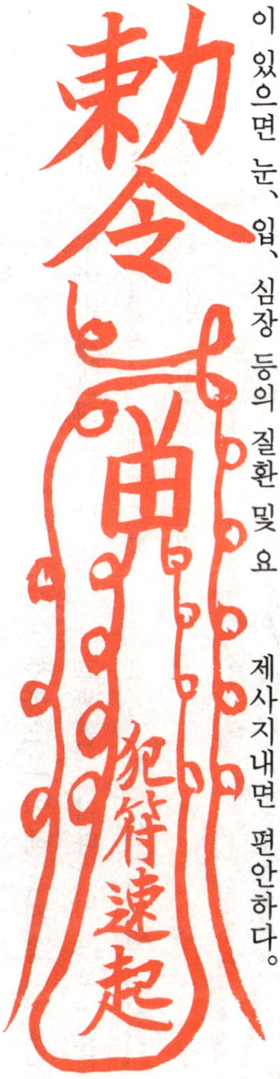

칠월생인두통불음부

○ 七月生人頭痛不飮符

七月生人이 辰午未申方에 대나무나 널빤지로 벽을 보수하였거나、 제청(祭廳)을 설치하였으면 눈병、 심장병、 위병、 두통으로 인해 음식을 잘 못하는 증세로 고생할 것이다。 다음 부적을 주사(朱砂)로 그려 항시 지니면 근심이 없다。

팔월생인두구심통부

○ 八月生人頭口心痛符

八月生人은 丑卯午未酉亥方에 돌로 쌓은 담장이 있거나 닭장 혹은 부엌이 있으면 머리、 눈병 및 입병、 심장병、 다리병 등으로 고생한다。 다음 부적을 그려 몸에 지니면 이러한 증세가 치유되리라。

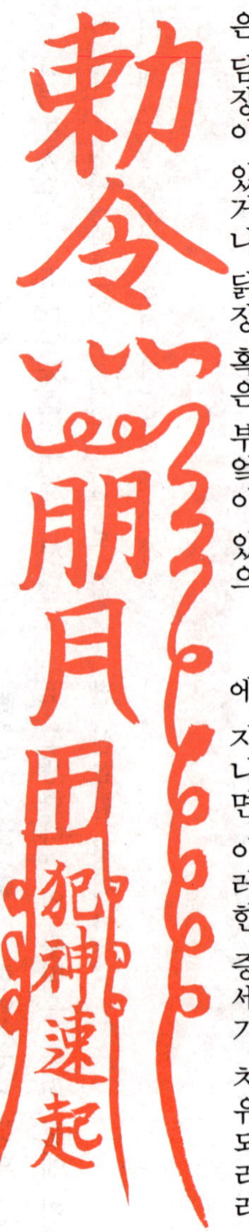

구월생인배안각요통부

○ 九月生人背眼脚腰痛符

九月生人이 寅巳未申亥方에 죽벽(竹壁: 대나무로 만든 울타리)이 있거나 木石을 다룬 일이 있으면 눈병、허리、다리 등이 아픈 증세가 있으리라。이 부적 두 장을 그려 한 장은 그곳에 붙이고 한 장은 몸에 지니면 쾌차하리라。

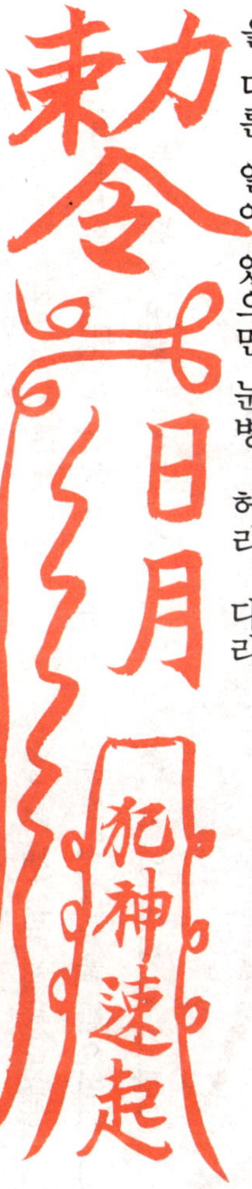

시월생인음식불안부

○ 十月生人飮食不安符

十月生人의 집 丑辰午申戌方에 나무로 지은 창고가 있거나 외양간、마구간이 있거나 우물이 있거나 석불(石佛: 돌부처) 또는 신주(神主)를 모신 당(堂)이 있으면 주로 위장 허리 다리 등이 아프고 잘 먹지 못하는 증세가 있으리니 이 부적을 사용하면 대길하다。

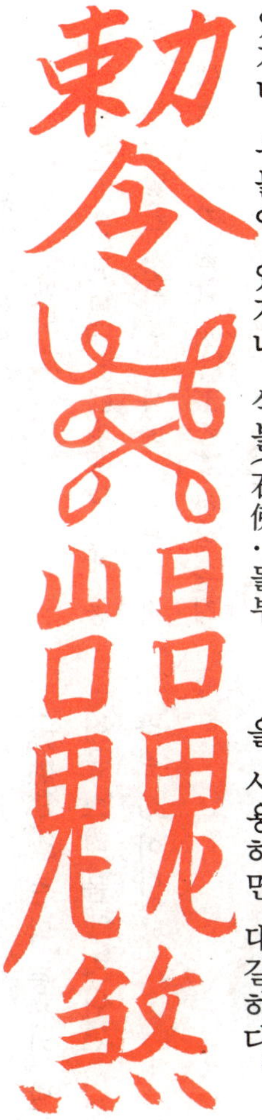

십일월생인침중냉열부

○ 十一月生人沈重冷熱符

十一月生人은 丑寅卯辰巳申酉戌方에 동토나 부정탈을 범하면、안질、위통、각통(脚痛) 사지불안(四肢不安) 한열왕래(寒熱往來) 등의 증세가 발한다。다음 부적을 그려 몸에 지니면 이러한 증세가 사라질 것이다。

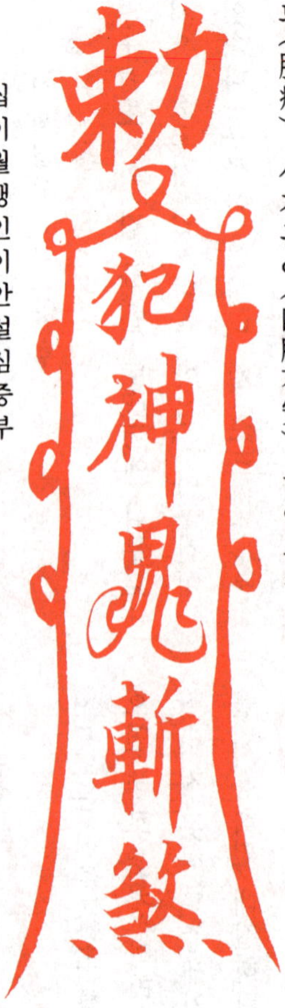

십이월생인이안설심증부

○ 十二月生人耳眼舌心症符

十二月生人은 寅卯辰午未申方에 동토탈이나 부정탈을 범하면 이통(耳痛)、안통(眼痛) 및 설증(舌症)、가슴앓이 등의 증세로 고통을 받으리니 다음 부적을 그려 몸에 지니면 길하다。

이 부적을 황지(黃紙)에 써서 잘 보이는 곳에 붙이면 대길하다。

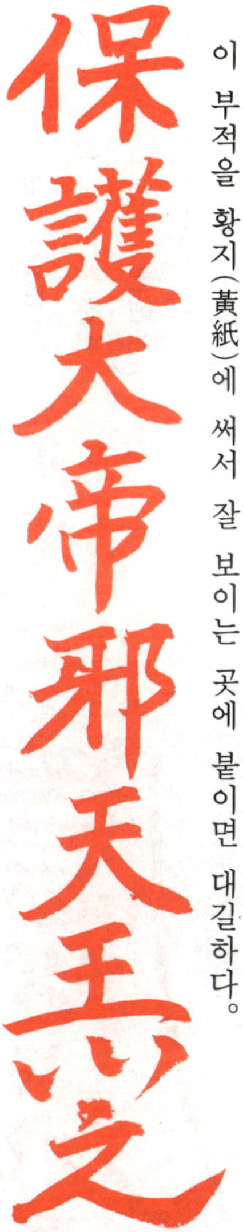

청경부(淸驚符)

어린이가 크게 놀라 경기(驚氣)가 발할 경우 황지(黃紙)에 다음 부적을 써서 어린이 이마에 5분 가량 붙였다가 떼어서 불에 태운다。

소아야제부(小兒夜啼符)

ㅡ어린이가 밤에 몹시 울 때

위 부적을 황지(黃紙)에 그려 어린이가 자는 침대에 붙이거나 이부자리 밑에 넣어두면 울음을 멈춘다。

이 부적도 어린이가 밤에 잠을 자지 않고 몹시 울어댈 때 사용한다。 역시 황지(黃紙)에 다 쓰되 이 부적은 붙이지 않고 어린이 옆에서 불살라 없앤다。

갓난 아기가 까무라칠 때

갓난 아기가 갑자기 까무라치는 것은 안에 심화(心火)가 발하기 때문이다。또는 괴이한 소리를 듣거나 괴이한 물건을(무서운 소리、무서운 광경) 보아도 그러하고 미끄러져 넘어져도 까무라치고 경기(驚氣)가 발하여 생명이 위급한 지경에 이른다。어린이가 만약 이러한 증세가 발하거든 향(香) 3개를 사른 뒤에 어린이가 자는 방문 앞에서 종이돈(紙錢) 1천 장을 태우고 나서 다음과 같은 부적을 그려 향 피우는 앞에서 불사르면 어린이가 편히 잠든다。

또는 새벽에 청안탕(淸安湯)을 끓여 반 그릇 정도 복용시키면 좋다。

○淸安湯：藕節二錢 薄荷一錢半 紅棗三錢 蘿蔔五片

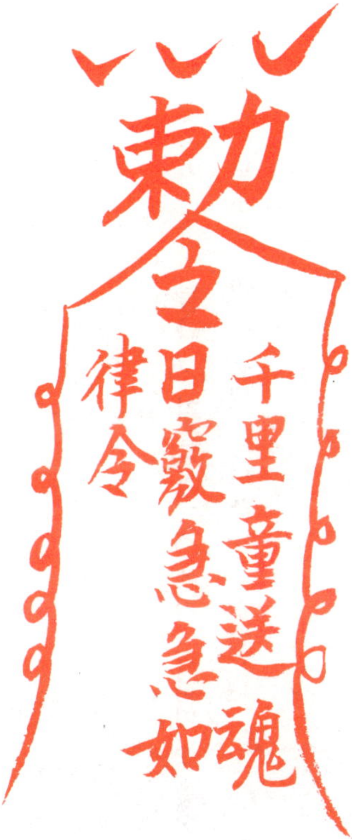

어린이가 놀랐을 때

어린이가 크게 놀라 경기(驚氣) 증세가 발하거든 황지(黃紙)에다 주사(朱砂)로 다음과 같은 부적을 써서 몸에 지녀주면 신효하다。

어린이 경기(驚氣)를 멈추는 부적

어린이의 경기(驚氣)에 다음과 같은 부적을 사용해도 좋다。단 부적을 쓰기 전에 주문을 외워야 한다。

○ **주문(呪文)**

本師來收驚(본사래수경)、本師來收驚(본사래수경)、收驚三師三童子(수경삼사삼동자)、收驚三師三童子(수경삼사삼동자)、不收別人魂(불수별인혼)、不討別人魄(불토별인백)、收稱某某三魂七魄(수칭모모삼혼칠백)、收來顧本命(수래고본명)、吾奉(오봉)。太上老君勅(태상로군칙) 神兵神將火急如律令(신병신장화급여률령)。急急如律令(급급여률령)。

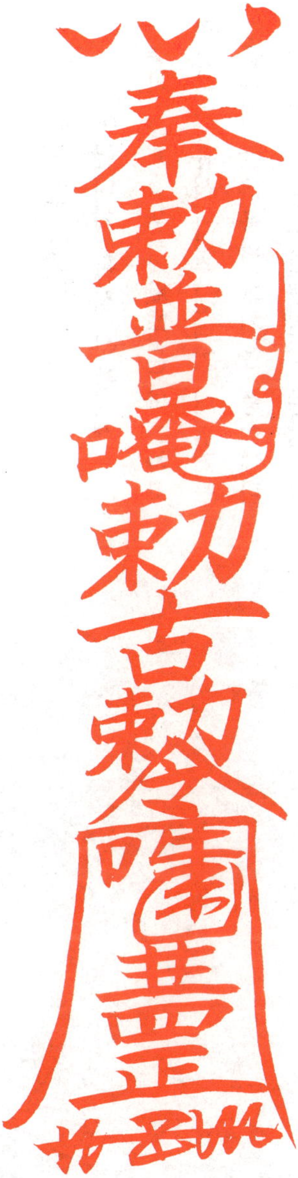

치아통부(治牙痛符)

—어금니가 몹시 아플 때

충치(蟲齒)、풍치(風齒)를 막론하고 어금니가 몹시 아파 견디기 어렵거든 응급조치로 다음의 부적을 종이에다 써서 입에 옥물고 잘근잘근 씹으면 통증이 멈춘다고 한다。

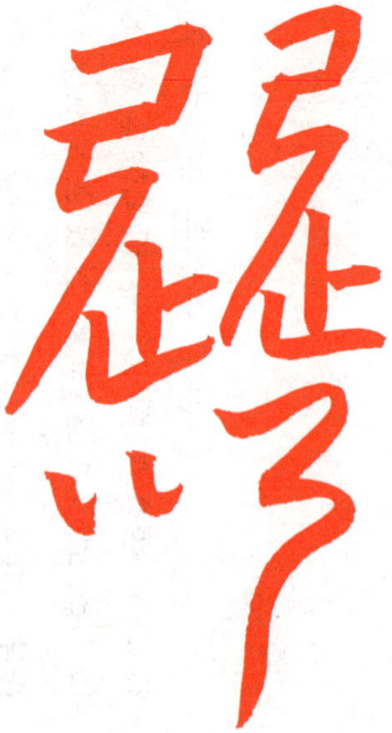

이질치료부(痢疾治療符)

이질, 즉 설사병에 걸려 여러 날 낫지 않을 경우 이 주문을 외운 뒤 부적을 그려 태운 재를 물에 개어 마시면 신효하다。

○ 주문(呪文)

如不横塞止下横。
(여불횡색지하횡)

학질치유부(瘧疾治癒符)

학질을 치료하는 방법의 한 가지는 이 부적을 학질 환자의 등에 직접 그리거나 종이에 그려 환자가 거처하는 출입문 위에 붙여두면 신효하다。

부적을 그릴 때 먼저 다음과 같은 주문(呪文)을 외운다。

○ 주문(呪文)

천화소태양 지화소오방 뇌화집상방 소화제불상 급급여률령칙

天火燒太陽。地火燒五方。雷火執常方。燒火諸不祥。急急如律令勅。

학질을 치료하는 방법이 또 한 가지 있다。주사(朱砂)로 황지(黃紙)에다 부적을 그리되 다음 주문을 먼저 외운다。증일(症日)、즉 증세가 발하는 날(학질은 대개 하루 걸러 발병하므로 속칭 하루걸이라고도 한다) 새벽에 부적을 태워 미음(米飮)에 넣고 휘휘 저은 다음 동쪽을 향해 서서 마시면 신효하다。

○ **주문(呪文)**

오종동방래래 노봉일지수 수중유일룡 구두십팔원 문타흘마 전흘학질환 오봉
吾從東方來來。路逢一池水。水中有一龍。九頭十八寃、問他吃麼。專吃瘧疾患。吾奉

태상로군급급여률령칙
太上老君急急如律令勅。

악창치료부(惡瘡治療符)

몸에 악성 종기(惡瘡)가 생겨 가려움을 견디기 어려우면 급히 이 부적을 사용하라。

즉 종기가 난 자리에 식초나 먹물 또는 생강즙、저담즙(猪膽汁) 등을 붓으로 찍어 다음 부적 글씨 여섯 자를 연달아 쓰면 며칠 안으로 환부가 낫는다。

삼부병 치료비법(三部病治療秘法)

이는 중국 후한(後漢) 때 인물인 태극좌궁갈선옹(太極左宮葛仙翁)의 삼부병 치료하는 비법과 적용 부적이다。

삼부(三部)란 상부(上部) 중부(中部) 하부(下部)를 말한다。

상부(上部)는 머리、눈、입、귀、코、혀、목구멍 등의 질환이다。

중부(中部)는 가슴、명치、담화(痰火)、배가 더부룩한 병、기침、오장(五臟)의 내부와 손 팔꿈치 등이 속해 있는 질병이다。

하부(下部)는 배꼽 아래 방광、임질、소변 불리、경수부조(經水不調)、항문(肛門)、난산(難産)、다리 질환 등이 속해 있는 질병이다。

다음에 그려져 있는 삼부병부(三部病符) 가운데 해당되는 질병에 따라 선택해서 그리되 죽엽(竹葉：대잎)이나 뽕잎(桑葉)에 그려 삶아 마시거나 종이에 그려 태워 마시면 영험이 있다。

먼저 모든 정주(淨呪：淨口呪와 淨水呪)를 외우고 다음에 보고(寶誥)를 외운 뒤 지필주(紙筆呪)와 질병주(疾病呪)를 외우되 각각 요령에 따른다。

○ **정구주(淨口呪)**

주문(呪文)을 외우기 위해 먼저 입의 부정(不淨)을 씻어 깨끗이 한다。

太上延生(태상연생)、台光爽靈(태광상령)。劈除陰鬼(벽제음귀)、保于(보우)陽結(양결)。靈源不竭(영원불갈)、延壽長寧(연수장녕)。邪氣灰入(사기회입)、

眞氣長存(진기장존)。陰隨七魄(음수칠백) 陽隨三魂(양수삼혼)。依吾指敎(의오지교)奏上一淸(주상일청)。急急如(급급여)、九天玄女律令勅(구천현녀률령칙)。

○ 정수주(淨水呪)

부적 글씨를 쓰려는 물을 떠놓고 다음과 같은 주문을 외운다。

天一生水(천일생수) 地六成之(지육성지)。一六旣令(일육기령) 五行乃基(오행내기)。吾今噗動(오금소동) 穢逐塵飛(예축진비)。

○ 주지문(呪紙文)

부적을 쓰려는 종이의 부정(不淨)을 씻기 위한 주문이다。

楮玉之英(저옥지영) 天地生成(천지생성)。龍章鳳篆(용장봉전) 資之以陳(자지이진)。符飛迅速(부비신속) 遍歷靈天(편력령천)。

○ 칙지필주(勅紙筆呪)

부적을 쓰기 위한 종이의 부정을 씻어내는 주문이다。

結空成梵(결공성범) 眞氣自生(진기자생) 亦是字九威龍文(역시자구위용문) 保制劫運(보제겁운) 使天長存(사천장존) 治病斬萬邪萬類安寧(치병참만사만류안녕)、急急如高上神霄(급급여고상신소) 玉淸眞玉律令(옥청진옥률령)。

○ 보고(寶誥)

이상의 주문을 외운 뒤 다음과 글을 읽는다。

志心歸命禮(지심귀명례) 天台得道(천태득도) 合宅成眞(합택성진)。昔受東華(석수동화) 復傳西蜀(부전서촉) 詔命玉京(조명옥경) 金闕位登(금궐위등) 太極仙班(태극선반)。慈憐拯授於沈淪恩念(자련증수어침륜은념)。普慈於苦(보자어고)

海。 葛天氏遷風顯著勾。 漏令丹砂具存。
(해 갈천씨천풍현저구 누령단사구존)

括蒼任遊羅浮。 乃止修閒王笥修理金書、
(괄창임유라부 내지수한왕사수리금서)

大悲 大願、大聖、大慈。太上玉金東吳太
(대비 대원 대성 대자 태상옥금동오태)

極。在官仙公雷霆系者。天機內相玉虛紫
(극 재관선공뢰정계자 천기내상옥허자)

靈 普化玄靜。 常道冲應孚佑眞君垂恩廣
(령 보화현정 상도충응부우진군수은광)

教慈悲大帝度人無量天尊。
(교자비대제도인무량천존)

○ **총칙부주**(總勅符呪)

부적의 영험(靈驗)이 신속하게 발하라는 주문이다。

東華元君韓君降臨、 玉府眞命保佑、 主
(동화원군한군강림 옥부진명보우 주)

靈眞氣到處永保長存 急急如律令。
(령진기도처영보장존 급급여률령)

사람이 질병에 걸렸을 경우 죽엽(竹葉)이나 황지(黃紙)에다 붉은색으로 부적을 써서 「대을구고천존(大乙救苦天尊)」이라 3백 번 외운 뒤 부적을 태워 그 재를 대추 끓인 물에 타 마시기를 하루에 세 차례씩 하면 웬만한 병은 신비하게 낫는다。

상부병 치료부(上部病治療符)

이 부적을 쓰기 전에 먼저 다음과 같은 주문을 외우고 나서 후우 하고 숨을 세 번 크게 내뿜는다。

○ 주문(呪文)

상주명당백제 제흉육궁명정 도화당존백병속거 편여장생상원적자수어황방료신 귀명
上舟明堂百帝 除凶六宮明淨 道化堂存百病速去 便汝長生上元赤子守於黃房料神 歸命

보자영창 급급여률령
保子永昌 急急如律令。

중부병 치료부(中部病治療符)

이것은 중부(中部)의 모든 병을 치료하는 부적인데 먼저 다음과 같은 주문을 외운다。

○ 주문(呪文)

중단적자 황제원선 예효길구 정숙심원 단정일액영년중명 연원태을 좌진옥당
中丹赤子、黃帝元仙、預曉吉咎、淨肅心元、丹晶一液永年中命、延元太乙、坐鎭玉堂、
초혼위신 득견진왕급급여률령
招魂衛身、得見眞王急急如律令。

이상의 주문을 외운 뒤 숨을 크게 세번 내뿜는다。

하부병 치료부(下部病治療符)

이 부적을 쓰기 전에 먼저 다음과 같은 주문을 외운다。

○ 주문(呪文)

하부신군 적제흑왕 육부유액 백병불상 금률보명 영부길창 하원원주 열재신정 제혼성
下部神君 赤帝黑王 六腑流液 百病不傷 金律保命 永符吉昌 下元元主 列在神庭 制魂成

신 면생원당 급급여률령
身面生元堂 急急如律令。

이상의 주문을 외운 뒤 숨을 크게 세 번 내뿜는다。

창종치료부(瘡腫治療符)

법술(法術)을 행하는 자는 몸과 마음을 깨끗이 한 뒤 고요하고 정결한 곳에 단정히 앉아 이(齒)를 「딱딱」 두 번 마주치고 자신이 법신(法身)으로 변했다는 마음가짐으로 하늘의 신선을 생각하고 원신(元辰)을 생각하고 금궐(金闕)에 계신 상제(上帝)님을 생각하고 대추 일곱 개를 선단(仙丹)이라 여겨 앞에다 늘어놓고 허아호취(噓呵呼吹)의 네 가지 다른 호흡법으로 대추에 옥기(玉氣)를 불어넣는다。 그런 뒤에 대추를 삶은 물에다 보기와 같은 글자를 차례대로 쓴다。

○ 주문(呪文)

일출동방 창창교교 묘묘망망 금동옥녀 위아수창 일수불요통여통 이불수요농여혈
日出東方 蒼蒼皎皎 杳杳茫茫 金童玉女 委我收瘡 一收不要疼與痛 二不收要膿與血。

삼불성창여절 급산급소 막대래조 급산막대래단 신필도처만병소한 오봉태상로군 급급
三不成瘡與癤 急散急消 莫待來朝 急散莫待來旦 神筆到處萬病消汗 吾奉太上老君 急急

여률령칙
如律令勅。

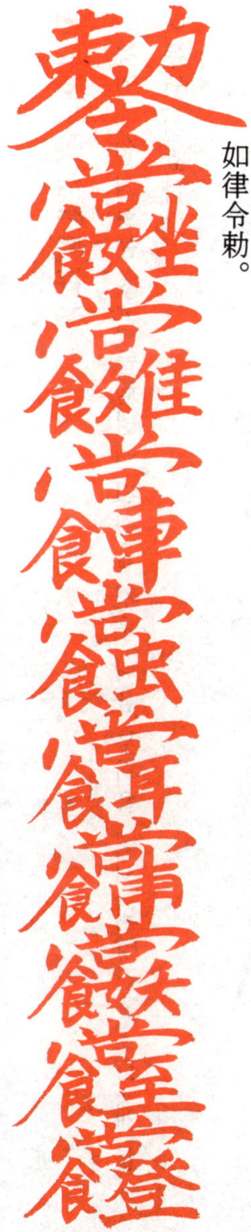

치우온부(治牛瘟符)

농가에서 기르는 소가 돌림병에 걸렸을 경우 다음 부적을 써서 외양간(소우리)에 붙여두면 신효하다。

치충독부(治蟲毒符)

독사 독거미 및 기타 독충(毒蟲)에 물렸을 때 다음 부적을 주사(朱砂)로 그려 불에 태운 다음 식초에 개어 환부(患部 : 물린 자리)에 바른다。

화골부(化骨符)

화골(化骨)이란 목에 걸린 고기뼈 및 가시 등을 없애거나 넘어가게 하는 일인데 그 비법이 있다。

일반적인 방법은 물이나 차(茶) 한 잔 정도를 그릇에 담아 손가락으로 물에다가 다음 모양대로 부적을 그린 뒤 그 물을 마시면 목에 걸린 가시가 녹아 없어진다고 한다。

○ 요령과 순서

깨끗한 물을 그릇에 반쯤 담아 소반이나 쟁반에 올려놓는다。다음에는 남향으로 바르게 서서 왼손은 주먹을 쥐고 오른손은 검결(劍訣 : 木劔을 쥐고 동서남북 사방을 가리킨다)한 뒤 목검을 놓고 손가락으로 해당되는(무엇이 목에 걸렸는가를 아래 부적 그림에서 찾는다) 부적을 그리면서 주문(呪文)을 계속 외운다。부적을 다 그린 뒤에도 몇번이고 주문을 외우라。

○ 주문(呪文)

차완화위동양대해 인후화위만장심담 구룡귀동 오봉태상로
此碗化爲東洋大海 咽喉化爲萬丈深潭 九龍歸洞 吾奉太上老

군급급여률령
君急急如律令。

이상의 주문을 다 외운 뒤 동쪽을 향하여 숨을 크게 세 번 들이마시고(이는 東方의 生氣를 吹入함이다) 그릇에 담은 물을 꿀꺽꿀꺽 다 마시면 목에 걸린 뼈가 넘어가 없어진다。

날짐승 뼈가 목에 걸렸을 때

닭、꿩、매 등의 날짐승 고기를 먹다가 목에 걸리면 앞 요령과 주문법을 사용한 뒤(위 부적을 물 위에 그린다) 물을 마신다。

짐승 뼈가 목에 걸렸을 때

쇠고기、돼지고기、양고기 및 산짐승의 고기를 먹다가 뼈가 목에 걸리면 부적 그리는 요령은 아래와 같이 하고 주문은 다음과 같이 외운다。

○ 주문(呪文)

홍인등루문차성 아출진인문차인 태상로군급급여률령
紅引燈樓問此星 我出眞人問此人 太上老君急急如律令。

역시 동방의 생기(生氣)를 일곱 번 들이마신 다음 물(부적을 그린)을 마시면 신효하다。

목구멍에 생선 가시(魚骨)가 걸렸을 때 이 부적을 사용해도 좋다。단 앞에서 설명한 방법을 적용해야 한다。

위 부적 8개는 물이나 차그릇에 손가락으로 부적을 그릴 때 해당되는 부적(가시의 종류)을 먼저 그린 뒤 주문을 외우면서 계속 그리면 더욱 효력이 빠르다。

생선 가시가 목에 걸렸을 때

생선 가시가 목에 걸려 넘어가지 않거든 냉수 한 그릇(겨울에는 따뜻하게 데운다)을 떠놓고 왼손으로 삼산결(三山訣)하고、오른손으로 검결(劍訣)한 뒤 물 위에 이 부적을 그린 뒤 그 물을 마시면 신효하다。

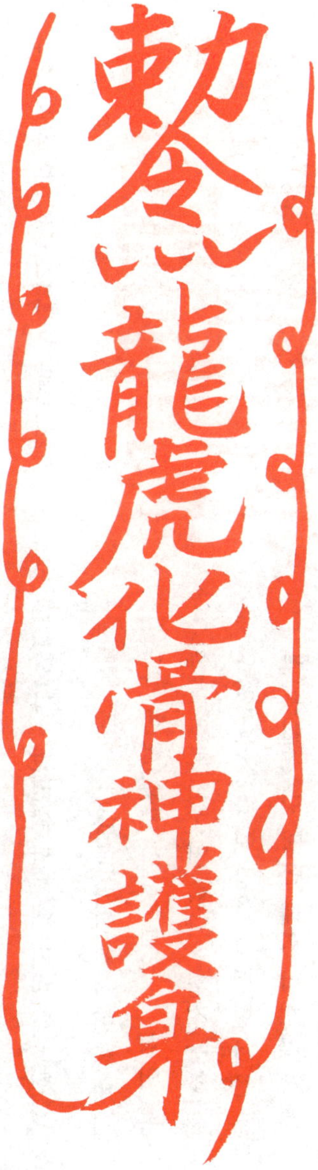

거병부(祛病符)

다음 부적은 모두 질병을 물리치는 비법부(秘法符)다。발병한 날짜에 따라 사용한다。

初一日病 동남쪽 거리에서 얻은 병이다。한열(寒熱)이 왕래하고 힘이 쭉 빠지며 음식맛이 없다。황지(黃紙)에 다 위 부적 다섯 장을 그려 한 장은 문에 붙이고 한 장은 태워 마시고 세 장은 동남쪽 40보 밖에다 불사른다。

初二日病 동남방에서 얻은 병인데 처음엔 두통이 있다가 열이 많고 사지 무력에 구토가 있다。아래 부적 두 장을 써서 한 장은 태워 마시고 한 장은 문 위에 붙인다。그리고 백지(百紙) 다섯 장을 동남방 30보 밖에서 태우면 병이 낫는다。

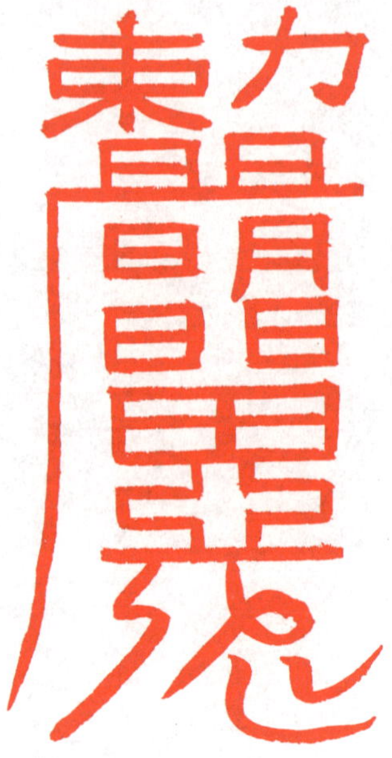

初三日病 북방에서 얻은 병이다。처음에는 두통이 심하고 한열(寒熱)이 자주 왕래하며 음식을 먹지 못한다。위 부적을 써서 태워 마시되 황지(黃紙) 다섯 장을 정북방 20보 밖에다 태우면 병이 나으리라。

初四日病 동북방에서 얻은 병이다。손발이 무겁고 두통으로 참기 어려우며 음식을 먹으면 토한다。아래부적 두 장을 써서 한 장은 태워 마시고 한 장은 침실 출입문 위에 붙인다。그리고 황지(黃紙) 다섯 장을 동북방 50보 밖에다 태우면 대길하다。

初五日病 동북방에서 얻은 병이다。한열이 자주 번복되고 구토가 연달아 나온다。위 부적 두 장을 써서 한 장은 태워 마시고 한 장은 몸에 지니되 황지(黃紙) 다섯 장을 동북방 50보 밖에다 태우면 곧 낫는다。

初六日病 정동쪽에서 얻은 병이다。사지가 무겁고 곽란이 발하며 온몸이 아프지 않은 데가 없다。아래 부적 한 장을 써서 침실 문 위에 붙이고 백지 다섯 장을 동쪽 40보 지점에다 태우면 증세가 진정된다。

初七日病 동남쪽에서 얻은 병이다。 한열(寒熱)에 구역질이 나고 손발이 무겁다。 위 부적 한 장을 써서 태워 마신 다음 백지 다섯 장을 동남쪽 30보 지점에다 태워 보내면 편안해진다。

初八日病 동북쪽에서 얻은 병인데 무릎、다리가 몹시 아프고 한열이 왕래하며 사지 무력에 음식 생각이 없다。 아래 부적 한 장을 태워 마시되 황지(黃紙) 다섯 장을 동쪽 20보 지점에다 태우면 즉시 편안해진다。

初九日病　정남방에서 얻은 병이다。구토가 있고 사지 무력에 팔、다리가 무겁고 밤이나 낮이나 편안치 않다。위 부적 한 장을 태워 마시고、백지 다섯 장을 북쪽 30보 지점에다 태우라。잠시 후에 편안해질 것이다。

初十日病　정동쪽에서 얻은 병이다。손과 발이 매를 맞은 것처럼 아프고、두통이 있으며 어지럽고、오한과 열이 자주 반복되고 음식맛이 떨어진다。아래 부적 한 장을 태워 마시되 백지 다섯 장을 정동쪽 40보 지점에다 태우면 병이 곧 낫는다。

十一日病 정북방에서 얻은 병이다。 위는 열이 심한 반면에 허벅지 아래로는 몹시 열이 나며 구토에 신트림이 나오고、 몸이 무겁고 음식 생각이 없다。 위 부적 한 장을 써서 방안문 위에 붙이고 황지(黃紙) 다섯 장을 서남쪽 40보 지점에다 태우면 대길하다。

十二日病 동북방에서 얻은 병이다。 구토가 있고、 사지가 얼음처럼 차며 앉거나 눕거나 편치 못하다。 아래 부적 한 장을 써서 침실 적당한 곳에 붙이고、 백지 다섯 장을 동북방 30보 지점에다 태우면 곧 편안해진다。

十三日病 동북방에서 얻은 병이다。 곽란증이 발하고 정신이 아리송하며 입맛이 뚝 떨어질 것이다。 위 부적 두 장을 그려 한 장은 방 안에 붙이고 한 장은 태워 마신다。 또는 황지(黃紙) 다섯 장을 정북방 50보 지점에다 태우면 대길하다。

十四日病 동쪽에서 얻은 병인데 곽란으로 앉지도 눕지도 못하며 음식맛이 없다。 아래 부적 두 장을 써서 한 장은 태워 마시고 한 장은 환자의 침실 문 위에 붙이되 백지 다섯 장을 동남쪽 30보 밖에다 불사르면 병이 곧 낫는다。

十五日病 정남쪽에서 얻은 병인데 한열이 자주 바뀌며 구토에 음식맛이 떨어지고 심란하다。위 부적 두 장을 써서 한 장은 태워 마시고 한 장은 침실 문 위에 붙인 다음 백지 다섯 장을 남쪽 30보 밖에다 불태우면 대길하다。

十六日病 서남방에서 얻은 병인데 두통이 심하고 한열(寒熱)이 자주 반복되며 사지가 무겁다。아래 부적 두 장을 써서 한 장은 태워 마시고、한 장은 몸에 지니되 황지(黃紙) 세 장을 서남쪽 40보 밖에다 불사르면 효험이 있다。

十七日病 서쪽 방위에서 얻은 병이다。오한(惡寒)과 발열(發熱)이 자주 반복되며 수족이 불덩어리 같으며 앉지도 눕지도 못한다。위 부적 두 장을 써서 한 장은 태워 마시고 한 장은 몸에 지니며、황지 다섯 장을 서쪽 40보 지점에 태우면 대길하다。

十八日病 서남쪽에서 얻은 병이다。오한과 열이 자주 반복되고 곽란이 발하며 입맛이 떨어진다。아래 부적 두 장을 써서 한 장은 태워 마시고 한 장은 몸에 지닌다。또는 백지 다섯 장을 서남쪽 40보 지점에서 불태운다。

十九日病 정북방에서 얻은 병이다。위는 열이 심하나 아랫도리는 차가우며 구토에 신물이 나오고、사지가 나른하고 음식 생각이 없다。위 부적 두 장을 써서 한 장은 태워 마시고 한 장은 머리에 꽂는데 황지(黃紙) 다섯 장을 서남쪽 30보 지점에다 불태우면 편안해진다。

二十日病 동북방에서 얻은 병이다。구토가 있고 온몸이 아프며 사지가 힘이 없다。아래 부적 두 장을 써서 한 장은 태워 마시고 한 장은 침실 문 위에 붙이고는 백지 다섯 장을 동북쪽 50보 되는 곳에서 태우면 건강이 회복된다。

二十一日病 동북방에서 얻은 병이다。곽란증이 발하고 정신이 아리송하며 앉거나 눕거나 편치 못하고 음식맛이 없다。위 부적 한 장을 써서 태워 마시고、황지(黃紙) 다섯 장을 정북방 40보 지점에다 태우면 곧 편안해진다。

二十二日病 정동쪽에서 얻은 병이다。손과 발이 몹시 차고、곽란이 발하며 좌불안석에 입맛이 뚝 떨어진다。아래 부적 두 장을 써 한 장은 문 위에 붙이고 한 장은 몸에 지닌다。그리고 황지 다섯 장을 동남쪽 30보 지점에다 불사르면 곧 편안해진다。

二十三日病 정남방에서 얻은 병인데 가슴이 더부룩하고 곽란증이 발하며 음식맛이 떨어지고 잠자리가 편치 못하다。위 부적 두 장을 써서 한 장은 태워 마시고 한 장은 몸에 지닌다。또는 백지 다섯 장을 서남쪽 40보 밖에다 불태우면 질병이 쾌차한다。

二十四日病 서남쪽에서 얻은 병이다。증세는 사지가 무겁고 한열이 빈번하며 구역질을 한다。아래 부적 두 장을 써서 한 장은 태워 마시고、한 장은 몸에 지닌다。또는 황지(黃紙) 다섯 장을 서남쪽 50보 밖에다 불사르면 곧 편안해진다。

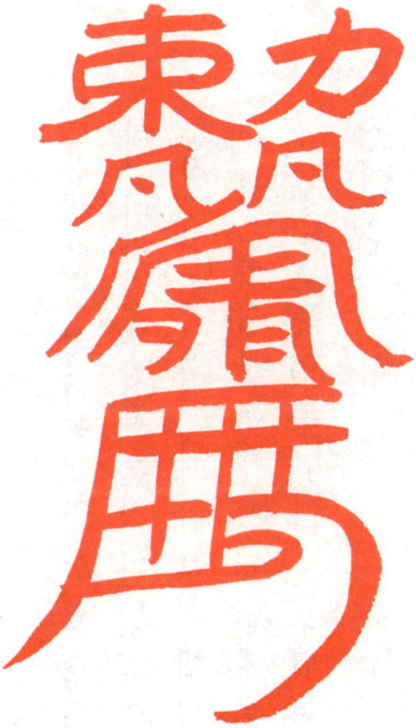

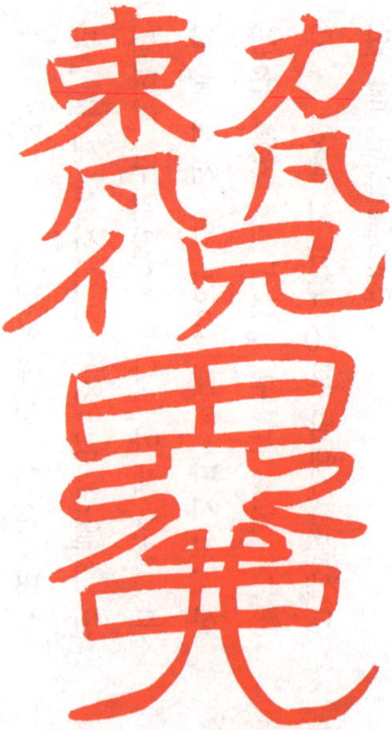

二十五日病 정서쪽에서 얻은 병이다。 머리가 무겁고 몸이 가라앉으며 음식맛이 뚝 떨어진다。 위 부적 한 장을 써서 거실 문 위에 붙이되 백지 일곱 장을 서쪽 40보 밖에다 태우면 편안해진다。

二十六日病 서북방에서 얻은 병이다。 두통에 어지럽고 온몸이 쑤시고 아프다。 아래 부적 한 장을 써서 침실 문 위에 붙이되 황지(黃紙) 다섯 장을 서북방 50보 지점에 불태우면 대길하다。

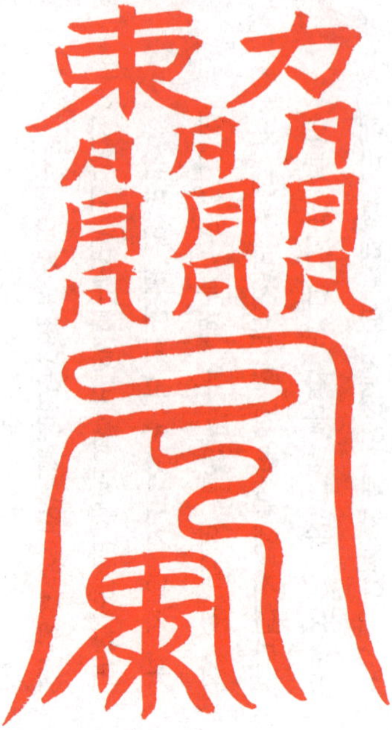

二十七日病 정동쪽에서 얻은 병이다。두통으로 발광하고 금세 춥다가 금세 열이 오르며 구토에 가슴이 답답하다。위 부적을 한 장만 써서 머리에 꽂고 황지(黃紙) 세 장을 동쪽 30보 지점에서 불태우면 대길하다。

二十八日病 정북방에서 얻은 병인데 열이 심하고 잠을 못이루며 음식맛이 없다。아래 부적 두 장을 써서 한 장은 태워 마시고 한 장은 몸에 지닌다。또는 백지 다섯 장을 서쪽 40보 밖에다 태우면 증세가 낫는다。

二十九日病 동남방에 탈이 생겨 얻은 병인데 두통에 금세 한전(寒戰)하다가 금세 열이 오르며 음식맛이 없다。 위 부적을 써서 침상에 붙이되 백지 일곱 장을 동남방 30보 밖에서 태우면 증세가 차츰 낫는다。

三十日病 동북방에서 얻은 병인데 두통에 뇌부가 아프고 어지럽고 음식 생각이 없다。 아래 부적을 써서 몸에 지니라。 또는 황지(黃紙) 다섯 장을 동북방 40보 밖에다 태우면 대길하다。

육십갑자일 득병부(六十甲子日得病符)

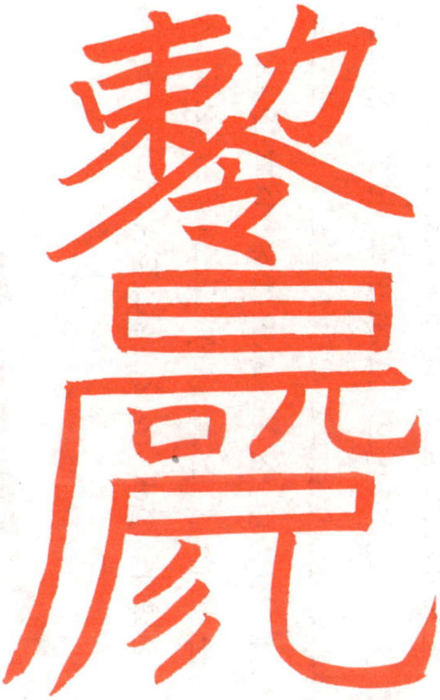

甲子日病符 甲子日에 얻은 병은 한열(寒熱)이 왕래하고 팔 다리가 무거우며 뼈마디가 몹시 쑤신다。 위 부적을 써서 태워 마신 다음 흑지(黑紙) 다섯 장을 북방을 향해 불태우면 신효하다。

乙丑日病符 乙丑日에 얻은 병은 두통에 구토가 있고 숨이 가쁘며 몸이 무거워 편안치가 못하다。 아래 부적을 써서 태워 마시고 백지(白紙) 두 장을 동북방을 향하여 불태우면 길하다。

丙寅日病符 丙寅日에 얻은 병은 동북방에 갔다가 무두귀(無頭鬼)가 붙은 까닭이라 몸이 붓고 뼈마디가 아프며 열이 높아 편안치가 못하다。위 부적을 주사(朱砂)로 써서 몸에 지니되 술、밥、과일을 백지 5백 장으로 만든 신마(神馬)에 실어 북방 강물에 띄워 보내면 신효하리라。

丁卯日病符 丁卯日에 얻은 병은 동방에서 낙상(落傷)이나 물에 빠져 죽은 귀신의 탈이 붙은 까닭이다。사지(四肢)의 뼈마디가 아프고、몸이 나른하며 밤낮을 가리지 않고 불안하다。아래 부적을 써서 몸에 지니되 동쪽을 향해 음식을 차려 놓고 제사지내면서 백지 돈 2백 장을 불사르면 탈이 없어져 병이 낫는다。

戊辰日病符 戊辰日에 얻은 병은 동남쪽에서 부정(不淨)한 물건을 들여온 때문이다。 신열이 높고 구토(嘔吐)와 설사가 멈추지 않으며 사지(四肢)가 몹시 아프다。 위 부적을 써서 태워 마시고 한 장은 몸에 지니면 대길하다。

己巳日病符 己巳日에 얻은 병은 동남방에서 생긴 탈인데 머리가 무겁고 바늘로 찌르는 것 같으며 가슴이 아프다。 아래 부적을 써서 태워 마시되 붉은 종이로 신마(神馬)를 만들어 그 위에다 술이며 음식 등을 실어 보내면 신효하다。

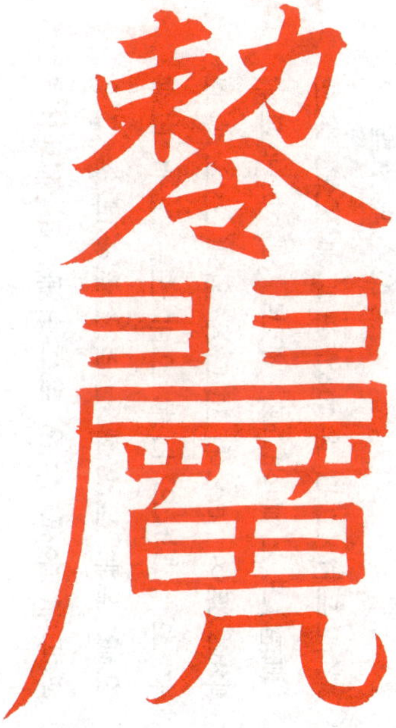

庚午日病符 庚午日에 얻은 병은 동남방이나 서남방에서 생긴 탈인데 몸에 열이 높고 무거우며 눈이 붓고 아프다。위 부적을 써서 몸에 지니되 종이돈 5백 장을 불태우고 술、과일、밥 등을 신마(神馬) 위에 실어 동남방 강물에 띄워 보내면 병이 쾌차해진다。

辛未日病符 辛未日에 얻은 병은 서북방에서 청춘에 죽은 남녀 귀신의 장난 때문이다。몸이 붓고 뼈마디가 아프며 구토에 숨이 가쁘고 가슴이 답답하다。아래 부적을 몸에 지니되 백전(白錢) 2백 장과 밥 과일 술 등을 서북방을 향해 차려놓으면 환자에게서 귀수(鬼祟)가 물러갈 것이다。

壬申日病符 壬申日에 얻은 병은 서북방길에서 물에 빠져 죽은 귀신의 장난이 원인이다。 숨이 몹시 가쁘고 두통이 발하며 물 같은 대변을 쏟는다。 위 부적을 써서 태워 마시고、서남방을 향하여 음식을 차려놓고 귀수(鬼祟)를 먹여 보내되 종이돈 2백 장도 태우면 길하다。

癸酉日病符 癸酉日에 얻은 병은 신열이 매우 높고 두통으로 고생한다。 아래 부적을 써서 태워 마신 다음 종이로 신마(神馬)를 만들어 밥과 술과 과일 등을 실어 남쪽 강물에 띄워 보내면 신효하다。

甲戌日病符 甲戌日에 얻은 병은 서북방에서 전쟁터에서 싸우다가 죽은 귀신이 붙은 까닭이다。신열에 가슴이 답답하고 아프며 기침이 심하다。위 부적을 몸에 지니고 종이돈 5백 장과 몇 가지 음식을 신마(神馬) 등 위에 놓아 보내면 대길하다。

乙亥日病符 乙亥日에 얻은 병은 서북방에서 아기를 낳다 죽은 여귀(女鬼)의 탈이다。몸의 열이 매우 높고 눈이 붉게 충혈되며 머리가 아프고 구토가 심하다。짚이나 나무로 신마(神馬)를 만들어 그 위에다 음식을 차려놓고 종이돈 2백 장을 아래 부적과 함께 불사르면 병이 낫는다。

丙子日病符 丙子日에 얻은 병은 북방길에서 물에 빠져 죽은 귀신이 붙은 까닭이다。몸에 열이 높고 무거우며 구토가 심하다。종이나 짚으로 신마(神馬)를 만들어 북방을 향해 음식을 차려놓고 먹여 보내되 위 부적을 써서 백지로 만든 종이돈과 함께 불사르면 대길하다。

丁丑日病符 丁丑日에 얻은 병은 동북방에서 물이나 불로 인해 죽은 귀신의 장난 때문이다。몸의 열이 높고 머리가 아프며 구토에 몸이 천 근인 것처럼 무겁다。동북방에다 짚으로 만든 신마(神馬)에 술、과일、밥 등을 실어 보내는데 아래 부적을 써서 불태우면 효험이 빠르다。

戊寅日病符 戊寅日에 얻은 병은 북방에서 무두귀(無頭鬼)나 청춘남녀의 귀신이 붙은 까닭이라 신열(身熱)이 높고 두통에 몸이 바늘로 찌르는 것같이 쑤신다。위 부적을 태워 마시고、또는 백지로 만든 종이돈 5백 장과 약간의 재물、술、과일 등을 신마(神馬) 등에 실어 보내면 병이 나으리라。

己卯日病符 己卯日에 얻은 병은 동북방에 갔다가 명이 짧아 일찍 죽은 귀신이 붙어 생긴 질병이다。몸의 열이 몹시 높고 두통으로 견딜 수가 없으며 음식맛이 뚝 떨어진다。동북방에다 술、과일、밥、떡 등을 한상 차려 먹여 보내는데 종이돈과 아래 부적을 불사르면 더욱 효과적이다。

庚辰日病符 庚辰日에 얻은 병은 동남방에 갔다가 길에서 객사한 귀신의 탈이다。 사지의 뼈가 아프고 머리와 가슴이 아프며 구토에 몸이 무거워 움직이기가 어렵다。 밥을 지어 종이로 만든 신마(神馬)에 실려 보내되(동남방에서) 위 부적을 써서 불에 태우면 효험이 빠르다。

辛巳日病符 辛巳日에 얻은 병은 남쪽에서 전쟁으로 인해 칼 맞아 죽은 남녀 귀신의 장난 때문이다。 몸이 붓고 뼈마디가 아프며 열이 오르고 소화가 안된다。 아래 부적을 써서 종이돈과 함께 불사르되 남방에다 술、과일、밥 등을 짚으로 만든 신마(神馬)에 실려 보낸다。

壬午日病符 壬午日에 얻은 병은 남방 조왕신을 범했거나 동토로 생긴 탈이다。 몸이 잠깐 냉했다가 잠깐 뜨거워지고 숨차고 가슴이 답답하며 구토 설사를 한다。 아래 부적을 써 몸에 지니되 백전(白錢) 5백 장과 물、술、과일 등을 종이나 짚으로 만든 신마(神馬)에 실어 남쪽 방에 놓아두면 신효하다。

癸未日病符 癸未日에 얻은 병은 숨차고 가슴이 답답하며 토사가 있다。 또는 한열이 자주 반복되고 한전하다가 땀을 많이 흘린다。 위 부적을 써서 태워 마시되 붉은 종이돈 2백 장을 동쪽을 향해 불태우는데 밥을 차려놓고 빌면 효험이 빠르다。

甲申日病符 甲申日에 얻은 병은 서남방에서 일찍 죽은 동자귀신이 붙은 까닭이다。증세는 열이 높고 머리 가슴이 아프며 오한(惡寒)을 겸한다。짚으로 신마(神馬)를 만들어 종이돈 5백 장과 술、과일、밥 등을 차려놓고 동자귀를 보낸다。

乙酉日病符 乙酉日에 얻은 병은 북방에서 피흘리고 죽은 귀신의 장난으로 인한 것인데 열이 높고 숨이 가쁘고 가슴이 답답하고、몸이 붓고 뼈마디가 아프다。술과 과일을 북쪽에다 차려놓고 먹여보내되 아래 부적과 종이돈 5백 장을 함께 불사르면 신효하다。

丙戌日病符　丙戌日에 얻은 병은 북방에서 칼맞아 죽은 병졸의 귀신탈 때문이다。몸이 붓고 뼈마디가 아프며 오한과 신열이 자주 반복된다。또는 가슴이 아프고 몸이 무겁다。퇴치법은 위 부적을 태워 마시되 술、과일、냉수、밥 등을 신마(神馬)에 실려 북쪽 방위에 놓아두면 된다。

丁亥日病符　丁亥日에 얻은 병은 서북방에 갔다가 젊은 남녀가 함께 물에 빠져 정사(情死)한 귀신의 장난으로 인한 것이다。신열에 가슴이 답답하고 아프며 기침이 심하고 몸이 무겁다。아래 부적을 써서 백지로 만든 종이돈과 함께 불사르면 요괴가 퇴치된다。

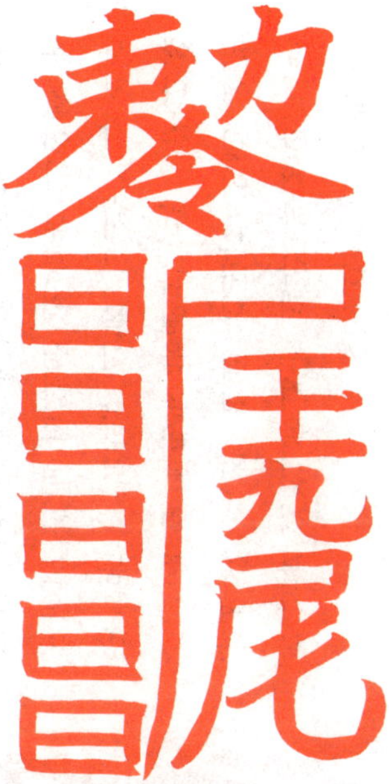

戊子日病符 戊子日에 얻은 병은 북방에서 죽은 지 얼마 안된 남녀 귀신이 붙은 까닭이다。증세는 열이 높고 구토와 두통、사지통(四肢痛)에 몸이 무겁고 기침이 심하다。위 부적을 써서 지니되 백지로 만든 종이돈 한뭉치를 태워 보내면 잡귀가 물러가리라。

己丑日病符 己丑日에 얻은 병은 동북방에 갔다가 젊은 나이로 죽은 남녀 귀신이 몸에 붙어온 까닭이다。한열이 왕래하고 가슴이 답답하며 온몸이 나른하고 아프다。아래 부적을 써서 몸에 지니되 짚으로 만든 말에다 술、물、밥、과일 등을 실어 북방을 향해 보내면 신효하다。

庚寅日病符 庚寅日에 얻은 병은 동북방에 갔다가 물에 빠져 죽은 귀신이 붙은 까닭이다。신열에 구토가 심하고 가슴이 더부룩하여 소화가 안된다。북방 50보 밖에 가서 술、과일、밥 등을 종이나 짚으로 만든 말등에 실어 보내되 위 부적을 함께 불사른다。

辛卯日病符 辛卯日에 얻은 병은 동북방에서 돌림병으로 죽은 귀신이 따라온 탈이라 두통이 심하고 열이 높으며 사지가 쑤시고 몸이 무겁다。동북방에다 술、밥、과일을 준비하여 종이말 위에 실어 보내되 백색、청색 종이돈 5백 장씩과 아래 부적을 함께 불사르면 병이 낫는다。

壬辰日病符 壬辰日에 얻은 병은 동방에서 사고로 죽은 귀신이 따라왔거나 동방에다 동토한 탈이 생긴 때문이다。구토가 있고 팔다리 뼈가 쑤시고 아프다。동방에다 상을 차리되 신마(神馬)와 물、술、밥、과일 등을 준비하여 먹여 보내되 위 부적과 청색 종이돈 5백 장을 함께 불사르면 신효하다。

癸巳日病符 癸巳日에 얻은 병은 한열(寒熱)이 왕래하고 해수(咳嗽)가 심하며 숨이 가쁘다。아래 부적을 주사(朱砂)로 써서 태워 마시되 백지로 신마(神馬)를 만들어 술과 밥과 과일 등을 말등에 실어 남쪽 강물에 띄워 보내면 신효하다。

甲午日病符 甲午日에 얻은 병은 서남방에서 낙상으로 죽거나 물에 빠져 죽은 귀신의 탈이다。두통에 열이 높고 구토에 가슴이 답답하고 사지에 힘이 없다。위 부적을 몸에 지니되 한 장은 태운다。서쪽 방위에 음식을 차려놓고 돌려보내면 병이 쾌차하리라。

乙未日病符 乙未日에 얻은 병은 서남방에서 사고로 죽은 귀신의 탈이다。증세는 두통에 가슴이 답답하고 눈에 별이 보이며 열이 높고 구토가 있다。짚으로 만든 말머리를 서남방 서남쪽으로 향하도록 하고 물、밥、과일、술 등을 말등에 싣는데 이때 아래 부적과 적백색 종이돈을 각각 3백 장씩 불사르면 신효하다。

丙申日病符 丙申日에 얻은 병은 남방에서 크게 다치거나 아이를 낳다가 죽은 귀신이 몸에 붙어온 때문이다。오한과 열이 번가르고 눈이 충혈되며 머리、허리가 몹시 아프고 토사(吐瀉)를 한다。백지로 만든 종이돈 2백 장과 위 부적을 불사르되 술、과일、밥 등을 신마 위에 올려 남쪽을 향해 보낸다。

丁酉日病符 丁酉日에 얻은 병은 서쪽에다 나무나 돌을 운반한 탈이다。머리 가슴 배의 통증이 멈추지 않고 설사가 심하며 열이 높다。서쪽에다 냉수、술、과일、밥 등을 종이로 만든 말 위에 실어 보내되 종이돈과 아래 부적을 함께 불사르면 신효하다。

戊戌日病符 戊戌日에 얻은 병은 서북방에서 자식없이 죽은 귀신의 장난 때문인데 열이 높고、 머리가 아프며 구토가 심하다。 위 부적을 써서 몸에 지니고 한 장은 불에 태우면 귀수(鬼祟)가 물러난다。

己亥日病符 己亥日에 얻은 병은 동북방에서 무두귀(無頭鬼)가 붙은 까닭이다。 신열이 대단하고 가슴이 아프며 잠깐 춥다가 금세 더워 땀을 흘린다。 술、 과일、 밥 등을 종이로 만든 말등에 실어 보내는데 아래 부적과 종이돈 5백 장을 함께 불사른다。

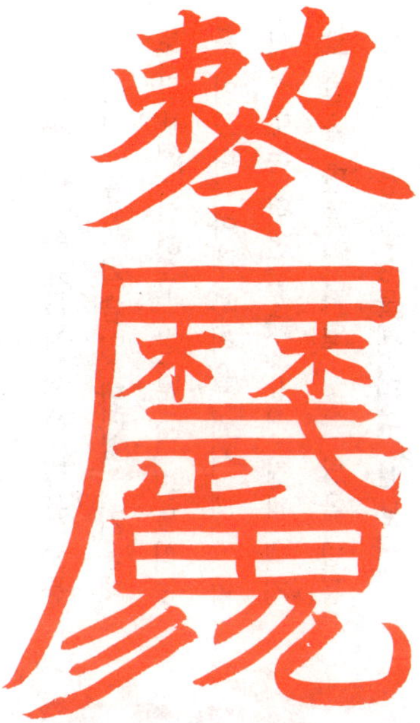

庚子日病符 庚子日에 얻은 병은 동북방에서 주인없는 귀신이 얻어먹자고 붙은 탈이다。 한열이 왕래하고 두통에 몸이 무겁고 편치 못하다。 종이로 만든 말에다 술、과일、밥 등을 실어 보내되 위 부적과 종이돈 약간을 함께 불사르면 신효하다。

辛丑日病符 辛丑日에 얻은 병은 동북방에서 객사한 귀신이 함께 따라온 때문이다。 증세는 두통에 가슴이 답답하고 열이 높으며 구토와 설사가 있다。 지마(紙馬)를 동북방에다 만들어 놓고 여러 가지 음식을 마련、먹여 보내는데 이때 아래 부적을 불사르면 효험이 빠르다。

壬寅日病符 壬寅日에 얻은 병은 동북방에서 떠돌아 다니다가 죽은 귀신이 따라온 탈인데 신열이 높고 숨이 가쁘며 두통에 구토를 한다。동북방에다 지마(紙馬)를 만들어 술、과일、밥 등을 차려놓고 먹여 보내되 이때 위 부적을 준비했다가 불사르면 귀수(鬼祟)가 물러난다。

癸卯日病符 癸卯日에 얻은 병은 두통에 열이 높고 가슴이 답답한 가운데 토사(吐瀉)가 있고 장(腸)이 뒤틀리는 듯 아프다。아래 부적을 써서 태워 마시고 또는 적전(赤錢) 5백 장과 백지로 말을 만들어 과일、술、밥을 말등에 실어 동쪽 강물에 띄워 보낸다。

甲辰日病符 甲辰日에 얻은 병은 동북방에서 머리와 다리 잘린 귀신이 붙은 까닭이다。 신열이 대단하고 머리와 온몸의 뼈가 쑤시고 아파 견딜 수가 없다。 위 부적을 써서 종이돈 3백 장과 같이 태우되 동북방에다 술、과일、밥 등을 차려놓고 먹여 보내면 병이 쾌차할 것이다。

乙巳日病符 乙巳日에 얻은 병은 남쪽에서 돌림병으로 죽은 귀신이 따라온 까닭이다。 몸의 열이 높고 머리、가슴이 아프며 팔 다리가 무겁다。 정결한 냉수와 술、밥、과일 등을 장만하여 종이로 만든 지마(紙馬)에 실은 다음 남쪽으로 말머리를 향하도록 놓아두고、이때 아래 부적을 태우면 신효하다。

丙午日病符 丙午日에 얻은 병은 남방에서 돌림병으로 죽은 귀신의 장난 때문이라 증세는 머리와 팔 다리가 몹시 아프고 눈이 충혈된다。위 부적을 몸에 지니되 밥과 술、과일을 준비하여 짚으로 만든 신마(神馬)에다 실려 보내면 병이 낫는다。

丁未日病符 丁未日에 얻은 병은 원귀(寃鬼)의 저주(咀呪) 때문인데 한열이 왕래하고 머리를 콕콕 찌르며 사지의 뼈가 몹시 쑤시며 몸이 푹 가라앉는 것 같다。붉은 종이로 말을 만들어 그 위에 음식、돈 등을 실어 보내고 아래 부적을 써서 몸에 지니면 대길하다。

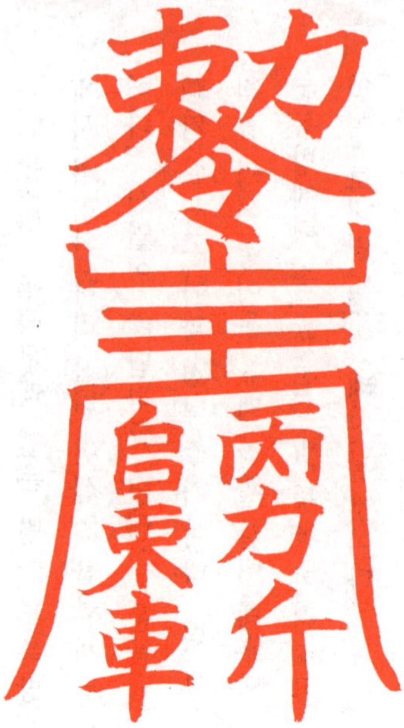

戊申日病符 戊申日에 얻은 병은 한열(寒熱)이 왕래하고 구토에 가슴이 답답하다。또는 머리가 쑤시고 열이 심할 때는 말이 횡설수설 종잡을 수 없고 팔다리의 뼈가 아프다。위 부적을 써서 태워 마신 다음 종이돈 5백 장을 불에 태우면 신효하다。

己酉日病符 己酉日에 얻은 병은 부정(不淨)을 범하여 요괴의 장난 때문인데 한열이 왕래하고 두통이 심하다。아래 부적을 써서 불에 태워 마시되 술、밥、과일을 차려놓고 기도한 다음 백지로 만든 종이돈 3백 장을 불사르면 신효하리라。

庚戌日病符 庚戌日에 얻은 병은 금세 오한(惡寒)하다가 금세 열이 오르며 머리가 송곳으로 찌르는 것 같고 배가 더부룩하며 잠이 계속 온다。위 부적을 태워 마시되 백지로 만든 종이돈 5백 장과 약간의 비단、재물 등을 불에 사르면 신효함이 있으리라。

辛亥日病符 辛亥日에 얻은 병은 서북방에 갔다가 칼에 찔려 죽은 귀신이 붙은 까닭이다。증세는 머리가 무겁고 가슴、배가 거북하며 구토를 한다。음식을 차려놓고 먹여 보내는데 아래 부적과 종이돈 2백 장을 함께 불태우면 신효하다。

壬子日病符 壬子日에 얻은 병은 북방으로 출행했다가 물에 빠져 죽은 귀신이 붙은 까닭이다。몸의 열이 매우 높고 머리골、눈자위를 쿡쿡 찌르는 듯 아프며 입과 혀가 탄다。청전(靑錢)、황전(黃錢) 각 2백 장과 금박지 은박지를 준비하여 위 부적과 함께 북쪽을 향하여 불사르면 신효하다。

癸丑日病符 癸丑日에 얻은 병은 동북방에서 객사한 귀신의 장난 때문이다。정신이 아리송하고 미한(微寒)과 미열(微熱)이 왕래하며 음식을 제대로 못한다。아래 부적을 태워 마신 다음 황지와 백지를 불에 태우면 신효함이 있으리라。

甲寅日病符 甲寅日에 얻은 병은 동방에서 피를 흘리고 죽은 귀신의 장난 때문이다。 증세는 열이 높고 입맛이 몹시 써서 먹지 못하며 온몸이 불편하다。 동쪽에다 몇 가지 음식을 차려놓고 먹여 보내되 위 부적과 황지(黃紙)로 만든 종이돈 3백 장을 함께 불사르면 병이 쾌차할 것이다。

乙卯日病符 乙卯日에 얻은 병은 동남방에서 돌림병으로 죽은 귀신의 탈이다。 신열이 대단하여 말을 횡설수설하고 가슴、배가 더부룩하여 잘 먹지 못한다。 동남쪽에다 술、밥、과일、비단(약간) 등을 종이로 만든 지마(紙馬)에 실어 보내는데 아래 부적을 써서 몸에 지닌다。

丙辰日病符 丙辰日에 얻은 병은 남쪽방으로 갔다가 객사해 죽은 외로운 귀신이 붙은 까닭이다。 신열에 갈증이 심하고 몸은 천 근이나 되는 것처럼 무겁다。 북방에다 술、과일、밥 등을 차려놓고 먹여 보내는데 지마(紙馬)에 싣는다。 또는 붉은색 종이돈 2백 장과 위 부적을 함께 불사르면 병이 낫는다。

丁巳日病符 丁巳日에 얻은 병은 서남방에서 칼에 찔리거나 물에 빠져 죽은 귀신의 탈이다。 두통에 신열이 높고 음식맛이 떨어져 먹지 못한다。 서남쪽에다 술、비단、재물、과일 등을 차려놓고 달래 보내되 백지로 만든 종이돈 3백 장과 아래 부적을 함께 불태우면 신효하다。

戊午日病符 戊午日에 얻은 병은 온몸이 아프지 않은 데가 없다。또는 오한(惡寒)과 열이 반복되고、특히 팔 다리가 쑤시며 꿈자리가 사납다。위 부적 두 장을 써서 한 장은 몸에 지니고 한 장은 종이돈 한 뭉치와 함께 불태우면 몸이 가뿐해진다。

己未日病符 己未日에 얻은 병은 남쪽에서 피두살(披頭殺)이 붙은 까닭이다。신열에 머리가 쿡쿡 쑤시고 눈이 침침하며 사지(四肢) 불안에 말하기가 어렵다。남방에다 술、과일、밥 등을 차려놓고 먹여보내되 아래 부적과 종이돈 3백 장을 함께 불사르면 즉시 효험이 있다。

庚申日病符 庚申日에 얻은 병은 때없이 추웠다 더웠다 하고、머리가 무겁고 눈이 침침하고、입이 타고、혀가 써서 음식을 잘 못한다。위 부적을 써서 몸에 지닌 다음 깨끗한 음식을 차려놓고 하늘을 향하여 제사지내면 대길하다。

辛酉日病符 辛酉日에 얻은 병은 오귀(五鬼)의 장난 때문이라 두통、안통(眼痛)뿐 아니라 온몸의 뼈가 아프고 몸이 무겁다。아래 부적을 써서 몸에 지니되 백미(白米) 약간과 백지로 만든 종이돈과 술、과일 등을 진설하고 제사지내면 병악이 소멸되리라。

壬戌日病符 壬戌日에 얻은 병은 가끔씩 열이 오르고 머리 가슴이 몹시 아프며 팔다리가 쑤시고 아프다。위 부적을 태워 마시되 오색지(五色紙)로 신마(神馬)를 만든 다음 음식물을 말에 실어 북방 강물에 띄워 보낸다。

癸亥日病符 癸亥日에 생긴 병은 머리를 쿡쿡 찌르고 신열(身熱)이 높으며、다리가 아프고 구토가 나오며 온몸이 괴롭다。이 부적을 불살라 마신 뒤 황지와 백지 각각 세 장씩 태우면 대길하다。

만사대길부(萬事大吉符)

이 부적을 주서로 써서 집을 중심으로 사방에 붙이면 모든 일에 길하다。

보태령부(保胎靈符)

이 부적을 주서로 써서 임산부가 몸에 지니거나 벼개 속에 넣고 매일 사용하면 태아를 보호한다。

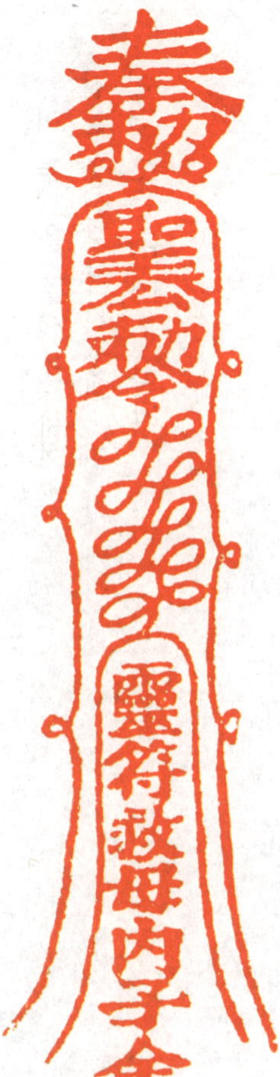

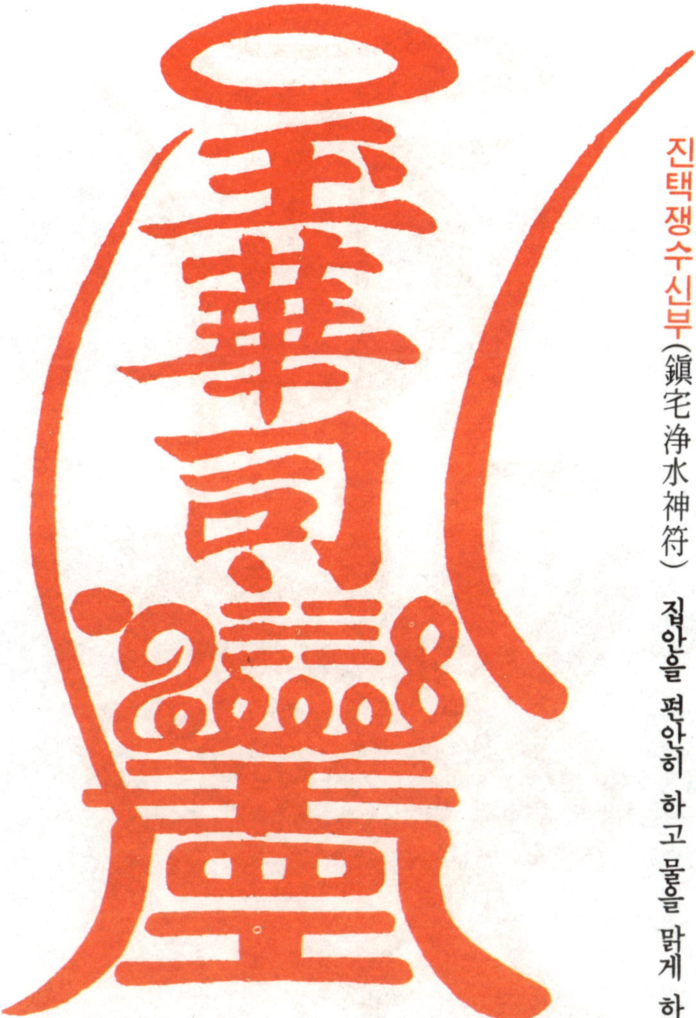

진택쟁수신부(鎭宅淨水神符)

집안을 편안히 하고 물을 맑게 하는 부적

백해소재부(百解消災符)

모든 일에 재화를 없애주는 부적

삼불제석

호 구 씨

별
상
님

불사할머니

白馬神將
백
마
신
장

대신할머니

사
해
용
왕

칠
성
福壽
福壽
福
福

산신

최일장군

명도령

오
방
신
장

附錄(1) 男女宮合法(남녀 궁합법)

○ 六十甲子 並納音(육십갑자 병납음)

- 甲子 乙丑 海中金(해중금)
- 丙寅 丁卯 爐中火(노중화)
- 戊辰 己巳 大林木(대림목)
- 庚午 辛未 路傍土(노방토)
- 壬申 癸酉 劍鋒金(검봉금)
- 甲戌 乙亥 山頭火(산두화)
- 丙子 丁丑 澗下水(간하수)
- 戊寅 己卯 城頭土(성두토)
- 庚辰 辛巳 白鑞金(백랍금)
- 壬午 癸未 楊柳木(양류목)
- 甲申 乙酉 泉中水(천중수)
- 丙戌 丁亥 屋上土(옥상토)
- 戊子 己丑 霹靂火(벽력화)
- 庚寅 辛卯 松柏木(송백목)
- 壬辰 癸巳 長流水(장류수)
- 甲午 乙未 沙中金(사중금)
- 丙申 丁酉 山下火(산하화)
- 戊戌 己亥 平地木(평지목)
- 庚子 辛丑 壁上土(벽상토)
- 壬寅 癸卯 金箔金(금박금)
- 甲辰 乙巳 覆燈火(복등화)
- 丙午 丁未 天河水(천하수)
- 戊申 己酉 大驛土(대역토)
- 庚戌 辛亥 釵釧金(차천금)
- 壬子 癸丑 桑柘木(상자목)
- 甲寅 乙卯 大溪水(대계수)
- 丙辰 丁巳 沙中土(사중토)
- 戊午 己未 天上火(천상화)
- 庚申 辛酉 石榴木(석류목)
- 壬戌 癸亥 大海水(대해수)

○ 宮合相克中 相生之命

(궁합상극중 상생지명)

沙中金(사중금)과 釵釧金(차천금)은 불을 만나야 성취하고。

霹靂火・天上火・山下火(벽력화、천상화、산하화)는 물을 얻어야 복록과 영화가 있고 平地 一秀木(평지 일수목)은 금이 없으면 성취하지 못하고。

天河水・大海水(천하수、대해수)는 흙을 만나면 자연히 형통하고。

路傍土・大驛土・沙中土(노방토、대역토、사중토)는 나무가 아니면 평생을 그르치게 되나니라。 (右法은 官星制化之 妙法也니라)

○男女宮合 解說(남녀궁합 해설)

男金女金=남녀가 같이 거한즉 불길하니 평생을 무익하게 지내고 우마와 재물이 자연히 없어지고 관재수와 재앙이 많이 생기리라。

龍變化魚:용이 고기로 변한 격

男金女木=금극목하니 관재와 재난이 있으며 가내가 화목치 못할 것이요 우마와 재산이 사라지고 부부 이별하여 독수공방할 운이로다。

游魚失水:고기가 물을 잃은 격

男金女水=금생수하니 부부 화목하고 가도가 넉넉하며 겨울을 지난 초목이니 자손이 만당하여 효도하고 영화가 무궁하리라。

駟馬得馱:사마가 짐을 얻은 격

男金女火=화극금이니 백년을 조심할 격이니라 재물이 자연히 패할 것이요 이별수가 있고 혹 자손을 두었으나 기르기 어려우리라。

瘦馬重馱:병든 말의 무거운 짐

男金女土=토생금이니 부귀 공명할 격이로다。 자손이 번성하고 노비 전답이 많으며 거룩한 이름을 세상에 떨치니 평생 근심이 없으리라。

仙得土木:신선이 토목을 얻은 격

男木女金=금극목하니 불길하도다。 부부간에 오래 동거치 못할 것이요 재산이 풍족하지 못하며 자손의 근심이 있으며 재액이 많으리라。

臥牛負草:누운 소가 풀을 진 격

男木女木=평생에 길흉이 상반하리라。 부부 화목하여 생남 생녀할 것이요、재산이 풍족치는 못하나 일생 굶주리지는 아니하리라。

主失鷄犬:닭과 개를 잃은 격

男木女水=수생목하니 부부 금슬이 지극하고 자손이 효성하며 친척 화목하고 복록이 가득할 것이요 수명을 누리고 이름도 떨치게 되리라。

鳥變成鷹:새가 매로 변하는 격

男木女火=목생화하니 자손이 만당하고 복록이 창성할 격이라。 평생을 금의 옥식으로 부러울 것이 없으며 복이 오고 재앙은 사라지리라。

三夏逢扇:여름에 부채를 얻은 격

男木女土＝목극토하니 부부 금슬이 불합할 것이요 친척과 화목치 못하고 자손이 불효하며 패가망신하기 쉬우리라。

入冬裁衣：겨울에 옷을 만드는 격

男水女金＝금생수하니 부귀할 격이라 자손이 창성하며 생애가 점점 족해지고 친척이 화목하며 노비 전답이 많으리라。

三客逢弟：삼객이 동생을 만난격

男水女木＝수생목하니 재산이 흥왕하며 영화가 무궁하고 공명이 또한 겸비하여 자손이 만당하니 평생에 기쁜일뿐이로다。

鮫變爲龍：상어가 용이 된 격

男水女水＝수상합하니 부귀할 격이요 부부 금슬이 중하고 일가가 화순하며 전답이 사면에 가득하고 자손이 창성하여 일생 안락하리라。

病馬逢針：병든 말이 침을 만난격

男水女火＝수화 상극하니 부부 불순하고 자손이 불효하며 일가 친척이 화목치 못하며 자연히 재액이 이르매 패가하리라。

花落逢暑：꽃이 떨어지고 여름을 만난 격

男水女土＝수토가 상극하니 금슬이 화목치 못하고 자손이 불효하여 가도가 자연히 패하고 재물이 없고 상부(喪夫)할 격이로다。

萬物逢霜：만물이 서리를 만난격

男火女金＝화극금하니 불 가운데 눈같이 사라지고 믿을 것이 없도다。자손이 극귀하고 일륜이 어지러워 재앙이 많고 재물이 사라지리라。

龍失明珠：용이 여의주를 잃은격

男火女木＝목생화하니 만사 대길하고 부부 화합하여 자손이 효행하고、사방에 이름을 떨치어 석승같은 부자에 고관의 벼슬을 얻으리라。

鳥變成鶴：새가 변하여 학이 되는 격

男火女水＝수극화하니 만사 대흉하여 상처할 격이요、일가 친척이 불화하고 재물이 없으리라。

老脚渡橋：늙은이가 다리를 건너는 격

男火女火＝양화가 서로 만나니 길한 것이 적고 흉액이 많도다。재물이 흩어지고 부부 불화하고 자손이 없으며 화재로 패를 보리라。

龍變爲魚：용이 변하여 고기가 된 격

男火女土＝화생토하니 재물이 풍족하고 자손이 창성하며 일생 근심이 없고 부귀 복록이 자연히 이르며 도처에 이름을 떨치리라。

人變成仙：사람이 신선으로 변하는 격

男土女木＝목극토하니 부부가 서로 불화하고 관재구설이 빈빈하게 이르며 겉은 비록 부유하나 안으로 가난할 것이요、백년을 근심하리라。

枯木逢秋：마른 나무가 가을을 만난 격

男土女金＝토생금하니 부부 해로하여 자손이 창성히고 부귀 공영이 겸전하여 재물이 산과 같고 노비가 집안에 가득하니 태평하리라。

鳥變成鷹：새가 변하여 매가 된 격

男土女水＝토극수하니 자손이 비록 있어도 동서로 흩어질 것이요、부부지간에 생이별하고 가산도 탕진하리라。

飮酒悲歌：술마시며 슬픈 노래를 부르는 격

男土女火＝화생토하니 부부간의 금슬이 중하고 자연히 부귀할 것이요、효자 효부를 두어 즐거움을 누리고 노비 전답이 즐비하리라。

魚變成龍：고기가 용이 된 격

男土女土＝양토가 상합하니 자손이 창성할 격이요、부귀할지로다。금의 옥식에 풍류객이 되어 고루 거각에 앉아 영화를 누리리라。

開花滿枝：가지마다 꽃이 핀 격

○ 相生(상생)

金生水＝금은 물을 생하고、
水生木＝물은 나무를 생하고、
木生火＝나무는 불을 생하고、
火生土＝불은 흙을 생하고、
土生金＝흙은 금을 생한다。

○ 相 克(상 극)

金克木＝금은 나무를 극하고、
木克土＝나무는 흙을 극하고。
土克水＝흙은 물을 극하고、
水克火＝물은 불을 극하고、
火克金＝불은 금을 극한다。

○ 嫁娶滅門法(가취멸문법)

(오행과 궁합이 상생이 될지라도 이 가취멸문법에 해당되면 불길하니라。)

正月生女와 九月生男　三月生女와 五月生男
五月生女와 正月生男　七月生女와 三月生男
九月生女와 四月生男　二月生男과 八月生女
四月生女와 六月生男 六月生女와十二月生男
八月生女와 十月生男 十月生女와十一月生男

○ 怨嗔法(원진법)

(오행이 상생하고 가취멸문법에 해당이 안될지라도 원진살이 되면 혼인에 불길하니라。)

鼠忌羊頭角：쥐는 양의 뿔을 싫어하고(子未)。

兎怨猴不平：토끼는 잔나비의 불평을 원망한다(卯申)。

牛憎馬不耕：소는 말이 밭갈지 않음을 미워한다(丑午)。

龍嫌猪面黑：용은 돼지의 낯이 검음을 혐오하고(辰亥)。

虎憎鷄嘴短：호랑이는 닭의 부리 짧음을 미워하고(寅酉)。

蛇驚犬吠聲：뱀은 개짖는 소리에 놀란다(巳戌)。

二、擇日法(택일법)

무릇 어떠한 부문을 막론하고 택일에 앞서 生氣福德(생기복덕)을 맞추어 길한 日辰(일진)을 가린뒤에 다음에 列記(열기)한 각 吉日(길일)과 凶日(흉일)을 택일하고자하는 部門(부문)에 대조하여 가리는 것이다。

○ **男女 生氣福德 吉凶圖**(남녀 생기복덕 길흉도)

男子(남자)	二	三	四	五	六	七	八	九
	十	十一	十二	十三	十四	十五	十六	十七
	十八	十九	二十	二十一	二十二	二十三	二十四	二十五

男子(남자)	生氣(생기) 吉(길)	天宜(천의) 吉(길)	絶體(절체) 平(평)	游魂(유혼) 平(평)	禍害(화해) 凶(흉)	福德(복덕) 吉(길)	絶命(절명) 凶(흉)
二十六 三十四 四十二 五十 五十八 六十六 七十四 八十二	戌亥	午	丑寅	辰巳	子	未申	卯
二十七 三十五 四十三 五十一 五十九 六十七 七十五 八十三	酉	卯	未申	子	辰巳	丑寅	午
二十八 三十六 四十四 五十二 六十 六十八 七十六 八十四	辰巳	丑寅	午	戌亥	酉	卯	未申
二十九 三十七 四十五 五十三 六十一 六十九 七十七 八十五	未申	子	酉	卯	午	戌亥	辰巳
三十 三十八 四十六 五十四 六十二 七十 七十八 八十六	午	戌亥	辰巳	丑寅	未申	子	酉
三十一 三十九 四十七 五十五 六十三 七十一 七十九 八十七	子	未申	卯	酉	戌亥	午	丑寅
三十二 四十 四十八 五十六 六十四 七十二 八十 八十八	卯	酉	子	未申	丑寅	辰巳	戌亥
三十三 四十一 四十九 五十七 六十五 七十三 八十一 八十九	丑寅	辰巳	戌亥	午	卯	酉	子

歸魂(귀혼) 平(평)

女子(여자)

酉	戌亥	子	丑寅	卯	辰巳	午	未申
三	二	一					
	九	八		七	六	五	四
十	十七	十六	十五	十四	十三	十二	十一
十八	二十五	二十四	二十三	二十二	二十一	二十	十九
二十六	三十三	三十二	三十一	三十	二十九	二十八	二十七
三十四	四十一	四十	三十九	三十八	三十七	三十六	三十五
四十二	四十九	四十八	四十七	四十六	四十五	四十四	四十三
五十	五十七	五十六	五十五	五十四	五十三	五十二	五十一
五十八	六十五	六十四	六十三	六十二	六十一	六十	五十九
六十六	七十三	七十二	七十一	七十	六十九	六十八	六十七
七十四	八十一	八十	七十九	七十八	七十七	七十六	七十五
八十二	八十九	八十八	八十七	八十六	八十五	八十四	八十三

○ 百忌日(백기일)

甲不開倉=甲日에 창고를 열지 못하며

乙不栽植=乙日에 나무를 재배하거나 심지 못하며

丙不修竈=丙日에 조왕을 고치지 못하며

丁不剃頭=丁日에 머리를 빗지 못하며
戊不受田=戊日에 수전을 못하며
己不破券=己日에 문서를 파하지 못하며
庚不經略=庚日에 일을 도모하지 못하며
辛不合醬=辛日에 장을 담그지 못하며
壬不決水=壬日에 물을 가두지 못하며
癸不詞訟=癸日에 송사하지 못하니라。
子不問卜=子日에 점치지 못하며
丑不冠帶=丑日에 관대를 매지 못하며
寅不祭祀=寅日에 제사지내지 못하며

卯不穿井=卯日에 우물을 파지 못하며
辰不哭泣=辰日에 곡하지 못하며
巳不遠行=巳日에 먼 출행을 못하며
午不苫蓋=午日에 지붕을 덮지 못하며
未不服藥=未日에 약을 먹지 못하며
申不安牀=申日에 평상을 만들지 못하며
酉不會客=酉日에 빈객을 모으지 못하며
戌不乞狗=戌日에 개를 들이지 못하며
亥不嫁娶=亥日에 혼인을 못하나니라。

○ 月家吉神(월가길신)

이 월가길신은 月別(월별)로 日辰(일진)의 吉凶(길흉)을 찾기 쉽도록 되어 있으니 택일의 조목대로 사용하나니라。 例：正月 丙日이면 月德(월덕) 二月 亥日이면 生氣(생기)가 된다。

月家吉神		月別 / 日辰	正月	二月	三月	四月	五月	六月	七月	八月	九月	十月	十一月	十二月
天德(천덕)	造葬上官百事皆亨(조장 및 상관 백사형통)	日辰	丁	申	壬	辛	亥	甲	癸	寅	丙	乙	巳	庚

月德 (월덕)	修作 萬福咸至 (수작 만복이 모두 이름)	日辰	丙	甲	壬	庚	丙	甲	壬	庚	丙	甲	壬	庚
天德合 (천덕합)	天德 同用 (천덕과 같이 쓰임)	日辰	壬	巳	丁	丙	寅	巳	戊	亥	辛	庚	申	乙
月德合 (월덕합)	月德 同用 (월덕과 한가지로 쓰임)	日辰	辛	己	丁	乙	辛	己	丁	乙	辛	己	丁	乙
月空 (월공)	上章修造取土俱吉 (상장 취토 수조 모두 길)	日辰	壬	庚	丙	甲	壬	庚	丙	甲	壬	庚	丙	甲
月恩 (월은)	與天恩同 (천은과 같음)	日辰	丙	丁	庚	己	戊	辛	壬	癸	庚	乙	甲	辛
月財 (월재)	移居造葬橫財大吉 (이사 장사 횡재에 대길)	日辰	九	三	四	二	七	六	九	三	四	二	七	六
生氣 (생기)	一名天喜 (일명천희)	日辰	戌	亥	子	丑	寅	卯	辰	巳	午	未	申	酉
天醫 (천의)	求醫治病針藥皆驗 (구의 치병 침약 모두 효험)	日辰	丑	寅	卯	辰	巳	午	未	申	酉	戌	亥	子
旺日 (왕일)	宜上樑下棺、忌動土 (상량하관 길 동토는 흉)	日辰	寅	寅	寅	巳	巳	巳	申	申	申	亥	亥	亥
相日 (상일)	上 同 (상 동)	日辰	巳	巳	巳	申	申	申	亥	亥	亥	寅	寅	寅
解神 (해신)	能解諸殺百事大吉 (능히 모든살을풀고 백사 길)	日辰	申	申	戌	戌	子	子	寅	寅	辰	辰	午	午
五富 (오부)	宜造葬作倉庫 (조장에나 창고에 길함)	日辰	亥	寅	巳	申	亥	寅	巳	申	亥	寅	巳	申
玉帝赦日 (옥제사일)	任意作事吉 (임의 작사에 길)	日辰	丁巳	甲子	乙丑	丙寅	辛卯	壬辰	丁亥	甲午	乙未	丙申	辛酉	壬戌

天赦神(천사신)	天赦神來身罪宥赦(천사신이 오면 죄를 사함)	日辰	戊	丑	辰	未	戊	丑	辰	未	戊	丑	辰	未
皇恩大赦(황은대사)	皇恩來赦消炎弭患(재앙이 사라지고 이환이 나음)	日辰	戌	丑	寅	巳	酉	卯	子	午	亥	辰	申	未
要安日(요안일)	獲福受生益後續世(획복수생익후속세)	日辰	寅	申	卯	酉	辰	戌	巳	亥	午	子	未	丑
萬通四吉(만통사길)	轉禍爲福居安同榮(전화위복거안동영)	日辰	午	亥	申	丑	戌	卯	子	巳	寅	未	辰	酉
天貴(천귀)	宜祭祀上官入學(제사 벼슬 입학에 길)	日辰	春	甲	乙	夏	丙	丁	秋	庚	辛	冬	壬	癸
四相(사상)	嫁娶百事大吉(혼인과 백사에 길)	日辰	春	丙	丁	夏	戊	己	秋	壬	癸	冬	甲	乙
三合(삼합)		日辰	午戌	未亥	申子	酉丑	戌寅	亥卯	子辰	丑巳	寅午	卯未	辰申	巳酉
六合(육합)		日辰	亥	戌	酉	申	未	午	巳	辰	卯	寅	丑	子
時德(시덕)	結婚會友(결혼과 친우모임에 길)	日辰	春	在	午	夏	在	辰	秋	在	子	冬	在	寅
青龍(청룡)	出行行船(출행과 배떠나는데 길)	日辰	壬子	癸丑	艮寅	甲卯	乙辰	巽巳	丙午	丁未	坤申	庚酉	辛戌	乾亥

○ 四吉日(사길일)

(혼인과 百事吉(백사길))

春(봄)—戊寅日 夏(여름)—甲午日

秋(가을)—戊申日 冬(겨울)—甲子日

○ 天恩上吉日(천은상길일)

(수작 벼슬 혼인 및 백사대길)

甲子日 乙丑日 丙寅日 丁卯日 戊辰日 己卯日 庚辰日 辛巳日 壬午日 癸未日 己酉日

庚戌日 辛亥日 壬子日 癸丑日

○ **大明上吉日(대명상길일)**

(안장、 집수리、 만사대길)

辛未日 癸酉日 己卯日 甲申日 壬辰日 壬寅日 乙巳日 己酉日 辛亥日 壬申日 丁丑日 壬午日 丁亥日 乙未日 甲辰日 丙午日 庚戌日

○ **母倉上吉日(모창상길일)**

(가옥 및 창고건축 백사대길)

春(봄)—亥子日 夏(여름)—寅卯日

秋(가을)—辰戌丑未日 冬(겨울)—申酉日

土王(토왕)—후첫 巳午日

○ **月家凶神(월가흉신)**

이 월가 흉신은 모두 흉일이니 각 택일의 부문에 의하여 보나니라.

月家凶神		月別 / 日辰	正月	二月	三月	四月	五月	六月	七月	八月	九月	十月	十一月	十二月
天罡(천강)	忌百事黃道可用(기백사황도가용)	日辰	巳	子	未	寅	酉	辰	亥	午	丑	申	卯	戌
河魁(하괴)	忌百事黃道可用(기백사황도가용)	日辰	亥	午	丑	申	卯	戌	巳	子	未	寅	酉	辰
地破(지파)	忌動土金井(기동토금정)	日辰	亥	子	丑	寅	卯	辰	巳	午	未	申	酉	戌
羅網(나망)	忌婚姻出行訴訟(기혼인출행소송)	日辰	子	申	巳	辰	戌	亥	丑	申	未	子	巳	申
滅沒(멸몰)	忌婚姻出行(기혼인출행)	日辰	丑	子	亥	戌	酉	申	未	午	巳	辰	卯	寅
重喪(중상)	忌安葬成服制服(기안장성복제복)	日辰	甲	乙	己	丙	丁	己	庚	辛	己	壬	癸	己

天狗(천구)	開日同 忌祭祀(개일동 기제사)	日辰	子	丑	寅	卯	辰	巳	午	未	申	酉	戌	亥
往亡(왕망)	忌出行 移居(기출행 이사)	日辰	寅	巳	申	亥	卯	午	酉	子	辰	未	戌	丑
天賊(천적)	忌開倉出行百事凶(기개창출행백사흉)	日辰	辰	酉	寅	未	子	巳	戌	卯	申	丑	午	亥
披麻殺(피마살)	忌嫁娶 入宅(기가취 입택)	日辰	子	酉	午	卯	子	酉	午	卯	子	酉	午	卯
紅紗殺(홍사살)	忌嫁娶(기 가취)	日辰	酉	巳	丑	酉	巳	丑	酉	巳	丑	酉	巳	丑
瘟癀殺(온황살)	忌療病修造移徙(기치료수조이사)	日辰	未	戌	辰	寅	午	子	酉	申	巳	亥	丑	卯
土瘟(토온)	忌動土(기 동토)	日辰	辰	巳	午	未	申	酉	戌	亥	子	丑	寅	卯
天隔(천격)	忌出行求官(기출행구관)	日辰	寅	子	戌	申	午	辰	寅	子	戌	申	午	辰
地隔(지격)	忌栽植安葬(기재식안장)	日辰	辰	寅	子	戌	申	午	辰	寅	子	戌	申	午
山隔(산격)	忌入山畋獵伐木(기입산수렵벌목)	日辰	未	巳	卯	丑	亥	酉	未	巳	卯	丑	亥	酉
水隔(수격)	忌入水漁獵行船(기입수어람행선)	日辰	戌	申	午	辰	寅	子	戌	申	午	辰	寅	子
陰錯(음착)	忌嫁娶 造葬(기 가취 조장)	日辰	庚戌	辛酉	庚申	丁未	丙午	丁巳	甲辰	乙卯	甲寅	癸丑	壬子	癸亥
陽錯(양착)	右同(우 동)	日辰	甲寅	乙卯	甲辰	丁巳	丙午	丁未	庚申	辛酉	庚戌	癸亥	壬子	癸丑

天火(천화)	天獄同忌修造蓋屋(천옥동기수조개옥)	日辰	子	卯	午	酉	子	卯	午	酉	子	卯	午	酉
氷消瓦解(빙소와해)	忌入宅起造(기입택기조)	日辰	巳	子	丑	申	卯	戌	亥	午	未	寅	酉	辰
受死(수사)	忌嫁娶移徙上官 宜漁獵(기가취이사상관 의어렵)	日辰	戌	辰	亥	巳	子	午	丑	未	寅	申	卯	酉
歸忌(귀기)	忌移徙入宅婚姻遠回(기이사입택혼인원회)	日辰	丑	寅	子	丑	寅	子	丑	寅	子	丑	寅	子
血支(혈지)	忌針灸刺血(기침구자혈)	日辰	丑	寅	卯	辰	巳	午	未	申	酉	戌	亥	子
飛廉殺(비염살)	六畜血財專損(육축혈재전손)	日辰	戌	巳	午	未	寅	卯	辰	亥	子	丑	申	酉
血忌(혈기)	忌針灸刺血(기침구자혈)	日辰	丑	未	寅	申	卯	酉	辰	戌	巳	亥	午	子
獨火(독화)	忌起造蓋屋作竈(기기조개옥작조)	日辰	巳	辰	卯	寅	丑	子	亥	戌	酉	申	未	午
地囊日(지랑일)	忌動土穿井開池(기동토우물연못)	日辰	庚子 庚午	癸丑 癸未	甲子 甲寅	己卯 己丑	戊辰 戊午	癸未 癸巳	丙寅 丙申	丁卯 丁巳	戊辰 戊子	庚子 庚戌	辛酉 辛未	乙未 乙酉
短星(단성)	忌嫁娶赴任求謀(기가취부임구모)	日辰	廿一	十九	十六	廿五	廿六	廿一	廿二	十八 十九	十六 十七	十四	廿三	廿五
長星(장성)	百事凶但宜上壽(백사흉단의상수)		七日	四日	六日	九日	十五日	十日	八日	二日	四日	三日	十七日	九日
月殺(월살)	忌福神立柱上樑(기복신입주상량)	日辰	丑	戌	未	辰	丑	戌	未	辰	丑	戌	未	辰
月厭(월염)	忌嫁娶 出行(기가취 출행)	日辰	戌	酉	申	未	午	巳	辰	卯	寅	丑	子	亥

四廢(사페)	百事凶(백사흉)	春=辛庚酉申 夏=壬癸亥未 秋=甲寅乙卯 冬=酉巳子午
四離(사리)	忌婚姻百事凶(기혼인백사흉)	春分·夏至·秋分·冬至·俱前一日
四絶(사절)	百事凶(백사흉)	立春·立夏·立秋·立冬·俱前一日
月破(월파)	忌月忌時德(기월기시덕)	日辰 申 酉 戌 亥 子 丑 寅 卯 辰 巳 午 未

○ 十惡大敗日(십악대패일)

(百事凶)

甲己年=三月 戊戌日、七月 癸亥日
十月 丙申日、十一月 亥日
乙庚年=四月 壬申日、九月 乙巳日
丙辛年=三月 辛巳日、九月 庚辰日
丁壬年=無忌(무기)
戊癸年=六月 丑日

○ 伏斷日(복단일)

(忌 혼인 이사 출행 諸事不吉)

子日=虛宿(허숙) 丑日=斗宿(두숙)
寅日=室宿(실숙) 卯日=女宿(여숙)
辰日=箕宿(기숙) 巳日=房宿(방숙)
午日=角宿(각숙) 未日=張宿(장숙)
申日=鬼宿(귀숙) 酉日=觜宿(자숙)
戌日=胃宿(위숙) 亥日=壁宿(벽숙)

○ 往亡日(왕망일)

(百事凶)

立春(입춘)뒤 七日 驚蟄(경칩)뒤 十四日
清明(청명)뒤廿一日 立夏(입하)뒤 八日
芒種(망종)뒤十六日 小暑(소서)뒤 廿四日
立秋(입추)뒤 九日 白露(백로)뒤 十八日

寒露(한로)뒤廿七日　立冬(입동)뒤 十日
大雪(대설)뒤二十日　小寒(소한)뒤 三十日

○ 五 空 日(오 공 일)

(百事大通)

戊戌日午時=諸神上天(제신상천)　己亥庚子
辛丑日=太歲及諸神上天(태세 및 제신상천)

○天上天下大空亡日(천상천하대공망일)

甲戌 甲申 甲午 乙丑 乙亥 乙酉
壬辰 壬寅 壬子 癸未 癸巳 癸卯

○天聾地啞日(천농지아일)

(百事宜 造作修厠)

乙丑 乙未 丙寅 丙子 丙申 丙辰
丁卯 戊辰 己卯 己亥 庚子 辛巳
辛丑 辛亥 辛酉 壬子 癸丑

○天地皆空日(천지개공일)

戊戌 己亥 庚子 庚申

三、婚姻門(혼인문)

혼인 택일에 앞서 前記한 생기복덕 및 월가길신 월가흉신 기타 길일을 택하고 흉일을 피하여 아래와 같이 吉凶日(길흉일)을 가리어 택일 하나니라。

○合婚開閉法(합혼개폐법)

(혼인의 운을 본다。)

女子의 나이로 보나니 大開(대개)는 부부 화목하고 半開(반개)는 부부 불화하고 閉開(폐개)는 부부 이별이니라。

子午卯酉生女(자오묘유생녀)

大開(대개)	十四、十七、二十、二十三、二十六、二十九
半開(반개)	十五、十八、二十一、二十四、二十七、三十
閉開(폐개)	十六、十九、二十二、二十五、二十八、三十一

寅申巳亥生女(인신사해생녀)

大開(대개)	十三、十六、十九、二十二、二十五、二十八
半開(반개)	十四、十七、二十、二十三、二十六、二十九
閉開(폐개)	十五、十八、二十一、二十四、二十七、三十

辰戌丑未生女(진술축미생녀)

大開(대개)	十二、十五、十八、二十一、二十四、二十七
半開(반개)	十三、十六、十九、二十二、二十五、二十八
閉開(폐개)	十四、十七、二十、二十三、二十六、二十九

○ 嫁娶月(가취월)

(女子의 生年으로 달을 가린다。)

	(子午生)	(丑未生)	(寅申生)	(卯酉生)	(辰戌生)	(巳亥生)
大利月(대이월) 吉	六月 十二月	五月 十一月	二月 八月	正月 七月	四月 十月	三月 九月

혼인에 대길한 달이니 이달을 가린다。

妨媒氏(방모씨) 平 (正月 四月 三月 六月 五月 二月 七月 十月 九月 十二月 十一月 八月)
大利月이 맞지 않으면 이 달도 무관하다.

妨翁姑(방옹고) 平 (二月 三月 四月 五月 六月 正月 八月 九月 十月 十一月 十二月 七月)
시부모에게 불리한 달이나 부득이 하면 무관하다.

妨女父母(방여부모) 平 (三月 二月 五月 四月 正月 六月 九月 八月 十一月 十月 七月 十二月)
여부모에게 불리한 달이나 역시 사용할 수 있다.

妨夫主(방부주) 凶 (四月 正月 六月 三月 二月 五月 十月 七月 十二月 九月 八月 十一月)
신랑에 흉하니 혼인을 못한다.

妨女身(방여신) 凶 (五月 六月 正月 二月 三月 四月 十一月 十二月 七月 八月 九月 十月)
신부에 흉하니 혼인을 못한다.

○殺夫大忌月(살부대기월)

(가취월의 좋은 달을 가린후 살부 대기월을 피함이 가하다。 단 여자의 생년으로 보나니라。)

子生=正、二月　丑生=四月
寅生=七月　卯生=十二月
辰生=四月　巳生=五月
午生=八、十二月　未生=六、七月
申生=六、七月　酉生=八月
戌生=十二月　亥生=七、八月

○男婚凶年(남혼흉년)

(혼인하면 男子에게 凶한 해)

子生(男)—未年、丑生(男)—申年、寅生(男)—酉年、卯生(男)—戌年、辰生(男)—亥年、巳生(男)—子年、午生(男)—丑年、未生(男)—寅年
申生(男)—卯年、酉生(男)—辰年、戌生(男)—巳年、亥生(男)—午年

○女婚凶年(녀혼흉년)

(女子가 혼인하면 흉한 해)

子生(女)—卯年、丑生(女)—寅年、寅生(女)—丑年、卯生(女)—子年、辰生(女)—亥年、巳生(女)—戌年、午生(女)—酉年、未生(女)—申年
申生(女)—未年、酉生(女)—午年、戌生(女)—巳年、亥生(女)—辰年

○喪夫喪妻殺(상부상처살)

(이날에 혼인하면 不吉하다。)

春(봄)三月=丙午、丁未日(상처)
冬(겨울)三月=壬子、癸亥日(상부)

○孤寡殺(고과살)

(이날은 역시 고신 과숙이 되는 살이 있다。)

亥子丑生(女)—寅戌日、寅卯辰生(女)—巳丑日、巳午未生(女)—申辰日、申酉戌生(女)—亥未日

○嫁娶大凶日(가취대흉일)

春=甲子、乙丑日　夏=丙子、丁丑日
秋=庚子、辛丑日　冬=壬子、癸丑日
正、五、九月=庚日　二、六、十月=乙日
三、七、十一月=丙日　四、八、十二月=癸日

○陰陽不將吉日(음양부장길일)

陰陽不將吉日(음양부장길일)은 天賊(천적) 受死(수사) 紅紗(홍사) 披麻(피마) 月厭(월염) 月對(월대)의 모든 凶日(흉일)을 뺀 길일이니 禍害(화해) 絶命(절명) 伏斷(복단—이날에 五合日이면 무방) 月破(월파) 月殺(월살)을 피하여 택일하면 혼인에 가장 길한 날이다。 만일 이날이 마땅치 않으면 다음의 각 吉日(길일)을 가리라。

月別 / 吉日	〃	〃	〃	〃	〃	〃	〃	〃	〃	〃	〃	〃
正月	丁卯	辛卯	丙寅	庚寅	戊寅	己卯	丁丑	己丑	辛丑			
二月	丙子	戊子	庚子	乙丑	丁丑	己丑	丙寅	戊寅	庚寅	丙戌	戊戌	庚戌
三月	甲子	丙子	戊子	乙酉	丁酉	己酉	甲戌	丙戌	戊戌			
四月	甲子	丙子	戊子	甲申	丙申	戊申	甲戌	丙戌	戊戌	(河魁申)		
五月	甲申	丙申	戊申	乙未	癸未	乙酉	癸酉	甲戌	丙戌	戊戌		
六月	乙未	癸未	甲申	丙申	甲戌	丙戌	壬戌	壬申				
七月	己巳	癸巳	乙未	癸未	甲申	壬申						
八月	甲辰	壬辰	壬午	甲午	癸未	辛未	甲申	壬申				
九月	辛卯	癸卯	庚辰	壬辰	辛巳	癸巳	辛未	癸未	庚午	壬午		
十月	庚寅	壬寅	癸卯	辛卯	壬辰	庚辰	辛巳	癸巳	壬午	庚午	(河魁寅)	

十一月	丁丑	己丑	辛丑	庚寅	壬寅	庚辰	壬辰			
十二月	丙子	戊子	庚子	丙寅	戊寅	庚寅	戊辰	庚辰	丙辰	(河魁辰)

○五合日(오합일)

(婚姻 및 百事吉 但 祭祠 穿井不吉)

甲寅 乙卯 日月合(일월합)

丙寅 丁卯 陰陽合(음양합)

戊寅 己卯 人民合(인민합)

庚寅 辛卯 金石合(금석합)

壬寅 癸卯 江河合(강하합)

○通用吉日(통용길일)

(음양부장길일의 다음가는 吉日)

乙丑 丁卯 丙子 丁丑 辛卯 癸卯

乙巳 壬子 癸丑 己丑 癸巳 壬午

乙未 丙辰 辛酉 庚寅

○婚姻納徵定親日(혼인납징정친일)

(納采(납채)및四柱(사주)에 吉합)

乙丑 丙寅 丁卯 辛未 戊寅 己卯 庚辰

丙戌 戊子 己丑 壬辰 癸巳 乙未 戊戌

辛丑 壬寅 癸卯 甲辰 丙午 丁未 庚戌

壬子 癸丑 甲寅 乙卯 丙辰 丁巳 戊午

己未 黃道(황도) 三合 五合 六合

月恩(월은) 天喜(천희) 定、成、開日(정 성 개일)

○送禮天福吉日(송례천복길일)

(예물을 보낼때 길함=납폐)

己卯　庚寅　辛卯　壬辰　癸巳　己亥
庚子　辛丑　乙巳　丁巳　庚辛

○冠笄日(관게일)

(관대 속발에 吉함)

甲子　丙寅　丁卯　戊辰　辛未　壬申　丙子

戊寅　壬午　丙戌　辛卯　壬辰　癸巳　甲午
丙申　癸卯　甲辰　乙巳　丙丁　丁未　庚戌
甲寅　乙卯　丁巳　辛酉　壬戌　天德　月德
天恩　天喜(忌　天罡　河魁　月厭　受死
丑日　破日　及　入月定日)

○ 生甲　病甲　死甲(생갑 병갑 사갑)

年에日	生甲(생갑)	病甲(병갑)	死甲(사갑)
子年	子午	寅申	辰戌
丑年	辰戌	子午	寅申
寅年	寅申	辰戌	子午
卯年	子午	寅申	辰戌
辰年	辰戌	子午	寅申
巳年	寅申	辰戌	子午
午年	子午	寅申	辰戌
未年	辰戌	子午	寅申
申年	寅申	辰戌	子午
酉年	子午	寅申	辰戌
戌年	辰戌	子午	寅申
亥年	寅申	辰戌	子午
	生甲은 吉하고	病甲은 平하고	死甲은 凶하니라

○ 月厭　月對日(월염 월대일)

(혼인에 不吉함)

正、七月＝辰戌日　二、八月＝卯酉日
三、九月＝寅申日　四、十月＝巳亥日
五、十一月＝子午日　六、十二月＝丑未日

○ 歲干吉辰(세간길신)

(혼인에 길함)

年으로日	甲	乙	丙	丁	戊	己	庚	辛	壬	癸
歲德合(세덕합)	己	乙	辛	丁	癸	己	乙	辛	丁	癸
歲德(세덕)	甲	庚	丙	壬	戊	甲	庚	丙	壬	戊
天官貴人(천관귀인)	未	辰	巳	寅	卯	酉	亥	申	戌	午
太極貴人(태극귀인)	子	午	酉	卯	巳	午	寅	亥	巳	申

○ 歲支吉辰(세지길신)

(혼인에 길함)

年으로日	子	丑	寅	卯	辰	巳	午	未	申	酉	戌	亥
歲天德(세천덕)	巽	庚	丁	坤	壬	辛	乾	甲	癸	艮	丙	乙
天德合(천덕합)	申	乙	壬	巳	丁	丙	寅	己	戊	亥	辛	庚
歲月德(세월덕)	壬	庚	丙	甲	壬	庚	丙	甲	壬	庚	丙	甲

月德合(월덕합)	丁	乙	辛	己	丁	乙	辛	己	丁	乙	辛	己
驛馬(역마)	寅	亥	申	巳	寅	亥	申	巳	寅	亥	申	巳

○黃黑道(황흑도)

(혼인및 諸事에 吉함但 혼인 시간을 황도시로 定한다)

본는 법은 月로 日辰(일진)을 가리고 일진으로 시간을 가린다。 黃道(황도)는 吉하고 黑道(흑도)는 凶하니라。

黃黑道＼月日	寅申月日	卯酉月日	辰戌月日	巳亥月日	午子月日	未丑月日
青龍黃道(청룡황도)	子	寅	辰	午	申	戌
白虎黑道(백호흑도)	午	申	戌	子	寅	辰
明堂黃道(명당황도)	丑	卯	巳	未	酉	亥
玉堂黃道(옥당황도)	未	酉	亥	丑	卯	巳
天刑黑道(천형흑도)	寅	辰	午	申	戌	子

天牢黑道(천로흑도)	申	戌	子	寅	辰	午
朱雀黑道(주작흑도)	卯	巳	未	酉	亥	丑
玄武黑道(현무흑도)	酉	亥	丑	卯	巳	未
金貴黃道(금귀황도)	辰	午	申	戌	子	寅
司命黃道(사명황도)	戌	子	寅	辰	午	申
天德黃道(천덕황도)	巳	未	酉	亥	丑	卯
句陳黑道(구진흑도)	亥	丑	卯	巳	未	酉

○七殺日(칠살일)

(혼인 및 諸事不吉)

角日(각일)　亢日(항일)　奎日(규일)

婁日(누일)　鬼日(귀일)　牛日(우일)

○婚姻總忌日(혼인총기일)

혼인 총기일은 혼인에 꺼리는 날이니 이날을 除外하고 혼인할 날을 택일함이 可하다。

月厭(월염)、月對(월대)、男女本命日(남녀본명일＝甲子生이면 甲子日)、禍害(화해)、絶命(절명)、每月亥日(매월해일)、紅紗殺日(홍사살일)、披麻殺日(피마살일)、天賊(천적)、受死(수사)、月殺日(월살일—正、五、九月＝丑日 二、六、十月＝戌日 三、七、十一月＝午日)、月忌日(월기일—每月 五、十四、二十三日)

月破日(월파일)

正	二	三	四	五	六	七	八	九	十	十一	十二
寅	酉	戌	亥	丑	未	寅	卯	辰	巳	午	未

十惡(십악)、伏斷日(복단일)、冬至(동지)、夏至(하지)、端午(단오)、四月八日(사월팔일)

○年玉女殺(연옥여살)

(忌 新行方＝신행방을 꺼린다)

春(봄)＝寅卯辰方(동방)

夏(여름)＝巳午未方(남방)

秋(가을)＝申酉戌方(서방)

冬(겨울)=亥子丑方(북방)

○三地不受法(삼지불수법)

혼인 신행에 가리나니 지고오면 집안에 해가 되고 안고 오면 오는 사람에 해가 되나니라。

申子辰年=亥子丑(北)方
寅午戌年=巳午未(南)方
巳酉丑年=申酉戌(西)方
亥卯未年=寅卯辰(東)方

○坐向日(좌향일)

(신부가 앉는 방향)

甲己日=東北、乙庚日=西北、丙辛日=西南、
丁壬日=正南 戊癸日=東南

○新婦入門法(신부입문법)

(신부가 신랑집에 처음 들어올때 가리나니라。)

金姓(금성)이 北문으로 들어오면 흉하고、
木姓(목성)이 西문으로 들어오면 흉하고、
水姓(수성)이 北문으로 들어오면 흉하고、
火姓(화성)이 南문으로 들어오면 흉하고、
土姓(토성)이 西문으로 들어오면 흉하니라。

○新行周堂圖(신행주당도)

(신행일에 주당을 보는 법)

堂	床	死
竈		睡
厨	路	門

大月은 竈자로 부터 堂字를 향하여 세어 나가고 小月은 厨字로 부터 路字를 향하여 세어 나가니라。
死睡厨竈를 사용하라。

○婚姻周堂圖(혼인주당도)

(혼인당일에 주당을 보는 법)

厨	夫	姑
婦		堂
竈	第	翁

大月은 夫字로부터 姑字로 順行하고 小月은 婦字로부터 逆行하나니라。
第堂厨竈日을 擇하되 翁姑(옹고)가 없는 사람은 이를

써도 無妨(무방)하니라.

○新婦入宅日(신부입택일)

丙寅 庚寅 丙子 辛酉 辛卯 天德合(천덕합) 月德合(월덕합)

四、移徙門(이사문)

○移徙及入宅日(이사및입택일)

생기 복덕을 맞추어 모든 흉일을 피하여 이사 혹은 입택하나니라.

甲子 乙丑 丙寅 庚午 丁丑 乙酉 庚寅
壬辰 癸巳 乙未 壬寅 癸卯 丙午 庚戌
癸丑 乙卯 丙辰 丁巳 己未 庚申

驛馬(역마) 月恩(월은) 四相(사상)

忌＝天賊日(천적일) 受死日(수사일)
月厭(월염) 家主本命日(가주본명일)
冲日(충일) 建破平收日(건파평수일ㅡ책력에 있음)

○月殺方(월살방)

(이사에 不吉한 方向)

正、五、九月＝丑方 二、六、十月＝戌方
三、七、十一月＝未方 四、八、十二月＝辰方

○出行吉日(출행길일)

甲子 乙丑 丙寅 丁卯 戊辰 庚午 辛未
甲戌 乙亥 丁丑 己卯 甲申 丙戌 己丑
庚寅 辛卯 甲午 乙未 庚子 辛丑 壬寅

癸卯 丙午 丁未 己酉 壬子 癸丑 甲寅
乙卯 庚申 辛酉 壬戌 癸亥（忌=往亡日
受死 天賊 赦日 巳日 破 平 收日）

○鐵掃法（철소법）

辰巳子生=五月 寅卯午生=十一月
申酉丑生=八、九月 戌亥未生=十二月

○人動日（인동일）

（사람 들이는 것을 꺼림）

每月=一日 三日 八日 十三日 十八日
二十三日 二十四日

○人隔日（인격일）

正月=酉日 二月=未日 三月=巳日
四月=卯日 五月=丑日 六月=亥日
七月=酉日 八月=未日 九月=巳日
十月=卯日 十一月=丑日 十二日=亥日

○移徙方位圖（이사방위도）

一、天祿（천록） 二、眼損（안손）
三、食神（식신） 四、甑破（증파）
五、五鬼（오귀） 六、合食（합식）
七、進鬼（진귀） 八、官印（관인）
九、退食（퇴식）

※ 천록 식신 합식 관인은 길하고 其外는 모두 흉하니라。

男子									東南	東	西南	北	南	東北	西	西北	中	女子								
一	九	十八	二十七	三十六	四十五	五十四	六十三	七十二	天祿	退食	官印	進鬼	合食	五鬼	甑破	食神	眼損	一	十	十九	二十八	三十七	四十六	五十五	六十六	七十四
二	十	十九	二十八	三十七	四十六	五十五	六十四	七十三	眼損	天祿	退食	官印	進鬼	合食	五鬼	甑破	食神	二	十一	二十	二十九	三十八	四十七	五十六	六十七	七十四
三	十二	二十	二十九	三十八	四十七	五十六	六十五	七十四	食神	眼損	天祿	退食	官印	進鬼	合食	五鬼	甑破	三	十三	二十一	三十	三十九	四十八	五十七	六十八	七十五

三	十二	二十一	三十	三十九	四十八	五十七	六十六	七十五	甑破	食神	眼損	天祿	退食	官印	進鬼	合食	五鬼	四	十三	二十二	三十一	四十	四十九	五十八	六十七	七十六
四	十三	二十二	三十一	四十	四十九	五十八	六十七	七十六	五鬼	甑破	食神	眼損	天祿	退食	官印	進鬼	合食	五	十四	二十三	三十二	四十一	五十	五十九	六十八	七十七
五	十四	二十三	三十二	四十一	五十	五十九	六十八	七十七	合食	五鬼	甑破	食神	眼損	天祿	退食	官印	進鬼	六	十五	二十四	三十三	四十二	五十一	六十	六十九	七十八
六	十五	二十四	三十三	四十二	五十一	六十	六十九	七十八	進鬼	合食	五鬼	甑破	食神	眼損	天祿	退食	官印	七	十六	二十五	三十四	四十三	五十二	六十一	七十	七十九
七	十六	二十五	三十四	四十三	五十二	六十一	七十	七十九	官印	進鬼	合食	五鬼	甑破	食神	眼損	天祿	退食	八	十七	二十六	三十五	四十四	五十三	六十二	七十一	八十
八	十七	二十六	三十五	四十四	五十三	六十二	七十一	八十	退食	官印	進鬼	合食	五鬼	甑破	食神	眼損	天祿	九	十八	二十七	三十六	四十五	五十四	六十三	七十二	八十一

※ 忌＝三殺方(삼살방) 大將軍方(대장군방) 月殺方(월살방)

○移徙日周堂圖(이사일주당도)

安	利	天
災		害
師	富	殺

大月은 安字으로부터 利字로 순행하고
小月은 天字으로부터 利字로 역행한다。
利 安 天 富 師는 吉하고 災 害 殺은 不吉하니라。

五、祭祀 祈福(제사기복)。

○祭祀吉日(제사길일)

甲子 乙丑 丁卯 戊辰 辛未 壬申 癸酉
甲戌 丁丑 己卯 庚辰 壬午 甲申 乙酉
丙戌 丁亥 己丑 辛卯 甲午 乙未 丙申

丁酉 乙巳 丙午 丁未 戊申 丁酉 庚戌
乙卯 丙辰 丁巳 戊午 己未 辛酉 癸亥
(忌=天狗日 寅日 天狗下食時)

○祈 福 日(기복일)

(고사에 吉함)

壬申 乙亥 丙子 丁丑 壬午 癸未 丁亥
己丑 辛卯 壬辰 甲午 乙未 丁酉 壬子
甲辰 戊申 乙卯 丙辰 戊午 壬戌 癸亥
黃道(황도) 天恩(천은) 天赦(천사)
天德(천덕) 天德合(천덕합) 月德(월덕)
母倉上吉日(모창상길일)
定 成 開日(정성개일)

○佛供日(불공일)

甲子 甲戌 甲午 甲寅 乙丑 乙酉 丙寅 丙申
丁未 戊寅 戊子 己丑 庚午 辛卯 辛酉 癸卯

○山祭吉日(산제길일)

甲子 乙亥 乙酉 乙卯 丙子
丙戌 庚戌 辛卯 壬申 甲申

○山神下降日(산신하강일)

(산신제에 吉함)

甲子 甲戌 甲午 甲寅 乙丑 乙亥 乙未
乙卯 丁卯 丁亥 戊辰 己巳 己酉 庚辰
庚戌 辛卯 辛亥 壬寅 癸卯

○七星下降日(칠성하강일)

(칠성제에 吉함 忌=伏斷、受死、天賊)。

正月=三日、七日、十日、十五日、二十二日、二十五日、二十六日、二十七日

二月=三日、七日、八日、十五日、二十二日、二十六日、二十七日

三月=三日、七日、十五日、二十二日、二

十六日、二十七日

四月=三日、七日、八日、十五日、二十二日、二十六日、二十七日

五月=三日、七日、八日、十五日、二十二日、二十六日、二十七日

六月=三日、七日、八日、十五日、二十二日、二十六日、二十七日

七月=三日、七日、八日、十五日、二十二日、二十七日

八月=三日、七日、八日、十五日、二十二日、二十七日

九月=三日、七日、八日、十五日 二十二日、二十七日

十月=三日、七日、八日、十五日、二十二日、二十七日、二十八日

十一月=三日、七日、八日、十五日、二十七日

十二月=三日、七日、八日、十五日、二十六日、二十七日

○河海 及 龍王祭日(하해 및 용왕제일)

庚午 辛未 壬申 癸酉 甲戌 庚子

辛酉 및 除、滿、執、成、開日

○天狗下食時(천구하식시)

(이 시간에 제사나 고사를 지내면 무효니라)

子日亥時 丑日子時 寅日丑時 卯日寅時

辰日卯時 巳日辰時 午日巳時 未日午時

申日未時 酉日申時 戌日酉時 亥日戌時

六、其他(기타)

○安葬吉日(안장길일)

正月=癸酉 丁酉 乙酉 辛酉 己酉 丙寅 壬午 丙午

二月=丙寅 壬申 甲申 庚寅 丙申 壬寅 己未 庚申

三月=壬申 甲申 丙申 癸酉 乙酉 丁酉 丙午 壬午 庚申 辛酉 庚午

四月=乙酉 己酉 丁酉 癸酉 辛酉 壬午 乙丑 庚午 丁丑 己丑 甲午

五月=甲申 丙申 庚申 壬申 甲寅 庚寅 壬寅 辛未 甲戌 庚辰 甲辰

六月=癸酉 乙酉 辛酉 壬申 庚申 甲申 丙申 乙亥 壬寅 甲寅 庚寅 辛卯 乙未 丙午 戊申 癸未

七月=癸酉 乙酉 丁酉 己酉 壬申 丙子 壬午 甲申 丙午 丙辰 壬子 壬辰 丙申

八月=壬申 甲申 丙申 庚申 壬寅 庚寅 壬辰 乙巳 丙辰 丁巳 癸酉 乙酉 己巳

九月=壬午 丙午 丙寅 庚寅 壬寅 庚午 甲戌 戊午 辛亥

十月=丙子 甲辰 丙辰 丙午 壬午 庚午 壬辰 甲子 庚子 辛未 癸酉 甲午 乙未

十一月=庚寅 壬寅 甲寅 壬申 甲申 甲辰 丙申 庚申 壬子 壬辰

十二月=壬申 壬寅 甲寅 癸酉 甲申 丙申 庚申 乙酉 丙寅 戊寅 庚寅

○定礎日(정초일)

(주추 놓는데 吉함)

甲子 乙丑 丙寅 己巳 庚午 辛未 甲戌 乙亥
戊寅 己卯 辛巳 壬午 癸未 甲申 丁亥 戊子
己丑 庚寅 癸巳 乙未 丁酉 戊戌 己亥 庚子
壬寅 癸卯 丙午 戊申 己酉 壬子 癸丑 甲寅
乙卯 丙辰 丁巳 己未 庚申 辛酉 黃道、天德
月德、定、成日

○堅柱吉日(견주길일)

(기둥 세우는데 吉함)

己巳 乙亥 己卯 甲申 乙酉 戊子 己丑 庚寅
乙未 己亥 辛丑 癸卯 乙巳 戊申 己酉 壬子
甲寅 己未 庚申 壬戌 丙寅 辛巳
(四柱月、寅、申、巳、亥 三合 黃道 天德 月德 成開日)

○上樑吉日(상량길일)

(상량 하는데 吉함)

甲子 乙丑 丁卯 戊辰 己巳 庚午 辛未 壬甲
甲戌 丙子 戊寅 庚辰 壬午 甲申 丙戌 戊子
庚寅 甲午 丙申 丁酉 戊戌 己亥 庚子 辛丑
壬寅 癸卯 乙巳 丁未 己酉 辛亥 癸丑 乙卯
丁巳 己未 辛酉 癸亥
(忌=黑道 獨火 天火 天賊 受死 陰陽錯 天瘟 月破 氷消瓦解 天罡 河魁 伏斷 天災日)

○蓋屋吉日(개옥길일)

(지붕 덮는 날)

甲子 丁卯 戊辰 己巳 辛未 壬申 癸酉 丙子
丁丑 己卯 庚辰 癸未 甲申 乙酉 丙戌 戊子
庚寅 癸巳 乙未 丁酉 己亥 辛丑 壬寅 癸卯
甲辰 乙巳 戊申 己酉 庚戌 辛亥 癸丑 乙卯
丙辰 庚申 辛酉 定 成 開 日

○造醬吉日(조장길일)

(장 담그는데 吉함)

丁卯 丙寅 丙午 天德合 月德合 滿 成 開日
(忌=辛日)

○修造動土日(수조동토일)

(집을 고치고 흙을 다루는 날)

甲子 癸酉 戊寅 己卯 庚辰 辛巳 甲申 丙戌
甲午 丙申 戊戌 己亥 庚子 甲辰 丙午 丁未
癸丑 戊午 庚午 辛未 丙辰 丁巳 辛酉
四時 相日 生氣 天德 月德 月恩 定日 玉堂日
金櫃日 (忌=土星 土瘟 土忌 天賊 建 破 平 收日)

○行船日(행선일)

(배 떠나는데 길한 날)

乙丑 丙寅 丁卯 戊辰 丁丑 戊寅 壬午 乙酉
辛卯 甲午 乙未 庚子 辛丑 辛亥 丙辰 戊午
己未 辛酉

(忌=天賊 受死 月破 張 箕 宿 水隔 伏斷 建 破 危日)

○立券交易(입권교역)

甲子 辛未 甲戌 丙子 丁丑 庚辰 辛巳 壬午
癸未 甲申 辛卯 壬辰 癸巳 乙未 庚子 癸卯
丁未 戊申 壬子 甲寅 乙卯 己未 辛酉 三合
六合 月德合 執成日

(忌=建、破、平、收、天賊、空亡、伏斷日)

○天下滅亡日(천하멸망일)

(諸事不吉)

正、五、九月=丑日 二、六、十月=辰日
三、七、十一月=未日 四、八、十二月=戌日

○天賊日(천적일)

正、四、七、十月=滿字
二、五、八、十一月=破字
三、六、九、十二月=開字

(日曆에 記入되어있음)

○伐木日(벌목일)

己巳 庚午 辛未 壬申 甲戌
乙亥 戊寅 己卯 壬午 甲申

乙酉　戊子　甲午　乙未　丙申
壬寅　丙午　丁未　戊申　己酉
甲寅　乙卯　己未　庚申　辛酉
天德、月德、定、成、開日
또는 自立冬后 至立春前 午申日
(忌=天賊 受死 建 破 平 收 危日 山隔日)

○祭水神日(제수신일)

(수신에 제사드리는 날)

庚午　辛未　壬申　癸酉　甲戌　庚子
辛酉　除　滿　執　成　開日

○ 十二支獸名表(십이지수명표)

子=鼠(쥐)　丑=牛(소)　寅=虎(범)
卯=兎(토끼)　辰=龍(용)　巳=蛇(뱀)
午=馬(말)　未=羊(양)　申=猴(잔나비)
酉=鷄(닭)　戌=狗(개)　亥=猪(돼지)

○三災法(삼재법)

巳酉丑生=亥子丑年　申子辰生=寅卯辰年
亥卯未生=巳午未年　寅午戌生=申酉戌年

○五行屬姓(오행속성)

金=徐(서) 成(성) 黃(황) 元(원) 韓(한) 南(남) 張(장) 柳(유) 申(신)
安(안) 梁(양) 蔣(장) 方(방) 杜(두) 河(하) 白(백) 楊(양) 片(편)
慶(경) 郭(곽) 盧(노) 裵(배) 文(문) 王(왕) 班(반) 陰(음) 晋(진)
邵(소)

木=金(김) 趙(조) 朴(박) 崔(최) 兪(유) 孔(공) 高(고) 車(차) 康(강)
劉(유) 廉(염) 朱(주) 陸(육) 洪(홍) 董(동) 固(고) 虞(우) 鼎(정)
周(주) 延(연) 火(화) 秋(추) 簡(간) 曺(조)

水=吳(오) 呂(여) 禹(우) 奇(기) 許(허) 蘇(소) 馬(마) 魯(노) 曾(증)
余(여) 千(천) 孟(맹) 卞(변) 卜(복) 梅(매) 尚(상) 魚(어) 庚(경)
龍(용) 皐(고) 牟(모) 毛(모) 乜(마) 南宮(남궁) 皇甫(황보)
鮮于(선우) 東方(동방)

火=李(이) 尹(윤) 鄭(정) 姜(강) 蔡(채) 羅(나) 愼(신) 辛(신) 丁(정)
全(전) 邊(변) 池(지) 石(석) 陳(진) 吉(길) 玉(옥) 卓(탁) 薛(설)
咸(함) 具(구) 秦(진) 唐(당) 宣(선) 段(단) 鄧(등)

土=宋(송) 權(권) 閔(민) 任(임) 林(임) 嚴(엄) 孫(손) 皮(피) 丘(구)
都(도) 田(전) 沈(심) 奉(봉) 明(명) 貢(공) 牛(우) 甘(감) 玄(현)
陶(도) 睦(목) 冉(염) 仇(구) 童(동)

七、唐四柱

子貴—容貌가 俊秀하고 子孫이 昌盛하며 貴人의 氣象으로 百祿을 兼全하고 萬人이 仰視하는 大吉한 四柱이다。

丑厄—一身이 困窮하고 多年抱病客이라 舊基를 일찍 떠나 살면 이러한 厄이 사라지며 早年에 困苦요 末分에는 太平하다。

寅權—才藝가 能하고 權勢많으며 萬事에 權能하여 處世 有能하다。 中年에 成敗가 多端이나 末年에 大吉한 四柱다。

卯破—每事에 欲成未成하고 半凶半吉하다。 有頭無尾하니 마음을 定할 곳이 없으며 財物을 모으면 곧 사라진다。

辰奸—爲人이 奸巧多謀하다。 奇妙한 꾀가 많으며、 性情은 비록 急하나 傾刻에 풀어지고 活人救命하기를 좋아한다。

巳文—容貌가 非凡하고 文學으로 功名을 얻는다。 文藝가 有餘하니 만일 四柱中에 天權星이나、天刃星을 만나면 文武를 兼全할 것이다。

午福—衣食이 豊足하고 富貴雙全하다。 만일 天福星을 거듭 만나면 오히려 衣食이 不足한데 或醫藥으로 活人하면 吉하다。

未驛ㅣ他鄕에 옮겨 살게 되며 移動이 頻繁하다。만일 官祿을 얻지 못하면 江山을 遍踏하며 虛送歲月하게 된다。

申孤ㅣ兄弟가 分散하고 孤獨하다。六親이 無德이요、一身이 孤單하며 世業도 얻지 못할 뿐 아니라 克妻刑夫하게 된다。

酉刃ㅣ手足에 欠이 있으며 殺이 많다。膽大心小하고 作事에 是非爭訟이 따르며 或은 疾病의 厄이 많다。

戌藝ㅣ爲人이 方能하고 文藝로 揚名한다。남에게 배우지 않고도 自習으로 多能受智하며、특히 藝術方面에 出衆하다。

亥壽ㅣ하나를 들으면 百을 깨닫는 재주요、마음이 正直하여 作事에 公平하고 壽福이 高隆한데 만일 破星과 厄星을 만나면 오히려 凶하다。

法에 이르기를 年上에 月을 加하고 月上에 日을 加하고 日上에 時를 加하여 輪回로 順看하라 하였다。

假令 **戊午 三月**(辰月)**八月**(未日) **午時**生이라면 午에 **天福星**이요、午宮에서 起子하여 順回하면 未宮에 丑申宮에 寅、酉宮에 卯、戌宮에 辰이 되니 月建辰의 닿는 곳이 戌宮이니、**天藝星**이요、戌宮에서 다시 起子하여 위 요령과 같이 돌려 짚으면 日辰 未가 닿는 곳이 巳宮이니 곧 **天文星**이요、巳宮에서 다시 起子하여 위와 같이 돌려 짚으면 午時가 닿는 곳이 亥宮이니、天壽星이 된다(보는 法은 이와 같은 例에 依한다)。

이 四柱의 運을 論評하면 年에 天福星이니 衣食豊足하고、富貴雙全할 것이요、月에 天藝星이니 才能하여 文藝로 揚名할 것이요、日에 天文星이니 容貌가 非凡하고、文學으로 功名할 것이며、時에 天壽星이니 八十亨壽하여 平生 有福한 八字라 보겠다。

또 한가지 보는 法이 있으니 月을 月建으로 돌려짚지 않고 月數(正・二・三・四등)로 하며、日은 日辰으로 쓰지 않고 日數(初一、初二、初三등)로 하여 닿는 宮을 보는 것인데 즉 年은 年支、月은 月의 數、日은 日의 數、時는 時支로 計數하여 上記와 같이 돌려짚어 보는 法도 있다。

이 唐四柱는 但 命理學 理論과는 相違되므로 信憑性이 不足한 것이다。

八、姓 名 學

○ 姓名構成의 五大原則

一、陰陽의 調和 二、五行의 配置 三、字劃의 數理 四、文字의 意義 五、文字의 音韻

○ 陰陽의 調和

陽數—一 三 五 七 九　陰數—二 四 六 八 十

純陽이나 純陰이면 凶하고 陰陽이 配合하면 吉하다。

○ 五行의 配置

相生—(金水 水木 木火 火土 土金)이면 吉하고

相剋—(金木 木土 土水 水火 火金)하면 凶하다。

—音 五 行—

金=ㅅㅈㅊ 齒音

木=ㄱㅋ 牙音

水=ㅁㅂㅍ 脣音

火=ㄱㄷㄹㅌ 舌音

土=ㅇㅎ 喉音

—數 五 行—

金=七八

木=一二

水=九十

火=三四

土=五六

但 十數 以上은 十單位를 除하고 나머지 單位로 計算하여 五行을 定한다。

○ 作名의 格

天格—姓字와 名字의 上字를 合한 것—運命 또는 性格制斷의 中心

名格—名字의 上下를 合한 것—靑壯期의 主運

外格—姓字와 名字의 下字를 合한 것—配偶者 또는 人間關係 및 末年運

總格—姓名 三字를 모두 合한 것—全生涯를 通한 運命

一字姓 二字名

一字姓 一字名

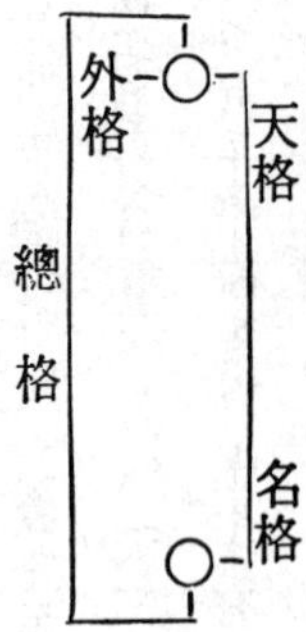

一·二·三·四등의 數의 글자는 그 數를 쓰고 劃은 使用치 않는다。 例를 들면 **五**字는 四劃이나 **四劃으**로 計算치 않고 五數로 計算한다。

二字姓 一字名

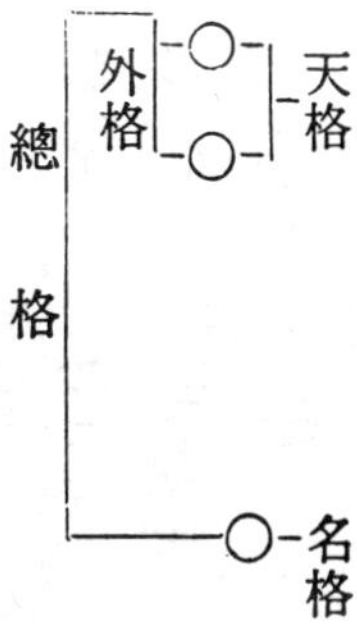

二字姓 二字名

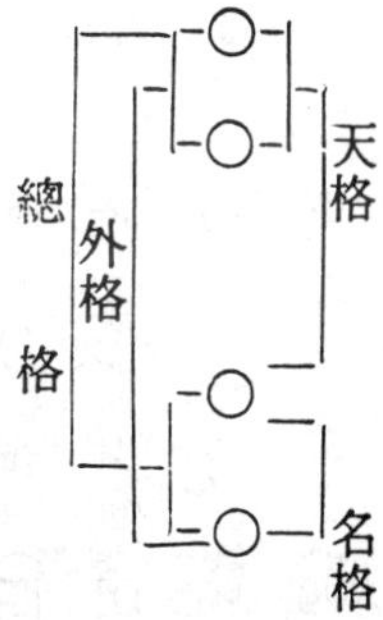

易理에는 原字로 水字를 四劃으로 하며、易像은 形態로 水字를 水邊으로 三劃을 計算한다。

● 先低後高・先濁後淸으로 된 姓名은 吉하고 그 反對로 되면 凶하다。

● 陰陽이 配合이 되면 吉하고 純陰・純陽으로 되면 凶하다。

● 相生은 吉하고 相克은 凶하며 比和는 平하다(二生 一剋은 吉)

● 五行은 音五行을 重視하고 劃數는 並看한다(劃數 五行은 姓字에 太極數 一을 加算하여 計算하고、姓字와 名字上의 劃數를 合하고、名字의 上下를 合한 劃數로 五行을 定한다)

— 例 —

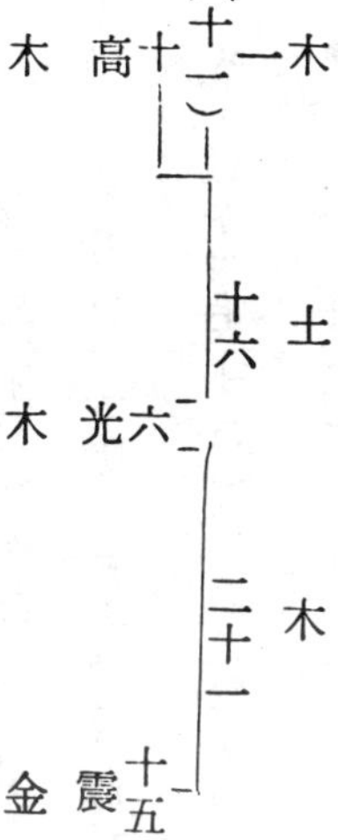

音五行으로 高字는 牙音木이요 光字도 牙音木이요、震字는 齒音 金이다 즉 音 五行이 木木金이며、數理로는 高字十劃이니 太極數 一劃을 加算하여 十一劃이요、十을 除하여 一이 남으니 一은 木이며、姓字十과 名字上 光六을 合하면 十六이니 十을 除한 六의 五行은 土이며、光字六과 震字 十五劃을 合하면 二十一劃이니 二十을 除한 一의 五行은 木이니 즉 數의 五行은

木土木이 된다。

● 天格은 十六 名格은 二十一 外格은 二十五、總格 三十一이다。易理六爻作法은 姓과 名之上을 合하여 八八除之로 上卦를 作하고、名六 二字를 合한 數로 八八除하여 나머지로 下卦를 作하고、總數는 合하여 六六除之로 動爻를 作하여 본다。

十 六
高 光—姓字合은 十六이니 八八除之하니 나머지 다시 八로 坤地卦(上卦)

六 十五
光 震—名字合은 二十一이니 八八除之하면 나머지 五로 巽風卦(下卦)

十 六 十五
高 光 震—姓名合은 三十一이니 六六除之하면 나머지 一이니 初爻動(動爻)

즉 地風升之泰(地天泰)卦(☷☴~☷☰)가 된다。

○ 易理八拔論

※ 字劃計算法(易理・易像의 字劃別)

(易理)		(易像)	(易理)		(易像)
水(四)	氵	(三)	网(六)	罒	(四)
允(四)	允	(三)	老(六)	耂	(四)
心(四)	忄	(三)	肉(六)	月	(四)
邑(七)	阝右	(三)	艸(六)	艹	(四)
阜(八)	阝左	(三)	辵(七)	辶	(四)

● 本 姓名學은 易理法 計算으로 乙를 四劃計算하는 것임。

犬(四)犭(三)　衣(六)衤(五)

玉(五)王(四)　火(四)灬(四)

示(四)礻(四)　手(四)扌(三)

一―一　乾爲天　出自園林下　二朝御鵬程　榮華雖至貴　終見散田庄

一―二　天澤履　千載遲遲身不榮　晩年混然得榮華　玉顔晩年將芙蓉　終得春光事事通

一―三　天火同人　赫赫乾坤事事通　天顔玉腮共雙榮　地角南荒淸缺岐　宜和英雄筵優遊

一―四　天雷无妄　初年淸霜恨　時和木馬行　數中姑値局　終當祿財亨

一―五　天風姤　身起九級中　觀風帝王傍　一朝狂風起　花落守空房

一―六　天水訟　災厄常隨身　一生大不安　天火在水上　兩物不相合

一―七　天山遯　寂寞深山程　困龍碧沙中　透過多塞滯　高臥見水澤

一―八　天地否　風柳千載綠　寒松百歲孤　可惜春色暮　却無曉風光

二―一　澤天夬　暗裡衣冠拆　幽谷日未明　中天回斗牛　名譽晩年成

二―二　兌爲澤　碧玉滿粕子　金庭弄花香　年當少年時　前程可有望

二―三　澤火革　運逢刑厄眞爲凶　二十年光若花枝　萬事丁寧運命中　欲巧反拙憂愁人

二―四　澤雷隋　安身守分吉　快樂別有光　輕風災雖至　黃牛一毛格

二―五　澤風大過　身坐君旺側　日食五味飯　飛遊瞻鳩鳥　獨立海鷗鳴

二―六　澤水困　有木逢鐵鉞　枝葉盡布枯　少年困苦象　終當不成器

二—七	澤山咸	枯木逢春色	事事順順昌	一朝當霜雨	風前落花格
二—八	澤地萃	昏反又言納	右滕必有慾	四十歲未滿	魂招猛席前
三—一	火天大有	日更月變事漸離	千里他鄉還得間	堅心自守更守節	修道綿綿祿自還
三—二	火澤睽	水火相剋本無緣	若逢三刼位倚通	千秋怨恨永不絕	血梁沙場白骨魂
三—三	離爲火	群陰青山外	山河振不動	身靜爲安樂	妄動犯刑厄
三—四	火雷噬嗑	少草和春生	蓮花逢秋開	富貴當此如	何有訟事災
三—五	火風鼎	聰明方智多	文章達于王	一擧風雪路	天顏別有光
三—六	火水未濟	火在水上相戰未	萬事不成災殃至	十年長期寒下症	終身困苦不得痊
三—七	火山旅	二十年前事	名聲揚京華	一朝風雲起	因人被大害
三—八	火地晋	攀龍頭揷一枝花	磊上金榜第一人	紅紫綃袍映日月	後孫餘慶百歲吉
四—一	雷天大壯	枯木纒風霜	春後更有光	和陽回春節	方爲中風光
四—二	雷澤歸妹	作吏排風路	一所事王公	木鼠春秋日	穿塚脫衣紅
四—三	雷火豊	月下多舊香	床頭合塵烟	一任金華道	雷起直上天
四—四	震爲雷	有才兼有藝	工業必有巧	六害從前起	終得不成器
四—五	雷風恒	和春陽起回	從亨自安樂	轉爲富貴豊	優遊自樂人
四—六	雷水解	衿袍金鱗閣	粉粉訟話多	能快千人訟	仁聲騰愈加
四—七	雷山小過	五鬼透林木	風月未易分	茅屋荊山下	何人吊孤墳

四-八	雷地豫	美如蓮花貌	才超壽王倫	一朝君王側	富貴榮華人
五-一	風天畜	折唇折齒	千念未伸	諸事多魔	一生不安
五-二	風澤中孚	太行山下水滔滔	三月 留未得福	木道取材爲舟楫	遍得天下盡歡迎
五-三	風火家人	琴聲清音本無私	春風滿洋自轉明	一家一門自春色	未聞高閣訟事聲
五-四	風雷益	間寂青山裡	蛟龍上樹繞	自主平生節	刑徒更留門
五-五	巽爲風	有順逢順事事順	居榮多榮頻頻榮	南薰殿上清烟鎖	光物與隆京華張
五-六	風水渙	花開知歲月	花落本無香	不意青山下	狂風便是來
五-七	風山漸	右脚必有拆	左目必有盲	進退別無跡	推時暮春聲
五-八	風地觀	成枝三千里	仁聲遍四閣	道明千載下	桂越逼天顔
六-一	水天需	枯木得逢春	枝幹自有榮	桃花江湖上	千里別有光
六-二	水澤節	自南薰風吹棘薪	一門和氣蕩深春	和樂之象	
六-三	水火旣濟	白雲山霧合未開	珠玉金坮路不通	朝庭得祿又有慶	舟楫大川建柱棟
六-四	水雷屯	係巷制下字二文	可惜春苔點有浪	若能三寶多頹力	顔魂驚㤼劍刀丸
六-五	水風井	此生初成月	清枰一院花	安身調保處	風波不侵來
六-六	坎爲水	重險坎水前路難	多事繁又辛苦	偶然之中魔鬼來	災殃隨身立惡死
六-七	水山蹇	有魚無飛髮	有木似無根	間寂孤獨人	步步向禮場
六-八	水地比	花蕊與人紅	歸閣紫雲香	皇恩對此貴	流傳百歲榮

七—一 山天大畜 千歲老龍得弄珠 一朝雷雨積雲行 紅綃綿帛官位足 且語前程榮華中

七—二 山澤損 轉轉上下道路險 萬事無成却猜惡 刑門盈殃難頑御 障曲江邊疾痕垂

七—三 山火賁 黃雲赫海上 靑鸞對千成 燦燭金玉帶 傾善舞春風

七—四 山雷頤 權衡持一通 天下共一歸 威福從須權 山河仰徘徊

七—五 山風蠱 運命陰陽爻 忽然疾病多 盜賊常隨身 頭碎散空家

七—六 山水蒙 寒寂家無糧 眉門日月落 榮華富貴夢多想 且語前程伏道吉

七—七 艮爲山 初從折桂行 官位紫森中 不從兩人稿 飃落葉狂風

七—八 山地剝 眞爲非爲眞 所行總是奸 一人刑門在 綠何壽福全

八—一 地天泰 手折桂花枝 金榜再三登 紫府文章耀 子孫百代興

八—二 地澤臨 高樓亘閣程 榮耀四方傳 光被日月色 紫府揚名人

八—三 地火明夷 江山梅花開 雲程看貴人 數中寒位高 心通自有閑

八—四 地雷復 花殘葉茂盛 去來復望華 栗竹南北界 暮年得意回

八—五 地風升 一朝一身出 一躍對玉星 身坐麒麟閣 道德至文章

八—五 地水師 草舘結朱男 不覺配夫人 不合夫婦道 行嫁玩路人

八—七 地山謙 須得寸草枝 變幻千萬丈 尚興兵共類 偸盜越牆帳

八—八 坤爲地 淸燈一桂滿室香 帝王之側姓名揚 地中有地又重重 能載萬物兼有養

○ 數理吉凶論

一	基本格	三陽回春之像	富貴兼備	首領之格	大吉之數
二	分離格	諸川分離之像	地位財産分離	動搖	妻生離死別
三	成形格	始生萬物之像	智謀出衆	勇敢無雙	立身揚名
四	不定格	東西各飛之像	敗家放浪之數	困苦生敗	破家流離
五	定成格	能成萬物之像	智德兼備	早達龍門	名振四海
六	繼成格	陰德始胎之像	和氣自來	不撓不屈	日就月將
七	獨立格	剛健前進之像	猛虎出林	意氣高剛	與人和之
八	開物格	自發自立之像	初志一貫	萬難剋服	富貴長壽
九	窮逼格	大材無用之像	初分成功	中途挫折	禍亂風波
一〇	空虛格	萬般虛無之像	雖有方能	有頭無尾	別無成事
一一	新成格	自力更生之像	進取學業	中年成功	衆人信望
一二	薄弱格	軟弱失調之像	雖有方略	都是不能	東奔西走
一三	智謀格	久而自明之像	大志大業	立身揚名	能成雄志
一四	離散格	運遁四散之像	生離死別	六親無德	千辛萬苦
一五	統率格	天地安定之像	富貴長壽	德望兼備	大器晩成
一六	德望格	剛柔相濟之像	家道中興	立身揚名	昌盛發達

一七	健暢格	健全暢達之像	大志大業	能成大功	名滿四海
一八	發展格	進取發展之像	富貴榮達	壽福康寧	名垂竹帛
一九	苦難格	鳳鶴傷翼之像	擧皆水泡	刑厄災難	愁心不絕
二〇	虛望格	萬事空虛之像	千辛萬苦	破敗失意	六親無德
二一	頭領格	萬人首領之像	富貴榮達	但女寡運	獨身成功
二二	中折格	秋風落葉之像	孤獨煩悶	平生野黨	流離彷徨
二三	成功格	開花萬發之像	富貴榮達	女命寡運	獨身出世
二四	立身格	雨後竹筍之像	自手成家	富貴雙全	壽福康寧
二五	安全格	順風航海之像	智謀深遠	大志大業	自立大成
二六	風波格	一時大成	波瀾曲折	家庭不遇	災難甚大
二七	中斷格	落馬折骨之像	千限未伸	夫婦相別	晩年悲慘
二八	波亂格	大海泛舟之像	辛苦續出	中途挫折	遭難不幸
二九	成功格	新綠有實之像	大志大業	壽命長壽	晩年大吉
三〇	浮夢格	無情歲月之像	中無所主	轉轉彷徨	徒勞無功
三一	隆昌格	萬花方暢之像	萬難克服	自手成家	積少成大
三二	倖幸格	綠水周遊之像	一碧海天	壽福康寧	萬事大通
三三	昇天格	老龍得雲之像	自立大成	少時揚名	威權冲天

三四	破滅格	平地風波之像	災害續出	有始無終	大敗困苦
三五	平凡格	安過泰平之像	富貴長壽	文藝才能	女命最吉
三六	英傑是非格	成敗輪轉之像	骨肉相爭	喜悲雙曲	勿犯投機
三七	仁德格	枯木生花之像	智謀出衆	初志一貫	難事能解
三八	福祿格	立身揚名之像	大志大業	文筆技藝	無不能事
三九	安樂格	開花迎春之像	破竹之勢	大業成功	或恐轉落
四〇	無常格	凡事無力之像	徒勞無功	雖有才能	作事難成
四一	大功格	名振四海之像	人格高邁	濟濟蒼生	人皆仰視
四二	苦行格	遍見暗迷之像	早折竹枝	家族相別	刑厄孤獨
四三	迷惑格	泛舟逢風之像	精神異常	一生災多	女命不貞
四四	魔障格	好事多魔之像	平地風波	一時成功	不能永續
四五	大志格	明月輝光之像	先見之明	萬人師表	立身揚名
四六	不知格	暗夜失路之像	泄事浮雲	心無定虛	孤獨短命
四七	出世格	井魚出海之像	初志一貫	出世成功	一握千金
四八	有德格	安過太平之像	兩順風調	四通五達	無事安逸
四九	隱退格	功成身退之像	一進一退	吉凶相半	守分則吉
五〇	不幸格	心身不平之像	處事不敏	獨坐嘆息	病弱財散

五一	春秋格	吉凶相半之像	一笑一怒	初困後泰	安過歲月
五二	能直格	凡謀出衆之像	英明透徹	大事能堪	女則賢良
五三	不和格	才智不足之像	有欲無能	泰山難越	外富內貧
五四	辛苦格	災厄重重之像	落馬折骨	刑厄短命	孤獨疾病
五五	不忍格	每事不久之像	吉凶相半	成敗多端	九死一生
五六	不足格	萬事不足之像	慾大心少	失敗之本	守分最可
五七	努力格	努力精進之像	不休不怠	終得成功	東西奔忙
五八	自力格	初困後泰之像	大厄過後	門戶榮華	晚年富足
五九	不遇格	老龍失珠之像	雖有才能	一無好機	虛送歲月
六〇	暗黑格	日月蔽雲之像	暗夜行人	事不分別	有頭無尾
六一	榮華格	喜事滿門之像	大志完成	富貴能得	圓助興家
六二	孤獨格	蒼海泛舟之像	范范大海	流離放浪	無依無托
六三	吉祥格	初志貫徹之像	大業成功	五福兼備	子孫榮華
六四	沈滯格	散散分離之像	入山修道	家庭不和	病弱短命
六五	完美格	萬花芳暢之像	富貴安樂	萬難克服	日就月將
六六	逢難格	知方多謀之像	龍頭蛇尾	破難曲折	進退兩難
六七	成長格	天品高潔之像	知德兼備	大謀大業	能少能大

六八	達成格	老灰逢狀之像	上通下達	大志大業	富貴兼全
六九	衰弱格	枯木風雪之像	失意衰退	孤獅短身	東西流難
七〇	暗難格	深夜逢賊之像	無情不今	不具短命	凶逢可知
七一	不安格	好析難成之像	千辛萬苦	去去益山	獨生秋心
七二	相半格	凶多吉少之像	因苦初年	中年順成	末年先運
七三	亨通格	林木回春之像	獨自土成	英明透徹	富貴榮達
七四	不交格	暗夜坐路之像	獨生嘆息	妻子相別	流離分散
七五	旺盛格	溫柔有德之像	萬花芳暢	積少成大	自立大成
七六	離散格	平地風波之像	內外不合	轉轉彷徨	縱身因苦
七七	剛健格	意志確固之像	初志貫徹	女子克夫	凶福重重
七八	無力格	鳳鶴失巢之像	大謀不成	退劣難免	凶多吉少
七九	不信格	無翼飛之像	自立不能	依他慾成	作業難成
八〇	陰影格	妄動多敗之像	自重立名	修身齊家	末年安逸
八十一	還喜格	草木回春之像	陰福無比	吉祥暗示	最大喜慶

八十一을 超過하는 數는 八十을 除之하고 다시 一에서부터 適用시킨다.

字劃一覽表

이 字劃一覽表는 但姓名字에 많이 쓰이고 있는 것만 추려 劃數別로 記入하였다

● 一 劃

一 한 일　乙 새 을

● 二 劃

卜 점 복　力 힘 력　又 또 우　乂 재주 예　二 두 이　丁 장정 정

● 三 劃

三 석 삼　干 방패 간　女 계집 녀　万 일만 만　大 큰 대　工 장인 공　土 흙 토　己 몸 기　山 뫼 산　千 일천 천　于 어조사 우

小 적을 소　川 내 천　子 아들 자

● 四 劃

四 넷 사　介 클 개　公 귀 공　孔 구멍 공　匀 고를 균　今 이제 금　斗 말 두　文 글 문　毛 터럭 모　方 모 방　夫 지아비 부

木 나무 목　卞 꼭지 변　分 나눌 분　尤 더욱 우　云 이를 운　元 으뜸 원　尹 맏 윤　王 임금 왕　仁 어질 인　壬 북방 임　心 마음 심

丹 붉을 단　化 될 화　天 하늘 천　亢 높을 항　片 조각 편

● 五劃

五 다섯 오　甲 갑옷 갑　丘 언덕 구　戊 별 무　民 백성 민　白 흰 백　丙 남녘 병　史 사기 사　石 돌 석　仙 신선 선　世 인간 세
申 납 신　永 길 영　玉 구슬 옥　用 쓸 용　正 바를 정　主 임금 주　仟 일천 천　出 날 출　台 별 태　皮 가죽 피　必 반드 필
玄 감을 현　弘 클 홍　平 평할 평　立 설 립　田 밭 전　生 날 생　古 옛 고

● 六劃

六 여섯 륙　光 빛 광　共 함께 공　圭 홀 규　老 늙을 로　求 구할 구　吉 길할 길　年 햇 년　朴 성 박　百 일백 백　氾 뜰 범
份 빛날 빈　多 많을 다　同 같을 동　先 먼저 선　守 지킬 수　戌 개 술　臣 신하 신　旬 열흘 순　安 편안 안　宇 집 우　羽
깃 우　旭 빛날 욱　伊 저 이　有 있을 유　印 새길 인　任 맡길 임　在 있을 재　全 온전 전　朱 붉을 주　仲 버금 중　行 다닐 행
丞 정승 승　因 인할 인　宅 집 택　竹 대 죽　西 서녘 서　初 처음 초

● 七劃

七 일곱 칠　角 뿔 각　江 물 강　君 인군 군　均 고를 균　克 이길 극　杞 구기자 기　男 사나이 남　良 어질 량　呂 법 려　李
오얏 리　里 마을 리　武 호반 무　甫 겨우 보　妢 이름 분　庇 덮을 비　免 면할 면　伯 맏 백　成 이룰 성　宋 나라 송　秀 빼낼 수
伸 펼 신　辛 쓸 신　延 맞을 연　吳 나라 오　完 완전할 완　妧 계집 완　岏 언덕 완　佑 도울 우　壯 씩씩할 장　材 재목 재　廷
조정 정　旿 밝을 오　志 뜻 지　池 못 지　址 터 지　車 수레 차(거)　采 채색 채　兌 서방 태　判 판단할 판　何 어찌 하　杏 살구 행

亨 형통할 형　孝 효도 효　希 바랄 희　余 나 여　杓 자루 표　杆 뽕나무 간　利 이로울 리

● 八 劃

八 여덟 팔　佳 아름다울 가　玕 구슬 간　岡 뫼 강　杰 이름 걸　庚 별 경　京 서울 경　炅 빛날 경　季 말째 계　昆 맏 곤　坤 따 곤

玒 옥 공　官 벼슬 관　玖 옥돌 구　金 쇠 금　其 그 기　奇 기특할 기　佶 건장할 길　來 올 래　林 수풀 림　孟 맏 맹　明 밝을 명

命 목숨 명　門 문 문　汶 물 문　旼 화할 민　旻 하늘 민　秉 잡을 병　併 아오를 병　奉 받들 봉　尙 오히려 상　昔 옛 석　松 솔 송

析 쪼갤 석　受 받을 수　垂 드릴 수　沈 성 심　沁 물 심　始 비로소 시　雨 비 우　宜 마땅 의　長 긴 장　佺 이름 전　定 정할 정

政 정사 정　宗 마루 종　宙 집 주　周 두루 주　知 알 지　直 곧을 직　昌 창성할 창　靑 푸를 청　忠 충성 충　卓 높을 탁　表 겉 표

沆 물 항　虎 범 호　和 화목 화　承 이을 승　兒 아이 아　靑 푸를 청　具 갖출 구　協 화협할 협

● 九 劃

九 아홉 구　姜 제비 강　建 세울 건　格 이를 격　俓 곧을 경　軍 군사 군　奎 별 규　紀 벼리 기　南 남녘 남　度 법도 도　昤 빛날 령

柳 버들 류　律 법 률　勉 힘쓸 면　美 아름다울 미　柄 자루 병　旼 화할 민　昞 빛날 병　炳 빛날 병　封 봉할 봉　玞 옥돌 부

玢 문채 분　玭 구슬 반　俌 도울 보　亮 밝을 량　思 생각 사　相 서로 상　庠 학교 상　炤 밝을 소　省 살필 성　星 별 성

宣 베풀 선　姺 다닐 선　峋 높을 순　是 이 시　信 믿을 신　彦 선비 언　姸 고을 연　泳 물 영　勇 날낼 용　禹 임금 우

昱 빛날 욱　兪 맑을 유　爰 이에 원　垣 담 원　垠 언덕 은　貞 곧을 정　征 칠 정　柱 기둥 주　姝 아름다울 주　俊 준결 준　重

(重) 무거울 중 哉 어조사 재 祉 복 지 昶 밝을 창 芊 성할 천 秋 가을 추 春 봄 춘 治 다스릴 치 致 이를 치 泰 클 태 泌 물 필 河 물 하

香 향기 향 炫 밝을 현 泫 깊을 현 炯 밝을 형 革 가죽 혁 紅 붉을 홍 奐 빛날 환 宦 벼슬 환 姬 계집 희 咸 다 함

芝 지초 지 性 성품 성 昭 밝을 소 面 낯 면 奏 아뢸 주 奕 바둑 혁 帝 임금 제 法 법 법

● 十劃

十 열 십 珏 구슬 각 罡 별 강 虔 정성 건 倞 굳셀 경 兼 겸할 겸 高 높을 고 恭 공손 공 括 이를 괄 洸 물소리 광 校 학교 교

根 뿌리 근 記 기록 기 起 일어날 기 肯 즐길 긍 能 능할 능 唐 당나라 당 島 섬 도 洞 골 동 桐 오동 동 烔 더울 동

洛 낙수 낙 烈 매울 렬 玲 옥소리 령 倫 인륜 륜 馬 말 마 紋 문채 문 娓 고울 마 芳 꽃다울 방 倍 모실 배 奉 바뜰 봉 俸 록 봉

釜 가마 부 芙 부용 부 芬 꽃다울 분 師 스승 사 徐 천천히 서 書 글 서 城 잿 성 娍 아름다울 성 素 흴 소 笑 웃음 소

孫 손자 손 洙 물가 수 巡 순행할 순 乘 탈 승 時 때 시 晏 늦을 안 洋 바다 양 娟 고울 연 芸 향기 운 原 언덕 원 袁 성 원

芮 나라 예 婠 고울 완 容 얼굴 용 祐 도울 우 彧 빛날 욱 洧 물 유 恩 은혜 은 益 더할 익 宰 재상 재 栽 심을 재

祖 조상 조 祚 복조 조 洲 물가 주 株 줄기 주 峻 높을 준 埈 높을 준 晋 나라 진 晉 나라 진 秦 나라 진 眞 참 진 珍 보배 진

哲 밝을 철 夏 여름 하 恒 항상 항 軒 마루 헌 玹 옥돌 현 花 꽃 화 桓 나무 환 洪 넓을 홍 効 본받을 효 訓 가르칠 훈

烋 아름다울 휴 骨 뼈 골 俱 함께 구 桂 계수나무 계 殷 나라 은 晛 재 현 剛 굳셀 강 峰 봉우리 봉 柏 잣 백 曺 무리 조

● 十一劃

琨 구슬 간　康 편안 강　卿 벼슬 경　乾 하늘 건　啓 열 계　釭 수레통쇠 공　珙 구슬 공　貫 꾀일 관　珖 옥 광　教 가르칠 교　國

나라 국　規 법 규　基 터 기　珪 서옥 규　近 가까울 근　菫 나물 근　埼 언덕 기　軘 수레 돈　得 얻을 득　樑 다리 량　浪 물결 랑

晩 늦을 만　梅 매화 매　茂 성할 무　務 힘쓸 무　問 물을 문　敏 민첩할 민　培 북돋을 배　浲 물 봉　烽 봉화 봉　斌 빛날 빈　彬

빈할 빈　珊 산호 산　參 셋 삼　祥 상서 상　常 떳떳 상　胥 서로 서　旋 돌 선　涘 돌 선　卨 이름 설　涉 건늘 섭　晟 밝을 성　脩

길 수　婌 계집 숙　珣 옥돌 순　術 꾀 술　崇 높을 숭　習 익힐 습　婀 아름다울 아　魚 고기 어　梧 오동 오　浣 빨 완　婉 예쁠 완

涌 솟을 용　庸 떳떳 용　勖 힘쓸 욱　苑 동산 원　胤 맛 윤　翌 내일 익　翊 도울 익　寅 동방 인　張 베풀 장　章 글장 장　旌

기 정　曹 무리 조　珠 구슬 주　胄 투구 주　浚 깊을 순　晙 밝을 준　執 잡을 집　崔 높을 최　苾 향기 필　畢 다할 필　海 바다 해

珦 구슬 향　許 허락 허　絃 구슬 현　珩 구슬 형　彗 비 혜　扈 넓을 호　浩 넓을 호　晧 밝을 호　涍 물 효　珝 구슬 후　焄

향기 훈　英 꽃뿌리 영　彩 채색 채　將 장수 장

● 十二劃

傑 호걸 걸　球 구슬 구　邱 언덕 구　景 볕 경　貴 귀할 귀　鈞 무거울 균　極 극진 극　淇 물 기　棋 바둑 기　幾 몇 기　期 바랄 기

琉 유리 류　珷 옥돌 무　碔 옥돌 무　博 클 박　棅 자루 병　普 넓을 보　富 부자 부　舒 펼 서　晳 밝을 석　善 착할 선　邵

높을 소　盛 성할 성　淞 물 송　琇 옥돌 수　淑 맑을 숙　順 순할 순　淳 순박할 순　舜 임금 순　荀 풀 순　述 지을 술　琡 구슬 술

勝 이길 승　寔 이 식　植 심을 식　尋 찾을 심　淵 못 연　然 그럴 연　雲 구름 운　雄 수 웅　媛 예쁠 원　阮 땅 원　閏 윤달 윤

貳 두 이
壹 한 일
裁 마루절 재
荃 풀 전
鼎 솥 정
晶 맑을 정
朝 아침 조
淙 물 종
竣 마칠 준
衆 무리 중
曾 일직 증
智 지혜 지
集 모될 집
敞 넓을 창
喆 밝을 철
淸 맑을 청
草 풀 초
琢 다듬을 탁
現 보일 현
惠 은혜 혜
晧 힐 호
華 빛날 화
勛 공 훈
欽 공경 흠
閔 성 민
黃 누룰 황
理 다스릴 리
喜 기쁠 희
堤 언덕 제
弼 도울 필
庾 곳집 유
彭 성 팽
悳 큰 덕
敦 도타울 돈
棟 기둥 동
棣 아가위 체
硯 벼루 연
童 아이 동
象 코끼리 상

● 十三劃

敬 공경 경
琨 구슬 곤
寬 너그러울 관
适 빠를 괄
群 무리 군
冀 바랄 기
琪 구슬 기
祺 상서 기
琦 구슬 기
湳 물 남
楠 나무 남
廉 청렴 렴
鈴 방울 령
渼 물 미
湘 물 상
詳 자세 상
聖 성인 성
琡 구슬 숙
嵩 높을 숭
詩 글 시
湜 맑을 식
軾 수레 식
新 새 신
渥 젖을 악
愛 사랑 애
楊 버들 양
業 업 업
暎 비칠 영
湧 솟을 용
愚 어리석을 우
郁 빛날 욱
煜 빛날 욱
嫄 계집 원
園 동산 원
意 뜻 의
義 오를 의
稙 벼 직
載 시를 재
琮 옥돌 송
楚 나라 초
蜀 나라 촉
鉉 솥귀 현
湖 물 호
琥 호박 호
煥 빛날 환
湟 물 황
暉 빛날 휘
煇 빛날 휘
熙 빛날 희
虞 나라 우
莊 씩씩할 장
肅 엄숙할 숙
浦 개 포
椿 나무 춘
琴 거문고 금
賈 성 가

● 十四劃

嘉 아름다울 가
菊 국화 국
郡 골 군
綺 비단 기
箕 치 기
娜 고울 나
裴 성 배
碧 푸를 벽
輔 도울 보
福 복 복
鳳 새 봉
署 마을 서
瑞 상서 서
碩 클 석
瑄 구슬 선
誠 정성 성
壽 목숨 수
瑟 비파 슬
瑌 구슬 연
榮 영화 영
瑛 옥빛 영
熊

(곰 웅) 源 근원 원　瑗 구슬 원　銀 은 은　禎 상서 정　齊 나라 제　湜 구슬 제　趙 나라 조　準 법 준　暢 화창할 창　彰 빛날 창

赫 빛날 혁　熒 빛날 형　豪 호걸 호　鉷 고등 홍　滉 깊을 황　熏 더울 훈　連 연할 련　愼 삼갈 진　溫 따뜻할 온　實 열매 실

溶 물 용　種 종자 종　華 빛날 화　鴨 오리 압　瑃 구슬 춘

● 十五劃

葛 칡 갈　慶 경사 경　廣 넓을 광　郭 성 곽　槿 무궁화 근　德 큰 덕　魯 나라 로　燐 인화 린　漷 물 곽　歐 성 구　萬 일만 만

滿 가득할 만　模 법 모　範 법 범　緖 실마리 서　奭 클 석　諄 지극할 순　陞 오를 승　瑩 구슬 영　院 성 완　瑢 옥소리 용　漳 물 장

瑨 옥돌 진　通 나갈 진　賛 기릴 찬　輟 걷을 철　徹 사무칠 철　請 청할 청　漢 한수 한　賢 어질 현　慧 지혜 혜　滸 물가 호

嬅 고울 화　輝 빛날 휘　興 일 흥　董 동독할 동　稷 피 직　鋒 창 봉　調 고로 조　萱 원추리 헌　葉 입새 엽　確 군셀 학　畿 지경 기

演 부를 연　樂 즐거울 락　影 그림자 영　嬉 기쁠 희　億 억 억　劉 묘금도 류

● 十六劃

鋼 쇠 강　暻 밝을 경　瑾 옥 근　錦 비단 금　冀 바랄 기　機 기틀 기　璂 구슬 기　龜 거북 구　霍 성 곽　達 통달 달　潭 못 담

都 도읍 도　陶 질그릇 도　獨 홀로 독　篤 도타울 독　燉 빛날 돈　盧 성 로　錄 록록 록　璉 구슬 련　龍 룡 룡　陸 뭍 륙　潽 넓을 보

道 길 도　璇 구슬 선　錫 주석 석　樹 나무 수　燕 나라 연　燁 빛날 엽　曄 빛날 엽　叡 밝을 예　潤 부를 윤　輯 모을 집　蒼

푸를 창　澈 밝을 철　學 배울 학　憲 법 헌　衡 저울대 형　澔 빛날 호　勳 공 훈　熹 밝을 희　熺 빛날 희　憙 기꺼울 희　曇 흐릴 담

璃 유리 리　錡 솥 기　陳 묵을 진　穆 도타울 목　靜 고요 정　潘 성 반　錢 돈 전

● 十七劃

鍵 자물쇠 건　謙 겸손할 겸　璟 옥빛 경　鞠 칠 국　璣 구슬 기　機 상서 기　鍍 도금할 도　濂 물 렴　璘 옥빛 린　嬪 계집 빈　謝 사례 사　鮮 빛날 선　穗 이삭 수　隋 나라 수　陽 볕 양　應 대답 응　隆 높을 륭　翼 날개 익　蔣 풀 장　齋 집 재　鍾 쇠북 종　駿 준마 준　璡 옥돌 진　燦 빛날 찬　蔡 나라 채　韓 나라 한　澤 못 택　璜 옥 황　澮 개천 회　鄕 시골 향　羲 복 희　禧 복 희　燮 불꽃 섭　遜 겸손할 손　蘭 난초 난　蓮 연꽃 련　蓬 쑥 봉　嬰 어릴 영　襄 클 양　鴻 기러기 홍　蔚 무성할 울

● 十八劃

鵑 두견 견　謹 삼갈 근　騏 준마 기　燾 덮을 도　蕫 자오락 동　濫 넘칠 람　馥 향기 복　濱 물가 빈　燿 빛날 요　鎔 녹일 용　魏 나라 위　鎰 근 일　濬 깊을 준　濟 건널 제　鎭 누를 진　璨 옥빛 찬　蕙 난초 혜　爀 빛날 혁　鎬 호경 호　濠 호물　環 구슬 환　豊 풍년 풍

● 十九劃

鏡 거울 경　鯨 고래 경　麒 기린 기　龐 성 방　鵬 새 붕　麗 고울 려　璿 아름다울 선　鏞 쇠북 용　鄭 나라 정　鄫 나라 정　選 가릴 선　薛 다북쑥 설　蘊 쌓일 온　轍 바퀴 철　鶊 새이름 경　贊 기릴 찬　譚 말씀 담

● 二十劃

覺 깨달을 각
瓊 구슬 경
勸 권할 권
礦 쇳돌 광
羅 버릴 라
藍 쪽 람
騰 날 등
寶 보배 보
譜 족보 보
釋 풀 석
耀 빛날 요

嚴 엄할 엄
鐘 쇠북 종
薰 향풀 훈

● 二十一劃

鐵 쇠 철
隨 따를 수
鐫 새길 전
藝 재주 예
櫻 앵두 앵
鶴 학 학
曦 빛날 희
藤 가시 등
鐸 방울 탁

● 二十二劃

權 권세 권
鑑 거울 감
蘇 차즈기 소
隱 숨을 은
邊 갓 변
歡 기쁠 환
灌 물댈 관
瓓 옥빛 란
鑄 쇠녹일 주

● 二十三劃

鑛 쇳돌 광
灑 물 라
蘭 난초 란
鷺 백로 로
麟 기린 린

● 二十四劃

鷹 매 응
瓚 옥그릇 찬
隴 성 방

● 二十五劃

觀 볼 관
蘿 머루 라

● 二十六劃

讚 기릴 찬
驥 준마 기
鑽 뚫을 찬

附錄 (2) 육갑법·사주 정하는 법·육친법

목 차(目次)

제 1 부 육 갑 법

1。간지상식

사주(四柱)와 택일과 점(占)과 음양택(陰陽宅) 등 이러한 분야의 모든 지식을 익히려면 반드시 육갑법(六甲法)이라는 기초학문을 우선적으로 습득해야 한다。비유하건대 산수공부에 있어 기본글자인 1에서 10까지의 숫자와 이를 부연하여 백·천·만·억의 숫자를 기록할 수 있어야 하고、가감승제(加減乘除) 정도의 기본지식을 먼저 이해한 뒤에야 고급수학을 공부할 수 있는 것처럼 육갑법은 가장 중요하고도 간명한 역학의 기본 상식이다。

자-그러면 이제부터 육갑법이 무엇인지 모르는 분을 위하여 상세하게 설명해 나간다。

(1) 간지(干支)의 기본글자

간지(干支)란 천간(天干)과 지지(地支)의 아래글자 하나씩을 따서 합칭한 술어다。땅 위에 있는 높은 곳을 하늘이라 하고、하늘 아래 우리가 밟고 있는 낮은 곳을 땅이라 한다。 그런데 간(干)은 위에 있는 하늘을 상징하여 천간(天干)이라 하고、 지(支)는 아래에 있는 땅을 상징하여 지지(地支)라 한다。 그러면 무엇이 천간이고 무엇이 지지인가를 알아보자。

① 천간(天干)

천간은 다음과 같은 글자를 칭한다。

甲갑 乙을 丙병 丁정 戊무 己기 庚경 辛신 壬임 癸계

위 글자를 세어보면 10이다。 그러므로 천간 전체를 합칭 십간(十干)이라고도 한다。 좀더 익숙해지면 천간 십간을 그냥 간(干)이라 칭한다。

② 지지(地支)

지지는 다음과 같은 글자를 칭한다。

子자 丑축 寅인 卯묘 辰진 巳사 午오 未미 申신 酉유 戌술 亥해

지지를 세어보면 12자이다。 그러므로 지지 전체를 합칭 십이지(十二支)라 한다。 이 지지도 육갑법이 익숙해지면 그냥 지(支)라 한다。

(2) 간지(干支)의 음양

음양(陰陽)에 대해 상세한 것은 뒤에 다시 설명하겠다. 단지 이 항목에서는 천간과 지지에 매인 음양만 표시한다. 천간에 무엇이 양(陽)이고 무엇이 음(陰)이며, 지지에 무엇이 양이고 무엇이 음인가를 안 다음 잊지 않도록 기억해 두어야 한다.

甲 丙 戊 庚 壬 = 이상은 모두 陽이다.
乙 丁 己 辛 癸 = 이상은 모두 陰이다.

子 寅 辰 午 申 戌 = 이상은 모두 陽이다.
丑 卯 巳 未 酉 亥 = 이상은 모두 陰이다.

천간에 甲·丙·戊·庚·壬은 양(陽)에 속하므로 양간(陽干)이라 하고 乙·丁·己·辛·癸는 음(陰)에 속하므로 음간(陰干)이라 하며, 또 지지 子·寅·辰·午·申·戌은 양에 속하므로 양지(陽支)라 하고, 丑·卯·巳·未·酉·亥는 음에 속하므로 음지(陰支)라 한다. 이를 이해하기 쉽도록 아래와 같이 표시한다.

○	●	○	●	○	●	○	●	○	●
甲	乙	丙	丁	戊	己	庚	辛	壬	癸
양	음	양	음	양	음	양	음	양	음

○	●	○	●	○	●	○	●	○	●	○	●
子	丑	寅	卯	辰	巳	午	未	申	酉	戌	亥
양	음	양	음	양	음	양	음	양	음	양	음

○는 양(陽)의 표시이고 ●는 음(陰)의 표시이다。 위 천간지지의 음양을 보면 천간지지를 써 놓은 순서가 양(○)부터 시작하여 양음양음으로 되었다。 그러므로 천간지지를 막론하고 양이 먼저이고 한 칸 건너 양이고 한 칸 건너 음이라 알아두면 기억이 편리하다。

(3) 육십갑자

육십갑자(六十甲子)를 약칭하면 육갑(六甲)이다。 하늘과 땅이 천지(天地)로 배합되고、 남자와 여자가 부부(夫婦)로 배합되고、 음과 양이 음양으로 배합된 것처럼 천간과 지지는 간지(干支)로 배합된다。 천간 甲과 지지 子가 상하로 배합 甲子가 되는 예다。 그리하여 십간(十干)과 십이지(十二支)가 첫번째부터 차례로 짝을 지으면 육십개의 배합이 이루어지므로 육십갑자라 한다。

甲子(갑자)	乙丑(을축)	丙寅(병인)	丁卯(정묘)	戊辰(무진)	己巳(기사)	庚午(경오)	辛未(신미)	壬申(임신)	癸酉(계유)	甲戌(갑술)	乙亥(을해)
丙子(병자)	丁丑(정축)	戊寅(무인)	己卯(기묘)	庚辰(경진)	辛巳(신사)	壬午(임오)	癸未(계미)	甲申(갑신)	乙酉(을유)	丙戌(병술)	丁亥(정해)
戊子(무자)	己丑(기축)	庚寅(경인)	辛卯(신묘)	壬辰(임진)	癸巳(계사)	甲午(갑오)	乙未(을미)	丙申(병신)	丁酉(정유)	戊戌(무술)	己亥(기해)
庚子(경자)	辛丑(신축)	壬寅(임인)	癸卯(계묘)	甲辰(갑진)	乙巳(을사)	丙午(병오)	丁未(정미)	戊申(무신)	己酉(기유)	庚戌(경술)	辛亥(신해)
壬子(임자)	癸丑(계축)	甲寅(갑인)	乙卯(을묘)	丙辰(병진)	丁巳(정사)	戊午(무오)	己未(기미)	庚申(경신)	辛酉(신유)	壬戌(임술)	癸亥(계해)

(4) 간지(干支)의 합충(合沖) 등

천간은 천간끼리 서로 유정하게 화합되는 것이 있고 서로 충돌하는 것이 있으며, 지지도 지지끼리 서로 화합하는 관계가 있고 서로 충돌하고 부딪치고 깨뜨리고, 해치고 미워하는 관계가 있다.

천간은 오직 합(合)과 충(沖)만 있으나 지지는 두 가지 화합관계(삼합·육합)과 충(沖)하고 형(刑)하고, 파(破)하고 해(害)하고 미워하는 관계가 있어 천간보다 복잡하다.

① 간(干)의 합과 충

○ 간합(干合)

천간끼리 서로 좋아하여 화합되는 것을 간합(干合) 또는 천간합(天干合)이라 한다。이 합은 양과 양、음과 음끼리는 이루어지지 않고 반드시 음간(陰干)과 양간(陽干)이라야만 합이 이루어지는바 비유하건대 남녀 부부의 합과 같다。

甲己合　乙庚合　丙辛合　丁壬合　戊癸合

○甲 ●己 ＞合　●乙 ○庚 ＞合　○丙 ●辛 ＞合　●丁 ○壬 ＞合　○戊 ●癸 ＞合

甲과 己가 간합이오 乙과 庚이 간합이오 丙과 辛이 간합이오 丁과 壬이 간합이오 戊와 癸가 간합이다。

○ 간충(干沖)

천간끼리 서로 적대관계가 되어 충돌하는 것을 간충(干沖)이라 한다。

이 간충은 상극되는 오행관계로 양과 양、음과 음끼리 이루어지고 오직 戊己의 충은 음과 양이 같은 오행끼리 이루어진다。

甲庚沖　　乙辛沖　　丙壬沖　　丁癸沖　　戊己沖

甲↕庚　乙↕辛　丙↕壬　丁↕癸　戊↕己

甲庚상충 乙辛상충 丙壬상충 丁癸상충 戊己상충이라고도 한다。

② 지(支)의 합

○ 삼합(三合)

십이지 가운데 세 개의 지지가 화합관계를 이루는 것을 삼합이라 한다。 다음과 같다。

申子辰合　巳酉丑合　寅午戌合　亥卯未合

申 과 子와 辰이 삼합이오 巳와 酉와 丑이 삼합이오 寅과 午와 戌이 삼합이오 亥와 卯와 未가 삼합이다。 그런데 삼합에 예를 들어 申子辰이 삼합인데 申子辰 세 개의 지지가 모두 구비되어야만 합이 이루어지는 게 아니고 삼합되는 지지가 둘만 있어도 합을 이룬다。 이 둘만의 합을 반합(半合)이라고도 한다。

申子辰 三合에 申子、 子辰、 申辰만으로도 합을 이룬다。

巳酉丑 三合에 巳酉、 酉丑、 巳丑만으로도 합을 이룬다。

寅午戌 三合에 寅午、午戌、寅戌만으로도 합을 이룬다。
亥卯未 三合에 亥卯、卯未、亥未만으로도 합을 이룬다。

○ 육합(六合)

십이지가 각각 좋아하는 지지끼리 짝을 지으면 여섯 쌍이 된다。그래서 이 합을 육합(六合)이라 한다。

子丑合　　寅亥合　　卯戌合　　辰酉合　　巳申合　　午未合

子	寅	卯	辰	巳	午
丑	亥	戌	酉	申	未
合	合	合	合	合	合

즉 지지 子는 丑과 합이 되고、寅과 亥가 서로 합되고、卯와 戌이 서로 합되고、辰과 酉가 서로 합되고、巳와 申이 서로 합되고、午와 未가 서로 합된다。

③ 지지의 충·형·파·해·원진

○ 지지의 충(支沖)

지지끼리 서로 충돌관계가 되는 것을 말하는데 이를 지지상충(地支相沖) 또는 지충

(支沖)、 혹은 육충(六沖)이라고 한다。

子午沖	丑未沖	寅申沖	卯酉沖	辰戌沖	巳亥沖
子↕午	丑↕未	寅↕申	卯↕酉	辰↕戌	巳↕亥

子는 午를 충하고 午는 子를 충하니 이를 子午相沖이라 한다。
丑은 未를 충하고 未는 丑을 충하니 이를 丑未相沖이라 한다。
寅은 申을 충하고 申은 寅을 충하니 이를 寅申相沖이라 한다。
卯는 酉를 충하고 酉는 卯를 충하니 이를 卯酉相沖이라 한다。
辰은 戌을 충하고 戌은 辰을 충하니 이를 辰戌相沖이라 한다。

○지지의 형(支刑)

형(刑)이란 상대에게 압박을 준다는 뜻이다。 십이지 가운데 어떤 지(支)가 어떤 지(支)에 압박을 가하는가 하면 어떤 지(支)에게 압박을 받도록 되었다。 다음과 같다。

丑·戌·未
寅·巳·申 } 가 삼형(三刑)이다。

子·卯가 상형(相刑)이다。

辰·午·酉·亥가 자형(自刑)이다。

丑→戌→未→丑(三刑)

寅→巳→申→寅(三刑)

子→卯 卯→子(相刑)

辰→辰 午→午 酉→酉 亥→亥(自刑)

丑·戌·未 삼형이란 丑은 戌을 형하고, 戌은 未를 형하고, 未는 丑을 형한다는 뜻이다。

寅·巳·申 삼형이란 寅은 巳를 형하고, 巳는 申을 형하고, 申은 寅을 형한다는 뜻이다。

子·卯가 상형(相刑)이란 子와 卯가 서로 형(刑-압박)한다는 뜻이다。

辰·午·酉·亥가 자형(自刑)이란 辰은 辰끼리, 午는 午끼리, 酉는 酉끼리, 亥는 亥끼리 서로 압박한다는 뜻이다。

○지지의 파(支破)

파(破)란 상대를 파괴한다(깨뜨린다)는 뜻인데 십이지 가운데 서로 만나면 상대를 깨뜨리는 관계가 있다。 이를 지지상파(地支相破) 또는 지파(支破)、 또는 육파(六破) 또는 그냥 파(破)라고도 칭한다。 다음과 같다。

子酉破　丑辰破　寅亥破　卯午破　巳申破　戌未破

子↕酉　丑↕辰　寅↕亥　卯↕午　巳↕申　戌↕未

즉 子는 酉를 파하고 酉는 子를 파한다。 또 丑과 辰이 서로 파하고、 寅과 亥가 서로 파하고、 卯와 午가 서로 파하고、 巳와 申이 서로 파하고、 戌과 未가 서로 파한다。

○지지의 해(支害)

해(害)란 상대에게 손해를 가한다는 뜻인데 이를 지지상해(地支相害) 지지육해(地支六害) 또는 육해(六害) 혹은 지해(支害) 또는 그냥 해(害)라고도 칭한다。 다음과 같다。

子未害　丑午害　寅巳害　卯辰害　申亥害　酉戌害

子↕未　丑↕午　寅↕巳　卯↕辰　申↕亥　酉↕戌

즉 子와 未가 서로 해하고、 丑과 午가 서로 해하고、 寅과 巳가 서로 해하고、 卯와

辰이 서로 해하고、申과 亥가 서로 해한다。

○원진(怨嗔)

원진(怨嗔)이란 상대를 몹시 미워하거나 싫어한다는 뜻이다。어떠한 원인이건 한쪽에서 상대를 미워하면 상대방에서도 반사적으로 이쪽을 미워하게 마련이다。지지끼리도 이러한 관계가 있는바 이를 원진(怨嗔)이라 한다。이 원진은 남녀궁합에서 띠와 띠끼리로 많이 참고하는데 원진 관계와 형성되는 근거는 다음과 같다。

子未원진 丑午원진 寅酉원진 卯申원진 辰亥원진 巳戌원진

子－未　丑－午　寅－酉　卯－申　辰－亥　巳－戌

서기양두각(鼠忌羊頭角)＝쥐(子)는 양(未)의 뿔을 싫어한다。

우증마불경(牛憎馬不耕)＝소(丑)는 말(午)이 농사짓지 않고 노는 것을 미워한다。

호증계취단(虎憎鷄嘴短)＝범(寅)은 닭(酉)의 부리가 짧은 것을 미워한다。

토원후불평(兎怨猴不平)＝토끼(卯)는 원숭이(申) 몸이 굽은 것을 원망한다。

용혐저면흑(龍嫌猪面黑)＝용(辰)은 돼지(亥)의 낯짝이 검다고 싫어한다。

사경견폐성(蛇驚犬吠聲)＝뱀(巳)은 개(戌) 짖는 소리에 놀란다。

즉 쥐(子)와 양(未)이 원진관계요, 소(丑)와 말(午)이 원진관계요, 범(寅)과 닭(酉)이 원진관계요 토끼(卯)와 원숭이(申)가 원진관계요 용(辰)과 돼지(亥)가 원진관계요, 뱀(巳)과 개가 원진관계다.

이쪽에서 먼저 상대를 미워하거나 싫어하면 상대도 이쪽을 미워하고 원망하는 것은 당연한 일이라 예를 들어 쥐(子)가 양(未)을 싫어하니 양도 쥐를 싫어하여 子(쥐)와 未(양)가 원진관계를 이루는 것이다.

[참고] 이상 합과 충과 형·파·해·원진이 사주에서 어떤 작용을 하는가에 대해서는 3항「단식판단과 신살론」에서 간단히 설명키로 한다.

2. 음양상식

(1) 음양개요

음양의 한문글자는 그늘 음(陰)자와 볕 양(陽)자로 그늘과 볕이다. 그러므로 그늘져 어두운 곳은 음에 속하고, 볕이 들어 밝은 곳은 양에 속한다. 그러나 이는 단 한가지 예를 든 것이고 무엇을 음이라 하고 무엇을 양이라 하느냐 보다 만물만사를 어떻게 음과 양으로 구분하느냐가 중요하다。 즉 이 세상 모든 것이 음양으로 나누어지지 않은 것은 단 하나도 없다。 우선 우주창시(宇宙創始)의 근본인 태극(太極)부터 양의(兩儀) 즉 음양으로 분류되어 이 음양의 화합작용으로 우주 만물이 형성되었다。 방대한 이론은 생략하고 이해를 돕기 위해 몇 가지 예로 분류해본다。 그런데 천지의 만물만사에는 반드시 선후(先後)의 차례와 위、 아래(上下) 높고 낮은(尊卑) 지위가 있는바 먼저를 양(陽)으로 뒤를 음(陰)으로、 높은 것을 양으로 낮은 것을 음으로 정하는 게 음양분류의 기본 원칙이다。 그러므로 음양은 다음과 같이 분류된다。

(2) 음양소속

천지(天地)=하늘과 땅、 높고 위에 있는 것은 하늘이니 양이고、 낮고 아래에 있는 것은 땅이니 음이 된다。

상하(上下)=위와 아래、 즉 높고 위에 있는 것은 양이고、 낮고 아래에 있는 것은 음이다。

명암(明暗)=볕은 밝으니 양이고 그늘은 어두우니 음이다。 즉 밝은 곳과 밝은 빛은 양에 속하고 어두운 곳과 어두운 빛은 음에 속한다。

일월(日月)=해는 밝은 낮에 보이므로 양이고、 달은 어두운 밤에 보이므로 음이다。

그리고 해는 아버지의 상징이라 아버지는 양이고, 달은 어머니의 상징이라 어머니는 음이다.

부모(父母)=아버지는 양, 어머니는 음이다.

남녀(男女)=아버지는 남자이니 사내는 양이고, 어머니는 여자이니 계집은 음이다.

주야(晝夜)=해가 떠서 밝은 낮은 양이고 어두운 밤은 음이다.

자웅(雌雄)=자(雌)는 암컷, 웅(雄)은 수컷이다. 모든 물건과 모든 동물 곤충을 포함하여 수컷(雄)은 양이고 암컷(雌)은 음이다.

철요(凸凹)=때문에 수컷은 모양이 凸하거나 특수처가 凸하므로 양이고 암컷은 모양이 凹하거나 특수처가 凹하니 음이 된다.

모양뿐 아니라 질(質)과 성(性)으로도 음양이 분류된다. 양의 질은 강(强)하고 (억센) 거칠고 껄끄러우며 음의 질은 약하고 매끄럽고, 부드럽다. 또 양의 성(性)은 강(剛)하고 급하고 동적(動的)이고 적극적이고 외향적인 반면에 음의 특성은 유(柔)하고, 느리고, 정적(靜的)이고 소극적이고, 내향적이다.

표리(表裏)=모든 것의 겉은 양이고 속은 음이다.

내외(內外)=표리나 마찬가지로 안은 음이고 밖은 양이다. 그러므로 남녀부부간을 합쳐 내외간(內外間)이라 한다.

기우(奇偶)=모든 수(數)에 있어 끝자리가 1 3 5 7 9 등 홀수(이를 奇數라 한다)가 되면 양수(陽數)라 하고 2 4 6 8 10 등 짝수(이를 偶數라 한다)가 되면 음수(陰數)라 한다。

이 밖에도 음양의 구분이 많다。 모든 만사만물에 상대적인 것(예 : 크고 작고, 길고 짧고, 살찌고 마르고 등)은 다 음양으로 구분한다。

간지(干支)=천간과 지지를 총체적으로 분류하면 천간은 육십갑자 구성에 위에 위치하여 천간(天干)이라 칭하므로 甲乙丙丁戊己庚辛壬癸를 모두 양으로 보고, 지지는 육십갑자 구성에 아래에 위치하여 지지(地支)라 칭하므로 子丑寅卯辰巳午未申酉戌亥의 십이지를 음으로 본다。

또 천간 甲丙戊庚壬과 지지 子寅辰午申戌은 양간 양지이고, 천간 乙丁己辛癸와 지지 丑卯巳未酉亥는 음간 음지이다。

3。오행(五行)

(1) 오행과 오행생극

만물만상(萬物萬象)에 있어 형(形)과 질(質)과 기(氣)와 성(性)을 각각 다섯 가지로 크게 분류한 것을 오행(五行)이라 한다。우선 오행의 명칭부터 알아보자。

木　火　土　金　水

木은 나무、火는 불、土는 흙、金은 쇠、水는 물이다。그러나 이 나무니 불이니 하는 것은 실지의 명칭이라기보다 상징적 명칭이므로 반드시 木이 나무만을 뜻하고 火가 불만을 뜻하고 土가 흙만을 뜻하고 金이 쇠만을 뜻하고 水가 물만을 뜻하는 게 아니라 그 형과 질과 성(性)과 기(氣)의 특성을 이상 다섯 가지(木火土金水)에 비유 상징적 의미를 취한 것이다。

그런데 이 오행은 오행명칭이 중요한 게 아니라 오행의 생극(生克) 관계와 왕쇠(旺衰)의 형태다。그러므로 오행의 생극관계를 익숙하게 알아두어야 이 분야의 모든 학문을 쉽게 터득할 수 있는 것이다。

오행은 어떤 오행이 어떤 오행을 만나면 반드시 어떤 작용을 하게 된다。즉 어떤 주체(主體)가 있으면 반드시 그 주체를 도와주는(生) 것이 있기 마련이고, 그 주체가 타(他)를 도와주게 되는 관계가 있으며, 또 어떤 것이 주체를 억압하거나 없애버리는 관계도 있고, 주체가 어떤 것을 억압하거나 없애버리는 관계도 있으므로 이것은 생극(生克) 두 가지 작용만으로 이루어질 뿐이다.

○상생(相生)

木生火　火生土　土生金　金生水　水生木

木은 火를 생하고, 火는 土를 생하고, 土는 金을 생하고, 金은 水를 생하고, 水는 木을 생한다.

木 (生) 火 (生) 土 (生) 金 (生) 水 (生) 木

○상극(相克)

木克土　土克水　水克火　火克金　金克木

木은 土를 극하고, 土는 水를 극하고, 水는 火를 극하고 火는 金을 극하고 金은 木을 극한다.

木 →(克) 土 →(克) 水 →(克) 火 →(克) 金 →(克) 木

○생극도(生克圖)

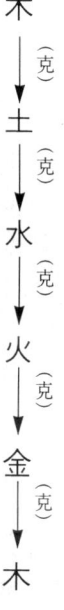

오행의 생극관계를 기억하는 요령은 간단하다. 즉 木·火·土·金·水의 순서만 외워두면 된다. 木火土金水木의 차례로 생(生)이 되고 木·土·水·火·金식으로 한 칸 건너면 극(克)이 된다.

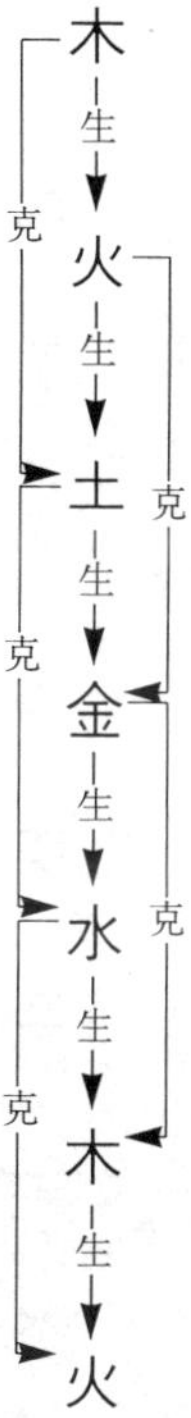

(2) 오행소속

오행도 음양과 마찬가지로 만물만상에 소속되지 않은 것이 없다. 그러나 여기에서는 역학연구와 상식에 필요한 것만을 나타내기로 한다.

① 간지오행

우선 가장 기본이 되는 천간과 지지에 매인 오행부터 알아보자. 천간 즉 십간(十干)에 각각 오행이 매어 있고 지지 즉 십이지(十二支)에도 각각 오행이 매어 있다. 다음과 같다.

○천간오행

甲乙木　丙丁火　戊己土　庚辛金　壬癸水

천간 甲과 乙은 오행이 木이고、丙과 丁은 오행이 火이고、戊와 己는 오행이 土이고、庚과 辛은 오행이 金이고、壬과 癸는 오행이 水다。이를 쉽게 기억하는 요령이 있다。甲乙丙丁戊己庚辛壬癸의 십간 순서와 木火土金水의 순서만 외우면 된다。천간 첫째인 甲부터 두 개씩 묶어 木火土金水로 따지면 된다。

木	火	土	金	水
甲 乙	丙 丁	戊 己	庚 辛	壬 癸

○지지오행

寅卯木　巳午火　辰戌丑未土　申酉金　亥子水

지지는 子부터 시작되지만 오행은 木을 우선하므로 木이 되는 寅卯부터 시작해야 외우기가 편리하여 위와 같이 기록한다。즉 寅과 卯는 木이요、巳와 午는 火요、辰과 戌과 丑과 未는 모두 土요、申과 酉는 金이요、亥와 子는 水가 된다。

子－水　丑－土　寅－木　卯－木　辰－土　巳－火　午－火　未－土　申－金　酉－金　戌－土　亥－水

寅부터 시작하여 십이지 순서와 오행 순서로 木木土 火火土 金金土 水水土 식으로 외우면 십이지 오행도 기억하기 쉽다。

이상 천간과 지지의 오행을 아래와 같이 함께 외우는 요령도 있다。

甲乙寅卯木　丙丁巳午火　戊己辰戌丑未土　庚辛申酉金　壬癸亥子水

예를 들어 천간 甲乙과 지지 寅卯는 오행이 모두 木이고 천간 丙丁과 지지 巳午는 오행이 모두 火에 속한다는 뜻이다。

② 오행의 수·방위·색·절기

木의 수(數)는 三·八이고、 방위는 동(東)이고、 색(色)은 청(靑)이고、 절기는 봄(春—正二月)에 속한다。

火의 수(數)는 二·七이고、 방위는 남(南)이고、 색은 적(赤)이고、 절기는 여름

(夏—四五月)에 속한다。

土의 수(數)는 五·十이고、 방위는 중앙(中央)이고、 색은 황(黃)이고、 절기는 사계월(四季月—三·六·九·十二月)에 속한다。

金의 수(數)는 四·九이고、 방위는 서(西)이고、 색은 백(白)이고、 절기는 가을(秋—七·八月)에 속한다。

水의 수(數)는 一·六이고、 방위는 북(北)이고、 색은 흑(黑)이고、 절기는 겨울(冬—十·十一月)에 속한다。

이상을 아래와 같이 모두 함께 묶어 외우는 요령도 있다。

甲乙寅卯三八東方青色春—木
丙丁巳午二七南方赤色夏—火
戊己辰戌丑未五十中央黃色四季—土
庚辛申酉四九西方白色秋—金
壬癸亥子一六北方黑色冬—水

하나만 예를 들어 천간 甲乙과 지지 寅卯는 그 수(數)가 三·八이요 방위는 동쪽이요 색은 청색이요 절기는 正二月에 해당하는 봄이요 오행은 木이다。

○ 오행일람표

五行	天干	地支	數	方位	色	節氣	五常	五音
木	甲乙	寅卯	三·八	東方	青色	春 正月 二月	仁(인)	角音
火	丙丁	巳午	二·七	南方	赤色	夏 四月 五月	禮(예)	徵音
土	戊乙	辰戌 丑未	五·十	中央	黃色	四季 三六九 十二月	信(신)	宮音
金	庚甲	申酉	四·九	西方	白色	秋 七月 八月	義(의)	商音
水	壬癸	亥子	一·六	北方	黑色	冬 十月 十一月	智(지)	羽音

③ 화합오행

또 오행은 천간과 지지가 합(合)을 만나면 다른 오행으로 화(化)하게 된다。 비유하건대 어떤 두 가지 물질을 혼합시키면 다른 물질로 변화되는 것과 같다。 화합오행은 간합(干合)과 지지의 삼합(三合) 육합 등 세 가지가 있다。

○ 간합오행

간합오행(干合五行)은 다음과 같다。

甲己合化土　乙庚合化金　丙辛合化水　丁壬合化木　戊癸合化火

甲己 ─ 土　乙庚 ─ 金　丙辛 ─ 水　丁壬 ─ 木　戊癸 ─ 火

甲은 己를 만나면 함께 土로 화(化)하고、乙은 庚을 만나면 함께 金으로 화하고、丙은 辛을 만나면 함께 水로 화하고、丁은 壬을 만나면 함께 木으로 화하고、戊가 癸를 만나면 함께 火로 화한다。己가 甲을 만나거나(化土) 庚이 乙을 만나거나(化金) 壬이 丁을 만나거나(化木) 癸가 戊를 만나도(化火) 마찬가지의 이치다。

○육합오행

지지가 둘씩 화합되는 것을 육합(六合)이라 하는데 역시 둘이 합쳐 다른 오행이 이루어진다。아래와 같다。

子丑合化土　寅亥合化木　卯戌合化火　辰酉合化金　巳申合化水(단 午未合은 오행이 형성되지 않는다)

子丑 ─ 土　寅亥 ─ 木　卯戌 ─ 火　辰酉 ─ 金　巳申 ─ 水

子와 丑이 합하면 土가 되고、寅과 亥가 합하면 木이 되고、卯와 戌이 합하면 火가 되고、辰과 酉가 합하면 金이 되고 巳와 申이 合하면 水가 된다。단 午와 未는 合만 이룰 뿐 오행은 변화되지 않는다。

○삼합오행

십이지가 셋씩 합을 이루면 삼합(三合)이요 삼합되면 함께 다른 오행으로 변화된다(단 子午卯酉는 三合되어도 본연의 오행은 변하지 않고 훨씬 氣가 강해진다)。

申子辰合化水　巳酉丑合化金　寅午戌合化火　亥卯未合化木

申 子 辰
水

巳 酉 丑
金

寅 午 戌
火

亥 卯 未
木

申과 子와 辰이 삼합하여 水로 화하고、巳와 酉와 丑이 삼합하여 金으로 화하고、寅과 午와 戌이 삼합하여 火로 化하고、亥와 卯와 未가 삼합하여 木으로 화한다。또는

申子辰合水에 申辰 申子 子辰만의 합도 水로 화한다。

巳酉丑合金에 巳酉 巳丑 酉丑만의 합도 金으로 화한다。

寅午戌合火에 寅午 寅戌 午戌만의 합도 火로 화한다。

亥卯未合木에 亥卯 亥未 卯未만의 합도 木으로 化한다。

申 辰	申 子	子 辰	巳 丑	巳 酉	酉 丑
水	水	水	金	金	金
寅 戌	午 戌	寅 午	亥 未	亥 卯	卯 未
火	火	火	木	木	木

④ 오행의 왕쇠

이상에서 천간과 지지 그리고 방위·색·절기 등에 소속된 오행을 알았으면 다음에는 오행의 왕(旺)과 쇠(衰)를 알아야 한다。왕을 강(强)이라고도 하고 쇠를 약(弱)이라고도 하는바 오행의 왕강(旺强)이란 오행의 기(氣)가 넉넉하게 충족된 것이고、쇠약(衰弱)이란 오행의 기(氣)가 모자란 것을 말한다。오행의 기는 왕한 것을 요하고 쇠약한 것을 꺼리지만 이는 대체론이고 왕성하되 그 정도가 지나치면 도리어 약하거나 모자란 것만도 못하다。그리고 어느 경우이건 막론하고 오행의 기가 태강(太强)하면 억제하거나 빼내야 좋고、 기가 미약하면 기를 보충함이 좋은 것이다。 이러한 것을 알기 위해서는 먼저 오행이 왕성해지는 조건과 쇠약해지는 조건을 알아야 한다。

○ 오행이 왕해지는 조건

• 첫째 오행이 절후(節候)를 만나야 한다(이를 得令이라 한다)。

木이 寅卯辰月(辰月은 寅卯月보다 약간 못함)
火가 巳午未月(未月은 巳午月보다 약간 못함)
土가 辰戌丑未月
金이 申酉戌月
水가 亥子丑月(단 丑月은 亥子月보다 훨씬 못함)

즉 木이 木月、 火가 火月、 土가 土月、 金이 金月、 水가 水月을 만나면 득령(得令)으로서 그 기(氣)가 고강해진다。

• 다음은 오행이 생(生)을 받는 달을 만난 것이다。

木이 亥子月(亥月이 더 왕하다)
火가 寅卯月(寅月이 더 왕하다)
土가 巳午月(巳月이 더 왕하다)

金이 辰戌丑未月(단 辰未月은 辰戌月만 못하다)
水가 申酉月(申月이 더 왕하다)

木이 亥月, 火가 寅月, 土가 巳月, 水가 申月은 장생궁(長生宮 - 아래 신살론의 십이운성 참고)인 때문이다.

• 오행이 방국(方局)을 만나면 그 기가 강해진다. 전방(全方)이나 전국(全局)을 만나면 태강해지고, 반방(半方)이나 반국(半局)을 만나면 비교적 왕성해지는 데 가깝다.

木이 寅卯辰(方) 및 亥卯未(局)를 모두 만난 것
火가 巳午未(方) 및 寅午戌(局)을 모두 만난 것
土가 辰戌丑未를 세 개 이상 만난 것
金이 申酉戌(方) 및 巳酉丑(局)을 모두 만난 것
水가 亥子丑(方) 및 申子辰(局)을 모두 만난 것

이상은 오행이 전방(全方) 및 전국(全局)을 만난 것으로 태왕될 가능성이 있다.

木이 寅卯 寅辰 卯辰 및 亥卯 亥未 卯未 등을 만난 것

火가 巳午 巳未 午未 및 寅午 寅戌 午戌을 만난 것
土가 辰戌丑未 가운데 두 개 만난 것
金이 申酉 申戌 酉戌 및 巳酉 巳丑 酉丑을 만난 것
水가 亥子 亥丑 子丑 및 申子 申辰 子辰을 만난 것

이상은 오행이 반방(半方) 및 반국(半局)을 만난 것으로 왕해질 가능성이 높다。

• 오행이 방국(方局)의 생을 받으면 기(氣)가 유력(有力)해진다。

〔참고〕 오행의 왕쇠를 가늠하기 위해 방합(方合)이란 것을 참작해야 한다。

寅卯辰木方　巳午未火方　申酉戌金方　亥子丑水方

三合이 당(黨)에 비유된다면 方合은 동향인(同鄕人)의 단체와 같아 方合의 힘은 三合五行의 힘과 같다。

○ 오행이 쇠약해지는 조건

• 첫째 오행이 실령(失令—오행과 같은 절기와 오행을 생해주는 달이 아닌 것)하면 일단 쇠약으로 본다。 즉

木이 申酉戌巳午未丑月을 만난 것
火가 亥子丑申酉戌辰月을 만난 것
土가 寅卯申酉亥子月을 만난 것
金이 巳午未寅卯亥子月을 만난 것
水가 辰戌未寅卯巳午月을 만난 것

이상에 해당하면 모두 오행이 실령(失令)된 것으로 쇠약해진다。
둘째 오행이 극을 많이 받거나 기(氣)가 많이 누설(漏泄)되면 쇠약해진다。 즉

木이 金·火·水를 많이 만나거나 金火水의 방국(方局)을 만난 것
火가 水·土·金을 많이 만나거나 水土金의 방국을 만난 것
土가 木·金·水를 많이 만나거나 木金水의 방국을 만난 것
金이 火·水·木을 많이 만나거나 火水木의 방국을 만난 것
水가 土·木·火를 많이 만나거나 土木火의 방국을 많이 만난 것

○는 旺、△는 약간 旺、 표시가 없으면 보통

		木	火	土	金	水
旺盛해지는 조건	得令	寅月○ 卯月○ 辰月△	巳月○ 午月○ 未月△	辰月○ 戌月○ 丑月△ 未月○	申月○ 酉月○ 戌月○	亥月○ 子月○ 丑月
	生을 받는 달	亥月 子月	寅月△ 卯月△	巳月△ 午月△	辰月 戌月△ 丑月△ 未月	申月△ 酉月△
	기타	寅卯辰全 亥卯未全 寅卯亥子 등이 많음	巳午未全 寅午戌全 巳午寅卯가 많음	辰戌丑未 등 土가 많음 巳午가 많음	申酉戌全 巳酉丑全 申酉戌丑이 많음	亥子丑全 申子辰全 亥子申酉가 많음
衰弱해지는 조건	失令	申酉戌月 巳午未月 丑月	亥子丑月 辰戌月 申酉月	寅卯月 申酉月 亥子月	巳午未月 亥子月 寅卯月	辰戌未月 寅卯月 巳午月
	克을 받는 달	申酉戌月	亥子丑月	寅卯月	巳午月	辰戌丑未 月
	氣를 빼내는 달	巳午 丑戌 月	辰丑戌月 申酉月	申酉月 亥子月	亥子月 寅卯月	寅卯月 巳午月
	기타	金土火가 많음 金土火로 方局	水土金이 많음 水土金으로 方局	木金水가 많음 木金水로 方局	火水木이 많음 火水木으로 方局	土木火가 많음 土木火로 方局

제2부 四柱定하는 법

본 책자인 당사주는 四柱를 내지 않고도 그냥 무슨 띠에 무슨 달 무슨 날 무슨 시 정도만 알면 그렁저렁 볼 수 있도록 되어 있다。 그러나 흉화(凶禍)와 길복궁(吉福宮)과 소아살(小兒殺)이며、 당사주、 본문 앞에 수록되는 합(合)과 형·파·해·원진 등의 대략적인 작용이며、 천을귀인 공망、 천월덕귀인 고신 과수 도화 육수 등 모든 길흉신살을 참작하려면 四柱 정하는 법(요령)을 바르게 알지 못하면 불가능하다。 뿐 아니라 장차 명리학(命理學)에 대해서 지식을 얻으려면 우선적으로 四柱 정하는 법부터 알아야 하겠기로 종전의 내용을 대폭 수정 보충하여 상세히 설명하는 바다。 사주 세우는데 착오 없기 바란다。

사주(四柱)란 주인공이 태어난 연월일시의 간지(干支)다。 즉 연주(年柱)·월주(月柱)·일주(日柱)·시주(時柱)의 네 가지이므로 四柱라 하고 연월일시 간지가 여덟 글자이므로 팔자(八字)라 한다。

1。연주(年柱) 정하는 법

먼저 「만세력」이란 책자를 준비해야 한다。

주인공이 태어난 해가 예를 들어 甲子年이면 甲子가 연주이고 乙丑年이면 乙丑이 연주다。서기 1996년생은 연의 간지가 丙子이므로 1996년에 태어났다면 丙子로 연주를 정하면 된다。하지만 1996년생이라 해서 무조건 丙子로 연주를 정해서는 안된다。왜냐하면 연의 간지가 교체되려면 태양도수(太陽度數)에 의한 입춘절(立春節)을 기준해야 한다。

입춘은 양력으로 매년 2월 3·4일에 들지만(혹 2월 5일에 드는 수도 있다) 음력은 태양도수가 일정치 않아(365일 244가 1년도수인데 음력은 평년인 경우 354·5일이고 윤년이면 383·45일이다) 음력 12월 중에 드는 수도 있고 새해 정월에 드는 수도 있어 날짜상 음력 새해가 지났거나 지나지 않았거나를 막론하고 반드시 입춘일을 찾아 출생한 날이 입춘 전이면 해가 바뀌지 않은 연도의 태세(太歲—병자년 정축년 등)로 기록해야 되고 입춘일이 지난 뒤에야 비로소 새해의 태세로 기록해야 한다。그러므로 비록 날짜상 음력 새해를 맞이한 정월생이라도 출생일이 입춘일 전이면 전년도 태세를 기록하고、비록 새해가 바뀌지 않은 음력 12월생이라도 입춘이 지났으면 다음해(신년) 태세로 기록해야 한다。 주인공이 출생한 날이 입춘일과 같은 날이면 출생시간과 입춘이 드는 시각을 대조하여 입춘시각 전의 출생이면 전년(구년) 태세로、 입춘시각 뒤의 출생이면 신년(새해) 태세로 정해야 한다。 또는 입춘 전 출생이면 월주(月柱)도 전년(구년) 12의 월건을 쓰고 입춘 뒤면 신년 정월의 월건을 써야 한다。

생일이 입춘 전이면—전년 태세와 12월 월건
생일이 입춘 뒤 면—신년 태세와 정월 월건

이러한 까닭에 주인공의 출생월일이 음력 12월 15일 이후이거나 정월 15일 이전에 해당하면 반드시 입춘이 어느 날에 들었는가를 참작하고 그 외의 생일에 해당하면 무조건 당년의 태세를 기록해도 좋다。

1995년 음력 正月 三日生

입춘이 正月 五日에 들었으므로 신년 태세인 乙亥로 연주를 정하지 못하고 전년 태세인 甲戌이 연주이며 따라서 月柱도 전년 12월인 丁丑月이 된다。

1 9 9 5 년 음 十二月 二十一日生

신년으로 교체되는 기준인 입춘이 乙亥년 12월 16일에 이미 들었으므로 날짜상으로는 음력 乙亥년 12월생이지만 새해인 丙子년 正月(戊寅月)生인 것이다。

간단히 말해서 음력 12월 및 1월생은 전년도 12월이나 신년 1월에서 입춘일을 찾아 출생이 입춘 전인가 뒤인가로 태세와 월건을 정해야 한다。

2。 월주(月柱) 정하는 법

월주(月柱)는 주인공의 출생월에 해당하는 간지(干支 즉 月建)다。

월주도 연주의 입춘 예와 마찬가지로 교체되는 기준이 있다。 즉 그달 그달에 매인 절기(節氣)를 기준해야 되므로 우선 다음과 같은 상식부터 익혀야 한다。

正月(寅月)의 월건은 입춘(立春)이 기준이다(입춘 전은 전년 丑月、뒤라야 신년 寅月)

二月(卯月)의 월건은 경칩(驚蟄)이 기준이다(경칩 전은 寅月、뒤라야 卯月)

三月(辰月)의 월건은 청명(淸明)이 기준이다(청명 전은 卯月, 뒤라야 辰月)
四月(巳月)의 월건은 입하(立夏)가 기준이다(입하 전은 辰月, 뒤라야 巳月)
五月(午月)의 월건은 망종(芒種)이 기준이다(망종 전은 巳月, 뒤라야 午月)
六月(未月)의 월건은 소서(小暑)가 기준이다(소서 전은 午月, 뒤라야 未月)
七月(申月)의 월건은 입추(立秋)가 기준이다(입추 전은 未月, 뒤라야 申月)
八月(酉月)의 월건은 백로(白露)가 기준이다(백로 전은 申月, 뒤라야 酉月)
九月(戌月)의 월건은 한로(寒露)가 기준이다(한로 전은 酉月, 뒤라야 戌月)
十月(亥月)의 월건은 입동(立冬)이 기준이다(입동 전은 戌月, 뒤라야 亥月)
十一月(子月)의 월건은 대설(大雪)이 기준이다(대설 전은 亥月, 뒤라야 子月)
十二月(丑月)의 월건은 소한(小寒)이 기준이다(소한 전은 子月, 뒤라야 丑月)

○이십사절(二十四節)

입춘(立春) 우수(雨水) 경칩(驚蟄) 춘분(春分) 청명(淸明) 곡우(穀雨) 입하(立夏)
소만(小滿) 망종(芒種) 하지(夏至) 소서(小暑) 대서(大暑) 입추(立秋) 처서(處暑)
백로(白露) 추분(秋分) 한로(寒露) 상강(霜降) 입동(立冬) 소설(小雪) 대설(大雪)
동지(冬至) 소한(小寒) 대한(大寒)

이상 이십사절 명칭 가운데 ●부호표시의 절(節)만 월건이 교체되는 기준이다。

음력生月	적용하는 月柱
正月	입춘 전 전년 丑月의 干支 입춘 후 신년 寅月의 干支 경칩 후 卯月의 干支
二月	경칩 전 寅月의 干支 경칩 후 卯月의 干支 청명 후 辰月의 干支
三月	청명 전 卯月의 干支 청명 후 辰月의 干支 입하 후 巳月의 干支
四月	입하 전 辰月의 干支 입하 후 巳月의 干支 망종 후 午月의 干支
五月	망종 전 巳月의 干支 망종 후 午月의 干支 소서 후 未月의 干支
六月	소서 전 午月의 干支 소서 후 未月의 干支 입추 후 申月의 干支
七月	입추 전 未月의 干支 입추 후 申月의 干支 백로 후 酉月의 干支
八月	백로 전 申月의 干支 백로 후 酉月의 干支 한로 후 戌月의 干支
九月	한로 전 酉月의 干支 한로 후 戌月의 干支 입동 후 亥月의 干支
十月	입동 전 戌月의 干支 입동 후 亥月의 干支 대설 후 子月의 干支
十一月	대설 전 亥月의 干支 대설 후 子月의 干支 소한 후 丑月의 干支
十二月	소한 전 子月의 干支 소한 후 丑月의 干支 입춘 후 신년 寅月의 干支

3。 일주(日柱) 정하는 법

일주(日柱)란 주인공이 출생한 날의 干支다。 그러므로 만세력으로 출생연도를 찾고 출생연도에서 출생한 月日을 찾으면 日의 干支가 기록되었다。 甲子日이니 乙丑日이니 하는 것이 日柱다。

요즈음 출간되는 만세력은 모두가 음양력대조로 되어 음력날짜나 양력날짜만 알면 생일날짜 난을 찾아 출생일에 해당하는 날의 干支가 무엇인지 쉽게 알 수 있다。 그런데 혹 오래 전에 발행하였거나 재래식 만세력을 가진 분도 있겠기에 이 만세력으로 日柱 알아내는 요령을 간단히 설명키로 한다。

월건 乙未
六月小 壬申…음력 初一日의 干支
壬午…음력 十一日의 干支
壬辰…음력 二十一日의 간지

우선 출생한 달을 찾되 출생일이 十日 이전이면 맨 오른쪽(예의 壬申)의 干支로 六十甲子 순서로 생일까지 따져나가고、 十一日 이후 二十日 사이에 해당하면 중앙(壬午)에서、 二十一日 이후 三十日 사이에 해당하면 왼쪽(壬辰) 干支를 기준 따져나가면 된다。

[참고]

밤 十一時 0分부터 子時가 시작된다(서기 1961년 8월 10일 이전까지가 그러하고 1961년 8월 10일 이후부터는 11시 30분에 子時가 시작된다)。子時는 十二支 시간의 첫번째라 해서 子時에 오늘에서 내일의 干支로 바뀐다고 생각하는 사람들이 많고 그렇게 적용하는 역학자들도 적지 않다。그러나 밤 子時初、즉 밤 十一時 三十분에 日의 干支가 바뀐다고 생각하는 것은 잘못이다。오늘에서 내일로 바뀌는 기준은 밤 0시 0분 즉 子正이라야 한다(현재는 0시 30분이라야 子正이다)。子正이라야 태양이 수직선 아래에 있다。태양이 수직선 아래에서 단 1미터라도 서쪽방향으로 옮기면 실지상 오늘과 내일이 교체된다。반대로 正午란 낮 12시 0분인데 12시 0분에 태양이 동서 사이 한복판에 위치한다。태양이 동서 한복판에 1미터만 못미쳐도 오전이고 1미터만 지나도 오후다。날짜 바뀌는 기준은 오전 오후로 바뀌는 기준과 정확한 상대(相對—오전 오후 시간의 길이가 똑같아야 한다)를 이루어야 한다。十二支의 첫번째인 子月에 해가 바뀌지 않고 正月에 바뀌는 것처럼 子時初가 아닌 子正(0시 0분)이라야 오늘에서 내일이 되고、오늘의 干支에서 내일의 干支로 바뀐다는 점을 알아야 한다。

4. 시주(時柱) 정하는 법

시주(時柱)란 주인공이 출생한 시에 해당하는 時의 干支다. 그냥 시간만 알려면 子時 丑時 등으로 칭하지만 四柱는 반드시 干支로 갖춰야 하므로 예를 들어 같은 子時라도 甲子時 丙子時 戊子時 등으로 支 위에 干이 붙어야 한다.

우선 현재시간으로 十二支時에 매인 것부터 알아보자.(아래 표를 참고하라)

	1961년 8월10일 이전	1961년 8월10일~현재까지
子時	오전 0시~1시까지 오후 11시~12시까지	오전 0시30분~1시30분까지 오후 11시30분~오전 0시30분까지
丑時	오전 1시~2시말까지	오전 1시30분~3시30분까지
寅時	오전 3시~4시말까지	오전 3시30분~5시30분까지
卯時	오전 5시~6시말까지	오전 5시30분~7시30분까지
辰時	오전 7시~8시말까지	오전 7시30분~9시30분까지
巳時	오전 9시~10시말까지	오전 9시30분~11시30분까지
午時	오전 11시~12시말까지	오전 11시30분~오후 1시30분까지

未時	오후 1시~2시말까지	오후 1시30분~3시30분까지
申時	오후 3시~4시말까지	오후 3시30분~5시30분까지
酉時	오후 5시~6시말까지	오후 5시30분~7시30분까지
戌時	오후 7시~8시말까지	오후 7시30분~9시30분까지
亥時	오후 9시~10시말까지	오후 9시30분~11시30분까지

※서기 1961년 8월 10일 이후부터 현재 및 미래까지는 사실상의 시간보다 시침(時針)을 30분 빠르게 앞당겨 사용하고 있으므로 이를 참작해야 한다。 예를 들어 오늘 새벽 0시 20분이라면 사실상의 시간은 어젯밤 11시 50분(30분 빼고)이므로 오늘이 아닌 어제다。 따라서 서머타임 적용한 해(연도)와 기간에도 참작 조절해야 한다。

○서머타임 및 **時間修正**

서머타임이 실시된 기간중에는 모두 서머타임에 의한 시침을 맞추어 사용했으므로 이 사이에 자녀가 출생(出生)한 경우 거의가 서머타임으로 맞춘 시간(時間)에 의해서 기억하거나 기록해 두었을 것이다。 때문에 반드시 이것도 계산해야 올바른 사주(四

柱)가 정립(定立)되는 것이다.

서머타임이 실시된 연도와 기간 내용은 다음과 같다.

- 一九四八(戊子) 五月 一日~九月 十日까지 낮 十一時를 十二時로 一時間 앞당겨 사용

서머타임
- 一九四九(己丑) 陽四月 一日~九月 二十三日까지 右同
- 一九五〇(庚寅) 陽四月 一日~九月 二十三日까지 右同
- 一九五一(辛卯) 陽五月 六日~九月 八日까지 右同
- 一九五四(甲午) 陽三月 二十一日부터 十二時 三十分을 十二時로 고쳐 사용

시간조절
- 一九五五(乙未) 陽四月 六日~九月 二十一日까지 一時간 앞당겨(十二時를 十三時로) 사용

서머타임
- 一九五六(丙申) 陽五月 二十日~九月 二十九일까지 右同
- 一九五七(丁酉) 陽五月 五日~九月 二十一日까지 右同
- 一九五八(戊戌) 陽五月 四日~九月 二十一日까지 右同
- 一九五九(己亥) 陽五月 四日~九月 十九日까지 右同
- 一九六〇(庚子) 陽五月 一日~九月 十七日까지 右同
- 一九六一年(辛丑) 八月 十日부터 十二時를 十二時 三十分으로 三十分 앞당겨 현재까지 계속 사용중

서머타임
- 一九八七(丁卯) 五月 十日에 오전 一時를 二時로 고쳐 十月 十一日 一時까지 一時간 앞당겨 사용

서머타임 · 一九八八(戊辰) 五月 八日에 오전 一時를 二時로 돌려 十月 九日 오전 一時까지 一時間 당겨 사용

이상과 같은 시간에 대한 상식을 알았으면 다음에는 時가 육십갑자(六十甲子)로 무슨 시인가를 알아 시주(時柱)를 세워야 한다。

○時頭法(시간 돌려짚는 법)

甲己日 甲子時(日干이 甲이나 己로 된 날은 子時를 甲子부터 시작하여 丑時는 乙丑으로)

乙庚日 丙子時(日干이 乙이나 庚으로 된 날은 子時를 丙子부터 시작하여 丑時는 丁丑으로)

丙辛日 戊子時((日干이 丙이나 辛으로 된 날은 子時를 戊子時부터 시작하여 丑時는 己丑으로)

丁壬日 庚子時(日干이 丁이나 壬으로 된 날은 子時를 庚子부터 시작하여 丑時는 辛丑으로)

戊癸日 壬子時(日干이 戊나 癸로 된 날은 子時를 壬子부터 시작하여 丑時는 癸丑으로)

가령 生日의 日干이 甲子 甲戌 甲申 甲午 甲辰 甲庚 등 甲으로 되었거나 己巳 己卯 己丑 己亥 己酉 己未 등 己로 된 날이라면 右 원칙에 의하여 子를 甲子부터 시작하여 丑時면 乙丑、 寅時면 丙寅、 卯時면 丁卯、 辰時면 戊辰、 巳時면 己巳、 午時면 庚午、 未時면 辛未、 申時면 壬申、 酉時면 癸酉、 戌時면 甲戌、 亥時면 乙亥、 밤 子時면 丙子時 이렇게 六十甲子 순서로 따져나간다。 이하 乙庚日 丙辛日 등도 甲己日의 예에 준한다。

○時의 干支表

日干 \ 時		一時 二時 丑時	三時 四時 寅時	五時 六時 卯時	七時 八時 辰時	九時 十時 巳時	十一時 十二時 午時	오후一時 二時 未時	三時 四時 申時	五時 六時 酉時	七時 八時 戌時	九時 十時 亥時	十一時 夜子
甲己日	甲子	乙丑	丙寅	丁卯	戊辰	己巳	庚午	辛未	壬申	癸酉	甲戌	乙亥	丙子
乙庚日	丙子	丁丑	戊寅	己卯	庚辰	辛巳	壬午	癸未	甲申	乙酉	丙戌	丁亥	戊子
丙辛日	戊子	己丑	庚寅	辛卯	壬辰	癸巳	甲午	乙未	丙申	丁酉	戊戌	己亥	庚子
丁壬日	庚子	辛丑	壬寅	癸卯	甲辰	乙巳	丙午	丁未	戊申	己酉	庚戌	辛亥	壬子
戊癸日	壬子	癸丑	甲寅	乙卯	丙辰	丁巳	戊午	己未	庚申	辛酉	壬戌	癸亥	甲子

〔유의할 점〕 어떤 이는 時頭法(遁時法)의 원칙이 가령 甲己日에 甲子時라 해서 맨

처음 시작되는 子時건、 한바퀴 돌아 다시 돌아오는 子時건 무조건 甲子時로 定하는데 이는 큰 잘못이다。 六十甲子가 時로 돌 때는 맨 처음에 甲子日 子正(새날이 시작되는 때)에 甲子로 시작하여 五日 뒤인 己日 子正에 다시 甲子時로 돌아온다。 이렇게 六十甲子時가 하루 十二時間씩 날을 따라 돌면 반드시 甲己日에 甲子時、 乙庚日에 丙子時、 丙辛日에 戊子時、 丁壬日에 庚子時、 戊癸日에 壬子時에 닿게 된다。 따라서 甲己日의 夜子時(後子時―十一時에서 十二時 前에 드는 子時)는 丙子時、 乙庚日의 夜子時는 戊子時、 丙辛日의 夜子時는 庚子時、 丁壬日의 夜子時는 壬子時、 戊癸日의 夜子時는 甲子時라야 맞는다。

- 甲己日의 子正은 甲子時 밤 十一~十二時 前의 子時는 丙子時
- 乙庚日의 子正은 丙子時 밤 十一~十二時 前의 子時는 戊子時
- 丙辛日의 子正은 戊子時 밤 十一~十二時 前의 子時는 庚子時
- 丁壬日의 子正은 庚子時 밤 十一~十二時 前의 子時는 壬子時
- 戊癸日의 子正은 壬子時 밤 十一~十二時 前의 子時는 甲子時

제 3 부　육친법(六親法)

1。 육친법

육친(六親)이란 부모 형제 처자(여자는 남편과 자식)를 칭한다。 사주는 음양 구분과 오행의 생극비화 관계에 의해 干支에 육친을 결정한다。 그런데 사주간지에 따른 육친의 명칭은 부모 형제 처자 등으로 칭하지 않고 다른 명칭을 적용한다。 그래서 이를 육친(六親)이라고도 하고 육신(六神)이라고도 한다。

육친에는 다음과 같이 열 가지로 칭하게 된다。

비견(比肩)、 겁재(劫財)、 식신(食神)、 상관(傷官)、 편재(偏財)、 정재(正財)、 편관(偏官)、 정관(正官)、 편인(偏印)、 정인(正印)

생일의 日干을 기준해서 음양과 오행의 생극비화로 육친을 다음과 같은 법식으로 정한다。

生我者印綬(생아자인수) = 나를 生하는 자가 인수, 즉 편인(偏印)·정인(正印)이요

我生者食傷(아생자식상) = 내가 生해주는 자가 식상, 즉 식신(食神)·상관(傷官)이다

克我子官殺(극아자관살) = 나를 克하는 자가 관살, 즉 편관(偏官)·정관(正官)이다

我克者妻財(아극자처재) = 내가 克하는 자가 재성, 즉 편재(偏財)·정재(正財)다

比和者比劫(비화자비겁) = 나와 五行이 같은 자는 비겁, 즉 비견(比肩)·겁재(劫財)다

이상의 원칙을 구체적으로 나타내면 다음과 같다.

日干과 五行이 같고 음양도 같은 것을 비견(比肩)이라 한다
日干과 五行이 같고 음양만 다른 것을 겁재(劫財)라 한다
— 비겁(比劫)

日干이 生해주는 자로 日干과 음양이 같으면 식신(食神)이라 한다
日干이 生해주는 자로 日干과 음양이 다르면 상관(傷官)이라 한다
— 식상(食傷)

日干이 克하는 자로 日干과 음양이 같으면 편재(偏財)라 한다	재성(財星)
日干이 克하는 자로 日干과 음양이 다르면 정재(正財)라 한다	
日干을 克하는 자로 日干과 음양이 같으면 편관(偏官)이라 한다	관살(官殺)
日干을 克하는 자로 日干과 음양이 다르면 정관(正官)이라 한다	
日干을 生해주는 자로 日干과 음양이 같으면 편인(偏印)이라 한다	인성(印星)
日干을 生해주는 자로 日干과 음양이 다르면 정인(正印)이라 한다	

비견·겁재를 비겁(比劫)이라 합칭하고, 식신·상관을 식상(食傷), 편재·정재를 재성(財星), 편관·정관을 관성(官星) 또는 관살(官殺), 편인·정인을 인성(印星) 또는 인수(印綬)라 합칭한다.

편재↓丙子―겁재　　정관↓庚辰―정재
정인↓辛卯―상관　　정재↓戊寅―겁재
日干↓壬辰―편관　　日干↓乙亥―정인
상관↓乙巳―편재　　정인↓壬午↑식신

○알아둘 문제

육친은 日干을 기준 年月日時 干支의 干으로 정하는 게 원칙이다. 그러나 年月日時

支는 干이 아니므로 지지(地支)에 간직된 干을 表出해서 음양과 생극비화 관계를 따진다。 그러자면 지지 속에 간직된 干의 正氣를 알아야 한다。

子—癸、丑—己、寅—甲、卯—乙、辰—戊、巳—丙、午—丁、未—己、申—庚、酉—辛、戌—戊、亥—壬

지지 子는 癸水、丑은 己土、寅은 甲木、卯는 乙木、辰은 戊土、巳는 丙火、午는 丁火、未는 己土、申은 庚金、酉는 辛金、戌은 戊土、亥는 壬水가 정기(正氣)다。 그러므로 子는 癸、丑과 未는 己、寅은 甲、卯는 乙、辰과 戌은 戊、巳는 丙、午는 丁、申은 庚、酉는 辛、亥는 壬으로 보고 육친을 정한다。

암장된 지지의 정기 干을 쉽게 아는 요령이 있다。 지지의 음양과 오행을 干의 음양과 오행을 동일하게 보되(예를 들어 寅은 陽木이고 陽木의 干은 甲이라 寅을 甲으로 본다) 오직 亥子水와 巳午火에 한해서만 亥는 陰水지만 陽水(壬)로、子는 陽이지만 陰水(癸)로 巳는 陰火지만 陽火(丙)로、午는 陽火지만 陰火(丁)로 바꾸어 본다。 이와 같은 원칙으로、정해진 육친은 다음 표와 같다。

四柱의 干支 \ 日干	甲日	乙日	丙日	丁日	戊日	己日	庚日	辛日	壬日	癸日
甲·寅	比비 肩견	劫겁 財재	偏편 印인	正정 印인	偏편 官관	正정 官관	偏편 財재	正정 財재	食식 神신	傷상 官관
乙·卯	劫겁 財재	比비 肩견	正정 印인	偏편 印인	正정 官관	偏편 官관	正정 財재	偏편 財재	傷상 官관	食식 神신
丙·巳	食식 神신	傷상 官관	比비 肩견	劫겁 財재	偏편 印인	正정 印인	偏편 官관	正정 官관	偏편 財재	正정 財재
丁·午	傷상 官관	食식 神신	劫겁 財재	比비 肩견	正정 印인	偏편 印인	正정 官관	偏편 官관	正정 財재	偏편 財재
戊·辰戌	偏편 財재	正정 財재	食식 神신	傷상 官관	比비 肩견	劫겁 財재	偏편 印인	正정 印인	偏편 官관	正정 官관
己·丑未	正정 財재	偏편 財재	傷상 官관	食식 神신	劫겁 財재	比비 肩견	正정 印인	偏편 印인	正정 官관	偏편 官관
庚·申	偏편 官관	正정 官관	偏편 財재	正정 財재	食식 神신	傷상 官관	比비 肩견	劫겁 財재	偏편 印인	正정 印인
辛·酉	正정 官관	偏편 官관	正정 財재	偏편 財재	傷상 官관	食식 神신	劫겁 財재	比비 肩견	正정 印인	偏편 印인
壬·亥	偏편 印인	正정 印인	偏편 官관	正정 官관	偏편 財재	正정 財재	食식 神신	傷상 官관	比비 肩견	劫겁 財재
癸·子	正정 印인	偏편 印인	正정 官관	偏편 官관	正정 財재	偏편 財재	傷상 官관	食식 神신	劫겁 財재	比비 肩견

○지지암장

지지암장(地支暗藏)이란 지지에 간직된(감추고 있는) 干을 말하는바 지지장간(地支藏干) 지장간(支藏干) 또는 그냥 암간(暗干)이라고도 칭한다。

十二支에는 각각 天干을 간직하고 있는데 子와 卯와 酉는 정기(正氣)인 干만 간직하고 있으나 午와 亥는 정기를 포함한 2개의 干이 간직되고 그 외의 支(丑·寅·辰·巳·未·申·戌)는 정기(正氣)와 여기(餘氣)와 중기(中氣) 3개씩 干을 간직하고 있다。아래와 같다。( )가 없는 干이 正氣이므로 이 干으로 六親을 表出한다。

子 — 癸
丑 — (癸)己(辛)
寅 — (戊)甲(丙)
卯 — 乙
辰 — (乙)戊(癸)
巳 — (戊)丙(庚)
午 — (己)丁
未 — (丁)己(乙)
申 — (戊)庚(壬)
酉 — 辛
戌 — (辛)戊(丁)
亥 — 壬(甲)

3。 육친론

(1) 비겁(比劫)

나(日干)와 오행이 같으면 비겁(比劫)인데 五行이 같아도 음양으로 분류 음양이 같은 干支를 비견(比肩)이라 하고、음양이 다른 干支를 겁재(劫財)라 한다。

日干↓	甲	乙	丙	丁	戊	己	庚	辛	壬	癸
비견(比肩)	甲·寅	乙·卯	丙·巳	丁·午	戊·辰·戌	己·丑未	庚·申	辛·酉	壬·亥	癸·子
겁재(劫財)	乙·卯	甲·寅	丁·午	丙·巳	己·丑未	戊·辰戌	辛·酉	庚·申	癸·子	壬·亥

• 특성: 비견·겁재는 五行이 日干(나)과 같으므로 타의 육친과도 生克관계가 같다。즉 나의 인수(印綬)는 비겁도 인수가 되고、나의 관살(官殺)은 비겁도 관살이요、나의 식상은 비겁도 식상(食傷)이요 나의 처재(妻財)는 의 처재가 된다。때문에 어려운 일을 당해서는 고락을 같이하고 거들어주는 동조자가 되어주지만 내가 좋아하는 처재(여자·재물)나 사업 지위는 비겁도 좋아하게 되어 있으므로 이런 경우는 나의 적이요 강력한 라이벌 관계가 된다。

때문에 비겁이 四柱 가운데 많으면 내것을 다 빼앗아 가는 상이 되어 불화、투쟁、

질투、 손재、 빈곤、 시비 등의 나쁜 운이 작용된다。

그런데 왜 五行이 같으면서 하나는 비견이고 하나는 겁재인가?

비견은 나의 힘이 되어주는 협력자의 뜻이 있고、 겁재는 나의 처재(여자와 재물)을 겁탈한다는 뜻이 있어서다。 왜냐하면 비견은 나(日干)의 겁재의 입장으로 볼 때 정관(正官)이 되어 사정을 보아주며 克하므로 별로 큰 타격을 받지 않으나 겁재는 나의 정재(正財)의 편관 칠살(七殺)이 되어 사정없이 극해서 뺏어가므로 붙여진 명칭이다。

그러나 비견도 많으면 겁재가 되어버리고、 겁재도 나의 도움이 되면 희신(喜神)이 되니 비견、 겁재의 명칭이나 특성에 크게 구애받지 말아야 한다。

• 사주에 재가 태왕하거나 너무 많으면 비겁을 막론 협력자가 되니 즉 희신이 된다。

• 사주에 비견 겁재가 많으면 형제자매가 많은 상이다。 또는 비견도 있고 겁재도 많으면 배다른 형제자매가 많다고 본다。(비견은 친형제자매요、 겁재는 이복형제자매로 보는 까닭이다)

◎ 四柱에 비견 겁재가 많으면 다음과 같은 운이 작용될 수 있다。

① 빈곤하고、 실패하고、 라이벌 때문에 사업 출세에 지장이 크다。(비겁이 많다는 것은 나의 처재를 뺏어가고(그래서 빈곤 실패)、 나와 서로 취하려 다투는 상이 되어서다)

② 남자는 정조를 빼긴 여성을 아내로 맞이하거나、 결혼 후 아내를 빼길 우려가 있다。(비견 겁재는 나의 여자를 먼저 취했거나 뒤에 빼으려는 상이다)

③ 결혼이 잘 성립되지 않는다。(내가 좋아하는 여성을 좋아하여 취하려는 라이벌이 많기 때문이다)

④ 아내의 건강이 나쁘거나 상처할 가능성이 있다。(비겁은 처재를 克하므로 비견 겁재가 많으면 처재성이 克받는 것이 심해서다)

⑤ 여자는 첩 노릇을 하거나 자신이 첩꼴을 보거나、 남편이 바람을 피운다。(비견 겁재는 라이벌이요、 나와 동등한 입장이니 즉 남편의 여자가 많은 상이 되어서다)

⑥ 팔자가 세어 과부가 되거나、 내 주장 하거나 고독하다。(비겁이 많으면 음이 성하고 양이 쇠하는 법이므로 팔자가 세고、 고독한 것은 남편이 첩을 두거나、 바람 피우거나 과부가 되기 때문이다。 팔자가 센 四柱란 바로 사주 대부분이 비견 겁재로 되면 센 八字라 한다)

⑦ 기타 빈궁 실패、 라이벌 고생살이、 결혼 늦은 것 등은 남자와 마찬가지다。

⑧ 四柱에 群比爭財(군비쟁재—비견 겁재가 대부분이고 재성이 하나만 있는 것)를 이루면 극빈·흉액이 이른다。(마치 많은 거지가 한덩이 밥을 놓고 서로 먹으려고 다투는 상이요、 또는 여러 남자가 한 여자를 서로 취하려 투쟁하는 형상이 되어서다)

• 비견 겁재가 많더라도 종왕격(從旺格)을 이루면 예외로 풀이한다。

• 겁재(劫財)가 비록 나쁘다 하나 살인상정격(殺印相停格)을 이루면 도리어 귀격이고、財가 너무 많을 때는 나의 사업 협력자가 된다。

비견(比肩)
- 남자=가정에서는 형제자매 며느리요 사회적으로는 친구 직장동료、같은 또래 라이벌
- 여자=가정에서는 형제자매、시아버지、남편의 첩 애인이고 사회적으로는 남자와 같다

겁재(劫財)
- 남자=가정에서는 이복형제자매、동서・조카며느리요 사회적으로는 친구 동료 경쟁자
- 여자=가정에서는 이복형제자매、남편 형제의 아내、남편의 첩、남편의 애인、사회적으로는 라이벌 동료 친구

(2) 식상(食傷)

식신(食神)과 상관(傷官)은 같이 日干이 生해주는(日干의 生을 받는) 점이 같아 함께 식상(食傷)이라 하는데 식신이니 상관이니 하는 분류는 日干과의 음양이 같으냐 다르냐에 따라 정해진다。

즉 四柱의 干支 가운데 日干이 生해주는 干支로 음양이 日干과 같으면 식신(食神)이라 하고, 日干과 음양이 다르면 상관(傷官)이라 한다

日干	식신(食神)	상관(傷官)
甲	丙·巳	丁·午
乙	丁·午	丙·巳
丙	戊·辰戌	己·丑未
丁	己·丑未	戊·辰戌
戊	庚·申	辛·酉
己	辛·酉	庚·申
庚	壬·亥	癸·子
辛	癸·子	壬·亥
壬	甲·寅	乙·卯
癸	乙·卯	甲·寅

식상은 日干과 비겁의 生을 받고, 재(財)를 생해주며, 인성(印星)의 극을 받고 관살(官殺)을 극한다。 그런데 이러한 식상이 왜 하나는 식신(食神)이란 좋은 명칭이 붙고 하나는 상관(傷官)이란 나쁜 명칭이 붙었는가。 이는 음양관계에 따라 生克하는 작용력이 약간 다르기 때문이다。(실상은 生克작용이 별로 차이가 없으나 엄밀히 따진다면 아래와 같다)

식신은 두 가지(日干을 위해) 좋은 역할을 한다。 재물(처재)은 나를(日干) 보좌(아내의 내조)하고, 나의 의식주 경제를 맡은 것이라 절대 없어서는 안될 요소인바 식신은 나의 정재(正財)의 친어머니(印星)격이 되어 財를 아낌없이 生해주니 결과적으로 의식주(財)와 內助가 풍족해지니 먹을 것을 生해주는 길신이 되고, 한편으로는 나(日干)를 克해 괴롭히는 칠살(七殺)을 극제하여 관재 질병 재앙을 막아주기(식신제살)

때문에 식신 또는 수복지신(壽福之神)이라 한 것이다。
상관도 식신과 五行이 같으므로 財를 生하고 관살을 극하나 약간 정적(情的)인 차이가 있다。 상관은 나의(日干)의 정재(正財)의 계모·서모격(친어머니가 아닌)이 되어 자기 친자식처럼 생해주려는 마음이 적고(정보다는 義로만 生)、 한편 나의 봉급을 주는 직장이요 벼슬격이 되는 정관(正官)의 칠살(七殺)이 되어 무자비하게 극해버림으로써 관직 영전 봉급에 손실을 준다는 뜻이 있어서다。(즉 상관은 正官을 극해서 상하게 한다는 뜻이다)
그러나 이상 식신 상관의 정(情)이 그러할 뿐 실질적인 생극작용은 식신 상관의 차이가 별로 없다。 식신도 정관을 극하고、 상관도 정재를 生하므로 꼭 식·상의 명칭에만 구애받아서는 안된다。
• 특성＝식신은 안정、 복록 장수 재물풍족、 명랑 후덕 자비심 신체풍만、 평탄함을 유도하고、 상관은 범죄、 용맹、 경쟁、 교만、 하극상、 반역 폭동、 혁명 등 약간 오만무례와 폭력성을 유도한다。

◎ 四柱에 식신이 있으면 비교적 순탄한 생애를 보낸다(상관도 마찬가지)。 그러나
◎ 식상이 太旺하거나 너무 많으면
① 관운이 불길하다。(식상은 관직이 되는 官殺을 克하기 때문、 財가 있으면 감소된

다)

② 국법을 어기거나、법 무서운 줄 모르다가 관액을 당한다。(식상이 국가요 법이 되는 관살을 克하기 때문이다(겁 없이 날뛰는 수가 있다)

③ 남자는 자식운이 나쁘다。(육친관계상 관살이 자식인바 왕한 식상이 자식인 관살을 극하는 까닭)

④ 혹 장모가 여럿이다。(財가 아내니 財의 모친은 식상이므로 그러하다)

⑤ 여자는 남편을 극하고 과부가 되거나 남편 덕이 없다。(여자는 관성이 남편이다。식상이 남편인 관성을 克하기 때문인데 남편이 죽지 않더라도 무능하거나、능력이 있어도 남편이 좌절、실패、파직、건강 문제 등으로 두 손이 묶인 상이니 스스로 벌어서 생활해야 한다。그러므로 여자는 식상이 태왕하거나 많은 것을 가장 꺼린다。혹은 남편에게 성적인 불만이 있다)

◎ 식상이 왕하거나 많더라도 인수 역시 왕하거나、재성이 있어 식상의 기운을 빼내고、재성은 식상의 生을 받아 다시 관성을 生해주면 위와 같은 작용을 안하거나 감소된다。

◎ 식상은 재를 生하므로 적당히 왕하면 도리어 좋다。고로 재성이 미약한 四柱에 식상이 없거나 있더라도 인성의 극을 받아 아주 미약하면 사업의 발전이 없고 아내

덕도 없으며 빈궁하다。

◎ 식신은 좀 왕해도 좋지만 상관은(재나 인수가 없이) 왕해서는 안된다

◎ 식상생재격(食傷生財格)은 사업가로 가장 이상적인데 특히 식생활에 관계되는 사업으로 성공한다。(五行으로 사업의 종류를 추리하는 수도 있다)

◎ 여자는 月支에 상관이 있음을 꺼리는데 인성(印星)이 왕하면 무해하다。

◎ 여자는 식상이 태왕해도 四柱中에 官星이 없으면 남편을 克하지 않는다。

◎ 식신 상관은 대인관계로 따지면 아래와 같다。

○ 식신(食神) { 男＝손자 손녀、장모 혹은 子女 / 女＝子女 }

○ 상관(傷官) { 男＝조모(祖母) 외조부(外祖父) / 女＝子女·조모·외조부 }

• 남자의 경우 식신을 손자·장모로 보는 것은 나의 아내는 財(正財)요 정재요、정재가 낳은 것은 관성이라 편관이 아내의 자식격이며 따라서 나의 자식이 된다。손자녀는 자식의 자식이라 즉 편관의 편관은 바로 식신이 되어서고、정재인 아내의 어머니가 식신이므로 나에게는 장모가 된다。

상관을 조모로 보는 것은 나를 생한 자 정인(正印)이 어머니요, 어머니인 인수의 정관(正官)은 편재로 어머니의 남편이며 나에게는 아버지다. 아버지의 아버지, 즉 偏財의 편재는 또 인수이고 나의 조부가 되고, 조부의 아내는 인수의 정재 즉 식신이요 나의 할머니가 된다. 외조부는 어머니(인수)의 부친(인수의 편재)이 식신이 되어서다.

여자의 경우 식신 상관이 子女가 되는 것은 내가(日干) 직접 生한 자니 당연하고, 조모, 외조부가 되는 원리는 남자와 마찬가지다.

(3) 재성(財星)

재성(財星)은 처재(妻財)라고도 하는데 日干이 克하는(日干의 克을 받는) 자 재(財)라 하지만 日干과의 음양이 같으냐 다르냐에 따라 편(偏)과 정(正)으로 명칭이 구분된다. 즉 四柱 가운데 日干이 克하는 干支로 日干과 음양이 같으면 편재(偏財)라 하고, 日干이 克하는 干支로 日干과 음양이 다르면 정재(正財)라 한다.

正은 정식적인 것, 偏은 정식에 못미치거나, 치우친(편파적)다는 뜻인데 음양의 조화(造化)는 陰과 陰이거나 陽과 陽이 이렇게 같은 음끼리 만난 것을 음양이 調和되지 못한 상이라 하고, 陰과 陽이 만난 것을 음양이 조화된 것이라 한다. 그러므로 같은 음끼리와 양끼리는 음음 양양으로 치우쳤으니 당연히 편(偏)이 되고, 음과 양 양과 음은 음양배합을 이루었으므로 정(正)으로 명칭한 것이지만 이 偏正의 차이도 五行의 生克에 미치는 작용에는 큰 차이가 없고 정(情)이 그렇다는 것뿐이다。

이하 관살(官殺) 및 인성(印星)의 편정(偏正) 구분의 의의도 이 재성의 예와 같다。

日干	甲	乙	丙	丁	戊	己	庚	辛	壬	癸
편재(偏財)	戊·辰戌	己·丑未	庚·申	辛·酉	壬·亥	癸·子	甲·寅	乙·卯	丙·巳	丁·午
정재(正財)	己·丑未	戊·辰戌	辛·酉	庚·申	癸·子	壬·亥	乙·卯	甲·寅	丁·午	丙·巳

• 財星의 육친과의 生克관계 = 財星(편재 · 정재)은 식상의 生을 받고 관살을 生해주며, 日干과 비겁의 克을 받고 인성(印星)을 克한다。

• 편재는 비공식적인 것 즉 재물로는 횡재, 폭리, 뜻밖의 재물, 유동적(流動的)인 재물, 자수성가로 모인 재산, 혹은 정당한 방법이 아닌 것으로 번 돈 등으로 보고, 정재는 상속받은 재산, 직장에서 받는 봉급, 정당한 방법에 의해 번 돈, 고정적인 수입, 튼튼한 생활 및 사업기반 등으로 본다。 그러므로 상속재산이 없이 자수성가하는 입장이라면 정재보다 편재가 있어 왕한 것이 좋다。 반면에 정재는 안정성이 있는 재물이지만 편재는 벌기도 잘하고 없애기도(실패수도 내포) 잘하므로 재산관리가 어렵

고 지출이 많아 저축성이 정재만 못하다. 어쨌건 인간의 심리는 정재보다 편재에 매력과 쾌감을 느낀다.

• 정재는 정식 결혼한 아내로 보고 편재는 비공식적인 아내니 첩, 애인, 정부(情婦) 등 외도(外道)가 있게 되고, 따라서 여자 때문에 수난을 당하는 수도 있고, 사치낭비벽이 있고 풍류적이다. 그러나 정재도 너무 많으면 편재의 작용을 해서 여색을 탐함으로써 많은 재물을 없앤다.

• 정재가 있고 空亡이나 克害(비겁이 많지 않은 것)되지 않으면 처덕과 재운이 좋다.

• 신왕(身旺)하고 편재도 왕하면 사업가(실업가)로 성공해서 명성을 떨친다.

• 月柱에 정재는 애당초 사업·생활기반이 튼튼한 사람이다.

• 편재건 정재건 干에 있는 것보다 支에 있는 게 좋고 干에도 있고 支에도 있으면 대길하다.

• 四柱에 재고(財庫—甲乙日은 辰戌丑未, 丙丁日은 丑, 戊己日은 辰, 庚辛日은 未, 壬癸日은 戌)가 있고 空亡 및 刑·沖·破나 絶·死를 만나지 않으면 일생 돈이 떨어지는 때가 없다.

• 比劫이 왕하고 財가 干에만 있으면 사기 도난 실패 등으로 재물을 없애고, 들어오자 나간다.

• 財는 空亡되지 않아야 한다。

◎ 정재 편재를 막론하고 너무 많으면 다음과 같은 운이 작용된다。

모친을 일찍 사별하거나、 모친이 항시 병중에 있거나 처첩이나 여자 재물관계로 모친에 불효하거나 아내가 모친을 학대한다。 여자는 시어머니의 구박이 심하다。(인수는 모친이 되므로 재가 많아 왕하면 그 財는 모친인 인수를 극하기 때문이다。 또 재는 아내요 인성은 모친이니 재가 인수를 극하므로 아내가 어머니를 괴롭히는 상이다。 다음 여자가 시어머니의 시집살이 구박이 심한 것은 육친관계상 관성은 남편이요、 관성을 生하는 자 재성이라 재가 시어머니라 재가 너무 많아 태왕이면 시어머니의 극성이 심한 상인데 직접 구박한다기보다는 남편(관성)에 고자질하여 남편으로 하여금 나를 괴롭히도록 한다고 보아야 된다)

• 편재가 많으면 남의 양자로 가거나 어머니를 따라가 의부를 섬길 수도 있다。(편재는 부친이니 편재가 많다는 것은 부친이 두 분 이상이라는 의미가 있기 때문이다)

• 재성이 태왕하거나 너무 많은 경우 신약(日干이 미약)하면 공처가가 된다。

• 재성이 미약하지 않더라도 식상이 있어야 돈줄이 끊기지 않는다。

• 身弱에 財만 많고 종재(從財)도 안되는 四柱는 세상만사 그림의 떡이라 도리어 빈궁하다。

• 신약해서 인수로 用하는 사주에 재운을 만나면 탐재괴인(貪財壞印)이라 여자 때문에 패가망신하거나, 돈에 욕심을 부리다가 도리어 크게 손재하거나, 뇌물을 먹거나, 사기죄로 형을 받거나, 여자나 돈 때문에 명예를 손상당한다.

• 정재가 도화(桃花)를 겸하면 아내가 바람 피운다.

• 재성이 공망되면 재운도 없고 처덕도 없다.

• 여자는 관성이 미약하여도 財가 왕하면(財滋弱殺) 그 남편이 발달한다. 반대로 식상만 왕하고 재성이 없으면 남편의 운이 막혀 되는 일이 없거나, 남편을 사별하거나, 무능하거나, 항시 병으로 고생한다.

• 여자로서 재성도 많고, 인수도 많으면 음천한 상이니 창녀, 화류계 식모 등의 운이다.

○ 편재(偏財) { 남 = 부친 첩 처의 형제자매 여자 애인 정부(情婦) 비공식적인 아내 / 여 = 부친 시어머니 }

○ 정재(正財) { 남 = 아내 백숙부모 의부 양부 / 여 = 백숙부모 시서모 }

남자의 경우 재성이 처첩이요 애인 여자라 정(正)이 당연 아내요 편(偏)은 아내뻘

이 되는지라 첩 여자 애인이요, 아내와 항렬이 같은 자 아내의 동기간이다. 남녀 공히 백숙부모나 의부 양부가 되는 것은 정재요, 편재는 친부친인데 인수 어머니의 남편되는 것(인수의 정관)이 편재요 어머니의 남편은 곧 나의 부친이다. 그리고 정재는 偏財가 부친으로 보니 친부친이 아닌 아버지뻘이라서 의부나 양부에 해당한다.

여자도 아버지는 남자와 마찬가지고, 단 편재를 시어머니로 보는 것은 정관(正官)이 남편이라 정관의 인수요 정관을 生한 자 편재라 남편의 어머니는 곧 나(여자의 입장)의 시어머니가 된다. 따라서 정재는 역시 시어머니뻘이면서 진짜가 아니므로 시서모가 되는 것이다.

(4) 관살(官殺)

관살(官殺)은 그냥 관성(官星)이라고도 하는데 관살이란 정관(正官)과 칠살(七殺)의 합칭이고 관성이란 정관과 편관(偏官)을 합해서 약칭한 술어다. 이 관성 즉 관살은 日干을 克하는 자로서 日干과 음양이 같은 干支를 편관(偏官) 또는 칠살(七殺)이라 하고, 日干을 克하는 자로 日干과 음양이 다른 干支를 정관(正官)이라 한다.

日干	甲	乙	丙	丁	戊	己	庚	辛	壬	癸
정관(正官)	辛·酉	庚·申	癸·子	壬·亥	乙·卯	甲·寅	丁·午	丙·巳	己·丑未	戊·辰戌
편관(偏官)	庚·申	辛·酉	壬·亥	癸·子	甲·寅	乙·卯	丙·巳	丁·午	戊·辰戌	己·丑未

◎ 육친(六親)과의 생극관계＝관살은 인간을 극하고 식상(食傷)의 극을 받으며, 財의 生을 받고 인성(印星)을 生해준다。

◎ 自己(日干)의 우위에 있어 구속력을 행사하거나, 자기를 괴롭히려면(自身이 지배받거나 괴롭게 구는 것) 당연히 자기(日干)를 이길 수 있는 자라야 하니 자기를 이길 수 있는 자는 무엇이겠는가。 즉 日干을 극하는 오행이다。 자기에게 구속력을 행사할 수 있는 것은 국가요 국법이요 직장 및 직장의 상관이요, 자기를 괴롭히는 자는 질병 재앙, 잡귀, 흉액이라。 그래서 자기(日)를 극하는 자가 官殺이 되는 것이다。

그런데 自己를 극하여 지배함에도 도리어 그 구속이 나에게는 유리한 것이 있고, 불리한 것의 구분이 있으니 유리한 것은 정관(正官)이고 불리한 것은 편관(偏官)이라 편관을 칠살(七殺)이라 한다。

음양의 성격상 生이나 克에 있어 같은 생이라도 정(情)이 음양이 같은 것끼리보다는 다른 것에 더 가고, 같은 극이라도 정(情)이 음양이 다르면 아껴주고, 이익 주고 사정을 보아주며 克하지만 같은 음양끼리는 인정사정 볼 것 없이 무자비하게 克해서 말살시키려 하므로 日干을 克해도 음양이 다르면 정관(正官)이 되어 국가 직장 상관、나를 선의로 다스리는 국법에 해당하는 것이지만 음양이 다르면 나에게 나쁜 일만 주는 칠살(七殺)이 된다。

◎ 정관이나 편관이나 관(官)이라는 뜻이 있어 다 같이 벼슬 직업으로 보는데 정관은 공식적인 관직(시험에 의해 합격된)으로 보고、편관은 비공식적인 관직(시험에 의한 자격증이 없이 돈으로 관직을 사거나 윗사람의 특채 소개에 의한 관직 등)으로 본다。그러므로 四柱의 구성(格)이 길한 경우 정관이 있으면 아랫자리에서 서서히 안전성 있게 진급되고、편관이 있으면 벼락출세 즉 권모술수에 의해 출세하는 것으로 본다。

◎ 그러나 이상은 정·편관의 정(情)이 그렇다는 것이지 반드시 그런 것은 아니다。정관 편관은 五行生克 관계상 日干(나)을 克하는 것은 마찬가지로 정관도 너무 많으면 칠살(七殺)로 化하여 나(日干)를 괴롭히고、칠살도 희신(喜神) 노릇을 하면 정관보다 더 유익하게 여기는 것이니 가장 중요한 것은 정·편의 구분이 아니라 四柱 구성이 어떻게 되었느냐에 따라 정·편관의 희기(喜忌)가 정해진다는 점을 알아야 한다。

• 정관의 특성=신사적, 합리적, 준법정신, 체계적, 양심적, 공식적인 관직, 정당성

• 편관의 특성=혁명적, 횡적출세, 투쟁, 목적을 위해서는 사소한 것 불사, 비공식적

◎ 정관이나 편관은 干과 支 각각 하나씩만 있으면 귀한 사주다.

◎ 정관·편관이 많으면 아래와 같은 운이 작용된다.

• 정관도 있고 편관도 있으면 이중관직 즉 두 가지 직업을 가지는 수가 있다.

• 정관 편관이 혼합되어 있으면 남자는 두 여자의 몸에 자식을 두고, 여자는 두 남자 이상을 섬길 운이라 한다.(남자는 편관이 아내의 자식, 정관이 첩의 자식으로 보고, 여자는 정관을 정식결혼한 남편, 편관을 재혼한 남편, 혼인 이외의 남편으로 보기 때문이다. 그래서 여자는 사주에 관살혼잡을 가장 꺼린다)

• 여자는 관살(官殺)이 많으면 여러 번 시집가거나, 화류계 팔자(八字)다. (여자는 관살을 모두 자기와 인연 있는 남자로 보기 때문이다)

• 관살이 미약한 중 식상(食傷)이 태왕하면 남자는 관운과 자식운이 나쁘고, 여자는 과부가 되거나 남편이 무능력하거나, 능력이 있더라도 문이 막혀 되는 일이 없다. 이러한 여자는 남편이 없이 혼자 살 경우 의식의 구애는 받지 않는다.(식상이 왕하면 미약한 관살은 식상의 극을 받아 맥을 못춘다. 때문에 위와 같은 운이 작용되는데 남자는 관살을 관직, 자식으로 보고, 여자는 남편으로 보기 때문이다)

○ 편관(偏官) {
남=정식 결혼한 아내에게서 난 자녀(그러나 그냥 친子女로 보면 된다)
여=비공식적인 남편、 재혼한 남편 정부(情夫)、 자기와 관계 있는 남자、 며느리
}

○ 정관(正官) {
남=서자、 조카、 의자(義子)(그러나 그냥 子女로 보면 된다)
여=정식 남편、 재혼이라도 정식 결혼한 남편(많으면 정부)、 며느리
}

• 남자의 경우 정관으로 서자 조카 의자로 삼고、 편관으로 정식 子女로 삼는 것은 자식은 자신의 몸에서 직접 生한 게 아니라 간접적으로 처첩이나 기타 관계한 여자가 生한 자를 子女로 삼는 원칙이므로、 자기(日干)의 정식 아내는 정재요、 비공식 아내는 편재다。 자식의 입장에서는 편관의 친어머니는 정재이고、 정관의 친어머니는 편재가 되므로 나에게는 편관이 공식 子女이고 정관이 비공식 子女이지만 꼭 그런 것은 아니니 정·편관을 막론하고 그냥 자녀로 보면 된다。

• 여자의 경우 자기(日干)를 克하는 자(지배하는 자) 남편뿐이 된다는 원칙에 따라 관성(정·편관)이 남편인데 정(正)이란 의미가 있어 正官이 공식적인 남편이 되고、 편관(偏官)은 비공식적인 남편 즉 재혼한 남성、 기타 몸을 준 남자로 본다。 그리고 관성을 며느리로 보는 것은 며느리는 자식의 아내라 여자는 식상이 자식이므로 식상

의 아내(식상이 克하는 자)가 정관 편관이 되는 까닭이다。

(5) 인성(印星)

인성(印星)은 정인(正印)·편인(偏印)의 합칭이다。 혹은 합칭하여 인수(印綬)라고도 하는데 필자는 인수를 정인(正印)만 칭하고、 정·편인의 합칭을 그냥 인성(印星)으로 하고 싶다。 즉 인성(정인·편인)은 나(日干)를 生해주는 干支니 日干과 음양이 같은 것을 편인(偏印)이라 하고、 日干과 음양이 다른 것은 정인(正印)이라 한다。

日干	甲	乙	丙	丁	戊	己	庚	辛	壬	癸
편인(偏印)	壬·亥	癸·子	甲·寅	乙·卯	丙·巳	丁·午	戊·辰戌	己·丑未	庚·申	辛·酉
정인(正印)	癸·子	壬·亥	乙·卯	甲·寅	丁·午	丙·巳	己·丑未	戊·辰戌	辛·酉	壬·癸

◎ 육친(六親)과의 生克관계＝인성은 日干과 비겁(比劫)을 生하고、 관살의 生을 받으며、 식상을 克하고 재성(財星)을 克한다。

◎ 정인(正印)으로 인수(印綬)를 삼고 편인으로 도식(倒食)·효신살(梟神殺)의 흉성(凶星)으로 삼는 것은 정인은 日干을 진심으로 生해주는 친어머니요(음양이 같으므로 正이 되는 까닭) 한편 식신을 克하지만 식신의 상관격이 되어 적당히(견딜 수 있

게) 극하므로 吉星이 되고, 편인은 日干과 음양이 같아(음양 조화가 안되어) 日干을 生해주는 모친격이 되어도 마지못해(가면으로) 생해준다는 의미가 있고, 한편 나의 식신 즉 수복지신(壽福之神—식상에서 설명한 바 있음)의 칠살(七殺)이 되어 식신을 무자비하게 克하므로 나의 수복을 손상시킨다 해서 붙여진 이름이다。 그러나 이것도 정(情) 관계이지 실질상의 生克에 미치는 영향력은 꼭 정인이 좋고 편인이 나쁘다는 단정을 내려서는 안된다。

• 편인의 특성＝편벽성, 변태적, 꽁한 마음, 훼방, 비뚫어진 사고방식

• 정인의 특성＝신사, 군자풍, 명예존중, 자비심, 학자풍 종교적 도덕적 신의

◎ 사주에 편인격을 놓거나 편인이 용신(用神)되거나 편인이 왕하면 의사 학자, 예술가 이발사, 특별한 지식 기술(세무사 계리사 화가 서예가 디자이너 발명가 연구가 등)에 의한 직업 등 편업(혼자 가진 직업)에 종사하게 되고, 그래야만 성공한다。

◎ 年이나 月에 인수(정인)가 있어 타에 손상(형·충·극·공망·절)되지 않으면 부모 덕이 있고 성격도 온후 단정 원만하며 신사적 군자풍이 있어 남의 존경을 받게 되며 명예가 높고 학자 교육자 등 고상한 직업으로 생애한다。

◎ 사주에 편인·정인이 많으면?

• 어머니가 많은 상이다。(편인은 서모·계모로 보고, 정인은 生母로 보는데 正印이

生母라 하지만 正印도 많으면 生母가 둘이 될 수 없듯이 生母 외로 어머니가 있다는 상이다)

• 편인이 너무 많거나 太旺하면 남녀를 막론하고 박복하다。 여자는 자식의 실패가 있거나 자식이 있어도 병약하거나 창달하지 못한다。(편인은 倒食이라 밥그릇을 엎는다는 의미의 흉신인데 까닭은 財를 生하는 財의 근원 기반이요 보급로 격인 식상(食傷)을 克하기 때문에 박복한 것이고、 여자는 식상이 자식인바 자식되는 식상을 편인이 克하는 까닭이다)

• 편인뿐 아니라 정인(正印)도 너무 太旺하거나 많으면 위 편인과 똑같은 작용을 하되 식상을 克하는 강도가 편인보다는 약간 덜하는 감이 있는 정도다。

◎ 사주에 편인 정인이 많으면 안하무인(眼下無人)이어서 버르장머리가 없다。(까닭은 편·정인은 부모(특히 어머니)라 편·정인이 日干을 심히 生해주니 어머니가 자식을 지나치게 받들어주어 기고만장한 상이 되어서다)

◎ 편인이나 정인이 있어 미약하고、 관살이 없으며、 재성이 太旺하거나 많으면 아내가 나의 부모를 구박하는 상이요、 또 아내로 인해 불효자가 된다。

○ 편인(偏印) { 남=서모·계모·이모·조부
여=서모·계모·이모·조부·손자녀

○ 정인(正印) { 남=친어머니·손자
여=친어머니·손자

• 나를 生하는 자 生母라 내가 되는 日干을 生하는 자는 인성(印星)인데 진정(眞正) 生한 자는 정인(正印)이므로 정인(正印)이 친어머니다。 고로 비진정으로 生하는 자 편인이라 당연히 친어머니가 아닌 어머니뻘 즉 서모·계모·이모가 되는 것이다。

또 여자는 인성을 손자녀로 보는 것은 식신이 아들이라 식신인 아들의 아들은 손자로서 즉 식신의 정관 편관격이 인성이므로 인성이 손자가 되는 것이다。

[참고]

◎ 육친간의 生克에 의한 관계를 다시 간단히 줄여 설명해 본다。

• 비겁이 너무 많으면 버르장머리가 없고、 곤궁하며 부친이나 처첩을 극한다。(식상이 없거나 미약)

• 식상이 너무 많으면 남자는 관운 자식운이 나쁘고、 여자는 남편을 극한다。(재가

없거나 미약)

• 재가 너무 많으면 어머니가 일찍 죽거나 아내의 학대를 받는다。(관살이 없거나 미약)

• 관살이 너무 많으면 몸이 허약하고、 형제자매가 없이 고독하다。(인성이 없거나 미약)

• 인성이 너무 많으면 버릇이 없고 곤궁한데 여자는 자식 두기가 어렵다。

• 여자는 日柱가 미약하고 식상이 태왕하면 제왕절개 수술해야 애를 낳는다。

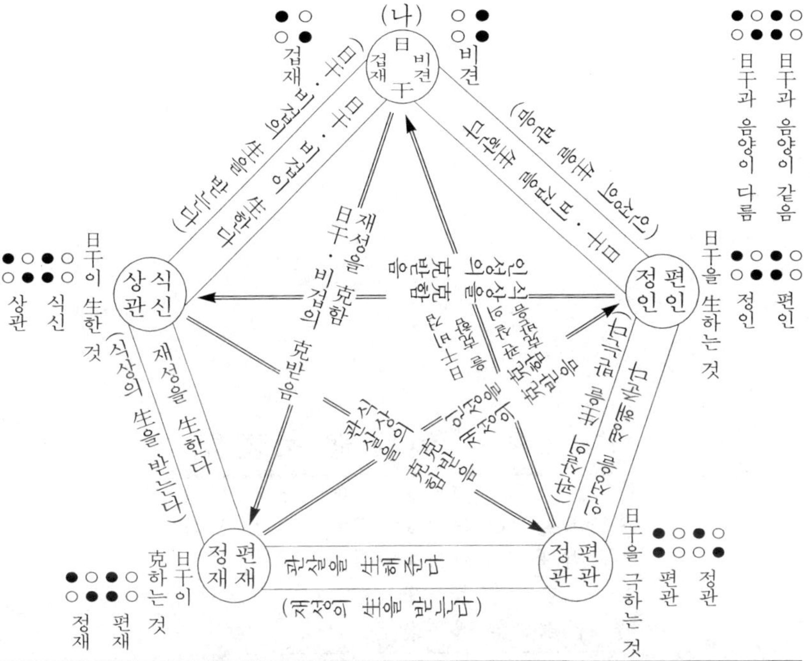

육친 관계 일람표

육친	남 관계	여 관계
비견 比肩	형제 자매 며느리 친구 동료 라이벌	형제 자매 시아버지 남편의 첩 친구
겁재 劫財	이복형제자매、친구、동료 라이벌	이복형제자매、남편의 첩 친구 라이벌
식신 食神	손자녀・장모	자녀
상관 傷官	조모、외조부	자녀、조모외조부
편재 偏財	부친 첩、아내의 형제、애인 정부	부친 시어머니
정재 正財	아내 백숙부모 의부	백숙부모 시서모
편관 偏官	자녀、(친자식)	재혼한 남편 정부 애인 관계된 남자
정관 正官	자녀(서자 의자 조카)	남편 며느리
편인 偏印	서모 이모 계모 조부	서모 이모 계모 조부 손자
정인 正印	친어머니、장인	친어머니 손자

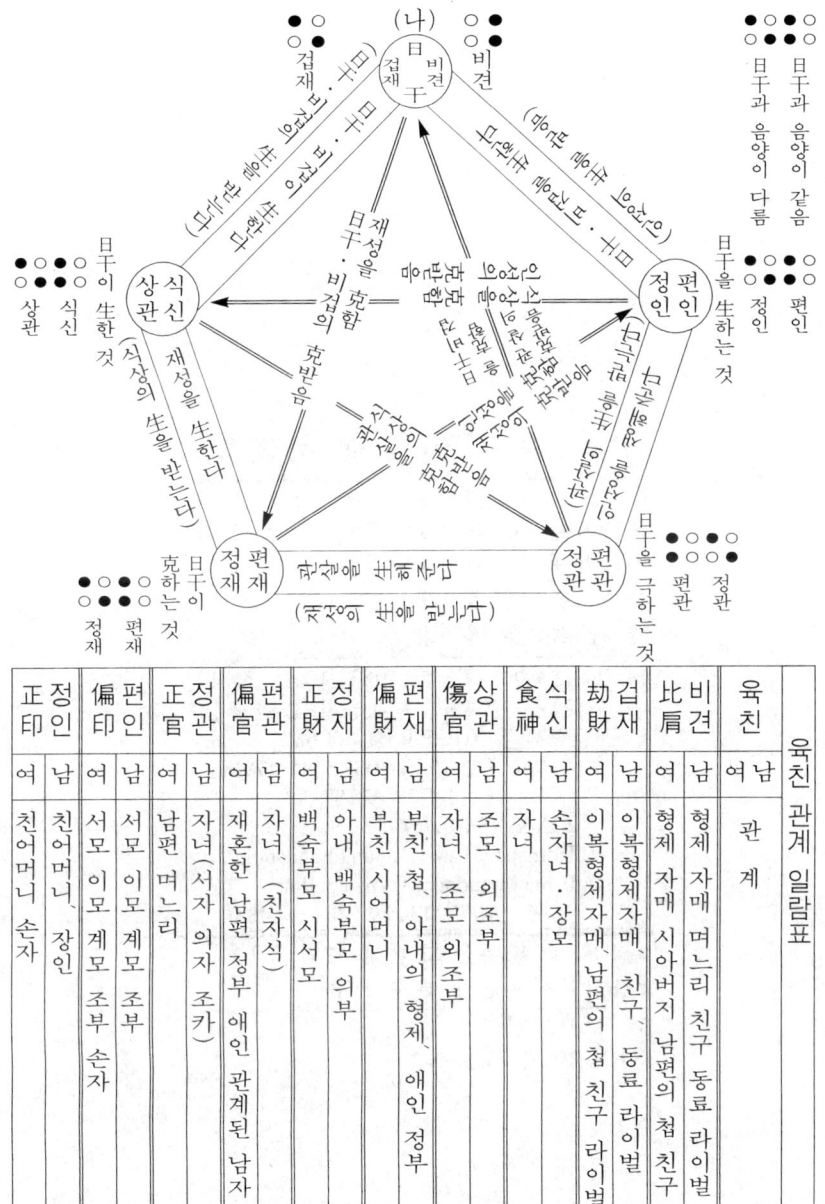

萬古秘傳 **靈符籍大寶鑑**

初 版 1刷 發行●1978年 5月 10日
革新增補 1刷 發行●1997年 4月 25日
革新增補 3刷 發行●2015年 12月 15日

著 者●韓 重 洙
發 行 者●金 東 求

發 行 處●明 文 堂(1923. 10. 1 창립)
서울 종로구 윤보선길61(안국동)
우체국 010579-01-000682
전화 (영) 733-3039, 734-4798
(편) 733-4748
FAX 734-9209
Homepage www.myungmundang.net
E-mail mmdbook1@hanmail.net
등록 1977. 11. 19. 제1～148호

값 35,000원
ISBN 89-7270-540-3